Hildegard von Bingen

Der Mensch in der Verantwortung

HERDER / SPEKTRUM
Band 4291

Das Buch

Ethische Grundfragen gewinnen angesichts einer von Technik, Wirtschaft und Konsum korrumpierten Zeit zunehmend an Aktualität. Immer mehr Menschen sind auf der Suche nach alternativen Gütern und Werten. Woran sich halten? Mit ihrem „Buch der Lebensverdienste", dem sogenannten „Liber Vitae Meritorum", hat Hildegard von Bingen, die geniale mittelalterliche Universalgelehrte ein epochales, gerade heute wieder wegweisendes Werk für einen verantwortungsvolleren Umgang des Menschen mit der Schöpfung geschaffen. Die Schlüsselbotschaft dieser zwischen Glaubenslehre und Weltenkunde stehenden sprachmächtigen Schau: Der Mensch trägt die Verantwortung nicht allein für sein privates Leben, sein persönliches Glück, sondern auch für seine Mitmenschen, für seine Umwelt, für das Universum. In dieser „Lebenskunde" geht es Hildegard um die sittliche Entscheidung des Menschen in seiner konkreten leibhaftigen Situation und damit um die Rechtfertigung seiner Existenz vor Gott. „Denn alles, was in Gottes Ordnung steht, gibt einander Antwort." Die ganze Weite, Tiefe und Schönheit eines faszinierenden Weltbildes, das uns zum Umdenken führen will.

Die Autorin

Hildegard von Bingen, 1098–1179, heiliggesprochene Äbtissin, Beraterin großer Persönlichkeiten des geistlichen und weltlichen Lebens und universale Gelehrte, ist eine der großen und weisen Frauen des Mittelalters. Sie ging als erste schreibende Ärztin in die Geschichte ein. Bei Herder/Spektrum: Heilwissen. Von den Ursachen und der Behandlung von Krankheiten (4050); Scivias – Wisse die Wege. Eine Schau von Gott und Mensch in Schöpfung und Zeit (4115); Heilkraft der Natur – „Physica". Rezepte und Ratschläge für ein gesundes Leben (4159); Irmgard Müller, Die pflanzlichen Heilmittel bei Hildegard von Bingen. Heilwissen aus der Klostermedizin (4193).

Hildegard von Bingen

Der Mensch in der Verantwortung

Das Buch der Lebensverdienste – Liber Vitae Meritorum

Nach den Quellen übersetzt und erläutert von Heinrich Schipperges

Herder
Freiburg · Basel · Wien

Alle Rechte vorbehalten – Printed in Germany
Verlag Herder Freiburg i. Br. 1994
Lizenzausgabe mit freundlicher Genehmigung des Otto Müller-Verlags,
Salzburg
Herstellung: Freiburger Graphische Betriebe 1994
Umschlaggestaltung: Joseph Pölzelbauer
Umschlagmotiv: Schöpfung und Gericht der Welt, aus dem
Hildegard-Kodex der Universität Heidelberg (Ausschnitt)
ISBN 3-451-04291-6

INHALT

DAS BUCH DER LEBENSVERDIENSTE
(LIBER VITAE MERITORUM)

ANHANG

GELEITWORT

Mit dem vorliegenden Werk, der Übersetzung des *Liber vitae meritorum*, kommt die deutsche Gesamtausgabe der Hauptwerke Hildegards von Bingen zum Abschluß. Aus diesem Anlaß ist ein Rückblick auf das Zustandekommen dieser siebenbändigen Ausgabe geboten, wobei die Verdienste des Verlages und das persönliche Engagement der Übersetzer und Bearbeiter besonders herausgestellt seien.

Die Initiative zu diesem Werk geht zurück auf Frau Maura Böckeler, Benediktinerin der Abtei St. Hildegard in Eibingen. Auf Anregung von Abt Ildefons Herwegen aus Maria Laach übersetzte sie Hildegards *Scivias* und veröffentlichte dieses grundlegende Werk der Seherin im Sankt Augustinus-Verlag Berlin (1928). Die Übertragung erfolgte nicht nach dem stark veränderten Text der Migne-Ausgabe (Patrologia latina, tom. 197); Maura Böckeler griff vielmehr zurück auf den berühmten Sciviaskodex, der um 1165 in Hildegards Schreibstube auf dem Rupertsberg gefertigt worden war und der nach der Aufhebung des Eibinger Klosters zu Beginn des 19. Jahrhunderts in der Nassauischen Landesbibliothek in Wiesbaden aufbewahrt wurde (Hs. 1, seit 1945 verschollen).

Mit diesem Werk hatte Maura Böckeler eine Hildegard-Renaissance eingeleitet und sich als vorzügliche Übersetzerin und berufene Interpretin Hildegards erwiesen. Das Buch war bereits nach einigen Jahren vergriffen.

Nach dem Zweiten Weltkrieg nahm Maura Böckeler die Verbindung mit dem Verleger Otto Müller in Salzburg auf und regte eine deutsche Gesamtausgabe von Hildegards Werken an. Mit sicherem Verlegerspür erfaßte Otto Müller die Bedeutung einer solchen Ausgabe, die Hildegards Schrifttum erstmals im deutschen Sprachraum bekannt machen sollte. Im Jahre 1954 konnte Maura Böckeler das theologische Erstlingswerk der rheinischen Seherin *Scivias (Wisse die Wege)* in neuer Übersetzung und Bearbeitung mit den 35 prachtvollen Miniaturen in farbigem Offsetdruck herausbringen.

Als der Verleger Otto Müller am 10. Februar 1956 verstarb, übernahm der Verlag das geistige Vermächtnis des Gründers: die Weiterführung der Hildegard-Gesamtausgabe.

Im Jahre 1957 veröffentlichte Heinrich Schipperges als Medizinhistoriker mit philosophisch-anthropologischen Interessen Hildegards *Heilkunde (Causae et curae)*. Der Übersetzung lag nicht die fehlerhafte Ausgabe von Paul Kaiser zugrunde, sondern der einzig erhalten gebliebene Kopenhagener Kodex 90b. Darüber hinaus beleuchtete und interpretierte H. Schipperges die Heilkunde auf dem geistigen Hintergrund des gesamten Hildegardischen Schrifttums und führte so in den schöpferischen Nachvollzug des Werkes ein.

Als dritter Band folgte 1959 die Herausgabe von Hildegards *Naturkunde* (seit dem Erstdruck *Physica* genannt), übersetzt und herausgegeben von dem aus Bingen stammenden Zahnmediziner Peter Riethe. Er war 1951 mit einer Dissertation *Der Weg Hildegards von Bingen zur Medizin* promoviert worden; auch P. Riethe fertigte seine Übersetzung nach zuverlässigen Handschriften.

Im Frühjahr 1965 konnte als vierter Band die Übersetzung von *De operatione Dei (Liber divinorum operum)* erscheinen. Heinrich Schipperges übernahm die Übertragung und Bearbeitung dieses monumentalen Werkes und brachte mit dem Titel *Welt und Mensch* das große Thema der kosmologisch-anthropologischen Schau auf eine prägnante Formel. Der Verlag hat auch diesem Werk die 10 herrlichen Miniaturen aus dem Codex latinus 1942 zu Lucca beigegeben.

Als im Herbst 1965 als fünfter Band der *Briefwechsel* veröffentlicht wurde, war dieses Buch als Jubiläumsgabe der Herausgeberin Adelgundis Führkötter zum 800jährigen Bestehen des Klosters Eibingen gedacht. Die Übersetzerin war durch ihre quellenkritischen Untersuchungen *Die Echtheit des Schrifttums der heiligen Hildegard von Bingen* (zusammen mit Marianna Schrader, Böhlau-Verlag 1956) mit den Hildegard-Handschriften vertraut. Aus der Fülle des handschriftlichen Materials wählte sie die Briefe nach strengen Kriterien für ihre Übersetzung aus und versuchte dabei, Hildegard im Gespräch mit ihren Zeitgenossen hörbar und sichtbar zu machen.

Besondere Bedeutung ist dem sechsten Band, der Ausgabe der *Lieder* Hildegards von Bingen, zuzusprechen. Dieses Werk stellt eine kritische Edition dar. Sie wurde von Pudentiana Barth und M. Immaculata Ritscher, Benediktinerinnen der Abtei Eibingen, in langjähriger Arbeit erstellt, wobei die Herausgeberinnen sich der Leitung und Mitarbeit von Professor Joseph Schmidt-Görg aus Bonn, einem hervorragenden Kenner des Hildegardischen Liedgutes, versichern konnten. Die Ausgabe enthält auch eine Übersetzung der 77 Lieder sowie des geistlichen Singspiels *Ordo virtutum (Spiel der Kräfte)*. Für die sorgfältige Ausführung der Notenbilder in diesem Werk gebührt dem Verlag besondere Anerkennung.

Den siebten und letzten Band, die Übersetzung des *Liber vitae meritorum*, legt hiermit Heinrich Schipperges vor, der sich seit mehr als zwanzig Jahren mit Hildegards Werk befaßt hat und der sich zunehmend als ihr Interpret verpflichtet weiß. In dieser Schrift, die gleichfalls nach den Handschriften des 12. Jahrhunderts und damit nach Quellen erster Hand bearbeitet werden konnte, geht es um die Lebens-Anschauung, die Lebens-Entscheidung und Lebens-Führung des Menschen. Gerade dieses Werk zeigt, wie stark Hildegards Schau in einer vorscholastischen, noch nicht dualistisch geprägten Anthropologie verwurzelt ist. Hildegard schildert den Menschen, wie er ist: gütig, barmherzig und liebevoll, aber auch boshaft, trotzig und in Süchte verstrickt. Das Gute und das Böse, das Lichte und Finstere, das Wachsame und alles Schläfrige kommen in mannigfachen Farben, Formen, Düften zu Gesicht, Gehör und Geschmack und damit vor des Menschen Entscheidung. Der Leser spürt, daß er selbst dabei angesprochen ist, um verantwortlich seine Antwort zu geben.

Rückblickend auf die vorliegende Gesamtausgabe muß noch einmal betont werden, daß die einzelnen Schriften in keiner Weise isoliert nebeneinanderstehen. Sie sind in ihrer Verbindung von Welt und Mensch vor Gott ein komplexes Ganzes, eine vielgliedrige und tiefschichtige Einheit. Das Gesamtwerk zeigt aber auch, wie sehr diese vor 800 Jahren von einer genialen Frau verfaßten Schriften noch für den Menschen von hier und heute aktuell sind. Suchen doch gerade wir Menschen in der von Technik, Wirtschaft und Konsum beherrschten Zeit wieder nach den Gütern und Werten eines übergeordneten Bezugssystems, das uns weder von der Philosophie noch der Gesellschaftslehre und kaum noch befriedigend von der Theologie geboten wird. Diese Gaben und solche Werte schenkt uns Hildegard von Bingen.

Eibingen, Abtei St. Hildegard
21. März 1972   Adelgundis Führkötter OSB

EINFÜHRUNG

ZUR STELLUNG DES WERKES IM SCHRIFTTUM HILDEGARDS

Aus jahrhundertelanger Vergessenheit ist das Werk der Seherin Hildegard von Bingen wieder in den Gesichtskreis eines modernen Interesses gerückt. Den faszinierenden theologischen Visionen vom Gottesreich und vom Weg der Erlösung im Buch „Scivias" sind die dramatisch bewegten Schauungen vom Kosmos-Menschen und von der Stellung des Menschen in der Welt im „Liber divinorum operum" gefolgt. Es ist an der Zeit, daß auch Hildegards letzte Visionsschrift vorgestellt wird, der „Liber vitae meritorum", wie er nunmehr erstmals in geschlossener Übersetzung dargeboten wird.

Zwischen ihrer Glaubenslehre und der Weltenkunde steht Hildegards „Buch der Lebensverdienste". Dem „Wisse die Wege" folgen die „Wege des Lebens", die vom Sinn des Lebenslaufes sprechen, von den Entscheidungen des Menschen unterwegs und von seiner weltweiten Verantwortung. In heilsdramaturgischer Sicht wird hier Hildegards ethische Lebensanschauung dargestellt und damit ihr anthropologisch fundiertes Bild von der Welt und vom Menschen geschlossen.

Als eine viel zu wenig beachtete Quelle christlicher Ethik aus der Zeit des hohen Mittelalters und vor dem Einsetzen aristotelisch durchformter Theologie bietet dieses Werk aber auch eine Werttradition, die in den letzten Jahrhunderten verdrängt worden war, um in unseren Tagen — nach dem Abbruch der Tradition und mit dem Ende der Metaphysik — zu einer überraschenden Aktualität zu kommen.

Ethische Grundfragen sind wieder zu einem Dominantproblem geworden, seit die moralistischen Naturrechtsverfassungen ihres Sinnes entleert wurden, seit ein positivistisches Weltverständnis die eigentlichen Bedürfnisse und damit alle Orientierung einer Lebenspraxis ausklammern möchte, vor allem aber, seit Nietzsche mit seiner Umwertung aller Werte das asketische Ideal der abendländischen Metaphysik demaskiert hat, ohne indes eine überzeugende und maßgebende Haltung an die Stelle der alten Werte setzen zu können.

Nach der Zerstörung dieses asketischen Ideals durch den Nihilismus und bei den Erfahrungen der damit verknüpften katastrophalen Konsequenzen im 20. Jahrhundert kann es der Ethik nicht um die Durchsetzung oder Ablehnung antiquierter Tabu-Ordnungen gehen, sondern mehr um den eigentlichen Vollzug eines humanen Lebens, das nun einmal einer Führung, einer Selbstachtung und Rechtfertigung, einer stetigen Entscheidung und letztlichen Verantwortung bedarf.

Kritische Ansätze zu einer neuen Ethik behandeln denn auch vorzugsweise das Reich der Werte und die Emanzipation des Menschen, eines endgültig mündig gewordenen Menschen, der sich in allen sittlichen Fragen autark glaubt. Nach dem Fortfall der theologischen Begründung des Gewissens sucht man nach einem neuen Grund der Moral: ob nämlich das Leben wert sei, gelebt zu werden, und woher wohl der Mensch das Bedürfnis habe, gerechtfertigt zu werden und beim Vollzug seines Daseins vor sich wie vor der Gesellschaft ohne Verlust der Selbstachtung zu leben.

Allzu voreilig und selbstsicher möchte man dabei der „alten Ethik" des Mittelalters, die als statisch deklariert wird und mit rein „passiven Tugenden" auf Treue, Demut, Gehorsam und Autorität aus gewesen sein soll, eine dynamische Ethik der Moderne gegenüberstellen, die sich an Alternativen orientiert und bewußte Verantwortung übernimmt, gleich ob diese ihrerseits nun wieder soziologisch, tiefenpsychologisch oder existentialistisch motiviert wird.

Vor Entscheidungen solcher Dimension und der Verantwortung dieser Tragweite ist aber auch in vorliegender Vision die Rede. Der Mensch trägt die Verantwortung nicht allein für sein privates Leben und sein persönliches Glück, geschweige für ein wie immer zu behütendes Seelenheil, sondern auch für seine Mitmenschen, für seine Umwelt, für das Universum. Das will ganz ernst genommen sein, wenn man einen Zugang zu diesen mittelalterlichen Texten gewinnen will. Es ist der Kern von Hildegards Aussage, eingekleidet in die Schau des Kosmos und getragen vom Drama der Heilsgeschichte.

Hildegards Lebenskunde stellt damit den Menschen ganz nüchtern in die Mitte seiner Existenz. Der Mensch hat seine natürlichen Voraussetzungen und findet sein kreatürliches Ende. Er steht in der Natur und unterliegt damit den Weltelementen, um sich dennoch zu entscheiden für eine überweltliche Existenz. Der Mensch, die hinfällige Kreatur, nimmt damit die Mitte eines sich entwickelnden Kosmos und einer sich erfüllenden Geschichte ein. Geschichte wie Natur sind weit über die Kontingenz von Ende und Anfang hinaus erschaut: Sie erscheinen als ein grandios geschlossenes System vollendeter Integration und sind doch zugleich an jedem Punkt nur die großartige Chiffre einer grenzenlosen Transzendenz.

Denn: „Der Mensch ist das volle Werk Gottes." Er vermittelt leibhaftig die ganze Wirklichkeit und unterhält das Gespräch mit der Welt. Nur so versteht man die zentrale Aussage Hildegards am Beginn ihres zweiten Buches, wonach alles, was in der Ordnung Gottes steht, einander Antwort gibt.

DIE VISIONSSCHRIFT UND IHR SCHICKSAL

Der Text des „Liber vitae meritorum" ist uns in drei Handschriften des 12. Jahrhunderts erhalten geblieben, die noch unter den Augen Hildegards entstanden sein dürften.

Als die älteste Handschrift dieser Texte kann der „Codex Villarensis" gelten, der um das Jahr 1170 in der Schreibstube auf dem Rupertsberg entstanden ist und den Hildegard persönlich über Wibert von Gembloux an die Mönche der Zistersienserabtei Villers in Brabant übersandt hat. Die kostbare Handschrift trägt den älteren Besitzvermerk der Abtei Villers und einen späteren des Klosters Haffligensis (Afflighem). Beide Klöster wurden 1796 aufgehoben; 1837 trat an ihre Stelle die Gründung Dendermonde, in deren Besitz sich die Handschrift als „Codex Afflighemiensis 9" befindet.

Eine weitere Handschrift um das Jahr 1170 dürfte ebenfalls noch der Rupertsberger Schreibstube entstammen, der Kodex von St. Jakob in Mainz, jetzt „Codex latinus theologicus, fol. 727" der Preußischen Staatsbibliothek Berlin. Die Handschrift gelangte in den Besitz des Benediktiners Leander van Ess und ging später in die Sammlung des Lords Philipp von Cheltenham über, von wo sie die Preußische Staatsbibliothek Berlin erwarb.

Eine dritte Handschrift des 12. Jahrhunderts gehörte dem Kloster St. Eucharius in Trier und wird als Codex 68 der Seminarbibliothek Trier geführt. Diese Handschrift wurde von drei Kopisten gefertigt; der dritte Schreiber darf als der Hauptschreiber auch des Wiesbadener Riesenkodex angesehen werden, der damit ebenfalls zu den älteren Fassungen des „Liber vitae meritorum" zu rechnen ist.

Weitere Fassungen des Textes führen Handschriften des 13. Jahrhunderts, so der „Codex latinus 1016" der Österreichischen Nationalbibliothek und ein „Codex Helmstadiensis 951", jetzt in der Herzoglichen Bibliothek zu Wolfenbüttel.

Als Zeugen für die Autorschaft können nicht nur Hildegards Mitarbeiter und Biograph Wibert von Gembloux mit seinen Mönchen der Abtei Villers angeführt werden, sondern auch der Kanonikus Bruno von Straßburg, der die Handschriften der Seherin eigenhändig abgeschrieben hat (vgl. Schrader/Führkötter, 1956, S. 55). Weitere Zeugnisse bringen die Vorrede des „Liber divinorum operum" sowie die Heiligsprechungsakten, das „Protocollum canonisationis".

Eine erste Edition des „Liber vitae meritorum" wurde von Kardinal Pitra aufgrund des Codex Villarensis im Kloster Dendermonde besorgt und 1882 in den „Analecta sacra", tomus VIII, pag. 1—244, publiziert. Auf die Textvarianten und offensichtlichen Verschreibungen verweisen wir im Anhang. Nach diesem Text wurde das Werk in Bruchstücken von J. Ph. Schmelzeis (1879) vorgestellt. Zusammenhängende Auszüge hat Johannes Bühler (1922) vermittelt. Thematisch ist die Ethik dieser Vision zum erstenmal in einer philosophischen

Dissertation von Angela Rozumek (1934) behandelt worden. Eine nicht abzuschätzende Übersetzungshilfe aber verdanken wir Frau Maura Böckeler, die um das Jahr 1930 das erste Buch des „Liber vitae veritorum" übertragen hat und deren Fassung uns in einer Abschrift der Chorfrauen der Abtei St. Hildegard in Eibingen überlassen wurde.

Die besonderen Schwierigkeiten der Übersetzung eines an sich einfachen Lateins beginnen bereits mit dem Titel. Mit den „merita vitae" ist eher die Lebensrechtfertigung gemeint als das „Lebensbuch" im Sinne eines „Liber vitae" etwa der Johannesapokalypse, wie noch Liebeschütz und nach ihm Rozumek angenommen haben. „Merita" können dabei als eine „vox media" aufgefaßt werden, da sie Tugenden wie Laster umfassen. Sicherlich ist dabei auch vom Lohn des Lebens die Rede, von Schuld und Sühne des Menschen und damit seinem Heil.

Man wird diese Vision im ganzen gesehen haben müssen, ehe man auf diesen merkwürdigen Titel und seine Deutung zurückkommt. Dazu ein kurzer Überblick!

INHALT UND DEUTUNG

Ihren biographischen Ausgangspunkt beschreibt die Seherin mit den ersten Sätzen. Die frühe Visionsperiode, die Schau und Niederschrift des „Scivias", war in die Jahre 1141 bis 1150 gefallen. Im neunten Jahr danach, dem Jahre 1158, traf sie erneut die Weisung, niederzuschreiben, was sie gesehen und gehört hatte. Diesmal war Hildegard für ein halbes Jahrzehnt, die Jahre zwischen 1158 und 1163, mit ihrer Schau beschäftigt, um schließlich in dem Jahrzehnt zwischen 1165 und 1174 ihre Visionen vom Kosmos abzuschließen.

In die dazwischen liegenden Jahre von 1150 bis 1158 war die Niederschrift einer Reihe verschiedenster Bücher gefallen, die Hildegard im einzelnen aufführt:

1. Die Naturschriften, deren ursprüngliche Handschrift unter dem Titel „Subtilitates diversarum naturarum creaturarum" uns nicht erhalten ist, die aber aus mehreren Kodizes als „Physica" (Naturkunde) sowie aus der einzigen Kopenhagener Handschrift als „Causae et curae" (Heilkunde) überliefert sind.

2. Antworten und Ermahnungen (responsa et admonitiones), worunter wir Hildegards Briefe und einzelne Sendschreiben verstehen dürfen. Dieser auch anderweitig dokumentierte „Liber epistolarum" ist verlorengegangen.

3. „Sinfonie der Harmonie himmlischer Offenbarungen", in der Hauptsache Hildegards „Carmina" wie auch das Singspiel vom „Spiel der Kräfte" (Ordo virtutum).

4. Hildegards „Unbekannte Sprache" (Lingua ignota), die bisher nur in Ansätzen bearbeitet und gedeutet werden konnte.

5. Weitere Briefe und Sendschreiben (litterae cum expositionibus). Unter letzteren haben wir vor allem die Regelkommentare (Explanatio Regulae S. Benedicti) zu verstehen, ferner die „Explanatio Symboli S. Athanasii" sowie die „Vita S. Disibodi".

Mit diesem knappen und biographisch bedeutsamen Präludium befinden wir uns bereits mitten im visionären Geschehen.

Im Mittelpunkt der Schau steht ein Mann. Mit jedem der sechs Akte dreht er sich in eine der Himmelsrichtungen und endlich rund um das All. Dieser Mann reicht leibhaftig vom Gipfel des Äthers bis hinunter in die Tiefe des Abgrundes: eine gewaltige ruhende Erscheinung in ihrer Kontrapunktik zur Unruhe des nunmehr erfolgenden Auftritts der Laster.

Dieser Mann ist Gott, wobei Hildegard vermutlich auf die Stelle bei Jesaja 42, 13 zurückgreift, wo jener Mann Gott bedeutet, von dem der Prophet sagt: „Der Herr zieht aus wie ein Held." Des Kosmos Gestalt nimmt er an, um mit den kosmischen Kreisen das Universum als Schöpfung zu repräsentieren. In einer Lichtwolke erscheinen vor ihm Sonne und Mond, in einer Sturmwolke die Schar der Seligen, die auf ihre ewige Heimat warten, in einer Feuerwolke der Chor der Feuergeister, der dem lasterhaften Trubel der Welt die himmlische Antwort gibt.

Damit ist der Ort der dramatischen Handlung vorgezeichnet, die Bühne erleuchtet, auf der die grotesken Erscheinungen zu Worte kommen, aber auch schon die heilsdramaturgische Struktur der verschiedenen Akte aufgewiesen.

Hildegard erblickt die verschiedenen Laster zunächst in leibhaftiger Gestaltung und hört sie in einer auffallend banalen irdischen Diktion daherreden. Ihnen antworten jeweils die Tugenden mit körperloser Stimme. Alsdann gibt eine Stimme von oben die Erklärung der Figuren samt ihrer allegorischen Attribute. Schließlich werden noch einmal in strenger Folge die Laster nachgezeichnet, wobei diesmal das Wesen des Lasters, die jenseitigen Läuterungsmittel, aber auch die diesseitigen Bußdisziplinen im Mittelpunkt stehen. Das sechste und letzte Buch kennt keine Laster mehr und weist lediglich auf die Orte der Verdammnis wie auch der endgültigen Beseligung hin.

Damit ist die Bühne erleuchtet. Die Erscheinungen treten auf und kommen zu Wort. Sie treten ab und setzen einen höchst komplizierten Interpretationsmodus in Gang. Erst danach ist das so dramatisch bewegte Spiel zwischen Tugenden und Lastern zu Ende. Bevor wir aber auf die Sprache der sittlichen Kräfte eingehen und eine Deutung versuchen, sollten sie in ihrer altertümlichen Bezeichnung schematisch vorgestellt werden.

KATALOG DER TUGENDEN UND DER LASTER

1. Amor saeculi (Weltliebe)   Amor caelestis (Liebe zum Himmlischen)
2. Petulantia (Ausgelassenheit)   Disciplina (Zucht)
3. Joculatrix (Vergnügungssucht)   Verecundia (Schamhaftigkeit)
4. Obduratio (Herzenshärte)   Misericordia (Barmherzigkeit)
5. Ignavia (Feigheit)   Divina victoria (Gottes Sieg)
6. Ira (Zorn)   Patientia (Geduld)
7. Inepta laetitia (Ausschweifung)   Gemitus ad Deum (Sehnsucht nach Gott)

8. Ingluvies ventri (Schlemmerei)   Abstinentia (Enthaltsamkeit)
9. Acerbitas (Engherzigkeit)   Vera Largitas (Freigebigkeit)
10. Impietas (Gottlosigkeit)   Pietas (Frömmigkeit)
11. Fallacitas (Lüge)   Veritas (Wahrheit)
12. Contentio (Streitsucht)   Pax (Friede)
13. Infelicitas (Schwermut)   Beatitudo (Seligkeit)
14. Immoderatio (Maßlosigkeit)   Discretio (Maß)
15. Perditio animarum (Verstocktheit) Salvatio animarum (Seelenheil)

16. Superbia (Hochmut)   Humilitas (Demut)
17. Invidia (Mißgunst)   Charitas (Liebe)
18. Inanis gloria (Ruhmsucht)   Timor Domini (Gottesfurcht)
19. Inobedientia (Ungehorsam)   Obedientia (Gehorsam)
20. Infidelitas (Unglaube)   Fides (Glaube)
21. Desperatio (Verzweiflung)   Spes (Hoffnung)
22. Luxuria (Wollust)   Castitas (Keuschheit)

23. Injustitia (Ungerechtigkeit)   Justitia (Gerechtigkeit)
24. Torpor (Stumpfsinn)   Fortitudo (Tapferkeit)
25. Oblivio (Gottvergessenheit)   Sanctitas (Heiligkeit)
26. Inconstantia (Unbeständigkeit)   Constantia (Beständigkeit)
27. Cura terrenorum (Sorge für das   Caeleste desiderium (Sehnsucht nach
    Irdische)   Himmlischem)
28. Obstinatio (Verschlossenheit)   Compunctio cordis (Zerknirschung)
29. Cupiditas (Habsucht)   Contemptus mundi (Weltverachtung)
30. Discordia (Zwietracht)   Concordia (Eintracht)

31. Scurrilitas (Spottsucht)   Reverentia (Ehrfurcht)
32. Vagatio (Umherschweifen)   Stabilitas (Stetigkeit)
33. Maleficium (Magische Kunst)   Cultus Dei (Gottes Dienst)
34. Avaritia (Geiz)   Sufficientia (Genügsamkeit)
35. Tristitia saeculi (Weltschmerz)   Coeleste gaudium (Himmlische Freude)

Das so lebhaft inszenierte und äußerst turbulent ablaufende Drama einer kämpferischen Auseinandersetzung zwischen diesen Lastern und Tugenden wie auch die weitschweifigen moralistischen Ausdeutungen dieser Begegnung können nicht verbergen, daß hinter dieser Schau eine ungemein geschlossene Architektonik und vielschichtig durchwebte Dramaturgik am Werke sind. Dieser systematische Charakter des Werkes, der freilich ebenso rational durchgezogen wie mystisch unterbaut ist, soll in einer den Text begleitenden Ausdeutung noch einmal herausgestellt werden.

Diese Wege des Lebens schreiten nämlich auf verschiedene Dimensionen des Weltzusammenhanges zu. Zunächst werden wir darin mit einem Modell des Kosmos vertraut gemacht, wie es bereits in „Scivias" vorgezeichnet war und wie es später in der Schrift „De operatione Dei" zum ausgereiften Thema wurde. Sonne, Mond und Gestirne umkreisen einen Erdbereich, der zwischen Äther und Abyssus gespannt ist.

Aber dieses „theatrum mundi" begibt sich sogleich auf die „scena vitae", wobei es die Elemente der stofflichen Welt ebenso wie die „virtutes" der geistigen Kräfte sind, die zwischen den verschiedenen Dimensionen und Kategorien vermitteln: zwischen Leib und Seele, zwischen Äther und Abgrund, zwischen Gott und seinem Volk. Das stoffliche Universum trifft auf den Kosmos der Zeit, der ewige Ratschluß und das Endgericht stehen in einem Kreislauf; dazwischen aber steht der Mensch in seiner Verantwortung.

Denn hier geht es nicht um die Mysterien der Schöpfung und das Drama der Endzeit, sondern um den Kairos der Gegenwart, dem der Mensch sich in der alltäglichen Entscheidung seines Hier und Jetzt zu stellen hat. Und auch dabei geht es keineswegs um ein privates Heil oder persönliches Glück, sondern um das Recht und die Gerechtigkeit im Ganzen, um das Wohl einer Gemeinde, um das Reich des Geistes. Altes Testament und Neuer Bund stehen daher auch nicht in einer historischen Folge zueinander, sie sind vielmehr unmittelbar in die große heilsgeschichtliche Auseinandersetzung verknüpft und aufs engste wiederum mit dem Schicksal des Menschen verwoben, wie die Bilder aus der Genesis und dem Buch der Weisheit zeigen, aus dem Psalterium Davids und den Propheten, aus Johannes und Lukas und Paulus, aus der Apostelgeschichte und der Apokalypse, die von Hildegard in längeren Exegesen herangezogen wurden.

Damit sind bereits die Prinzipien der Hildegardschen Exegetik vorangestellt, die nunmehr mit ihren eigenen Leitlinien und Schlüsselbildern wiederholt werden sollen. Neben den aus Hildegards Visionen bekannten Schlüsselbegriffen von „vita", „opus", „rota", „viriditas" finden wir hier eine bevorzugte Herausstellung der Grundmuster von „virtus" und „peccatum", von „iustitia" und „poena".

„Virtus" ist bei Hildegard als ein Doppelbegriff zu verstehen, der ebenso die Gotteskräfte der Gnade vermittelt, wie er die Tugendkraft des sittlichen

Handelns deutlich macht. Der Zusammenhang mit der natürlichen Tüchtigkeit, der Tugend, der Manneskraft wird durch die dominierende Rolle des „vir Deus" unterstrichen. In gleicher Weise wird das als etymologisch verwandt interpretierte Schlüsselwort der „viriditas" als aufgründende Jugendfrische natürlichen Lebens wie auch als geistige Potenz einer schöpferischen Spiritualität verstanden.

Aber auch das Gegenbild, das *„peccatum"* der Laster, darf nicht mit dem Sündenschematismus paragraphierter Beichtspiegel verwechselt werden. Sünde meint das ungeordnete Wollen und damit den Entzug aus der Verantwortlichkeit, alles Ausweichen vor Grundfragen, alle Halbheit der Haltung, das Sich-nicht-Einfügen in die Lebensordnung wie auch die Flucht vor eigener Lebensgestaltung. Sünde ist als „status deficiens" das Böse ohne ein Sein, charakterisiert durch die „vacuitas". Das Atmosphärische der Laster kommt besonders deutlich in den Dialogen zum Ausdruck und schließt selbst alle Pseudoabnormität eines neurotischen Habitus ein. In diesem Sinne hatte auch Anselm von Canterbury von der „Entblößung von der geschuldeten Sittlichkeit" (peccatum originale iustitiae debitae nuditas) gesprochen.

Über die Sünde urteilt die Gerechtigkeit *(iustitia)*. Die Gerechtigkeit kann nichts anderes als beurteilen und entscheiden und richten. Das unserer Natur gemäße Handeln (opus) richtet uns aus zum Guten (bonum), zur „rectitudo voluntatis", wie Anselm die Gerechtigkeit interpretierte. Motiv dieser Verwirklichung der Gerechtigkeit aber ist die Liebe.

Die Liebe ist es denn auch, die dem Menschen die Reue nahelegt und zur Buße mahnt. *„Poena"* und *„poenitentia"* stehen in einem nicht nur sprachlichen Zusammenhang. Es ist die ethische Weltanschauung als solche, die Genugtuung verlangt und jene Rechtfertigung fordert, die Christus in sittlicher Stellvertretung übernahm. Zwischen dem Alten und dem Neuen Bund baut sich somit die sittliche Lebensgemeinschaft der Gemeinde des Herrn, die geläuterte und verklärte Gesellschaft, auf.

Es ist darin nirgendwo eine statische Welt zu finden, die ein für allemal determiniert wäre, vielmehr eine unerhört vielschichtige Schöpfung in stetiger Weiterentwicklung. Die Welt ist auf den Menschen zugesprochen, ist dem Menschen auf den Leib geschrieben, dem Menschen zur Verantwortung übergeben. Dieser Mensch muß schöpferisch antworten; ihm bleibt keine leere Stelle und kein Niemandsland, das ihn von seiner ständigen Entscheidung entbinden könnte.

Wir sind damit eingetreten in ein grandios abgestimmtes Rondo, wo die Leitthemata immer wieder von neuem aufgenommen und immer weiter abgewandelt werden, um einer geschlossenen Sinnführung zuzugehen. Mit seiner jeweiligen Entscheidung trägt der Mensch auch die Verantwortung für die Welt, die er vor dem Schöpfer zu rechtfertigen hat. Mit der Rechtfertigung der

Schöpfung aber ist im Grunde das Problem einer Theodizee verknüpft, das auch dieser Vision ihre unergründliche Tiefe gibt.

Gott tritt aus sich heraus und rechtfertigt Seine Schöpfung, Er, der Seine Herrlichkeit nicht für sich haben wollte, sondern sie einer Welt mitzuteilen gedachte. Freude und Glorie sollten diese Welt durchdringen. Der Mensch jedoch kam über den Engel zu Fall und verlor seine Schönheit. Gott aber wollte Sein Werk nicht preisgeben, sandte vielmehr Seine Propheten und schließlich Seinen Sohn, um den Menschen zu einer noch höheren Herrlichkeit heimzuführen.

Nicht zuletzt von daher wird Gott „Mann" genannt, weil er der Ursprung ist und die zeugerische Potenz in Person. Er ist „vis" und „vita" und so auch „vir": die Wurzel der Lebendigkeit, die wiederum den Keim aller Entwicklung, einer „prosperitas egrediendi", gelegt hat und so eine Welt in der Entwicklung ins Werk setzen konnte. Gott gründete die Fülle der Güter (I, 33: omnia bona pleniter constituit*). Er ließ die Welt aus dieser Fülle heraus nicht nur ans Licht treten, sondern sich immer weiter entfalten (I, 47).

Die leiblichen Abschnitte und Maße dieses Mannes vertreten daher nicht nur den Stufenbau des Kosmos und die Schichtung der Natur, sondern auch die Geschichte des Menschen und die Perioden des göttlichen Heilswerkes an der Menschheit. Insofern steht alles im System einer innigen Verbindlichkeit und universellen Verantwortlichkeit; denn alles, was in Gottes Ordnung steht, gibt einander Antwort (II, 21). Der Mensch ist darin in der Tat das volle Werk Gottes und Sinnbild aller Wirklichkeit: „Homo opus operis Dei est" (I, 29).

Diese Sinngebung der Wirklichkeit ist allein dem Menschen zu vollem Bewußtsein gekommen. Hat Gott ihn doch begabt mit der vernünftigen Geistigkeit: „Deus rationabilem vitam facit" (I, 37) und ihn damit in die geistige Ordnung der Engel gestellt: „in una rationalitate conjuncta" (I, 52). Nur so versteht man den Menschen als „rationalis vita" (I, 26), als — was immer wieder neu gezeigt und herausfordernd behauptet wird — „homo rationalis", ein Wesen, das sich zu entscheiden hat und damit Verantwortung trägt.

Dieses geistige Grundvermögen unterscheidet alle Dinge (II, 35: rationalitas discernit omnia); die Vernunft untersucht und erforscht jedes Wesen, sie geht ihm nach und setzt sich mit allem auseinander (ipsa omnia subtiliter penetrat et discutit). Aus diesem seinem Vermögen heraus ließ Gott den Menschen wie ein Rad im Geiste des Lebens seinen Kreislauf nehmen (II, 42: Deus hominem ut rotam in spiritu vitae circuire fecit). Er läßt ihn laufen und holt ihn wieder heim, wobei Er das Ganze an Seinem Herzen hält, wie Er auch in allem am Werke ist. Denn Gott umfaßt das Ganze, weil das Ganze Sein Werk ist (II, 64: Deus omnia comprehendit, quoniam omnia operatus est).

---

* *Zur Zitation der Texte:* Die römischen Zahlen bedeuten die Teile des Liber vitae meritorum; die arabischen Zahlen beziehen sich auf die durchlaufenden Kapitel innerhalb der einzelnen Teile.

In solchem Kreislauf konnte keine leere Stelle sein, keine „vacuitas", nirgendwo ein ethisches Niemandsland, geschweige eine Gegenwelt des Bösen in dualistischer Sondierung. Diese Welt blieb vielmehr ein Ganzes, und alles, was sich gegen Gott stellt, hat aus Prinzip keinen Bestand und keine Stellung, stürzt vielmehr ins Verderben (II, 58: quod contra Deum est, non stabit, sed in interitum ibit).

Vor diesem kosmischen Hintergrund baut sich nun die sittliche Existenz des Menschen auf, der nirgendwo bloßer Zuschauer ist, sondern immer Betroffener. Dies gilt nicht zuletzt für den Leser dieser Schrift, dem Hildegard begreiflich macht, daß nicht über etwas gesprochen und verhandelt wird, daß nicht etwas zur Schau und zur Diskussion gestellt wird, daß vielmehr Augen und Ohren, Herz und Verstand jedes einzelnen betroffen sind.

Denn es kann keinen Menschen geben, der nicht das Wissen um Gut und Böse in sich trüge. Der Mensch besitzt damit die Gottesfurcht wie die Gottesliebe. Ein großartiges Zeugnis und eine gewaltige Sache nennt Hildegard dies (II, 65: magnum testimonium et magna res): Himmel und Erde und die ganze Natur beruhen in ihrer Gesetzlichkeit; allein der Mensch hat seine Entscheidungsfreiheit und kann verantwortlich sein Leben führen und rechtfertigen.

Wie sehr die Laster bis auf den Grund des menschlichen Herzens bohren, und wie sehr sie auch nur aus dieser anthropologischen Grundstruktur heraus zu begreifen sind, zeigt Hildegard besonders klar am Beispiel der Lüge. Lügen ist einfach unmenschlich (II, 83: vitium inhumanum). Alles andere, und zumal das Vergehen aus fleischlicher Lust, ist als menschliche Schwäche zu verstehen (humanum est). Wer aber auf der Lüge besteht, stellt sich allein schon damit außerhalb der Menschlichkeit (extra humanum est). Denn wer lügt, kann nicht das Leben in Freude, die „vita laeta", besitzen. Die Haltung der Lüge und eine Lebensfreude passen einfach nicht zusammen.

Das Beispiel zeigt auch, wie tief das Gewissen im Menschen verankert ist. Der Mensch lebt geradezu „in rota scientiae", in einem Kreislauf ständiger Entscheidung; Gut und Böse gehören zu seinem Wesen (III, 27: bona et mala scientia in ipso est). Gut und Böse sind daher nicht auf die Problematik eines tragischen Konfliktes zu reduzieren, sondern auf jener Ebene ernst zu nehmen, wo die sittliche Entscheidung eben nicht ein Arrangement mit einem Rechts oder Links bedeutet, sondern „Erhebung" oder „Fall".

Mit großem Bedacht nennt daher die Seherin den Menschen, der ein „homo rationalis" ist, gut. Der Mensch ist von seiner Natur aus gut (II, 93: natura hominis bona est). Der Mensch sollte auf dieser Welt schöpferisch das wirken, was Gott im Himmel geschaffen hat; er sollte — wie das später Paracelsus mit gleichen Worten erklärt hat — der kleinen Welt Gott sein (III, 44: homo in mundo deus esse debuit). Alle Welt sollte ihm zu Diensten stehen, und sie stand selbst noch zu seiner Verfügung, als er sich dem Ratschluß des Schöpfers widersetzte und seinem Wesen nach zu einem Rebell wurde (III, 3: homo autem rebellis est).

In dieser zwiespältigen Entscheidungs-Situation bleibt der Mensch und wird nicht eher seiner Verantwortung enthoben, bis ihm am letzten Tage seine volle und unverkürzte Leiblichkeit wiedergegeben wird. Daher rufen die Seelen der Heiligen immerfort nach ihrem Leibe und können es kaum erwarten, das volle Heil in ihrer Leiblichkeit zu empfangen (II, 46: integritas corporum suorum). Gott aber hört dieses Rufen nach dem Leibe wie den Ruf eines hungrigen Kindes nach einem Brot; Er wird dem Menschen den Leib schenken zur vollen Anschauung Seiner Herrlichkeit (II, 44).

Diese anthropologische Grundfunktion hat die moderne Philosophie seit Jahrhunderten nicht mehr gesehen; sie tritt in ihrer elementaren Bedeutsamkeit erst in unseren Tagen — auf den Umwegen über die Tiefenpsychologie, eine Sozialpsychiatrie, die Psychosomatik — wieder in unser Bewußtsein. Hildegard hat für diese Sachverhalte ihre ebenso schlichten wie grandiosen Bilder:

1. Der Mensch steht von Natur aus mitten in einer konkreten Welt und unterliegt selbstverständlich ihren Gesetzen und natürlichen Einflüssen, ohne damit schicksalhaft determiniert zu sein.

2. Der Mensch nimmt die äußere Welt lebenslänglich in sich auf und filtert die Weltstoffe in einer leibhaftigen Partnerschaft durch.

3. Der Mensch wirkt aber auch von sich aus aktiv, vorsorgend, eingreifend, planend in die Welt hinein und gestaltet letztlich das Universum: Er ist verantwortlich für die Entwicklung des Kosmos.

Und so sieht Hildegard die grünende Lebenskraft der Natur immer weiter wachsen zu einer sich vollendenden Reifung (III, 28: viriditas mundi ad profectum viret). Dieser evolutionäre Duktus wird sich ausreifen müssen bis zur endgültigen Vollendung der Welt (ad completionem perfectionis).

Eine solche ins Kosmische ausgebaute Spannbreite von Natur und Geschichte macht die innere Verbindlichkeit alles Geschaffenen erst einleuchtend. Ein jedes Wesen der Welt hat daher auf das andere Rücksicht zu nehmen (IV, 3: omne instrumentum Deus sic instituit, quod unumquodque in aliud respiciat). Diese Verantwortung steigert sich im Menschen, der mit aller Welt die Sorge teilt (IV, 6: nihil sine sollicitudine vivit). Noch sind wir ja weit entfernt von einem paradiesischen Zustand, wie ihn uns die Utopiker vorschwärmen möchten.

Am Kampf der Tugenden mit den Lastern versteht die Seherin weiterhin klarzumachen, wie konkret die Verantwortlichkeit des Menschen für seinen alltäglichen Wohlstand, für seinen Lebensstandard und seinen Lebensstil genommen werden muß. Denn der Mensch hat die Gabe der Vorausschau und damit auch aller Vorsicht und Umsicht und Fürsorge (IV, 12: unde homo provideat, quod sibi prodest). Seiner natürlichen Konstitution nach bleibt er einem Kulturauftrag verpflichtet. So zieht er seine sittliche Spur durch den

Acker der Zeit. Zwischen Gut und Böse wäre ein Niemandsland nicht einmal
denkbar (IV, 23). Es gibt nichts, wo das Böse sein eigenes Reich errichten
könnte. Dient doch auch dieses dem Guten, wie ein Ochse seinem Herrn dient.
So bleibt dem Bösen nur eine dienende Funktion, nirgends aber eine Eigen-
macht. Es beeinträchtigt Gottes Satzung in keiner Weise. Denn Gott hält diese
Welt im Guten fest, auf daß auch der Mensch sich in seiner Natur behaupte
und an der Welt arbeite (IV, 26). Der Mensch soll daher mit seiner ganzen
Kraft das Irdische pflegen, ohne dabei das Himmlische zu vernachlässigen
(IV, 76).

Nirgendwo hat sich in Hildegards Weltbild das dualistische Weltverständnis,
das im gnostischen Christentum wie auch in der spätmittelalterlichen Lebens-
anschauung so verhängnisvolle Folgen zeitigte, auswirken können: nirgendwo
ein Gegensatz zwischen Gott und Welt, Leib und Seele, Mann und Frau! So
steht in den ältesten Handschriften klar (gegen die Fehlleistung der Edition des
19. Jahrhunderts) zu lesen: „Gott hat den Mann stark und das Weib schwächer
gebildet, dessen Schwäche indes es war, welche die Welt hervorbrachte" (IV,
32: „mundum" = eine ganze Welt, und nicht — wie bei Pitra — „mendum" =
das Gebrechen!). Denn Mensch und Welt, in der Gott Fleisch annehmen wollte,
sind nicht voneinander zu trennen. Deshalb schuf Gott den Menschen ganz
licht, und Er hatte ihn in die herrlichste Schönheit gewandet. Dies alles verlor
der Mensch bei seinem Sündenfall, wobei er auch die Schöpfung mit sich in die
Düsternis gerissen hat. Aber selbst dort leuchtet auch jetzt noch ein Schimmer
dieses Glanzes auf in aller Welt (IV, 67).

Diese Leitlinien werden in den abschließenden Büchern aufgenommen und
breit ausgedeutet. Das ganze Werk ist im Grunde ein Loblied auf Schöpfer
und Schöpfung. Ihr Verhältnis wird mit dem einer ehelichen Liebe verglichen.
Alles blüht in schönster Verbindlichkeit, solange in jeder Situation diese innige
Verantwortlichkeit bleibt (V, 39). Der Mensch wird daher geradezu das Inbild
der Schöpfung genannt (V, 40: homo, qui omnis creatura est). Er ist das Werk
Gottes und so Symbol aller Wirklichkeit (VI, 18: opus Dei, quod homo est).
Der Mensch ist und bleibt das vernünftige Wesen (V, 10: homo rationalis est),
während sich die übrige Welt nur in ihrer elementaren Natürlichkeit zu repräsentieren vermag. Mit den Flügeln seiner Vernunft ist er lebendig (in pennis
rationalitatis vitalis est). Der Mensch vermag sich in seiner tönenden Vernunft
zu artikulieren, während die übrige Natur stumm bleibt (homo sonum in
rationalitate habet; reliquia autem creatura mutua est).

Unser Dasein lebt gleichsam aus einem laut- und vernehmbar gewordenen,
einem einzigartigen Gespräch von Gott, Welt, Mensch. Würde Gott, fragt
Hildegard (IV, 17), überhaupt Vater genannt, wenn Seine Kinder Ihn nicht
anrufen sollten, damit Er ihnen Seine Gaben schenke? Und könnte selbst in
menschlicher Gesellschaft eine wirkliche Freude aufkommen, wenn sich nicht

einer nur immer am andern und mit dem anderen freuen würde? (III, 66.) Eine
Vernunft dieser Art ist nur denkbar, wo jemand sich vernehmbar macht, wie
auch Sprechen unsinnig wäre, wollte niemand darauf hören. Zumal die Grund-
tugenden der Wahrheit und Gerechtigkeit wollen keinen stummen Gott, sondern
jene lebendige Antwort, die alle Werte des Lebens einbeschließt (IV, 47). Dieses
dialogische Grundverhältnis liegt im ursprünglichen Schöpfungsplan beschlossen.
Mit den Gaben Seiner Schöpfung zielte Gott auf den Menschen, und Er rechnet
mit ihm (V, 39): Er zieht ihn verantwortlich ins Gespräch!

Auch dieser so dominierende Gedankengang bleibt nicht in einem naturalisti-
schen Verständnis verhaftet, gewinnt vielmehr sogleich eine kosmische Bedeutung
und theologische Erklärung. Denn der Mensch in seiner leibhaftigen Existenz
vermag Gottes Lob zu singen und sich im Reich der Werte zu rechtfertigen. So
ist denn der Mensch bei seinem Lobpreisen (laus) engelhaft, durch sein Tun
(opus) aber Mensch. Als Ganzes — mit „laus" und „opus" — ist er das volle
Werk Gottes (V, 96: plenum opus Dei est), da im Rühmen und im Wirken alle
Wunder Gottes im Menschen zur Vollendung kommen. Solcherart schuf Gott
den Menschen und gab ihm die ganze Welt, auf daß er mit der Natur wirke
(V, 94), jener Schöpfung, die aus ihrem Wesen heraus bereits transzendiert. Ist
diese Erde doch nichts anderes als die Materie des Gotteswerkes im Menschen,
der wiederum die Materie des Gottessohnes darstellt (IV, 1: Terra materia
operis Dei in homine est, qui materia humana Filii Dei est).

Das sechste und letzte Buch der „Lebensverdienste", in dem keine Laster
mehr auftreten, gliedert diesen Transformationsprozeß einer sich verklärenden
Welt auf. Denn am Ende der Welt wird Gott diese Schöpfung zu einem neuen
Wunderwerk wandeln (VI, 3). Der bei Adams Fall befleckte Weltstoff wird mit
dem Jüngsten Tag gereinigt werden. Dann wird die Welt wieder strahlen, so
wie sie im Urstand (in prima constitutione) geleuchtet hat (V, 99). Im Menschen
wird Gott alles Vermögen Seiner Kräfte vollenden (VI, 6: virtutes virium
suarum). Der Mensch, im Geist wie am Leibe ausgereift, wird dann dem goldenen Kreis eines Rades gleichen (aureus circulus rotae). Alle Dinge der Welt
werden in die Ewigkeit hinübergehen und damit in eine unerschöpfliche Verwandlung (indeficiens transmutatio). Jetzt erst hat Gott im Menschen alle
Seine Werke zur Vollendung gebracht (VI, 24: omnia opera sua perfecit).

Dieses letzte Buch ist gedrängt voll von jenen Bildern, die sich aus dem
schlichten Latein mit seinem konventionellen Vokabular deutlich herausheben.
Gerade in dieser abschließenden Schau schwingt aber auch die Aussagekraft
einer visionären Diktion, für die das einfache Kirchenlatein keine adäquate
Form zu bieten vermochte. Nur zu oft hat man den Eindruck, als glitten die
Bilder über den Rand der Sprache hinweg und fänden erst in ihrem Fluge
flüchtige Haltepunkte und Aufsätze.

Noch einmal klingt am Schluß das Hohelied der Liebe zwischen Schöpfer und Schöpfung auf. Mit Seinem liebenden Munde will Gott Seinem eigentlichen Werk, dem „officiale opus", dem eigens von Ihm berufenen Menschen nämlich, einen Kuß geben. Mit Seinem Arm möchte Er es liebend umfangen (VI, 52: amando amplexus sum). Ihm übergab Er aus lauter Liebe alle Welt zu Diensten (officium omnis creaturae). In ihm ist das Geschöpf (VI, 54: officialis in creaturis) nicht nur geschaffen, sondern berufen und damit zum Maß für die Welt geworden.

Als Sein Werk (opus meum) nämlich ist der Mensch berufen, sich in der Welt zu verwirklichen (opera operari dedi). An die Elemente der Welt hat sich der Mensch zu halten, um sein Maß aus dieser Natur und aus keiner anderen Bestimmung zu nehmen (VI, 59). Hier bleibt für das Böse kein Platz und keine Chance, autonom ins Sein zu treten. Denn alle Welt hat Gott gemacht, nur eben das Böse nicht (VI, 14). Gott bleibt daher die Fülle (plenitudo), in der keine Leere (vacuitas) sein kann (VI, 15). Auch hier dient wieder das Übel der Lüge als ein Beispiel. Diese Laster berühren Gott in keiner Weise (VI, 61: Deum nullo modo tangunt); sie sind Seinem Wesen völlig fremd (ab eo aliena sunt).

Solcherart sind die Geheimnisse, die Gott nur wie durch ein Fenster (fenestraliter), nur wie in einem Spiegel (quasi per speculum) aufzeigt (VI, 65). Werden dann die Seligen mit Leib und Seele (VI, 58: et corpore et anima) den Himmel genießen, wird ihnen auch die Herrlichkeit Gottes offen vor Augen liegen.

Man weiß unter der Fülle der Gesichte nicht, was man mehr bewundern soll: die Strenge der geistigen Architektonik, die unter dem Leitwort „rationalitas" entworfen wird, die Wucht der rhythmischen Abfolge innerhalb des dramaturgischen Panoramas oder aber die Innigkeit des Gemütes und die Wärme der Hinneigung, wie sie gerade in den Visionen des letzten Buches zum Durchbruch kommen. Bis zuletzt waltet darin ein imponierender Ernst, aber auch jene heilige Nüchternheit, die frei bleibt von allem Pathos und jeder Sentimentalität.

Nach diesen Grundlinien sollte nunmehr die Vision selber folgen. Die Seherin hat darauf bestanden, daß zu ihrer Aussage nichts hinzugefügt, daß aber auch nichts ausgelassen werde. Wir haben uns an diese Weisung gehalten und es gewagt, das Werk in seiner altertümlichen Sprache und aus dem Geiste der Schau heraus wörtlich zu übertragen. Die Sprache selbst ist so einprägsam, so einfach und aus sich verständlich, daß sie nun auch für sich selber sprechen kann.

DAS BUCH DER LEBENSVERDIENSTE

„LIBER VITAE MERITORUM"

ES BEGINNT
DAS BUCH DER LEBENSVERDIENSTE —
OFFENBAR GEMACHT AUS DEM LEBENDIGEN LICHT
DURCH EINEN EINFACHEN MENSCHEN

1   UND ES GESCHAH im neunten Jahr, nachdem eine wahre Schau mir, einem
einfältigen Menschen, jene wahrhaften Visionen gezeigt hatte, unter denen ich
mich zehn Jahre lang abmühen mußte.

Es war das erste Jahr, nachdem dieses Gesicht mir folgende Schriften zu
erklären gegeben hatte: „Die Feinheiten der verschiedenen Naturen der Geschöpfe", ferner Antworten und Ermahnungen an zahlreiche Personen hohen
und niederen Standes, alsdann die „Sinfonie der Harmonie himmlischer Offenbarungen" und „Die unbekannte Sprache", schließlich die Briefe mit einigen
anderen Erklärungen, unter denen ich insgesamt acht Jahre lang nach den erwähnten Visionen ausgeharrt hatte, durch viel Kranksein und starke körperliche
Beschwernisse belastet.

Als ich nun sechzig Jahre alt geworden, erlebte ich eine gewaltige und wunderbare Schau, und auch mit diesem Gesicht hatte ich ein halbes Jahrzehnt hindurch zu tun.

2   Zu Beginn meines einundsechzigsten Lebensjahres also, im Jahre 1158
nach der Menschwerdung des Herrn, da der Apostolische Stuhl bedrängt war
und Kaiser Friedrich das Römische Reich regierte, da hörte ich eine Stimme vom
Himmel zu mir sprechen:

„Du, der du von deiner Kindheit an durch den Geist des Herrn nicht auf
leibliche Weise, sondern geistig in der wahren Schau unterwiesen wurdest, ver-
künde nun das, was du jetzt siehst und hörst. Denn von Beginn deiner Schau
an wurden dir einige Erscheinungen gleichsam wie flüssige Milch gezeigt;
andere wieder wurden dir gleich einer erquickenden, leichten Speise angeboten;
noch andere wurden dir wie feste und vollkommne Nahrung angewiesen. So
rede denn auch jetzt wiederum nach Mir und nicht nach dir, und schreibe Mir
nach und nicht dir nach!"

Und ich legte Hand ans Schreiben, wie jener Mann bezeugen kann, den ich,
wie in früheren Visionen erwähnt, im geheimen gesucht und gefunden hatte,
und wie auch ein bestimmtes Mädchen bezeugt, das mir behilflich war.

Und wiederum hörte ich die Stimme vom Himmel, die zu mir sprach und mich
folgendermaßen belehrte:

ERSTER TEIL

DER MANN SCHAUT NACH OSTEN UND SÜDEN

3 ICH SAH einen Mann von solch hohem Wuchs, daß er von der obersten Höhe der Himmelswolken bis hinunter in die Abgründe reichte. So stand er da: Von seinen Schultern an ragte er über die Wolken hinaus in den strahlendsten Äther. Von den Schultern abwärts bis zu seinen Hüften umschwebte ihn, unterhalb der erwähnten Wolkenschicht, eine andere blendendweiße Wolke. Von den Hüften bis zu seinen Knien umspielte ihn die irdische Luft. Von den Knien bis zu seinen Waden befand er sich in der Region der Erde. Seine Füße schließlich tauchten in die Wasser des Abgrundes, jedoch so, daß er dabei noch über dem Abgrund stand.

So stand er, dem Osten zugewandt, und schaute nach Osten und Süden. Sein Antlitz aber strahlte von solcher Herrlichkeit, daß ich es nicht voll und ganz anzuschauen vermochte. Vor seinem Munde ballte sich eine blendendweiße Wolke zu einer Art Posaune zusammen; sie war erfüllt vom Klang einer geschwind aufbrausenden Musik. Jedesmal, wenn dieser Mann dort hineinblies, sandte sie drei Winde aus: Der eine trug eine Feuerwolke über sich, der andere eine Sturmwolke, der dritte eine Lichtwolke, und zwar so, daß diese Winde jeweils ihre Wolken über sich trugen. Der Wind mit der Feuerwolke blieb vor dem Angesicht des Mannes stehen. Die beiden anderen senkten sich mit ihrer Wolke bis zu seiner Brust hinab und wallten dort in die Breite. Der Wind mit seiner Wolke vor dem Angesicht des Mannes aber breitete sich vom Osten zum Süden hin aus.

4 In dieser Feuerwolke befand sich eine große Schar feuriger Lebewesen. Sie alle waren in der Einmütigkeit ihres Willens und in ihrer innigen Verbundenheit ein einziges Leben. Vor ihnen breitete sich eine Tafel aus, über und über besetzt mit Federn, die nach Gottes Vorschrift ihren Flug nahm, so wie Gottes Geheiß sie trug. Manches Verborgene hatte das Wissen Gottes daraufgeschrieben. Auf diese Tafel blickte die ganze Schar in einhelliger Begeisterung. Sobald sie auf diese Inschrift schauten, erfaßte sie alle die Kraft Gottes so, daß sie wie in einem einzigen mächtigen Posaunenstoß jegliche Art von Wohlklang ertönen ließen.

5 Der Wind aber, der die Sturmwolke trug, führte diese vom Süden bis zum Westen und zog sie in ihrer ganzen Länge und Breite wie eine Straße hin, die solche Ausdehnung annahm, daß menschlicher Verstand sie nicht zu begreifen vermochte. In dieser Wolke befand sich eine riesige Schar von Seligen, die alle den Geist des Lebens trugen und die niemand zählen konnte. Ihre Stimmen erklangen wie das Rauschen vieler Wasser. Und sie sprachen: „Wir haben zwar unsere Wohnungen, wie es dem Urheber dieses Windes gefällt. Wann aber werden wir sie wirklich in Besitz nehmen? Erst dann wohl, wenn wir sie ganz bei uns haben, werden wir uns noch mehr als jetzt an ihnen erfreuen können."

6   Die erwähnte Schar aber, die sich in der Feuerwolke aufhielt, antwortete ihnen in lobsingendem Chore: „Wenn die Gottheit ihre Posaune berührt, dann wird sie Blitz, Donner und flammendes Feuer über die Erde entsenden. Sie wird sogar jenes Feuer anrühren, das im Kern der Sonne glutet, so daß die ganze Welt ins Wanken kommt. Dann wird der Augenblick da sein, in dem Gott Seine großen Zeichen offenbar machen will. Und dann wird Er mit dem Schall jener Posaune alle Stämme aller Zungen der Erde rufen, alle die nämlich, die in dieser Posaune eingeschrieben sind. Und alsdann werdet ihr endgültig eure Wohnungen beziehen."

7   Der Wind schließlich, der die Lichtwolke trug, zog diese mit sich hin vom Osten bis zum Norden. Doch nun stieg vom Westen her schwarze Finsternis in mächtiger Dichte und mit großen Schrecken herauf und stellte sich in wachsender Ausdehnung der lichten Wolke entgegen. Gleichwohl mußte sie vor dieser Lichtwolke haltmachen. Inmitten dieser lichten Wolke erschienen nun Sonne und Mond. In der Sonne stand ein Löwe, im Mond ein Steinbock. Diese Sonne erstrahlte über den Himmeln und im Himmelsgewölbe, auf der Erde und unter dem Erdball, und so kam sie hervor in ihrem Aufgange und neigte sich wieder in ihrem Niedergang. Mit der aufgehenden Sonne wuchs auch der Löwe in ihr und riß gewaltige Beute an sich. Bei ihrem Niedergang zog sich auch der Löwe zurück, wobei er vor Freude ein gewaltiges Brüllen ausstieß. Auch der Mond, und mit ihm der Steinbock, folgten den Bewegungen der Sonne im Aufstieg wie im Niedergange nach. Dabei gab jener Wind ein Brausen von sich, das sagen sollte: „Das Weib wird Frucht gebären, und der Steinbock wird ankämpfen wider den Norden."

8   Inmitten der erwähnten Finsternisse nun befand sich eine ungezählte Schar verlorener Seelen, die sich von dem Lobgesang des Chores im Süden abgewandt hatten, da sie keine Gemeinschaft mit ihm haben wollten. Ihr Führer trug den Namen „Verführer". Denn den Taten dessen sind sie gefolgt, der von Christus niedergestoßen wurde und der nun keine Macht mehr hat. Sie alle

schrien in einem fürchterlichen Geheul: „Weh und abermals wehe dem schaden-
bringenden entsetzlichen Werke, welches das Leben floh und das nun in uns dem
Tode zusteuert!"

9   Alsdann sah ich vom Norden her eine Wolke, die sich gegen diese Finsternisse ausdehnte. Sie war aller Freude leer und aller Seligkeit bar. Denn die
Sonne hatte sie nie berührt und sich ihr nicht einmal gezeigt. Voll war sie von
bösen Geistern, die in ihr unruhig herumfuhren, um gegen die Menschen lauter
Bosheiten im Schilde zu führen. Doch vor dem Manne mußten sie erröten. Und
ich hörte, wie die alte Schlange bei sich selber sprach: „Alle Kraft meines Vermögens will ich zum Endkampf einsetzen, und ich will losschlagen gegen meine
Feinde, so sehr ich vermag." Und sogleich stieß sie voller Giftigkeit ihren Geifer,
und damit alle ihre Laster, unter die Menschen aus. Sie zischte sie höhnisch an
und sprach: „Ha, ha! Sonnen nennen sie sich ihrer leuchtenden Taten wegen!
Ich aber will sie zu Schadenstiftern und Finsterlingen machen und zu Ungeheuern der Nacht!" Einen ganz abscheulichen Nebelschwaden stieß sie aus, der
den ganzen Erdkreis wie mit nachtschwarzem Rauch bedeckte, aus dem ein
fürchterliches Gebrüll ertönte. Und sie schrie: „Daß ja kein Mensch einen anderen Gott anbetet als den, den er sieht und kennt! Was wäre das auch für ein
Unfug, daß der Mensch etwas verehrte, das er nicht einmal versteht!" In diesem
Nebel erblickte ich nun in sinnbildlicher Gestalt eine Reihe verschiedenartiger
Laster. Unter ihnen konnte ich folgende sieben Erscheinungen im einzelnen
erkennen.

Die erste Gestalt

10   Die erste Gestalt sah aus wie ein Mensch, war aber schwarz wie ein Mohr.
Ganz nackt stand sie da. Mit ihren Armen und Beinen hielt sie einen Baum
unterhalb seines Astwerks umklammert, aus dem die schönsten Blüten hervor-
sproßten. Mit ihren Händen griff sie nun hinein in die Blüten, riß sie herunter
und sprach:

Die Liebe zur Welt spricht

„Alle Reiche der Welt, ich halte sie fest mit ihrer ganzen Blütenpracht!
Wieso sollte ich hinwelken, wo ich doch vor grünender Lebenskraft strotze?
Sollte ich mich hinschleppen wie ein Greis, da ich doch in der Jugendfrische
blühe? Soll ich das schöne Licht der Augen in Blindheit halten? Schamrot müßte
ich werden, wenn ich mich so verhalten würde! Solang ich noch dieser Welt

Schönheit genießen kann, will ich sie mit Wonne umfangen. Ein anderes Leben kenne ich nicht, und nichts besagen mir die Fabeleien, die ich davon höre."

Kaum hatte die Gestalt geendet, da verdorrte der Baum bis auf die Wurzeln. Er stürzte in die obenerwähnte Finsternis und riß die ganze Erscheinung mit sich in die Tiefe.

Die himmlische Liebe antwortet

11   Da hörte ich aus der Sturmwolke eine Stimme erschallen, die dieser Gestalt folgende Antwort gab: „Du bist wohl ganz verrückt, wenn du glaubst, in einem Funken der Asche schon das volle Leben besitzen zu können! Du jedenfalls suchst nicht das wahre Leben, das in seiner Jugendschöne nimmermehr welkt und das sich selbst in der Reife des Alters nicht erschöpft. Dir fehlt aber auch jedes Licht! In die finstere Nacht stolperst du, und in das Verlangen des Menschen wühlst du dich ein wie ein Wurm. Von Augenblick zu Augenblick lebst du dahin, um dann wie Heu zu verdorren. Und so stürzest du in den See des Verderbens. Dort wirst du enden mit alledem, was du ins Herz schließen möchtest und was du Blüten nennst, da du noch aufrecht stehst.

Ich aber bin eine Säule himmlischer Harmonie, und alle Freude des Lebens liegt mir im Sinn. Das wahre Leben verschmähe ich keineswegs. Aber alles, was schadet, das zermalme ich, so wie ich auch für dich nichts als Verachtung übrig habe. Ich bin allen Tugenden ein Spiegel, in dem jeder Gläubige sich sorgfältig betrachtet. Du aber rennst dahin auf Pfaden der Nacht, und deine Hände bewirken nur Ohnmacht."

Die zweite Gestalt

12   Die zweite Gestalt sah aus wie ein Hund, der zu streunen pflegt. Er stand auf seinen Hinterpfoten und hatte die Pranken an einen aufrecht stehenden Stock gelegt, während sein Schwanz spielerisch hin- und herwedelte. Und er sprach:

Die Worte frecher Ausgelassenheit

„Was könnte dem Menschen schon eine Freude schaden, die ihm wenigstens etwas zum Lachen bringt? Trägt er doch in seinem Wesen solch schönen Seelenhauch, da darf er wohl auch seine wohlklingende Natur zeigen! Was wäre auch ein Mensch, dem es immer nur zum Sterben zumute ist? Ein Nichts! Drum laßt uns fröhlich sein, solange es hier noch was zum Freuen gibt!"

Es antwortet die Zucht

13   Und wiederum vernahm ich, wie aus der Sturmwolke eine Stimme dieser
Gestalt antwortete: „Du ganz verruchtes Wesen, mit den ungepflegten Manie-
ren verspielter Menschen gleichst du dem unsteten Winde, und in deiner Wechselhaftigkeit bist du wie das Gewürm, das sich im Erdreich verwühlt. Wo die
Menschen dir begegnen, da finden sie Zuneigung zu dir, da du ihnen stets lustig
entgegenkommst, so wie dies der Hunde Art ist. Ganz schön verstehst du es, sie
so zu nehmen, daß sie nur noch begehren, was immer sie mögen. Mit deinen
müßigen, verbrecherischen Redensarten setzest du den Herzen der Menschen arg
zu. Und dein Verhalten richtest du nur äußerlich nach dem Gesetz ein, um so
die Menschen besser zu fangen.
      Ich aber, ich bin ein Gürtel der Heiligkeit und ein Mantel der Ehrbarkeit.
Zur Hochzeit des Königs bin ich geladen, und ich erscheine dort auch mit Freuden und in Züchten. Strahlend trete ich dort auf, in aller Pracht der Gerechtigkeit."

Die dritte Gestalt

14   Die dritte Erscheinung glich einem Menschen, der eine völlig verunstaltete
Nase hatte. Seine Hände sahen aus wie Bärentatzen, und die Füße erschienen
wie Greifenklauen. Er hatte schwarzes Haar und trug ein mattfarbenes Gewand.
Und die Gestalt sprach:

Die Vergnügungssucht spricht

      „Wieviel besser ist es doch, sich zu verlustieren statt Trübsal zu blasen!
Spiel und Spaß sind doch wohl kein Unrecht! Der Himmel freut sich und jedes
seiner Geschöpfe. Warum sollte ich nicht auch lustig sein? Würde ich vor meinen
Mitmenschen nur Trauer tragen, so würden sie mir aus dem Wege gehen und vor
mir fliehen. So was will ich nicht tun! In lustigem Wirbel will ich mich drehen,
damit alles mit mir seinen Spaß treibt. Gott schuf ja die Luft, die mir so süßen
Klang zuträgt. Frische Blumen läßt sie mir sprießen, eine Augenweide für mein
fröhliches Herz. Warum sollte ich mich nicht an ihnen ergötzen? Mensch und
Tier und Tier und Mensch, sie treiben lustig ihr Spiel miteinander! So ist es
recht, so soll es sein!"

Die Schamhaftigkeit gibt Antwort

15 Und abermals hörte ich aus der Sturmwolke eine Stimme dieser Gestalt antworten: „Du dienst einem Götzen, wenn du immer nur deinen Lüsten nachlebst. Ein toter Schall wirst du schließlich sein, gemacht von Menschenhand. Dein Wollen gibt sich teils menschlich, teils viehisch, da du dich bald nach Menschenart, bald wie ein Tier benimmst. Insgesamt aber gleicht dein Verhalten mehr der toten Kreatur als einem Lebewesen, da du nur das erhaschst, wonach dir der Sinn steht. Auf der Bahn wahnhafter Widersprüchlichkeit schreitest du einher.

Ich aber werde bei alledem rot vor Scham und suche Schutz unter den Flügeln der Cherubim. Mir werden in den Vorschriften der Schrift die Geheimnisse Gottes kund. Und so bin ich in himmlischen Dingen lauter Leben. Ich schaue mit den Augen der Unschuld, und allüberall bekomme ich in ehrbarer Haltung nach Gottes Willen das zu sehen, was du in blinder Unwissenheit fliehst.“

Die vierte Gestalt

16 Die vierte Erscheinung ballte sich wie ein dichter Rauch zu einer menschlichen Gestalt zusammen. Menschliche Glieder besaß sie jedoch nicht, nur große schwarze Augen glotzten aus ihr heraus. Sie ging nicht vorwärts, nicht rückwärts, bewegte sich weder nach rechts noch nach links, verharrte vielmehr völlig unbeweglich in der erwähnten Finsternis. Und sprach:

Die Sprache der Herzenshärte

„Ich habe nichts hervorgebracht und auch niemanden ins Dasein gesetzt. Warum sollte ich mich um etwas bemühen oder gar kümmern? So was werde ich schön bleibenlassen. Ich will mich für niemanden stärker einsetzen, als auch er mir nützlich sein kann. Gott, der da alles geschaffen, der soll auch schön dafür geradestehen und für Sein All Sorge tragen! Würde ich auch nur einen Ton von mir geben und mich eine Spur nur in die Angelegenheiten anderer einmischen, was würde das mir nützen? Ich würde keinem was Gutes noch was Böses damit antun. Würde ich nämlich immer nur solches Mitleid in mir hegen, daß ich rein gar nicht mehr zur Ruhe käme, was würde dann von mir selber noch übrigbleiben? Was für ein Leben müßte ich führen, wenn ich auf alle Stimmen der Freude oder der Trauer antworten wollte! Ich weiß nur von meiner eigenen Existenz; möge auch jeder andere wissen, wer er ist!“

Die Barmherzigkeit antwortet

17   Und wiederum hörte ich aus der erwähnten Wolke eine Stimme, die dieser Gestalt folgende Antwort gab: „O du versteinertes Wesen, was behauptest du denn da? Die Kräuter bieten einander den Duft ihrer Blüten; ein Stein strahlt seinen Glanz auf die andern, und jedwede Kreatur hat einen Urtrieb nach liebender Umarmung. Auch steht die ganze Natur dem Menschen zu Diensten, und in diesem Liebesdienst legt sie ihm freudig ihre Güter ans Herz. Du aber bist nicht wert, auch nur die Gestalt eines Menschen zu haben. Nur ein grausamer Blick geht unbarmherzig von dir aus. Ein bitterböser Rauch bist du in der Bosheit Schwärze.

Ich aber, ich bin in Luft und Tau und in aller grünenden Frische ein überaus liebliches Heilkraut. Übervoll ist mein Herz, jedwedem Hilfe zu schenken. Ich war schon zugegen, als das „Es werde!" erscholl, aus dem alle Welt hervorging, die nun dem Menschen zur Verfügung steht. Dir aber ist jenes Wesen verschlossen. Mit liebendem Auge berücksichtige ich alle Lebensnöte und fühle mich allem verbunden. Den Gebrochenen helfe ich auf und führe sie zur Gesundung. Eine Salbe bin ich für jeden Schmerz, und meine Rede ist rechtens, während du ein so bitterer Rauch bleibst!"

Die fünfte Gestalt

18   Die fünfte Gestalt hatte zwar den Kopf eines Menschen, aber das linke Ohr sah aus wie das eines Hasen, war aber so groß, daß es das gesamte Haupt überdeckte. Der übrige Leib glich dem Körper eines Wurms, eines knochenlosen Weichtieres, das in seinem Schlupfwinkel eingeschlossen liegt wie ein in Tücher gewickelter Säugling. Bebend vor Angst begann dieses Wesen zu sprechen:

Die Feigheit spricht

19   „Ich will nur ja keinem ein Leid zufügen, damit auch ich selber nicht ohne Trost und Hilfe bleibe. Denn würde ich etwas zum Schaden anderer unternehmen, so könnte ich meine eigene Existenz dabei aufs Spiel setzen und hätte gar keine Freude mehr. Lieber will ich den Vornehmen und Reichen schmeicheln. Um die Heiligen aber und um die Armen brauche ich mich nicht zu kümmern, da sie mir sowieso keine Wohltaten zuteil werden lassen. Jedem zu Gefallen will ich leben, damit ich nicht zu kurz komme. Würde ich nämlich mit jemandem streiten, so würde er mich doch sicherlich kleinkriegen. Und täte ich einem nur ein bißchen Unrecht, so gäbe er mir bald ein größeres zurück. Solange ich unter Menschen weile, will ich in Frieden mit ihnen leben. Ob sie Böses oder Gutes treiben, ich

werde schön den Mund halten. Für mich kommt mehr dabei heraus, auch mal zu lügen oder zu täuschen, als immer nur die Wahrheit zu sagen. Besser ist es, etwas einzuheimsen, als zu verlieren, besser auch, den Mächtigen aus dem Weg zu gehen, als sich gegen sie zu stellen. Was würde es mir auch nützen, wenn ich etwas in Angriff nähme, was ich dann doch nicht vollenden kann? Die Siegreichen wie die Weisen, sie machen sich zwar lustig über mich; doch mögen sie gern behalten, was sie haben. Ich jedenfalls besitze mein Häuschen, das ich mir ausgesucht habe. Oft verlieren ja gerade die ihre Habe, die da die Wahrheit sagen. Und wer den Kampf aufnimmt, kommt wohl auch darin um."

Die Antwort von Gottes Sieg

20 Und wieder hörte ich aus der erwähnten stürmischen Wolke eine Stimme dieser Gestalt die Meinung sagen: „Da du beim ersten Irrtum deine Stimme wider Gott erhoben, begannst du schon zu irren und wolltest der Gerechtigkeit nicht folgen. Und wie du in deiner Haltlosigkeit, zitternd und gefühllos, in die Verbannung gingst, so hast du im Wankelmut deiner Gunst die Menschen hintergangen. Denn dir fehlt aber auch alles rechte Maß.

Ich hingegen besitze das Schwert der überstarken Kräfte Gottes, mit dem ich alles Unrechte ausrotte. Schon habe ich es gezückt, um auch deine Kinnlade zu zerschmettern. Hart will ich gegen dich sein; denn du bist Asche in Asche. Was du auch immer verlangst und an dich ziehst, es ist nur kleinliches und geringfügiges Zeug. Denn ich mag kein Leben, das in der Asche liegt, und ich will nicht die nichtigen Eitelkeiten der Welt. Ich begehre vielmehr, an den springenden Quell selbst zu gelangen. Ich nehme den Kampf auf gegen die alte Schlange, und all ihre Rüstung zerstöre ich mit dem Geheimnis der heiligen Schriften. Sie sind meine Waffen gegen die Fangnetze des Teufels. Und so werde ich stetig in Gottes Wahrheit verbleiben."

Die sechste Gestalt

21 Die sechste Erscheinung hatte das Gesicht eines Menschen. Nur ihr Mund glich dem eines Skorpions, und das Weiß ihrer Augen quoll über die Pupillen hinaus. Ihre Arme sahen aus wie Menschenarme, hingegen waren die Hände verkrüppelt und gingen in lange Krallen über. Brust und Bauch wie auch der Rücken sahen ganz wie ein Krebs aus, die Schenkel wie Heuschrecken und die Füße wie die von Schlangen. Sie war so zwischen die Speichen eines stillstehenden Mühlrades geschlüpft, daß sie sich mit ihren Händen an die oberen Speichen des Rades klammerte, während sie mit ihren Füßen auf den unteren stand. Auf ihrem Kopf trug sie keinerlei Haar, war auch sonst am ganzen Leibe nackt. Aus

ihrem Mund aber fauchte sie Feuer um Feuer wie brennende Fackeln. Und sie sprach:

Worte des Zorns

22   „Ich zermalme und vernichte alles, was mir in die Quere kommt. Sollte ich das Unrecht gar noch dulden? Was einer will, das man ihm nicht tut, das soll er gefälligst auch mir nicht zufügen. Mit dem Schwert schlage ich um mich, und mit Knüppeln haue ich drein, wenn jemand mir ein Leid antun wollte."

Die Geduld gibt Antwort

23   Wiederum hörte ich aus der erwähnten Sturmwolke eine Stimme dieser Gestalt antworten: „Mein Loblied erschallt in den Höhen, und ich bedecke ganz die Erde. Heilenden Balsam schwitzt mein Wesen aus dem Erdreich. Du aber bist voller Trug! Blut trinkst du und verhältst dich in allen Dingen wie der Norden.

Ich aber bin aller Grüne ein milder Hauch. Ich lasse die Blüten und Früchte der Tugenden hervorsprießen und errichte ihnen im Herzen der Menschen eine feste Burg. Was immer ich auch beginne, ich halte es durch; ich bleibe beharrlich treu und vernichte niemanden. Alles halte ich fest in ruhiger Gesinnung, und niemand verachtet mich. Doch wenn du einen Turm aufrichtest, zerstöre ich ihn mit einem Wort, und all seine Zurüstung zerstreue ich. Und so gehst du flüchtig vorüber, ich aber werde bleiben in Ewigkeit."

Die siebente Gestalt

24   Die siebente Erscheinung hatte vom Scheitel bis zu den Lenden Menschengestalt, aber Hände wie ein Affe. Von den Lenden abwärts sah sie aus wie eine Ziege. Ihre Füße steckten so tief in der erwähnten Finsternis, daß ich sie nicht mehr vollkommen erkennen konnte. Auch trug sie keinerlei Gewand, war vielmehr ganz und gar nackt. Und sprach:

Worte der Ausschweifung

25   „In mir selber finde ich das süße Leben, und schön ist der Weg, den ich wandle. Warum sollte ich enthaltsam sein? Grad das Leben nämlich, zu dem ich geschaffen ward, hat Gott mir geschenkt. Was soll's auch, wenn mein Fleisch der

Lust nur lebt? So ist auch Kupfer zunächst ganz hart und hat eine schwärzliche Farbe; dann aber wird es glänzend aussehn wie Gold. Genauso ist es auch mit mir, wenn noch Schmutz in meinen Trieben sein sollte; darum brauche ich mich nicht zu entschuldigen. Viele nämlich leben einfach so dahin in der Blindheit dieses Lebens, daß sie nicht einmal merken, was sie so treiben. Ich aber weiß genau, was ich von diesem Dasein zu halten habe. Und ich begehre nichts weiter, als mein Leben zu leben!"

Die Sehnsucht nach Gott antwortet

26   Und abermals hörte ich aus der Sturmwolke eine Stimme, die dieser Gestalt ihre Antwort gab: „Du nacktes Ding da, warum wirst du nicht schamrot, da du das blinde und stumme Dahinvegetieren schon für jenes wirkliche Leben hältst, das auch nicht einmal einen Schatten von Nacht und Düsternis kennt? Mit deiner Haltung überschreitest du aber auch alle Grenzen der Ehrbarkeit und Wahrhaftigkeit. Du lebst nun wirklich nicht auf vernünftige Weise.

Ich aber weiß nur zu wohl, daß alles weltliche Leben dahindorrt wie Heu. Daher zielt meine Sehnsucht auf ein anderes Sein, das nie zu Ende geht. Ich ziehe die himmlische Harmonie an mich und in ihr alle Wonnen der Engel und Geister. An ihnen kann ich nicht satt werden, da ich in ihrer Gemeinschaft bin, und ich scheide nie mehr von ihnen."

Die Sprache des Schwertes

27   Und ich sah, wie der erwähnte Mann ein gezücktes Schwert mit drei Schneiden trug, das mit seinem Griff am Hals des Mannes befestigt war und das wie zum Dreinschlagen hin und her geschwungen wurde. Und dieses Schwert sprach: „Zorn des Zornes gegen den Norden trage ich in mir und gegen alles, was in ihm hauset. Wer könnte mich im Streit überwinden? Niemand! Denn nicht aus vergänglichem Zeugungsstoff bin ich gebildet; Mann und Weib haben mich nicht ins Dasein gerufen. Vielmehr entscheide ich über jedes Zeugungswerk. Gott hat ja den Menschen aus dem Erdenlehm gebildet, und im Bilde des Menschen wirkte Er all Seine Werke. Und auf Ihn schaue ich wie in einen Spiegel."

Die Treulosen werden vergessen; Gottes Werk aber bleibt im Leben fest

28   Daraufhin hörte ich eine Stimme vom Himmel rufen: „Wer in aller Welt könnte wohl die Werke Gottes zählen! Und wie viele sind der Wesen, die auf Gottes Erde wohnen! Und wer sind sie, und wie viele sind ihrer, und was sind

sie, die da unter sich schwätzen und der Finsternis der Spaltung ihre Zustimmung geben! Denn sie suchen ihren Gott im Reich des Nordens und verehren ihn dort. Was recht von Gott eingerichtet ist, das zerreden und zerschreiben sie nach ihrem Eigensinn auf verkehrte Weise. Sie zerrupfen alles in ihren Herzen und reden daher: ‚Dies hier ist das wirklich gute Leben, jenes aber ist wahrhaft schlecht.' Und so besitzen sie statt Gott nur den Eigendünkel, und sie wissen nicht, was sie tun. Gottes Werke indes, die Er im Menschen wirkt, bleiben im unerschöpflichen Leben." Dies bezeugen jene Worte des Propheten Ezechiel, wo er von den vier lebenden Wesen kündet:

Ezechiel spricht

29   „Vorn ein Menschengesicht und ein Löwengesicht zur Rechten hatte jedes von den Vieren, ein Stiergesicht zur Linken jedes von den Vieren, und ein Adlersgesicht jedes von den Vieren" (Ezech 1, 10).

Diese Stelle will folgendermaßen verstanden sein: Das Werk des Wirkens Gottes ist der Mensch. Dieses Werk stammt von Gott. Das „Antlitz des Menschen" nun spiegelt die Güte, durch die der Mensch erst seine lebendige Empfindsamkeit hat. Das „Gesicht des Löwen" meint die Kraft Gottes, in welcher Er dem Menschen die Vernunft schenkte. Diese steht zur Rechten, weil die Güte und die Kraft Gottes im Erfassen der Größe der guten Werke gleichsam die Flügel sind, die den göttlichen Hauch kundtun. Das „Gesicht des Stiers" deutet hin auf das Opfer, das Gott ist. Es zeigt an, wie der Mensch sich auf Gott hin heiligen soll. Zur Linken steht es, weil im Opfern noch ein Mangel ist, da hierbei das eine gegeben, anderes aber zurückgehalten wird. So hat auch einer, der seinen Willen Gott anbietet, teilweise Himmlisches, teils aber noch Irdisches im Sinn. Doch im Opfer zieht Gott den Menschen an sich und gibt diesem Menschen ein, sich Gott ganz als Opfergabe darzubieten. Das „Antlitz des Adlers" schließlich bedeutet das Wissen um Gott, der dem Menschen das Erkennen gibt und damit die Einsicht ermöglicht, Ihm zu gefallen, was über alle sonstigen sittlichen Kräfte geht. Dies aber wirkt im Menschen als eine gewaltige Macht: Er gibt ihm das Leben, und solches Leben hört nimmer auf. Überallhin atmet es, und alles ringsum erschaut es, und es erscheint im Menschen wie die Sterne am Firmament.

Die Zahl der Erwählten und der Verworfenen ist keinem Menschen bekannt

30   Wie groß auch immer das Wissen im Menschen ist, kein Mensch könnte die Werke Gottes zählen. Niemand auch könnte diejenigen nennen, die das Himmelreich besitzen werden. Denn wie Seine Wundertaten unzählbar sind, so

sind auch jene nicht zu zählen, die durch dieses wundervolle Wirken die himmlische Heimat erlangen. Aber auch die zählt keiner, die da, von des Teufels Einflüsterung verführt, hausen werden mit dem Satan.

Gott allein weiß alles

31 Gott aber kennt die Zahl aller Wesen. Über und über Geheimnisse sind geborgen in Gott, die Er keinem ihrer Natur nach offenbart, vielmehr nur als Stückwerk und nach Seinem Gefallen, ganz so, wie Er will. Er allein weiß alles, da Er alles umfaßt. Und Er erhält, was Er schuf, weil Er in allem nach der Ordnung Seiner Gnade lebt. Dies soll die Schau, die du gerade vor Augen hast, deutlich machen.

Warum Gott „Mann" genannt wird

32 Der Mann aber von solch hohem Wuchse, daß er von der Höhe der Himmelswolken hinab bis zum Abgrund reicht, dieser Mann steht da für Gott. Mit Recht wird Gott „Mann" genannt, weil alle Kraft und alles, was da lebt, ausgeht von Ihm. Das aber ist jener Mann, von dem der Prophet sagt:

Isaias spricht

33 „Der Herr zieht aus wie ein Held, wie ein Krieger entfacht er seinen Zorneifer. Er stößt Kriegsgeschrei aus, läßt den Schlachtruf erschallen und geht mannhaft gegen seine Feinde vor" (Is 42, 13).

Das soll heißen: Vor dem Ursprung der Tage war der Herr hervorgetreten auf dem Gipfel Seiner Macht. Seine Kraft gab allem Leben das Leben in jeder Art der Geschöpfe. Das Leben, das Er schuf, enthielt in sich bereits den fruchtbaren Keim zur weiteren Entwicklung aller Geschöpfe. Dieser Mann gründete im ewigen Ratschluß die Fülle aller Güter. Er fügte das Bauwerk der Kräfte dergestalt, daß keine leere Stelle darin zu finden war. So kämpfte Er mit voller Macht gegen Seine Feinde, deren Inneres nur jener Hochmut ist, der schon klettern möchte, ehe er die Leiter erblickt hat, und der sich schon eher setzt, als ihm ein Sitz zur Verfügung steht. Sein Werk ist nur ein Hirngespinst, und wenn es zerrinnt, wandert es in den Untergang.

Jener Mann aber weckte in der Vollkraft seines mannhaften Wirkens den Zorneifer auf, das heißt jenes brennende Feuer im Heere der Engel, das den Feind darniederwarf, als dieser in der Düsternis seiner Bosheit den Himmel zu vernebeln suchte. Und so kam es zu jenem Schrei, voll der Kraft des göttlichen

Willens und voller Siegesfreude, der alle Engelsscharen in den Ruf ausbrechen ließ: „Wer ist wie Gott!" Mit diesem Ruf, der einem stürmischen Braus glich, verkündete die ganze himmlische Heerschar, daß der Feind zu Fall gebracht sei. Und lauter Freude herrschte, da nunmehr im Himmel kein Bruch mehr stattfinden konnte. So fiel der alte Feind in die Finsternis: Ohne Licht west er nun und ohne die Freude des Lebens. Doch raffte er seinen Köcher und seine Pfeile noch einmal gegen den Willen jenes kämpfenden Mannes zusammen.

Gott wird den alten Feind ganz und gar vernichten

34   Aber der Mann erwies sich mächtig über Seinen Feind, und zwar durch ein anderes Werk, das Er wirkte, durch den Menschen nämlich, den Er geschaffen. Mit dieser Macht begann Er gegen die Schlingen und Bosheiten des listigen Feindes aufs neue zu kämpfen. Als „das Wort, das Fleisch geworden" ergriff Er das Banner dieser Schlacht. Und dieser Streit wird dauern, bis die Zahl der Brüder, das heißt der Seligen, voll ist. Einen erbitterten Kampf wird dieser Mann von neuem mit dem Feinde streiten, so wie Er früher schon im Himmel mit ihm gefochten hatte. Doch wird Er ihn gänzlich zunichte machen, weil jener im Müßiggang der Sünder stand und gänzlich in der Gewalt so vieler List und Bosheit steckte. Wer aber an diesem Treiben keinen Anteil hat, der ist selig, so sehr, daß seine Seligkeit nimmer aufhört.

Vergangenes und Kommendes kennt der Mensch nicht

35   Die Ausmaße dieses Mannes sind so gewaltig, daß sie sich vom Anfang der Schöpfung bis hin zum Ende der Welt erstrecken. Nur innerhalb dieses Raumes, aus dem er geschaffen ward und mit dem er enden wird, steht dem Menschen ein Urteil zu. Was aber zuvor war oder was nach ihm kommen wird, davon weiß er nichts. Gott allein hat weder Ursprung noch Ende.

Was vor Beginn der Welt war, weiß Gott

36   Dieser Mann steht von den Schultern ab über den Wolken im strahlendsten Äther, weil alles das, was vor dem Ursprung der Welt war, Er allein im Geheimnis der göttlichen Herrlichkeit kennt. Denn Gott ist erhaben über alles und in allem, so daß weder die Engel noch die Geister der Gerechten Ihn vollkommen erfassen können. Aus Ihm nehmen alle Lebewesen ihren Ursprung, während Er selber keinen Beginn eines Anfanges hat, sondern allein in sich ruht. Er hat Sein Leben in sich, Sein Können in sich, Sein Wissen in sich. Der,

der lebt, der, der kann, der, der weiß — ist Gott! In diesen drei Vermögen sind alle Werke Gottes begründet und vollendet. In Ihm tragen Seine Werke die Möglichkeit ihrer Verwirklichung.

Gott ist wirkendes Feuer

37   Und Gott ist ewig, und die Ewigkeit ist Feuer, und darin lebt Gott. Gott ist aber kein verborgenes Feuer und keine schweigende Flamme. Seine Feuersglut ist vielmehr am Werke, weil Gottes Macht über alles Erkennen und Urteilen der Geschöpfe hinaus in der Herrlichkeit Seiner Mysterien das All ordnet und lenkt, so wie der Kopf den ganzen Leib beherrscht. Also schafft Er vernünftiges Leben, daß nämlich die Augen sehen, die Ohren hören, die Nase riecht und der Mund seine Rede mit Vernunft hervorbringt.

Gott ist in der gleichen Weise das Haupt aller Gläubigen. Dennoch macht Er nicht alles kund, was im Geheimnis der Gottheit ruht, da in Ihm das geheimnisvolle Leben abgeborgener Lebendigkeit liegt, wie Er auch Seine Diener zu Feuersbränden im Gerichte macht (Ps 104). Denn das Urteil wird eher gehört als vollstreckt. So ist es auch bei Gott. Er selbst prüfte vor dem Gesetz, gleichsam oberhalb Seiner Schultern, die Menschen vor der Gesetzeszeit mit Wasser und Feuer, da sie noch durch keine andere Gesetzlichkeit zu prüfen waren. Später aber, unter dem Gesetze, reinigte Er sie durch verschiedene, harte Züchtigungen, die Er später vollendete, als Er selber Mensch ward und den Teufel in seiner Macht vernichtete. Er hat in Seiner Güte den Menschen vom Schmutz der Sünden durch die wahre Gerechtigkeit gereinigt, wie der Prophet sagt:

Isaias spricht

38   „Herrschaft ruht auf Seiner Schulter" (Is 9, 6). Dieses Wort will so verstanden sein: Die Gerechtigkeit erschien in Gottes Macht durch den Menschen, da Gott als Mensch hervortrat, als Er des Teufels Werk, gleichsam auf der Schulter Seiner Macht, vernichtete und die Hölle ihrer Beute beraubte, und als Er durch seine Apostel bei der Taufe auf der ganzen Welt Gehör fand. Gott hat nämlich die Gerechtigkeit um des Menschen willen in sich selbst vollendet, jenes Menschen, der als Gebilde der Erde dem Tode verfallen war. Denn dieser Mensch wurde in der frühen Blüte seines Wachsens durch den Teufel verführt, der seinen Schoß aufriß, um die ganze Unflätigkeit seines innersten Wesens herauszuschleudern. Damit brandmarkt er alle Menschenkinder, die in der Glut der Leidenschaft voller Giftigkeit gesät werden. Gott aber nahm sich im unversehrten jungfräulichen Fleische durch die Liebesglut des Heiligen Geistes, ohne den giftigen Samen eines Mannes, des Fleisches wieder an. Und so ist Er Mensch

geworden und hat allen todbringenden Schmutz des Teufels von den Menschen
abgewaschen. Er selber, rein von aller Schuld, hat die Sünder von den Sünden
gereinigt und sie selig gemacht.

Die uralten Wunderwerke sind teils offenbar, teils verborgen

39   Daß aber dieser Mann von den Schultern abwärts bis zu seinen Hüften
unterhalb jenes Gewölkes in einer anderen, blendendweißen Wolke steht, das
bedeutet, daß Gott vom Beginn der Schöpfung an bis zu jenem wahren Aufgang,
da die Wahrheit auf die Welt kam, im Geheimnisse Seiner Gottheit zahlreiche
Wunderwerke in der Herrlichkeit Seiner Ehre bereithielt. Von diesen hat Er
einige geoffenbart, andere aber verborgen gehalten. Denn so blieb Gottes Wille
zur Ordnung und Erhaltung der heiligen Geister klar und lauter im abgeborge-
nen, geistlichen Leben. Doch ist es unmöglich, dies alles der menschlichen Einsicht
klarzumachen.

Das alte Gesetz als Schall des Wortes

40   Gleichwohl hat Er wie auf Seinen Schultern dem Menschen eine Art
Kriegsdienst auferlegt, indem Er ihn auf die Gesetzesvorschriften des Alten
Bundes verpflichtete. Diese waren sozusagen der Schall des Wortes, wenn auch
nicht das Wort selber. Zunächst nämlich wird der Schall des Wortes vernommen,
dann erst wird das Wort verstanden. So war auch das alte Gesetz der Schall und
Schatten des Wortes, auf welche hin das Wort selber, Christus, erschien.

Gott hält alles

41   Von den Hüften abwärts bis zu seinen Knien steht der Mann in der
irdischen Atmosphäre. Wie alles Fleischliche aus den Lenden kommt und von
den Knien gestützt und bewegt wird, so wird auch alles Geschaffene von Gott
getragen und in der feurigen Glut sowie der Feuchte der Luft, in welcher das
offenkundige Leben der Leiblichkeit beruht, ernährt. Und so wird auch das neue
Volk sinnvoll geordnet, wenn es in wahrer Keuschheit zu lebendiger Kraft
gelangt, obschon es nur im Irdischen zu erscheinen vermag, und es empfängt
durch die Milde der Wundertaten und Gotteskräfte das rechte Maß. Denn da
Gott sich der Jungfrau verband, als der Heilige Geist sich ihr eingoß, da gab sich
das Wort in Seiner Menschheit zu erkennen. In Seiner Person stellte es nun das
neue Gesetz dar. Und so klangen der Schall und das Wort in eins zusammen,
als das alte und das neue Gesetz einander verbunden wurden.

Noch haben die Seelen der Seligen nicht die volle Freude

42   Wie aber das alte Gesetz noch umschattet war, während das neue dagegen
im klaren Lichte erscheint, so besitzen auch die Seelen der Seligen noch nicht
die volle Freude, solange sie, gleichsam noch im alten Gesetze, von ihrer leiblichen Hülle getrennt sind. Das Antlitz des Vaters vermögen sie noch nicht
vollkommen zu erschauen. Ist es doch unmöglich, daß der Teil eines Ganzen
eben das voll zu erblicken vermöchte, was ganz heil ist. Sobald sie aber ihren
Leib zurückerhalten haben und somit ungeteilt und ganz geworden sind, erschauen sie auch das volle Heil auf das vollkommenste. Von da an aber werden
sie nicht mehr verwandelt werden. So erblickt auch das neue Gesetz das, was
das alte in seiner Umschattung nicht unterscheiden konnte, um von nun an in
keinen anderen Zustand mehr umgewandelt zu werden.

*Die Berufung des neuen Volkes wird durch Drangsal nicht mehr erschüttert
werden*

43   Von den Knien abwärts bis zu den Waden steht der Mann in der Erd-
region. Wie nämlich die Knie den Menschen tragen und die Waden den Füßen
ihre Kraft verleihen, so bewegt auch Gott alles fort und festigt es. Er verleiht
der Erde Kraft, damit sie wiederum die übrige Schöpfung tragen kann, da sie
selbst der starke Halt aller anderen Geschöpfe ist. So bildet die Erde gleichsam
Knie und Wade der ganzen Natur. Sie hält, gleich wie Räder und Achse den
Wagen tragen, alle Geschöpfe. Sie leitet das Wasser hierhin und dorthin, auf
daß es fließe. Wäre nämlich zwischen der Luft und dem Wasser nicht die Erde,
so könnte die Luft das Wasser nicht strömen lassen. Aber wie das Knie bisweilen
gebeugt und dabei gleichwohl von den Waden gehalten wird, so wird auch die
Erde mitunter von den Geschöpfen verändert, so daß sie ihrer Aufgabe nicht
mehr voll gerecht wird. Dennoch kommt sie nicht ins Wanken, weil Gottes
Macht sie wieder in das rechte Verhältnis bringt. So wird auch die Berufung
des neuen Volkes, die dem gesamten Erdkreis durch die Heraufkunft des Evangeliums offenkundig ward und die in dieser Offenbarung gefestigt ist, den
Schweiß vielfältiger Drangsal kosten, wenn seine Knie vom Antichrist erschüttert
werden. Aber durch die Kraft seiner Waden kommt es nicht zum Sturze; denn
es setzt all seine Zuversicht auf sein Haupt. Auch sein Haupt, das mitten im
Irdischen ohne Sünde verweilte, ging im Leiden in einen andern Zustand über,
als es zuerst vor den Menschen erschienen war. Sein Weg wurde dann durch
die Menschen gleich wie die Knie gebeugt, um fortan in seiner Kraft unerschüt-
terlich dazustehen. So wird auch die Kirche, die in das neue Gesetz übergegangen
ist, zwischendurch vom teuflischen Verführer gebeugt. Aber auch sie wird ihre
Kräfte zurückhalten. Und so dauert sie unbesiegbar fort und fort.

Vieles bleibt dem Menschen unbekannt

44   Daß aber dieser Mann von den Waden abwärts bis zu seinen Fußsohlen in die Wasser des Abgrundes taucht und doch zugleich über dem Abgrund steht, das bedeutet, daß Gottes Macht und Sein wunderbares Leben im Verborgenen gleichsam auf unsichtbaren Füßen gründen. Sie ruhen auf den Wassern des Abgrundes, in ihren geheimen Kräften nämlich, die dem Menschen unbekannt sind. Wie in den Höhen des Weltalls gar vieles ist, das niemand kennt, so herrschen auch in den Tiefen des Abgrundes zahlreiche Mächte, durch welche die Wasser ihre Kraft erhalten, unerkennbar für den Menschen. Diese Macht hält alles Unterirdische in ihrer Gewalt und richtet es und fällt das Urteil über die Unterwelt. Nichts gibt es, was sich seiner Gewalt entziehen könnte. Und so steht es machtvoll in diesem Geheimnis. Gott offenbart ja Seine Geheimnisse niemandem vollständig. Er ruht vielmehr auf ihnen, wie der Mensch auf seinen Fußsohlen, ganz so, wie auch Er am siebenten Tage von allem Wirken ausruhte.

Das Ende des Sohnes des Verderbens kann kein Mensch wissen

45   So hat die Berufung des neuen Volkes auch unter dem Antichrist ihre Anziehungskraft nicht verloren. Sie wird vielmehr stark bleiben bis zum guten Ende der Wunderwerke Gottes, die kein Mensch erkennen kann. In diesem Wunderwerk steht sie gleichsam bis zum Jüngsten Tag, fest auf ihren Fußsohlen stehend. Sie wird nicht mehr wanken; denn dort wird alle Schwäche ihr Ende finden. Wie niemand den Abgrund zu erforschen vermag, so kann auch kein Mensch wissen, was nach dem Ende des verlorenen Menschen geschehen wird. Über alles dieses erfahren wir aus dem Buche der Weisheit:

Worte der Weisheit

46   „Wer hat ermessen die Höhe des Himmels und des Erdballs Weite und die Tiefen der Abgründe?" (Eccl 1, 3.)
    Diese Worte sind so zu verstehen: Der Weltenball wird von Feuer, Wind und Luft in Bewegung gehalten, und jedwede Kreatur ist in ihm geborgen. Der Himmel mit all seiner Pracht nimmt den oberen Teil dieses Weltalls ein. Wo aber wäre der Mensch, der je mit einem Blick hinaufzudringen vermöchte in solche Höhen? Der Erde weites Rund steht mit den ringsum strömenden Wassern und allem, was oberhalb der Abgründe flutet, gleichsam inmitten der Weltkugel. Auch das vermag kein Mensch jemals zu erfassen. Der Abgrund endlich liegt mit all seinem Wunderbaren gleichsam auf dem Grunde dieses Universums.

Und wo wäre der Mensch, der je auf diesen Grund gelangen könnte? Niemand kann dies als Gott allein, der ihn gegründet hat.

Der Mensch aber lebt auf diesem Erdball und ist von seinem Kreislauf umschlossen. Daher kann kein Mensch mit seiner Fassungskraft über diese Grenze vordringen. Die Geschöpfe indes leben in der Kraft Gottes, wie im Menschen das Herz lebt, das nur ein kleiner Teil ist im Vergleich zum übrigen Organismus. So sind auch die Geschöpfe klein; Gottes Kraft aber ist machtvoll und unbegreiflich. Alle Lebewesen, die im Himmel, auf Erden oder im Abgrund sind, können Gott nicht begreifen, nicht erkennen, nicht begrenzen. Vielmehr kommt alle Weisheit vom allbeherrschenden Gott. Er hat jedes Ding weise vorherbestimmt und ihm im Weltall seinen Platz gewiesen, indem Er kraft Seiner Weisheit die einzelnen Wesen voneinander unterschied. Diese Weisheit war es, die im Erkennen das Himmlische gekostet und in ihrem königlichen Walten den Umkreis des Himmels umschritt. Sie war es, die über die Erde wandelte, um den Dienst und den Aufbau der kreatürlichen Lebensbelange festzulegen. Sie drang selbst in die Abgründe ein, und in allem machte sie es so wie ein guter Verwalter, der nichts von dem verkommen läßt, was ihm anvertraut wurde.

Auch ist die Weisheit Gottes Auge, mit dem Er alles vorhersieht und alles durchschaut. Voller Liebe umarmt Er sie, die da vor Ihm steht als die geliebteste Freundin, die Er bei all Seinem Planen zu Rate gezogen hat. In dieser Weisheit wird der Mensch die Höhe des Himmels genannt, weil er wie ein Herrscher über alle Welt hinausragt durch die Gabe der Erkenntnis, die das Auge der Weisheit ist. Ebenso gleicht er der Weite der Erde, weil er das Vermögen hat, zu ersehnen und zu wünschen. Wie das zu verstehen ist? Was der Mensch ersehnt, das freut ihn, und so verlangt er das, wonach sein Sehnen geht, und es wird ihm ganz nach seinem Wollen auch entgegenkommen. Wenn er so Gott um etwas bittet, wird Gott ihm Beistand gewähren. Strebt er aber zum Teufel hin, so kommt ihm dieser mit der Einflüsterung des Bösen entgegen. Auch kennt der Mensch kraft seiner Vernunft diese Sehnsucht, und er verlangt das, wonach er Geschmack empfindet. Was er aber auch ersehnen oder verlangen mag, das erreicht er nicht durch sein eigenes Können, sondern weil Gott es ihm gewährt; denn Gott ist es, der den Menschen erschaffen. Wie nun der Mensch vieles tun kann, so erstrebt er auch durch Sehnen und Verlangen gar vieles. Weil aber der Teufel den ersten Menschen überlistet hat, verführt auch Eva oftmals den Menschen durch die gleiche Einflüsterung.

Schließlich gleicht der Mensch noch der Tiefe des Abgrundes, wenn er die Sehnsucht nach dem Guten aufgibt und sich dem Teufel zuwendet. Entsprechend seinem freien Willen unterstützt dann der Teufel sein Verlangen, und Gott läßt es so zu. Wenn aber der Mensch in seinen edlen Bestrebungen wie auch bei der Durchführung schon mal aus Nachlässigkeit einen Fehltritt tut, ohne darum das Gute als solches aufzugeben, dann wird Gott ihn keineswegs zugrunde gehen lassen, weil er noch die Sehnsucht nach höheren Werten in sich trug. Der

Teufel aber traut einem solchen Menschen nicht zu, daß er den Trieb seines
Fleisches zur Reife bringe, weil der Satan nur zu gut weiß, daß Gott den Menschen nicht preisgeben will. Ein solcher Mensch ist nicht mit der Tiefe des Abgrundes zu vergleichen, sondern mit dem Wetter, das bald in leuchtender Sonne
strahlt und sich bald in schwarze Wolken einhüllt. Wer aber hat je durchforscht
und ermessen, was für eine Schmach es bedeutet, daß der Mensch, der über alle
Werke Gottes gesetzt wurde, Gott verläßt, um den Teufel nachzuahmen, der
seine Herrlichkeit verloren hat, da er sich Gott im Aufruhr widersetzte und so
zugrunde ging? Wer kann das Verderben ganz ermessen, das darin liegt, daß
der Mensch Gott im Stich läßt und sich den Teufel, diesen niederträchtigen
Tyrannen, zum Gott erwählt? Dies alles sieht Gott voraus, und Er zieht es vor
Sein Gericht.

Des Menschen wunderbare Wiederherstellung

47   Der Mann nun wendet sich nach Osten, den Blick nach Ost und Süd gerichtet, weil Gott zu Anbeginn der Welt Seine Geschöpfe gleich der strahlenden
Sonne aufgehen ließ. Er führte sie nicht nur ans Licht, sondern ließ sie auch zu
ihrer Vollendung, gleichsam im Süden, sich immer weiter entwickeln. So hat
Er auch den Menschen, der zwar den guten Anfang nahm, nachher aber ins
Elend stürzte, nicht nur zu seinem Ursprung wiederhergestellt, sondern ihm
auch mit den Kräften der Heiligkeit eine noch höhere Weihe verliehen.

Niemand gleicht im Wirken Gott

48   Daß aber Sein Antlitz in solcher Herrlichkeit strahlt, daß du Ihn nicht
voll und ganz anzuschauen vermagst, das bedeutet, daß die heilige Gottheit in
aller Güte und Gerechtigkeit so brennend und licht ist, daß niemand sie zu
erforschen vermöchte. Denn außer Gott gibt es keinen Gott. Ihm kommt niemand in seinem Wirken gleich. In allen Wundertaten ist Er Gott allein: Seine
Werke sind, wie Er selber, nicht zu fassen. Er ist jenes Feuer, aus dem die Engel
brennen und leben; jene Herrlichkeit ist Er, aus der alle Geheimnisse kommen
und die in sich das wunderbare Leben haben, das in Gott west. Diese Wunderwerke — im Himmel, auf Erden, im Abgrund — können ihrer Zahl nach nicht
einmal genannt werden.

Gottes Anordnung gehorcht alles

49   Vor dem Mund des Mannes ballt sich eine blendendweiße Wolke zu einer
Art Posaune zusammen. Denn dem Willen Gottes gesellt sich Seine liebreiche
Anordnung, die alle Geschöpfe umfängt, so bei, wie der Schall aus der Posaune
hervorgeht. Sie ist rasch erfüllt von jeglichem Klang. Denn der Anordnung
Gottes gehorcht alles aufs schnellste, das Vernünftige und das Unvernünftige,
und jedes in der Fülle der Unterwürfigkeit. Alle Geschöpfe tun dies zu Seinem
Lob und Ruhm, weil Gott sie gemacht hat. Gott ist gut, und alles, was von Ihm
ausgeht, ist gut.

Von den drei Wegen der Gerechtigkeit in den drei Ordnungen der Seligen

50   Sobald dieser Mann in die Posaune bläst, entsendet sie drei Winde. Denn
Gott ließ aus der tiefen Ordnung Seines Willens und Seiner Geheimnisse drei
Wege der Gerechtigkeit innerhalb einer dreifachen Ordnung der Seligen hervorgehen.
    Der erste Wind trägt eine Feuerwolke, der zweite eine Sturmwolke, der dritte
eine Lichtwolke über sich, und zwar so, daß jene Winde diese Wolken festhalten. So trägt der erste Weg der Gerechtigkeit gleich einer Feuerwolke die
Glorie der Engel, die in Liebe zu Gott brennen und nichts anderes wollen, als
was Gott will. Der zweite Weg trägt gleich einer Sturmwolke die Werke der
Menschen. Er ist stürmisch aufgewühlt und widerspruchsvoll in vielen Ängsten
und Drangsalen. Der dritte Weg hält einer Lichtwolke gleich die blendendweiße und unversehrte Jungfräulichkeit in der Menschwerdung des Herrn. All
dieser Winde Grundlage ist die Gerechtigkeit, und sie hält sie hoch in der
Seligkeit.
    Denn Gott, der im Geheimnis Seines Wollens alles anordnete und alles ins
Dasein rief, festigte auch den Geist der himmlischen Geister in der Rechtschaffenheit. Den Menschen aber, der seinen wirren Werken verfiel, hielt Er
fest, damit er nicht gänzlich zugrunde ginge. Durch die unversehrte Menschwerdung und im Licht der Jungfräulichkeit vertrieb Er die Werke der Finsternis und zeigte wieder auf, was recht ist. Die Engel nämlich blieben ihrer Liebe
zu Gott treu, während der Mensch nach seinem Abfall von Gott durch die
heiligen Werke erst wieder zur früheren Herrlichkeit zurückversetzt werden
mußte. Alle Werke nämlich, in Heiligkeit gewirkt, machen den Menschen
heilig. Noch mühen sich die Heiligen unter der Last des Fleisches. Nach dem
Jüngsten Tag aber werden sie jubeln in einhelligem Wohlklang. Jetzt noch
fesselt das Fleisch den Geist im Leibe, dann aber wird der Geist sich seinen Leib
unterwerfen; und so wird der ganze Mensch heilig sein.

Die Engel sind immer gewärtig, Gottes Willen zu tun

51 Der Wind, der die Feuerwolke über sich hält, bleibt vor dem Antlitz des Mannes stehen. Denn die Gerechtigkeit erhält den Ruhm der Engel, die da brennen in der Liebe zu Gott, in den Höhen, und sie dauert an im Wollen und in der Glorie Gottes. Schauen doch die Engel Sein Antlitz immerdar! Immerfort sind sie Seines Willens gewärtig und weichen nicht ab von Gott.

Gott kennt die Werke der Heiligen

52 Die beiden anderen Winde senken sich mit ihren Wolken zur Brust des Mannes hinunter und wallen dort in die Breite. Die Gerechtigkeit nämlich begleitet den Menschen auf beiden Wegen, dem des Alten Bundes wie dem der Menschwerdung des Gottessohnes. Sie steigt mit den guten Taten der Menschen zur Tiefe der Weisheit Gottes hinab. Dort wallt sie in zahlreichen wunderbaren Werken in die Breite, da Gott die Werke der Heiligen kennt und keine ihrer Taten vergißt. Er sammelt sie vielmehr im Geheimnis Seines Ratschlusses zur ewigen Vergeltung und weitet sie aus zu nimmer endenden Lobgesängen Seines Ruhmes.

53 Der Wind, der vor dem Antlitz des Mannes blieb, breitet sich mit seiner Wolke vom Osten nach Süden hin aus. Denn die Gerechtigkeit, samt all ihrem Glanze vor Gott, strebt mit der Glorie der höchsten Geister, die von Anbeginn an treu zur Wahrheit standen, zu den gerechten Werken der Menschen hin, damit auch der Mensch durch diese Werke zu den Freuden der Himmelsbürger als zu dem guten Anfange gelange. Gott hat ja Engel und Mensch zu einer einzigen geistigen Wirklichkeit (rationalitas) verbunden. Er hat den Menschen unter der Engel Schutzmacht gestellt, und so tat Er es im Alten wie im Neuen Testament, obschon Er mit größerer Zuneigung im Neuen denn im Alten Bund beide einander zugeordnet hat. Denn im Alten Bund war der Engel gleichsam die Stimme, die an den Menschen erging; im Neuen Testament hingegen ist er mit dem Menschen so eins wie die Stimme mit dem Wort.

Der seligen Geister Einmütigkeit

54 In der Feuerwolke befindet sich eine große Schar von feurigen Lebewesen, die alle in der Einheit des Wollens und in ihrer einzigartigen Verbundenheit ein einziges Leben sind. Das bedeutet, daß ein lebendiges, lichtsprühendes Heer seliger Geister in lohender Herrlichkeit und lebendiger Ehre flammt. Ihre

Glorie ist unaussprechlich, ihre Zahl ohne Zahl; niemand kann sie kennen, da nur Gottes Wissen davon weiß. Alles, was Gott will, das wollen auch sie, und so innig sind sie miteinander verbunden, wie der Leib, der nicht geteilt werden kann. Und wenn auch alle einzeln ihr eigenes Antlitz tragen, so sind sie doch eins in ihrer Verbundenheit, wie auch der Leib zwar einzelne Glieder besitzt, dennoch aber *ein* Leib bleibt. So sind sie ein einziges Leben durch die Einheit der Gesinnung.

Gott straft die Menschen durch seine Engel

55   Vor dieser feurigen Schar ist eine Tafel ausgebreitet, über und über besetzt mit Federn, die nach Gottes Vorschrift ihren Flug nimmt, so wie Gottes Geheiß sie trägt. Hier liegt das Geheimnis, das die Fülle der göttlichen Entscheidungen in sich birgt. Es wird nach Gottes Willen vorgestellt, soweit Gottes Wollen es offenbaren will. Auf diese Tafel schrieb das Wissen Gottes manches Geheime auf, das diese Schar nun in einmütiger Begeisterung anschaut. Denn Gott hat in Seiner geheimnisvollen Vorsehung noch andere geheimnisvolle Entscheidungen, welche die seligen Geister mit höchster Aufmerksamkeit erwarten. Wenn Gott nämlich sieht, daß die Menschen Götzenbilder verehren oder auf andere Weise Sein Gesetz übertreten, dann erregt Er durch die feurigen Gesichte der höchsten Himmelsbürger, die in Liebe zu Ihm entbrennen, immer wieder von neuem die Flügel der Winde und schickt Blitz und Donner auf die Erde. Er setzt die Völker mit Hungersnöten, Krankheiten und Kriegszügen in Schrecken, und so bringt Er dem ganzen Erdkreis entsetzliche Katastrophen.

Der Engel Lob über Gottes Gericht

56   Beim Anblick dessen, was auf dieser Tafel geschrieben steht, erfaßt die Engel Gottes Kraft so sehr, daß sie wie in einem einzigen mächtigen Posaunenstoß jede Art von Musik, wie mit einer Stimme, laut ertönen lassen. Indem sie sich nämlich in Gottes Willen versenken, empfangen sie aus Gottes Kraft die Fähigkeit, in der Macht und Fülle aller Freuden einmütig Gottes Lob zu verkünden. Denn mit jeder Entscheidung Gottes bringen sie nichts anderes zum Ausdruck als Gottes Lob. Alle Seine Gerichte sind ja wahr und gerecht, wie dies Johannes in der Geheimen Offenbarung vernommen hat, da geschrieben steht:

Johannes spricht in der Apokalypse

57   „Herr, allmächtiger Gott: Wahrhaft und gerecht sind Deine Gerichte"
(Apok 16, 7).

Diese Stelle bedeutet: O Herr, der da genannt wird „Herr" wegen der Furcht,
„Gott" der Liebe wegen und „Allmächtiger" wegen der alles umfassenden Gewalt! Wahrhaftig und gerecht sind Deine Gerichte, weil die wahre Furcht vor
Dir alles Fürchten austreibt, und weil die wahre Liebe zu Dir alles Lieben in
seinen Bann zieht, und weil Deine Macht in Wahrheit alle Gewalten niederhält.
Wenn der Mensch sich in seinem Eigensinn selber das Gesetz gibt, als sei er
selbst sein eigener Gott, dann läßt Du ihn durch Deine gerechten Gerichte spüren, daß er nichts wider Dich vermag. Oder wenn er die Eigenliebe seines
Fleisches der gerechten Liebe zu Dir vorzieht, dann wird diese Liebe in ihm
mit der Bitternis der Leiden derart erschüttert, daß er keinen Trost mehr findet
außer bei Dir. Wenn der Mensch aber so weit gekommen ist, daß er sich über
Deine Gebote hinwegsetzt und statt Deines Namens ein Götzenbild verehrt,
dann kämpfest Du in Deinem gerechten Gerichte gegen Deinen Feind, der von
der ersten Täuschung an den Menschen überredet hat, Dich für ein Nichts zu
erachten. Dann entsendest Du Blitz und Donner auf die Erde und ergießest
überschwemmende Wasser. Du gebietest der Erde, unfruchtbar zu sein und
lässest Krankheiten und Kriege über die Menschen kommen, damit sie spüren,
daß alles dies nur durch Dich allein geschehen kann, und damit sie erkennen,
daß Deine Gerichte wahr und gerecht sind.

Von Engeln und Menschen muß Gott gepriesen werden

58   Die Schar der Engel lobt der Menschen gute Werke, und sie läßt wegen
dieser Werke keine Stunde und keinen Augenblick vom Lobpreis ab, tönt vielmehr unaufhörlich in diesem Rühmen und findet kein Ende darin. Denn Gott
will von den Engeln gepriesen werden, damit ihre Ehre sich mehre. So gefällt
es Ihm. Und so will Er auch, daß die Werke der Heiligen im Lobpreis der Engel
Ihm dargebracht und aufgezeigt werden. Ist doch der Mensch das Werk nach
dem Bild und Gleichnis Gottes (opus Dei). Darum sollen seine guten Werke
vor Ihm von den Engeln gepriesen werden. Weil aber der Mensch durch Gottes
Hilfe allein Bestand hat, will Gott wie von den Engeln so auch von den Menschen gepriesen werden, damit auch ihre Herrlichkeit sich mehre.

Gottes Geheimnistiefe ist dem Menschen unerforschlich

59 So hat Gott alles wohl geordnet. Das aber ist von Gottes Geheimnistiefe, die vor Seinem Antlitz erstrahlt, gesagt, daß sie für des Menschen Wissen
unerforschlich ist, und zwar in den Engeln, den Geistern, den Dienern, all den
Herolden und in jenen, die vor Freude jauchzen. Unbekannt bleibt ihrem Wissen, wer und was sie sind und welche Natur sie haben. Und wie sehr der Mensch
auch auf seiner Wissenschaft begründet steht wie ein Berg, da er sich in der
Nachahmung Gottes zur Höhe erhebt, so schaut gleichwohl kein Mensch jenes
erhabene Gebirge, in dem Gottes Wissen ruht, und zumal nicht den Gipfel jenes
Berges. Er kann ihn nicht ersteigen und wird weder Seine Geheimnisse kennen
noch das Geheimnis derer, die immerfort vor Seinem Angesicht stehen. Doch
wurden die Namen einiger von denen, die vor Gottes Antlitz ständig dienen,
durch die Propheten und andere Heilige, die sie im Heiligen Geiste erblickten,
kundgetan. Andere aber wurden nicht genannt. Auch ist nur wenig über solche
gesagt, die Gottes Eingebung berührte, wie etwa vom Apostel Paulus geschrieben
steht:

Geheime Worte des Paulus

60 „Ich hörte geheime Worte, die kein Mensch aussprechen darf" (1. Kor
12, 4).
Das soll heißen: Sein Herz sollte durch die einströmende Fülle vieler und
großer Wunder gestärkt werden, damit er so auch den anderen den Aufbau
der Tugendkräfte vermittle. Deshalb empfing er geheime, die Zukunft ent-
hüllende Worte, die sonst den Menschen verborgen sind. Sie wissen ja nicht,
durch wen und woher sie gesprochen und wie und welcher Art sie gewesen sind.
Wie nämlich die Gottheit von den Menschen nicht geschaut werden kann, so
ist es auch dem Menschen nicht gestattet, zu sagen, wie diese Worte im Erklingen
der Stimme oder im Erschallen der Lobpreisungen der Geheimnisse Gottes hervorgebracht werden. Denn sie liegen ganz und gar in den geheimsten Tiefen des
Geistigen, dem der im Fleische gefangene Mensch so fremd ist.

Vom Wert der Beharrlichkeit und Heiligkeit

61 Du siehst weiter, daß der Wind, der die Sturmwolke trägt, diese mit sich
vom Süden zum Westen führt. Das bedeutet, daß die Gerechtigkeit, die in
mancherlei Bedrängnis die unruhigen Werke der Menschen trägt, diese vom
Süden, wo sie in der Vollkommenheit des Glaubens erglüht sind, mit sich bis
zum Ende der Beharrlichkeit geleitet. So sollen die Menschen dem Satan wider-

stehen, im Guten beharren und in der Heiligkeit für Gott leben. Länge und
Breite jener Wolke ziehen sich hin wie eine Straße, die in ihrer Ausdehnung
mit menschlicher Einsicht nicht zu fassen ist. Denn in der liebenden Umfassung
der Tugenden erlangen die guten Werke eine solche Weite und Breite, daß ihre
letzte Auswirkung des menschlichen Herzens Fassungskraft übersteigt.

Die Heimat der Seligen

62   In dieser Wolke lebt eine überaus große Schar von Seligen — alle voll
des lebendigen Geistes —, die niemand zu zählen vermag. Das sind die Seelen
der Heiligen in jener seligen Heimat, welche die guten und heiligen Werke ihnen
bereitet hat. Sie leben ein seliges Leben. Nach menschlicher Zählung sind sie
nicht zu fassen, da ihre Anzahl niemand kennt denn Gott allein.

Die Seligen sehnen sich nach dem Leibe

63   Ihre Stimmen erbrausen wie das Rauschen vieler Wasser, da sie in ihrem
Lobgesang einhellig eines Klanges sind. Eines Willens im begeisterten Geiste,
tönen sie wie die Wasser des Heiles. Sie sprechen davon, wie sie einst nach
Gottes Willen einen Leib besaßen, und wenn dieser auch in Staub zerfallen
sei, so behielten sie dennoch ihre Sehnsucht nach ihm, um dereinst in um so
größerer Freude in ihm leben zu können.

Die Seelen werden ihre Leiber am Ende der Welt zurückerhalten

64   Von jenen Wesen aber, die in Gottes Anblick in Liebe entbrennen, erhalten sie zur Antwort, daß sie ihre Zelte nicht zurückerhalten, ehe Gott es
gutheißt. Dies wird nicht vor der Katastrophe der Weltelemente geschehen,
da ein gewaltiges Feuer die Welt reinigen und Gott Seine große Macht zeigen
wird. Gottes Stimme wird dann alle Toten, die Verworfenen wie die Auserwählten, auferwecken. Alsdann werden sie sich in ihrer vollen Leiblichkeit
zu ewigem Leben erheben. Ihre Körper werden bei dieser Auferstehung in ein
unveränderliches Leben verwandelt werden, obgleich die einen der Tod, die
andern ein seliges Leben aufnimmt.

Die Gerechtigkeit kämpft in Christus gegen den Teufel

65   Der Wind, der die Lichtwolke trägt, zieht diese mit sich vom Osten zum Norden. Das bedeutet, daß sich die Gerechtigkeit, die da die leuchtend reinen Werke der Jungfräulichkeit in Christo trägt, mit diesen Werken im Aufgang der Wahrheit erhebt, um gegen die Bosheit des Satans zu kämpfen. Dies konnte sie vor Christus noch nicht voll und ganz tun. Denn wie der Mensch, der zunächst im Fleisch geschaffen war, später zu einem geistlichen Leben überging, so ist auch das alte Gesetz, das nur auf fleischliche Weise in seiner Heiligkeit erschien, später in Christus und der Kirche lebendig geworden. Voller Lebendigkeit erhob sich das Heilige, um den Urfeind, den das alte Gesetz noch nicht abzuschütteln vermochte, bis ins Innerste zu vernichten.

Christus und die Kirche wird der Teufel nicht überwältigen

66   Vom Westen her aber ziehet schwarze Finsternis in mächtiger Dichte und mit großen Schrecken heran und stellt sich in wachsender Ausdehnung der lichten Wolke entgegen. Denn die teuflischen Laster und Bosheiten verdichten sich zu einem Haufen und werden von den höllischen Mächten losgehetzt, um sich mit der ganzen Breite und Dichte ihres Unglaubens den Werken Christi und seiner Kirche zu widersetzen. Gleichwohl kommen sie nicht an gegen die Lichtwolke, und so arg sie auch die Gläubigen mit immer neuen Ränken behindern, so gelingt es ihnen doch nicht, die in Christo leuchtenden Werke zu verdunkeln oder zu Fall zu bringen.

Die Menschwerdung erleuchtet die Welt wie die Sonne

67   In dieser lichten Wolke erscheinen Sonne und Mond. Das weist auf das verborgene Geheimnis der reinsten Menschwerdung im blendenden Glanze der Jungfräulichkeit hin. Wie eine Sonne erleuchtet sie die Welt, was auf die Kirche hindeutet, die durch die Wiedergeburt der Taufe Christus nachahmt, so wie der Mond der Sonne folgt. In der Sonne erscheint auch der Löwe, gleichsam in der Tiefe des Geheimnisses Gottes verborgen, um dennoch alles zu überstrahlen, was wiederum jenes Wunder bedeutet, daß Gott Mensch werden wollte. Denn der Sohn Gottes, der aus der jungfräulichen Materie Fleisch annahm, erschien in der höchsten Kraft der Gottheit als ein löwenstarker Mann und ging so auf jenem anderen Wege hervor, auf dem kein Mensch außer ihm allein erfunden wurde.

Das fleischgewordene Wort Gottes — eins mit dem Vater — lehrte die Taufe

69   Daß aber mit dem Aufgehen der Sonne auch der Löwe mit ihr und in ihr hervortritt und dem Bösen viele Beute entreißt, hat zu bedeuten: Als Gott Sein verborgenes Geheimnis offenbarte, erschien der eingeborene Gottessohn geheimnisvoll im Fleische und genauso wunderbar in Seiner Gottheit, da beide eines sind. Er vernichtete die zahlreichen Werke des Teufels, indem Er ihn von den Gläubigen hinweg in die Flucht schlug. Wenn nun die Sonne niedergeht, geht auch der Löwe mit ihr und in ihr zurück. Denn als dieses verborgene Geheimnis Gottes das Geheimnis des Gerichtes ans Licht brachte, richtete das fleischgewordene Wort Gottes, mit ihm ausgehend und in ihm bleibend, und eins mit ihm, die schlechten Taten der Menschen, indem es das alte Gesetz in ein neues übergehen ließ. Vor lauter Freude stößt der Löwe ein gewaltiges Brüllen aus, ein Bild für jene Wahrheit, die von dem Sieger ausging, da Er die Taufe, die Wiedergeburt aus dem Geist und dem Wasser, lehrte.

Die Gläubigen folgen Christus und Seiner himmlischen Lehre

70   Daß aber der Mond, in welchem der Steinbock steht, der Sonne bei ihrem Aufstieg und Untergang langsam folgt, das bedeutet, daß die Kirche, die nach der Überwindung des Todes voranschreitet zum Geistigen wie sie auch wieder zum Weltlichen zurückkehrt, dem Geheimnis Gottes mit großer Siegeskraft folgt. Denn die Gläubigen sind in allen Dingen dem Sohne Gottes, der Himmlisches lehrte und bei den Menschen weilte, gefolgt, indem sie sogar ihren Leib für Christus zu zahlreichen Martern hingaben.

Der Gläubige, der Christus nachfolgt, vernichtet die Werke der Finsternis

71   Daher stößt jener Wind einen Odem aus und spricht: „Das Weib wird Frucht gebären, und der Steinbock wird ankämpfen wider den Norden." Denn die Gerechtigkeit offenbart sich unter der göttlichen Einhauchung darin, daß die Kirche gute und heilige Werke hervorbringt, mit denen sie siegreich gegen den Teufel streitet. Gleicherweise zertritt der gläubige Mensch, wenn er sich selbst verachtet und Christi Spuren folgt, die Werke der Finsternis und verbindet sich mit Gott.

Die von der Schlange verführten Seelen bürden Adam ihre Schuld auf

72   In der obenerwähnten Finsternis befindet sich eine unermeßliche Schar
verlorener Seelen. Sie hatten sich vom Chore derer, die im Süden sangen, ab-
gewendet, da sie keine Gemeinschaft mit ihnen haben wollten. Ihr Führer
wird „Verführer" genannt. Denn den Taten dessen sind sie gefolgt, der von
Christus niedergestoßen wurde und keine Macht mehr hat. Im Unglauben der
höllischen Strafen befinden sich in großer Zahl jene Seelen, die, solange sie
im Fleische weilten, die Werke der Himmelsbürger verachteten. Sie wollten
keinerlei Gemeinschaft mit ihnen in guten und gerechten Werken, sondern
lechzten immer und immer wieder nach dem Bösen. Darum verbleiben sie wie
die alte Schlange, die, vom Gottessohne zertreten, zugrunde ging, in der Unseligkeit des Todes, weil sie das Leben nicht wollten. Sie alle erheben ein lautes
Wehgeschrei und rufen: „Wehe, weh dem schädlichen und entsetzlichen Werke,
welches das Leben floh und mit uns dem Tode zusteuerte!" Unter gräßlichem
Gebrüll schreien sie auf in ihrer Pein und schieben ihre Schuld und die Schrecken
ihrer Finsternis auf Adam, weil er die Gebote Gottes übertrat und dadurch in
den Tod stürzte. Wo auch immer sie das Licht des Glaubens und die Werke
der Gerechtigkeit sahen und hörten und erkannten, da haben sie dies alles
dennoch für nichts erachtet und verspottet und den Satan mehr geliebt als Gott.

Keine Hoffnung in der Hölle

73   Daß du aber nunmehr die Wolke vom Norden herannahen siehst, die
sich gegen diese Finsternisse hin ausdehnt, und daß sie bar ist jeder Freude und
allen Glückes, da die Sonne sie weder berührt noch erleuchtet, dies deutet auf
eine weitere Art der Unseligkeit und der höllischen Qualen hin, die vom Satan
kommt und sich mit der obenerwähnten Finsternis und ihrer Pein verbündet.
In dieser Art grausamer Pein gibt es keine Hoffnung auf Freude, kein Hoffen
auf Heil; denn die wahre Sonne hellt sie mit keiner Spur von Freude mehr auf,
noch läßt sie einen Glanz von Herrlichkeit hierhin leuchten, wie auch nichts an
irdischem Sonnenlicht je mit noch so kleinem Strahl an diese Stelle dringt.

Die bösen Geister fliehen Gott

74   Voll von bösen Geistern ist diese Wolke. Unruhig fahren sie in ihr herum,
um gegen die Menschen lauter Bosheiten im Schilde zu führen. Doch vor dem
erwähnten Manne erröten sie. Denn im Unglauben zahlloser Übeltaten hausen
diabolische Geister und stiften lauter Unruhe. Sie schaffen nur immer neues

Böse und fliehen Gott, vor dem sie erröten, weil sie keine Seligkeit besitzen, auch nicht danach verlangen, vielmehr in der Verdammnis ewigen Verderbens sind.

Der Teufel stellt den Auserwählten nach

75   Du hörst nun die alte Schlange bei sich selber sagen, sie wolle die ganze Kraft ihres Vermögens als Bollwerk einsetzen, um gegen ihre Feinde, soviel sie nur könne, loszuschlagen. Das soll besagen, daß der alte Feind im Hochflug seines Stolzes die verschiedenartigsten Laster mit ihren Nachstellungen erfindet, um die Auserwählten Gottes zu bedrängen und zu betrügen, so daß ihnen keinerlei Ruhe vergönnt ist. Daher stößt er schäumend schmutzigen Geifer mitsamt aller Laster aus seinem Maul unter die Menschen und zischt sie an mit vielfachem Hohn. Den Schmutz seiner Lasterflut speit er aus dem klaffenden Rachen seiner Verderbtheit. Massenweise bringt er ihnen Verführung und Abfall bei. Die einen lehrt er, Götzenbilder anzubeten, die andern, sich in die Sklaverei vielfacher Schlechtigkeiten zu begeben. Er behauptet, daß er diejenigen, die sich ihrer leuchtenden Taten wegen Sonnen nennen, zu Schadenstiftern und Finsterlingen machen wolle und zu Ungeheuern der Nacht. Die Erwählten Gottes, die in ihren heiligen Werken erglänzen, will er zu Schädlingen machen, wobei er sie lichtscheuer und schmutziger Taten verdächtigt, um ihren guten Ruf bei den Menschen in üblen Gestank zu verwandeln.

Satan verführt zum Götzendienst

76   Einen ganz abscheulichen Nebel stößt er deshalb aus, der den ganzen Erdkreis mit nachtschwarzem Rauch bedeckt. Denn er entsendet vielfachen Unglauben, der die ganze Welt mit der Finsternis seiner Verderbtheit umhüllt. Ein fürchterliches Brüllen ausstoßend, beginnt er zu sprechen: „Daß ja kein Mensch einen anderen Gott anbetet als den, den er sieht und kennt! Was wäre das auch für ein Unfug, daß der Mensch etwas verehrte, das er nicht einmal versteht?" In diesem Unglauben boshafter Verführung erwachsen den Menschen gottlose Grundsätze, daß sie keinen andern Gott verehren als die Götzen, die man sehen und verstehen kann. Und so wenden sie des Menschen Vernunft vom wahren Gott ab, der ja in der Herrlichkeit der Gottheit der menschlichen Schwächen wegen nicht gesehen werden kann.

Wer die Seligkeit erlangen will, soll Gott anbeten

77 Die jedoch in der seligen Höhe bleiben wollen, sollen den lebendigen Gott, der aller Schöpfung das Leben schenkt und der im Himmel wohnt, anbeten. Keinen anderen sollen sie verehren als den, der in der höchsten Herrlichkeit thront und der alles recht geordnet hat, wie dies der Psalmist David zum Ausdruck bringt:

Worte des Psalmisten

78 „Unser Gott ist im Himmel. Alles, was immer Er wollte, Er hat es vollbracht. Die Götzen der Heiden aber sind Silber und Gold, gebildet von Menschenhand" (Ps 115, 3—4).

Das soll bedeuten: Gott ist jenes Leben, das durch keinen Anfang verdunkelt wird und auch durch kein Abnehmen zu Ende geht. Er selbst ist „unser Gott", da Er, der selber das Leben ist, den Seinen das unversiegliche Leben verleiht. Er lebt „im Himmel", in jener Herrlichkeit, die der sterbliche Mensch nicht zu fassen vermag, die vielmehr jenes Leben bedeutet, das zur Heimat des Lebens wird. Gott lebt ja und gibt den Seinen das Leben und gewährt ihnen eine bleibende Stätte im Leben. Wer vermag dies, außer Gott? Denn was immer auch Gott in Seiner Anordnung verfügte, das führt Er auch durch. Es ist nichts daran eitel, wie der Menschen Gedanken eitel sind. Denn die Menschen beginnen im Denken und Trachten gar vieles, was sie nicht vollenden können. Zwar hat Gott selbst alle Geschöpfe der Vernunft des Menschen untergeordnet, um sie zur Vollendung zu bringen. Doch werden sie durch kein anderes Leben erweckt als durch das, was Gott ihnen geschenkt hat. Die Ungläubigen aber verheißen den Trugbildern des Unglaubens ein Leben, das Gott ihnen nicht zuerkannt hat. In den Götzenbildern ist ja das Werk des Menschen nicht lebendig da: Es sind lediglich gemachte und gemalte Bilder in Silber und Gold, weil die Menschen mit diesem Werk ihrer Hände ihre dem Silber vergleichbare Vernunft und ihr dem Golde ähnliches Wissen entweiht haben. In solch eherne Standbilder bläst der Teufel seinen Hauch; hat er doch Gott von Anbeginn an geleugnet. Er behauptet, in ihnen zu wesen wie ein Gott. Und so tönt er lediglich in ihnen: ohne Schaukraft des Sehens, ohne Vernunft des Hörens, ohne Verständnis des Riechens, ohne die lebendige Luft und ohne den Hauch eines geistigen Lebens. In solchen Kunstwerken aber besitzt der Teufel keinerlei Macht. Er stürzt sich nur selbst in große Schande, da er sich mit ihnen nur einen Spielraum schafft, in dem er ebensowenig Macht aufweist wie irgendein Mensch sonst. Hat er doch nur an der Verführung des Menschen seine Freude. Hätte Satan nämlich die Möglichkeit, im Tun der Menschen seinen Willen zu verwirklichen, so könnte er sie wie Gott in eine andere Natur verwandeln, so wie Gott

den Erdenstoff verwandelt hat zu einer neuen Natur, da Er aus Lehm den
Menschen bildete. Wenn aber der Mensch sein eigenes Werk für göttlich hält,
als ob es Gott nicht gäbe, dann wird er selbst seinen Bildnissen gleich und legt
sein Vertrauen auf sie. Solches Verhalten des Menschen ist tödlich und ohne die
Gnade göttlichen Wirkens. Daher werden alle, die auf so etwas ihre Hoffnung
setzen, beim Satan ihre bleibende Stätte in der äußersten Finsternis finden.

Alles Laster gipfelt im Unglauben

79   Daß du aber in dem Nebel verschiedene Laster in sinnbildlicher Gestalt
erblickst, das bedeutet: Der Unglaube hat jede Art von Laster im Gefolge.
Wer nämlich keinen Glauben besitzt, entbehrt des Guten. Sieben dieser Gestalten siehst du in bestimmter Form, weil ihre Gesamtheit dir mit ihren unterschiedlichen Erscheinungen gezeigt wird. Es ist dabei nicht so, als wenn sie in
ihrer Gestalt wirklich so wären, vielmehr soll ihre Bedeutung auf diese Weise
klarer werden. Denn der Teufel hat mancherlei Stricke seiner Bosheit und ist
bestrebt, den Menschen in den See des Verderbens zu stürzen.

Die Liebe zur Welt

80   Die erste Gestalt bedeutet die Liebe zur Welt. Der alte Verführer flößt
nämlich zuerst den Menschen die Liebe zum Weltlichen ein, um sie alsdann zu
weiteren Lastern zu verführen. Sie erscheint in menschlicher Gestalt, schwarz
wie ein Mohr, weil sie, völlig verstrickt in fleischlichen Lüsten, keine Sehnsucht
mehr nach Glanz und lichter Schönheit aufbringt. Nackt steht sie da und umklammert mit ihren Armen und Beinen einen Baum unterhalb seines Astwerks.
Die Gewänder der Seligkeit umhüllen sie nicht, weil sie in ihren Werken und
in ihrem Wandel den Dunst eitler Ehre umschlingt und so von den übrigen
Lastern, wie von den Zweigen eines Baumes, bedeckt wird. Über und über ist
der Baum mit Blüten durchwachsen, weil in der eitlen Ehre und den daraus
entsprießenden Lastern alle Eitelkeit der Eitelkeiten des Weltlichen eingeschlossen ist. Daher greift die Gestalt auch mit den Händen in diese Blüten und reißt
sie herunter, weil sie in ihren Werken alle Eitelkeit der gegenwärtigen Welt
mit ihren ziellosen Süchten an sich zieht. Wenn nämlich der Mensch einmal in
der Liebe zur Welt nur noch auf Eitles sinnt, dann sucht er dies auch voll Verlangen auf. Und hat er es gefunden, dann reißt er es in wilder Lust, gleich einem
bunten Blumenflor, voller Begier an sich, so wie die Gestalt dies mit ihren
Worten zum Ausdruck bringt. Daß aber der Baum bis in die Wurzel verdorrt
und in die Finsternis stürzt, wobei er die Gestalt mit sich in die Tiefe reißt,
das bedeutet, daß die eitle Ehre ganz und gar vergeht und in die Finsternisse

des Unglaubens, in denen der Teufel haust, zerrinnt. Und so fallen alle, die das Weltliche lieben und das ewige Leben verachten, mit dieser Gestalt, die sie im Fallen nicht mehr aufzuhalten vermögen. Wie sie aber auch dahinstürzt, sie glaubt nicht an ihr Fallen, weil sie den irdischen Dingen so eingewurzelt ist, daß sie an Himmlisches überhaupt nicht mehr denkt. Dies geht, wie du hörst, deutlich aus dem hervor, was die „Liebe zum Himmlischen" ihr zur Antwort gibt.

Von der Ausgelassenheit

81   Die zweite Gestalt bezeichnet die Ausgelassenheit, welche die Menschen über die Schranke des ehrbaren Lebens hinausführt, wobei sie der Weltliebe auf dem Fuße folgt. Wenn die Menschen die Welt lieben und ihr verhaftet sind, dann zeigt sich dies Streben meistens auch in ihrer äußeren Haltung. Das ist so wie bei einem Hund, der zu streunen pflegt, weil der Mensch in seiner Leichtfertigkeit jedem Gefallen und Vergnügen nachläuft, um dabei viele Leute zu fangen und zu täuschen gleich einem Hund, der nach allem schnappt. Auf ihren Hinterpfoten steht die Gestalt und hat die Vorderpfoten an einen aufrecht stehenden Stock gelegt. Denn die Schritte der Ausgelassenheit sind rückwärts, zum Teufel, gerichtet und dem Geschmack des Irdischen verhaftet, da sie an Himmlisches nicht denkt. Die Vorderpfoten aber legt sie, gerade als ob sie auf guten Pfaden nach dem Himmlischen trachte, auf die Vorschriften, die sich stützen auf die von der Fülle des Geistigen getragenen Gesetzes, da sie in ihrem unbeständigen Sinn zuweilen leere Worte über geistige Dinge redet, ohne diese indes zu beobachten. Hat sie doch in ihrer Gesinnung keinerlei Beständigkeit, denkt vielmehr immer nur an eitles Zeug. Gleich der Luft, zu der sie sich aufrichtet, faßt sie bald schöne, bald wieder wirre Pläne. Deshalb wedelt sie auch spielerisch mit dem Schwanz hin und her, weil sie das unbeständige Ziel ihrer Planungen hierhin und dorthin, je nachdem die Menschen es wollen, richtet, um dabei alles ihrer Ausgelassenheit preiszugeben, so wie sie dies in den obenerwähnten Worten dartut. Deshalb wird sie durch die Stimme der wahren Zucht zurechtgewiesen, wie ebenfalls weiter oben dargelegt wird.

Von der Vergnügungssucht

82   Die dritte Gestalt sieht aus wie ein Possenreißer. Sie sucht die Menschen vom Himmlischen weg zu den bunten Darbietungen unziemlicher Belustigung zu ziehen. Darin folgt sie der Ausgelassenheit auf dem Fuße. Ist sie doch gleichsam nur ihre Flöte und ihre Melodie. Haben nämlich Ermattung und Ekel am leichtfertigen Wandel den Menschen ergriffen, nahet sie sogleich wieder, um

sich in ihnen mit immer neuen Späßen Luft zu machen. Sie sieht dabei wie ein Mensch aus, mit Ausnahme der verunstalteten Nase. Denn diese lasterhafte Erscheinung zieht in einer Erkenntnis des Guten und Bösen, die der Augenlust und Fleischeslust entspricht, die Menschen leicht an sich. Sie behauptet in ihrer Torenweisheit und in ihrem närrischen Verstand, deren Bild die unförmige Nase ist, es gäbe gar keinen Gott. Daß sie Hände wie Bärentatzen und Füße wie Greifenklauen hat, bedeutet, daß sie den Menschen schmutzige Sitten und unreine Handlungen beibringt und daß sie auf ihren Beutezügen alles an sich zu reißen versucht, was sie nur durch die List ihrer Kunst zu plündern vermag. Denn durch dieses Laster werden die Menschen böse ausgenutzt, ohne daß dabei auch nur irgendein Nutzen herausspränge. Die Gestalt trägt schwarzes Haar und ist mit einem mattfarbenen Gewand bekleidet, weil sie mit ihrer schwarzen Eitelkeit bereits alle beginnenden Werke von vornherein verdunkelt. Sie umgibt sich dabei mit einer faden Fröhlichkeit, indem sie sich dem Charakter jedes Menschen anpaßt, um ihn dadurch an sich zu fesseln und in ihr Spiel zu locken. Auch das macht sie in ihrer obigen Rede sehr deutlich. Gegen sie erhebt die Stimme ihrer Gegnerin, der Schamhaftigkeit, ihren Ruf und fordert die Menschen zu ehrbaren Sitten auf.

Die Herzenshärte

83   Die vierte Gestalt zeigt die Herzenshärte, die hier die Vergnügungssucht begleitet. Wenn nämlich der Mensch von solcher Art Zeitvertreib ermüdet ist, kommt der Ekel über ihn, und sein Herz beginnt sich zu verhärten. Nicht mehr wird er benetzt vom himmlischen Tau, so daß er seinen Geist weder mit der Vorschrift der Gebote noch mit dem Pflug der Schriften durchfurcht. Den Wert edler Zucht bekommt er gar nicht mehr zu spüren. Die Herzenshärte ist wie ein dichter Rauch, der zu einer menschlichen Gestalt zusammengeballt ist. Denn sie kennt keinerlei Zartheit, sondern nur eine gewisse Verdichtung hinterlistiger Bosheit. Und auch das richtet sich wieder ganz auf das Maß des Menschen aus, weil es nichts Böses unter noch über dem Menschen gibt, das er nicht mit seinen Taten umfaßte. Weder ein kleines noch ein großes Übel gibt es, an dem der boshafte Mensch keine Freude fände. Daß diese Erscheinung aber keinerlei menschliche Gestalt hat, mit Ausnahme der großen und feurigen Augen, das bedeutet, daß dieses Laster die Menschen so verhärtet, daß sie das Ebenbild Gottes in anderen Menschen weder kennen noch erkennen wollen. Da auch nicht eine Spur von Güte in ihnen lebt, sind sie ohne jedes Erbarmen und ohne alles Wohlwollen. In der Scheußlichkeit ihrer Bosheit und Schwärze ihrer Gottvergessenheit glotzen sie überall herum und halten Ausschau, wen sie mit dem Gift des Neides wie mit Natterngift verletzen könnten. Die Gestalt bewegt sich weder nach vorwärts noch nach rückwärts noch nach irgendeiner anderen Richtung,

weil die Herzenshärte nicht nach Höherem strebt, auf daß um Gottes Willen
ihre Bosheit zerschmelze. Sie neigt sich auch nicht nach unten, um sich um der
Menschen willen in ihrer Härte erweichen zu lassen. Sie hat ferner keinerlei Neigung zu einem anderen Geschöpf, um seinetwegen von ihrer Nichtsnutzigkeit
abzulassen. Starr und stur steht sie da in der erwähnten Finsternis, um auf
dem einmal gefaßten Standpunkt zu verharren ohne jede Bewegung, dabei
immer nur schmähend und fluchend, da sie nichts anderes im Sinn hat, als die
Menschen unter Druck zu setzen. Wie ein Klumpen Blei, der in aufgewühlte
Wasser geworfen wird, liegt sie da in der Tiefe und rührt sich nicht mehr zu
irgend jemandes Nutzen. Sie flieht vielmehr die Rechte des Herrn, die alles
in der Natur zum Nutzen des Menschen hinlenkt, die den Menschen erhöht und
ihn in Frieden bestellt hat. Denn Gott hat den Menschen wie einen überaus
schönen Edelstein auf die Erde gesetzt, in dessen Glanz die gesamte Schöpfung
sich betrachtet. Steht doch der Mensch über aller Kreatur. Daher ist es nicht
erlaubt, daß die Herzenshärte ihn für nichts erachte und daß sie sich gegen
ihn verhärte. Sie ist unter allen Übeln das schlimmste, da sie auf niemanden
Rücksicht nimmt und keinem Barmherzigkeit erweist. Sie macht das Menschliche
als solches verächtlich und verzichtet darauf, jemandem noch ein Interesse ent-
gegenzubringen. Sie freut sich nicht mehr mit einem anderen, noch gibt sie ihm
einen guten Rat; in allen Dingen bleibt sie einfach hart und verachtet alles, so
wie sie dies in den oben angeführten Worten beweist. Ihr antwortet die wahre
Barmherzigkeit und mahnt, aus lauter Güte allen Gutes zu erweisen.

Von der Feigheit

84   Die fünfte Gestalt stellt die Feigheit dar, die der Herzenshärte wie eine
Eiterbeule anhaftet oder auch kleinen Würmern gleicht, die aus der Erde her-
auswimmeln. Wenn nämlich der verhärtete Mensch einmal vom Streben nach
höheren Werten abgelassen hat, verfällt er der Feigheit. Ihn beseelt kein Verlangen nach Ehre und Heiligkeit; träge und aller Trefflichkeit leer lebt er dahin.
Keine Lust hat er mehr, den Leidenschaften Widerstand zu leisten. Ist er doch
durch seine Feigheit geradezu in sie verstrickt. Dieses Laster hat ein Menschen-
haupt mit der Ausnahme eines linken Hasenohrs, das dafür aber so groß ist,
daß es das gesamte Haupt überdeckt. Denn die törichten Menschen halten sich
in ihrer Torheit für rechtschaffene Leute. Daher lieben sie den Müßiggang und
eifern nicht für das Gute, vielmehr leihen sie ihr Ohr nur dem schlechten Gerede.
Immerfort sind sie in ihrer Feigheit am Zischeln und am Tuscheln, was sie so
weit treiben, daß sie jede rechte Neigung ihres Herzens in ihrer Verdrehtheit
verdüstern. Daß aber der übrige Körper dieser Erscheinung dem Körper eines
knochenlosen Weichtieres gleicht, das in seinem Schlupfwinkel eingeschlossen
liegt wie ein in Tüchern gewickelter Säugling, das bedeutet, daß dieses Laster

die trägen und feigen Menschen dazu bringt, das Vertrauen, das sie auf die Hilfe Gottes und die Unterstützung ihrer Mitmenschen setzen sollten, in den Schmutz ihrer Lust, gleich einem unreinen Wurm, zu ziehen, und daß sie sich mehr auf die Haltlosigkeit ihres Fleisches stützen als auf die göttliche Kraft. Immerfort ziehen sie sich in die verborgensten Winkel ihrer Gedanken zurück und wickeln sich in ihrer Torheit darin ein, so daß sie sich zu keiner Tugendleistung mehr aufzurichten vermögen. Feige verdämmern sie in betäubender Gleichgültigkeit und in der Narrheit ihrer Eitelkeit, wie dies das Laster weiter oben mit seinen Redensarten darlegt. Mit der Antwort von Gottes Sieg aber wird es zurechtgewiesen, und die Menschen werden in dieser Antwort ermahnt, dem Teufel Widerstand zu leisten.

Der Zorn

85   Die sechste Gestalt stellt den Zorn dar, der mit der Feigheit verwandt ist. Feigheit nämlich schreit nach Schmach, die wieder das Feuer des Zornes entzündet, um jene Schmähung zu versengen und zu verzehren. Er hat das Antlitz eines Menschen; denn der Zorn erhebt sich deshalb im Menschen, weil der Mensch um das Böse weiß. Nur sein Mund gleicht einem Skorpion, da der grimmige Mord gleich dem Stich eines tödlichen Giftes ist. Das Weiß seiner Augen quillt über die Pupillen hinaus, weil der Zorn in seinem Ansatz mehr die Krankheit des Wutanfalles als die Gesundheit gelassener Ruhe zeigt. Nimmt doch der zornige Mensch weder Rücksicht auf sich selbst noch auf seine Mitmenschen. Er wirft, als ob er blind wäre, die Gerechtigkeit über den Haufen und bricht dem Sturm seines Wütens die Bahn. Seine Arme gleichen den Armen eines Menschen, weil die tyrannische Gewalt des Zornes alle Gottesfurcht beiseite schiebt, um sich mit der aus dem Wissen um das Böse hervorwachsenden Macht zu verbünden. So betrog auch den Teufel seine Bosheit, als er das tun wollte, was er nicht vollenden konnte. Der Mensch aber führt seine Bosheit durch Denken, Planen und Verwirklichen aus, so daß sie in der Tat erscheint. Zwar bringen auch die unvernünftigen Lebewesen anderen zuweilen eine Verletzung bei, weil sie kein Bewußtsein haben. Andere wiederum kommen solchen Schädigungen zuvor, weil sie Angst haben, selbst betroffen zu werden. Manchmal geschieht es auch aus Hunger, daß sie ihre Mitgeschöpfe angreifen und zugrunde richten. Der Mensch allein aber zerfleischt in der Bosheit seines Zorns sowohl denjenigen, der ihn liebt, als auch den, der ihn haßt, und selbst seinem Wohltäter vergilt er Gutes mit Bösem.

Die Hände des Zorns sind mit langen Krallen gekrümmt, weil all sein Tun geradezu auf Beute lauert, um dann in sinnloser Wut auch die Werke anderer zu zerstören. Brust, Bauch wie auch der Rücken gleichen einem Krebs; denn ein Mensch im Zorn berücksichtigt im Hort seines Gewissens weder die Frist des Friedens noch des Gesetzes noch irgendwelcher Satzungen, vielmehr bringen diese alle ihn aus der Fassung. In seiner Wut wie auch im Anfall seiner Raserei, die in ihm hochkommt, nimmt er weder eine geistige Nahrung an, noch mag er die Last der Gebote Gottes tragen. Alles Rechte und Richtige, jedes Maß und jeden besänftigenden Einfluß vermittelnder Gegengründe weist er weit von sich. Und so schreitet er, gezeichnet von seinen schlechten Launen, in Richtung Satan rückwärts einher, wie auch ein Krebs rückwärts geht.

Auch hat der Zorn Schenkel wie eine Heuschrecke und der Vipern Füße; denn mit seinen Schenkeln trägt er eitle Ehre und mit seinem Auftreten Neid zur Schau. In der eitlen Ehre des Hochmuts springt er über jede Gerechtigkeit hinweg, und in seinem Neid zerfleischt er, was er nur erreichen kann. Daß er aber zwischen die Speichen eines stehenden Mühlrades geschlüpft ist, bedeutet, daß er nicht auf dem geraden Pfade einhergeht, vielmehr nur in seinem eigensinnigen Wollen verharrt. Folgt er doch niemand anderem als seinem innersten Trieb. Mit seinen Händen klammert er sich an die oberen Speichen dieses Rades, während er mit den Füßen auf den unteren steht, weil er sein Tun in der überheblichen Freizügigkeit seines Eigenwillens allzu kühn vollbringt. Dabei setzt er seine Fußtritte auf das, was unterhalb solcher Freizügigkeit geschieht. Denn er richtet sich nicht nach der Gerechtigkeit, sondern allzeit auf Unrecht aus. Haare hat er keine auf dem Kopf, weil der Zorn so sehr den Geist des Menschen aller Ehre guten Rufes und Heiles beraubt, daß der Mensch in seiner Erregung überhaupt nicht erwägt, was gut und was richtig sei. Daher ist er auch am ganzen Leibe nackt, weil der Zorn sich nicht in das Gewand der Zucht hüllt, in seiner nackten Raserei vielmehr nur noch seine eigene Schmach offenbar macht. Daher stößt er Feuer um Feuer wie brennende Fackeln aus seinem Munde aus. Denn der Mensch bringt, wenn er sich im Zorn erhitzt, in seiner rachsüchtigen Bosheit brennende und sengende Worte mit entsprechender Stimme hervor, so daß er sogar Gott vergißt, wie dies das Laster weiter oben zum Ausdruck bringt. Die göttliche Geduld aber macht dem Zorn wegen seiner trotzigen Raserei Vorwürfe, wie auch Jakob seine beiden Söhne, die in ihrer Wut Menschen niedermetzelten, in die Schranken verwies, da er sprach:

Jakob spricht

86   „Simeon und Levi, Werkzeuge der Gewalttätigkeit sind ihre Waffen. In ihrem Rat weile ich nicht, in ihrem Kreis ruht nicht mein Ruhm. Denn in ihrem Zorn haben sie Männer gemordet, und in ihrem Übermut Mauern untergraben. Verflucht sei ihr Rasen, denn es war heftig, und ihr Grimm, denn er war grausam. Zerteilen will ich sie in Jakob, sie zerstreuen in Israel" (Gen 49, 5—7).

Diese Worte bedeuten: Zorn und Haß, die sich verbünden zur Bosheit, sind Werkzeuge der Gewalttätigkeit. Sie widerstehen ständig Gott und legen durch

ihre Großsprecherei Feuer an alles, was gerecht ist, und führen gegen alles ihre
Flüche. Ihren geheimen Gedanken geselle sich nicht der Geist der Gerechten bei,
da sie Gottes Gebot überschreiten. Auf jenem Felsen, darauf die Füße der Seligen stehen, um all die Wunderwerke Gottes zu rühmen, errichten sie ihren
Bau nicht. Denn alle Wege und alles Bauen seligen Strebens und seliger Werke
ruhen in Gottes Geboten. Bei den Bestrebungen derer aber, in denen sie trügerische Nachstellungen zu vollenden suchen, weile die Ehre der Gerechten nicht,
damit sie nicht von ihnen verdunkelt werde. Sie sei nicht in ihrer Mitte, in der
sie nur Schwächung erfahren könnte. Denn der Gerechten Ruhm steht bei den
Engeln und mit den Engeln Gottes: Mit ihnen betrachten sie der Gottheit Antlitz wie in einem Spiegel. Nicht mit denjenigen sollten sie daher gehen, die in
blutrünstiger Hinterlist die Tugendkräfte der Seligen vernichten und mit ihren
trügerischen Ränken die Schutzmauern niederreißen, welche die seligen Lehrer
zur Sicherheit der Auserwählten aufgerichtet haben. Denn mit dem Teufel sind
sie verflucht in ihrer Raserei, da sie in hartnäckigem Streite wider Gott kämpfen,
indem sie sich Ihm widersetzen. In den frevelhaften Äußerungen ihres In-
grimms sind sie unbeugsam, weil sie auf keine Weise vom Bösen ablassen wollen, vielmehr mit ihrem sündhaften Tun in der Verdammung des Verderbens zu
verharren wünschen. Daher werden sie zerstreut beim Ansturm jenes Volkes,
das sie derart bedrücken wird, daß sie sich wie eine Schlange in ihrer Höhle
verstecken möchten. So sehr geraten sie dadurch in Bedrängnis, daß sie kaum
noch Luft holen können. Zerstreut werden sie unter jene, die auf Gott vertrauen, freilich nicht, um an ihrem Glück teilnehmen zu können, sondern um
wie Spreu von ihnen geschieden und verworfen zu werden. Weil sie Gott nicht
folgen, gibt Er sie der Vergessenheit anheim, so daß ihnen weder die Wohlfahrt
dieser Welt noch die Glückseligkeit ihrer Seele zuteil wird. Wie von einem
Windstoß werden sie in die vielfältigen Leiden ihrer abscheulichen Lüste verweht und weder Ruhe finden bei denen, die Gott dienen, noch bei jenen, die sich
für die Welt abmühen.

Von der Ausschweifung

87   Die siebente Gestalt bezeichnet die Ausschweifung, die dem Zorn auf der
Stelle folgt, da sie gleichsam die Rache und Abkühlung des Zornes ist. Wenn
nämlich ein Mensch nach seinem Zornausbruch Freude zeigt, demütigt er seine
Feinde, weil sie beim Anblick seiner Freude die ihnen angetane Beleidigung um
so schmerzlicher empfinden. Von oben bis zu den Lenden hat die Erscheinung
menschliche Formen, mit Ausnahme der Hände, die Affenpfoten gleichen. Denn
die Menschen lenken die Erkenntnis des Guten, die sie auf das Streben nach
höheren Dingen richten sollten, in der Vielfalt ihrer Hirngespinste auf fleischliche Gelüste. Auf diese Weise überschreiten sie das Maß eines heiligmäßigen

Lebenswandels und seiner Verpflichtungen. All ihr Tun entehren sie in ihrer Torheit, weil sie just das, was dem Menschen nicht zusteht, in ihrer Gemeinheit häufig auf viehische Weise vollbringen. Von den Lenden abwärts gleicht diese Gestalt einer Ziege, weil Menschen dieser Art, die vergessen haben, daß sie Menschen sind, das Bewußtsein ihrer geistigen Natur zu tierischer Gesittung erniedrigen. Über das, was vernünftig ist, setzen sie sich in ihrem Wankelmut hinweg, wobei sie weder nach umsichtiger Einsicht noch nach schamhafter Zucht streben, wie es der Vernunft entspricht. Daher stecken auch ihre Füße derart in der erwähnten Finsternis, daß du sie nicht vollkommen erkennen kannst. Denn alle ihre Pfade, derart verstrickt in die verschiedensten Hirngespinste, achten nicht auf die Gerechtigkeit. Von ihren schlechten Taten umfinstert, sind sie nicht mehr gangbar für die Ehrbarkeit der Gläubigen. Vielmehr vermischt ihre Spur sich und ist kaum noch im Gedächtnis der Heiligkeit wiederzufinden. Daß diese Erscheinung aber keinerlei Kleider an hat, vielmehr ganz und gar nackt erscheint, das bedeutet, daß sie von keinerlei geistlichen Freuden mehr umwandet ist. Nackt steht sie da vor Gott, weil sie sich zum Wankelmut hin neigt und keinerlei Streben nach höheren Dingen sucht. Geht sie doch völlig auf im Trachten nach dem Irdischen und Hinfälligen und macht sich keine Sorge um das Ewige. Dies bringt sie deutlich in den obenerwähnten Worten zum Ausdruck. Die Sehnsucht nach Gott aber gibt ihr, wie gesagt, Antwort und ermahnt die Menschen, ihr Streben von dem Zeitlichen auf das Ewige zu lenken.

Gottes Zorneifer

88   Du siehst weiter, wie der besagte Mann ein blankgezogenes Schwert mit drei Kanten hält, das mit dem Griff an seinem Hals befestigt ist. Das bedeutet, daß Gott Seinen Eifer, der auf drei Wegen einherschreitet und in seiner Kraft die Wurzel des Glaubens legt, kundtut. Mit offenen Züchtigungen hat Gottes Zorn vor dem Gesetz und unter dem Gesetz die Sünden der Menschen niedergehalten, und auch jetzt, nach dem Gesetz, unterläßt Er dies nicht in der Neuheit der Taufe. Den heilbringenden Tugendkräften gießt Er den Glauben ein und tilgt mit eben diesem Eifer die Sünden der Menschen. Hin und her wird das todbringende Schwert geschwungen, weil der Eifer des Herrn sowohl die Auserwählten als auch die Verworfenen der Prüfung gerechter Reinigung unterwirft. Wie nämlich dieser Eifer des Herrn besagt, kämpft er gegen den Teufel und seine Vasallen. Ihm widersteht keiner; denn er stammt nicht aus der Verbindung von Mann und Frau, hat vielmehr in Gott selber sein Sein, weshalb er auch alles in Gott gerecht beurteilt. Er behält in all seinen Entscheidungen den Menschen im Auge und prüft ihn auf das gewissenhafteste. Sodoma und Gomorra nämlich hat er im stürmischen Aufbraus eines Schwefelregens verbrannt, da seine Einwohner bisher unbekannten Lastern frönten, die sie aus dem Schlund

des Teufels und in schlangenhafter Verdrehung der Sitten gelernt hatten, so daß
ihr Verhalten ein Hohn auf die menschliche Natur war. Das Weib mit seinem
aufgeblasenen Sinn verwandelte er wegen seines Ungehorsams, damit durch dieses Strafbeispiel jeder Fall von Sünde scharf gesalzen würde. Auch schlug er das
Volk Israel, als es Gott verließ und den Baal anbetete. Er gab sie der Zerstreuung anheim, brachte sie unter die Knechtschaft fremder Völker und ließ sie
ohne Heimat werden, weil sie ihr rechtmäßiges Erbe verachtet hatten. Denn er
unterscheidet, was zu unterscheiden ist, und er teilt, was zu teilen ist. Auch den
Hochmut teilt er in zwei Teile und läßt ihn nur hin und wieder aufkommen.
Wenn er, der nichts bei Gott sucht, dann alles, was er will, an sich gerissen hat,
erfaßt ihn der Zorneifer des Herrn in seiner Wurzel, stürzt ihn und straft noch
sein Ende. Aber auch die Üppigkeit hat er mit höllischem Feuer verbrannt und
die Gottlosigkeit mit der ihr angemessenen Strafe gefesselt. Ferner wirft er die
Prahlsucht, die das Herz des Hochmuts ist, sowie den Unglauben, der das Herz
der Gottlosigkeit ist, ohne Erbarmen nieder, da sie sich so weit von Gott entfernt haben. Wer nämlich Gott nicht kennen will, den vergißt auch Er bei der
Belohnung des Guten, da er Ihn nicht suchte. Es gibt aber auch Menschen, die mit
gewissen Lastern liebäugeln, ohne sich ihnen hinzugeben; wieder andere sind
ihnen zwar in Leidenschaft verfallen, ohne jedoch ihr Spiel so weit zu treiben,
daß es zu schweren Sünden kommt. Wieder andere haben sie nur in Gedanken
und Worten aufgenommen, ohne ihnen die Tat folgen zu lassen. Diese alle richtet
der Eifer des Herrn nicht zugrunde; er feilt nur durch zahlreiche Züchtigungen
das Kupfer von ihnen ab. Wer aber Sehnsucht nach dem Leben hat, der nehme
voll Verlangen diese Worte auf und berge sie im innersten Gemach seines
Herzens.

Die Weltliebe

89   Darauf sah ich eine Menge böser Geister aus der Schar derer, die der Eifer
des Herrn nach gerechtem Urteilsspruch aus dem Himmel geworfen und die
Luzifer mit sich an verschiedene Straforte gezerrt hatte. Sie verstreuten sich
über den ganzen Erdkreis unter die Menschen, um unter ihnen ihre Bosheiten
aufzuhäufen. Ihre Schar war nicht zu zählen und ist auch unzählbar, da nur
Gott allein sie kennt. Diese Geister wurden ausgesandt, die Menschen auf vielfache Weise zu bedrängen, und zwar so, daß jeder einzelne je nach dem Maßstab
seiner eigenen Bosheit den Menschen Nachstellungen bereitet und ihrer habhaft
zu werden versucht. Auch sah ich einige, die ganz laut schrien, Luzifer dürfe
keinem Herrn unterworfen sein. Das sind die Teufel der Weltliebe, die den
Menschen einreden, nach dieser Leidenschaft zu trachten.

Die Strafe für die Liebhaber der Welt

90   Und siehe, ich sah zwei Feuer, von denen eins in blasser Lohe, das andere
in hochroter Flamme brannte. Das mit der blassen Flamme hatte kein Gewürm,
aber in jenen roten Flammen wimmelte es von Würmern. Die einen sahen aus
wie winzige Schlangen, andere hatten ein stechendes Gesicht und spitze Schwänze,
allen fehlten die Füße. Die Seelen, die in der Weltlust gesündigt hatten, solange
sie noch im Leibe weilten, erlitten zwischen diesen beiden Feuern ihre Strafen
und wurden von beiden Feuerflanken her angegriffen. Am meisten gequält aber
wurden sie von der Glut des hochroten Feuers und von den Bissen seiner Würmer. Die Seelen derer nun, die unablässig ihrer Neigung zur Weltliebe gehuldigt
hatten, wurden durch das blasse Feuer gezüchtigt, während diejenigen, die diesem Laster mit ganzer Leidenschaft verfallen waren, auch in dem hochroten
Feuer ihre Strafen fanden. Diejenigen aber, die in ihrer heuchlerischen Gesinnung
in doppelter Richtung untreu geworden waren, so daß sie zu loben pflegten, was
ihnen mißfiel, und daß sie getadelt hatten, was ihnen wohl gefiel, wobei sie sich
aufs äußerste bedrängt anstellten, während sie dies doch gern taten, diese wurden
durch die Bisse der Würmer geplagt, die in Gestalt von Schlangen erschienen.
Die sich aber nur an den Lüsten der Weltliebe ergötzt hatten, wurden von den
Würmern gepeinigt, die das stechende Gesicht trugen. Die Seelen endlich, die in
der Weltliebe leichter gefehlt hatten, hatten nur das blasse Feuer zu dulden,
während diejenigen, die sich darin schwerer verfehlt hatten, dem roten Feuer
samt allem Gewürm überantwortet wurden. Und ich sah dies aus dem lebendigen Geiste, und ich verstand es so.

Die Strafen des Fegefeuers

91   Und ich hörte, wie die Stimme aus dem lebendigen Licht zu mir sprach:
Was du siehst, ist wahr, und es ist so, wie du es siehst, und es ist noch viel schlimmer. Denn die Qualen dieser Strafen bewirken Reinigung in jenen Seelen. Als
sie noch in der vergänglichen Welt lebten, verdienten sie durch die Buße die
Reinigung von ihren Sünden für die unvergängliche Welt. Doch da sie der Tod
ereilte, vermochten sie sich nicht mehr gänzlich im Fleische zu reinigen und
konnten auch nicht durch die Züchtigungen des göttlichen Erbarmers in dieser
Welt geläutert werden. Daher sollen sie durch diese Strafen Reinigung finden,
wenn sie nicht schon durch die Taten der Menschen und die Tugenden der Heiligen, mit denen Gott in ihnen am Werke ist, draus befreit werden, indem sie
die göttliche Gnadenmilde anrufen.

Welche Seelen gereinigt werden

92   Diejenigen nämlich, die sich zur Zahl der Seligen rechnen und ihrer Seligkeit eingedenk bleiben, verlieren in diesen Reinigungen den Makel ihrer Sünden
und gelangen an den Ort der Erquickung. Diejenigen aber, die der Vergessenheit anheimgefallen sind, haben in der Vergessenheit weiterer Strafgerichte zu
bleiben.

Wie die Menschen die Weltliebe sühnen

93   Menschen, die an der Weltliebe kranken, sollen, falls sie die bösen Geister, die sie dazu verlocken, überwinden und den Strafen, die du siehst, entrinnen wollen, sich mit Bußgewand und mit Geißeln bei einfachem Wasser und
Brot züchtigen, entsprechend ihrer Lust und Einwilligung, dem Zeitaufwand
wie auch ihrer Gewöhnung an die Sünde. Dies geschehe so, wie es der wahre
Lehrer in Seiner Menschheit von den Büßenden verlangte, als Er befahl, daß sie
sich den Priestern zeigen sollten. Wer daher gerechte Buße tun will, muß sich
seinem Richter auch stellen, auf daß ihm nach dem Maß seiner Schuld eine Buße
auferlegt werde. Jener richtende Priester aber ist der Stellvertreter Meines
Sohnes. Wenn nämlich des Menschen Geist sich selbst anklagt, soll er sich dem
Priester im Bekenntnis seiner Sünden zeigen, so wie dies im Gesetz durch Meinen
Diener Moses für die Aussätzigen dargetan wurde. Die Sünden sind dem Priester
anzuzeigen, weil die ehrfürchtige Scham in der Beichte dem Schweiße Meines
Sohnes und die Buße den Tropfen Seines Blutes sich verbinden.

Die Buße soll vom Priester bestimmt werden

94   Gutgeheißen wird nur die Buße, die vom Priester bestimmt wird, weil
selbst die Henker, welche die Strafe an den Seelen ausführen, nicht weiter gehen
dürfen, als der Richter dies festgesetzt hat.

Von der Weltliebe

95   Die Weltliebe fürchtet Gott nicht und liebt ihn auch nicht, reißt vielmehr
alles, was ihr selber gefällt, an ihr Herz. Jedes Ding auf der Welt, das sie reizt,
nimmt sie verwegen vor Gott in Anspruch, indem sie sich einredet, daß ja doch
alles sicherlich nur um ihretwillen da sei. Daher entbietet sie Gott nicht die geschuldete Furcht, setzt vielmehr ihren eigenen Willen an die Stelle Gottes. Auch
liebt sie Gott nicht, da sie nicht abläßt von den Lüsten des Fleisches noch auch

aus Liebe zu Gott sich im Zaume hält, vielmehr voller Leidenschaft diese Welt umfängt. Gegen diese Liebe zur Welt spricht Salomon, vom Geiste der Weisheit erfüllt, wenn er sagt:

Salomon spricht

96   „Der Anfang der Weisheit ist die Furcht des Herrn, und den Getreuen wird sie anerschaffen im Mutterleibe. Mit den auserwählten Frauen schreitet sie einher und zeigt sich an den Gerechten und Getreuen" (Sir 1, 14).

Diese Stelle ist so zu verstehen: Das erste Aufschimmern der Weisheit ist die Furcht des Herrn, so wie das Morgenrot der Sonne vorausgeht. Sobald nämlich der Mensch begreifen lernt, daß er von Gott erschaffen ist, beginnt er Gott zu fürchten. Was aber gefürchtet wird, das wird auch in Ehren gehalten. Was in Ehren gehalten wird, das wird geliebt. Was auf rechte Weise geliebt wird, dem zollt man auch die rechte Ehre. Daher sei der Mensch, der sich seiner Herkunft von Gott bewußt ist, voller Zuversicht in seinen Werken. Denn wie ein Mutterschoß ist der Glaube der Heiligen. Er soll sein Vertrauen auf Gott setzen, daß Er ihn rette! Er bestrebe sich, seine Rettung zu verdienen, und er tue dies in dem Glauben, in welchem die Weisheit zur Vollendung kommt. Der Mensch ist ja infolge der Sünden verunstaltet. Daher pflege er Rat mit der Weisheit, wie er die Sünden von sich fernhalte und die Verunstaltung, welche ihm die Laster im Sehen, Hören, Schmecken, Riechen und Tasten verursachen, von sich entferne. So feilt ja auch ein Schmied seine Werkstücke, um ihnen die rechte Form und Schönheit zu verleihen.

Oh, wie gewaltig ist die Weisheit, daß der Mensch, durch die Furcht Gottes gehalten, anfange, gegen die Rechte des Fleisches einzuschreiten, so daß er die Sünden, die er tun könnte, unterläßt! Und so ist diesen Werken zugleich durch die Weisheit die Furcht Gottes im Glauben der Heiligen anerschaffen, so wie auch diese Weisheit im Anfang der Schöpfung alle ihre Werke aufs beste vollendet hat. Aber die Furcht Gottes wohnt auch in der Heiligkeit der auserwählten Frauen, weil Gott die Frau so gebildet hat, daß sie Ehrfurcht vor Ihm habe, Ehrfurcht aber auch vor ihrem Manne. Daher ist es nur gerecht, wenn die Frau ein zurückhaltendes Wesen an den Tag legt. Gerade darin bildet sie gleichsam das Haus der Weisheit, weil in ihrem Wesen das Irdische wie das Himmlische zur Verwirklichung kommt. Auf der einen Seite ist durch sie ja der Mensch ins Leben getreten, andererseits leuchten aber auch aus ihrem Wesen alle guten Werke in scheuer Keuschheit. Würde sie diese Ehrfurcht nicht kennen, so könnte sie auch nicht die Scheu der Keuschheit pflegen, würde vielmehr wie ein Natterngezücht alles anstecken, was sie nur könnte. Die ehrfurchtsvolle Frau aber sammelt allen Reichtum guter Werke und heiliger Tugendkraft in ihrem Schoß, und sie läßt nicht ab, bis sie alles Gute vollbracht hat. So weilt die Furcht des Herrn,

wie der Glaube bezeugt, bei den auserwählten Frauen, die in Heiligkeit und
Gerechtigkeit erwählt sind, und er macht in ihnen die Tugendkräfte wirksam.
Sie zeigt sich auch mit den Gerechten, die das Gesetz und Geheiß Gottes in
allem erfüllen, schließlich auch in den Getreuen, die ihren Leib und die Welt
um Gottes willen verlassen. So wird die Furcht Gottes in großartigen Wunderwerken erkannt, da ihre guten und heiligen Werke in der ganzen Welt wie die
Sonne leuchten. All dies könnte ohne die Gottesfurcht nicht geschehen, wird
vielmehr erst im Glauben vollbracht. Derartige Werke der Gottesfurcht kennt
die Weltliebe nicht.

Dies alles ist gesagt von den Seelen der Büßenden, die geläutert und gerettet
werden wollen, und es ist die Wahrheit. Der gläubige Mensch achte darauf, und
er eigne es sich an im Gedächtnis seines guten Gewissens.

Die Ausgelassenheit

97   Darauf erblickte ich in der genannten Schar andere Geister, die im gewaltigen Getöse ihrer ausgelassenen Stimmung durcheinanderschrien, Luzifer sei
jener Ehre würdig, die er sich angemaßt hatte. Das sind die Teufel, welche die
Menschen zur Ausgelassenheit des Geistes verführen und ihnen beibringen, es
in dieser ausgelassenen Stimmung durchzuhalten.

Die Strafe der Ausgelassenen

Weiter sah ich ein mächtiges glühendrotes Feuer, das von einer derart
dichten Luftschicht umgeben war, daß seine Flamme diese Luftmauer nicht durch-
brechen konnte. In diesem Feuer befanden sich äußerst zahlreiche feurige Würmchen, die darin ein großes Getöse, sowohl durch die Laute, die sie von sich gaben,
als auch durch ihre Bewegungen verursachten. In diesem ganz schlimmen Feuer
wurden die Seelen derer, die während ihres leiblichen Daseins durch Ausgelassenheit gesündigt hatten, gequält, so daß sie kaum noch Luft holen konnten, weil
die Luftschicht das Feuer so dicht umschloß, daß es keinen Hauch mehr durch-
ließ. Auch wurden ihre Körperseiten sowie die Füße durch dieses Gewürm arg
gequält. Weil sie sich während ihres irdischen Lebens mit großem Eifer der Ausgelassenheit hingegeben hatten, brannten sie nun in dem glühendroten Feuer.
Und weil sie in solchem Laster die Mode der verschiedenen Gegenden nach-
geäfft hatten, erlitten sie in ihm diese Erstickung. Und da sie ihre Körperseiten
wie auch die Füße oft so leichtfertig hierhin und dorthin herumschwirren ließen,
wurden sie jetzt darin von den genannten Würmchen heftig angegriffen.

Die Sünden der Ausgelassenen werden durch die Buße getilgt

98   Und ich sah dies und habe es verstanden. Und ich hörte aus dem lebendigen Licht die Stimme zu mir sprechen: Dies ist wahr. Wer in dieser Welt durch Ausgelassenheit gesündigt hat, wird durch diese reinigenden Strafen geläutert werden. Wollen die Menschen aber, die diesem Laster ergeben sind, an den boshaften Geistern, die sie so bedrängen, vorbeikommen und solchen Peinigungen entrinnen, so sollen sie sich Enthaltsamkeit in Speise und Trank auferlegen und sich selbst mit Geißelhieben züchtigen. Dies sollen sie entsprechend dem Ausmaß ihrer Schuld tun und nach dem Geheiß des ihnen vorgesetzten Richters.

Die Ausgelassenheit ist die Eitelkeit der Eitelkeiten

99   Die Ausgelassenheit kennt nicht die Beständigkeit, heftet vielmehr ihren Sinn auf alles, was gerade daherkommt. Sie gibt Gott nicht die Ehre und freut sich nicht an Ihm. Was sie sich selbst erwählt, daran ergötzt sie sich. Daher heißt sie die Eitelkeit der Eitelkeiten, und nichts anderes wird sie ernten von all ihrer Mühe. Sobald nämlich die eine Eitelkeit vorbei ist, folgt ihr die nächste. Das aber, was vorüber ist, steht für immer fest. Wenn ein Mensch seiner fleischlichen Lust frönt, so heißt das, was er dabei rein aus Gier tut, eitel. Im ersten Kindesalter liebt man solches als Spiel, um sich später im Heranwachsen der Ausschweifung hinzugeben. Endlich reif geworden, weiß und erkennt der Mensch, was gut und was böse ist. Dann wird ihn ekeln vor dem Tun seiner Kindheit und Jugend; und es wird ihm vorkommen, als hätte er nie darin gelebt. Dann seufzt und klagt er, eingedenk seiner früheren Jahre, die er doch nicht halten kann. Alle Dinge im Menschen und um den Menschen sind ja eitel. Die Wälder grünen und verdorren, die Blüten blühen und fallen, das Gras wächst und wird geschnitten. Was also bleibt noch übrig? Was der Mensch zur Zeit schaut, wird er bald nicht mehr sehen; was er jetzt hat, wird er bald nicht mehr besitzen. Wer jetzt lacht, wird bald weinen. Und so ist alles eitel, weil es hinfällig ist. Alles stirbt und schwindet dahin. Sie fallen dem Tod anheim, als hätten sie nie in dieser Welt gelebt. Alle Herrlichkeit zerrinnt in Schmach, aller Reichtum schwindet in Armut.

Die Kraft der Heiligkeit hört nie auf

100   Könige und Fürsten, die in so hohen Ehren standen, daß man sie mit dem Himmel verglich, sie alle gingen dahin. Und die da gering nach ihrem Stande lebten und keine Reichtümer sammeln konnten, stiegen auf von ihrer Armseligkeit und Dürftigkeit gleichsam bis in den Olymp. Aber auch sie sind dahin-

geschwunden. Die Kraft der Heiligkeit aber, aus der alles Gute strömt und die jedes Gute trägt, wird nicht vergehen, sondern in der Ewigkeit des Lebens dauern.

Dies alles ist gesagt von den Seelen der Büßenden, die geläutert und gerettet werden wollen, und es ist die Wahrheit. Der gläubige Mensch achte darauf, und er eigne es sich an im Gedächtnis seines guten Gewissens.

Die Vergnügungssucht

101   Darauf erblickte ich in dieser Masse andere Geister, und ich hörte die Schreihälse rufen: Luzifer sei des Heils und der Ehre der Fürsten würdig. Sie stellten sich, als könnten sie das unaussprechliche Lied der seligen Geister, das vor Gottes Thron erklingt, verstehen. Diese Geister suchen die Menschen zu verführen, sich in Wort und Tat eitler Vergnügungssucht zu überlassen.

Die Strafe der Vergnügungssüchtigen

102   Und ich sah einen schwarzen Nebel, in dem ein gewaltiges Feuer brannte, das seinen Rauch ausstieß gleich jenem Rauch, in dem die Lüfte geprüft werden. In diesem Feuer mit seinem Rauch und Nebel wurden die Seelen jener bestraft, die im irdischen Leben der Vergnügungssucht verfallen waren. Das Feuer erlitten sie der Ergötzung jenes Lasters wegen, den Rauch aber, weil sie darauf so versessen waren, den Nebel schließlich wegen der Wankelmütigkeit ihrer modischen Sitten, die sie in dieser Lasterhaftigkeit ständig wechselten. Durch den lebendigen Geist sah und verstand ich dies.

Die Buße der Vergnügungssüchtigen

103   Und abermals hörte ich aus dem erwähnten lebendigen Licht die Stimme zu mir sprechen: Das, was du siehst, ist wahr, und es ist so, wie du es siehst. Wer auf dieser Welt solchem Laster anhängt, dann aber die Einflüsterung dieser diabolischen Kunst ablegen möchte und das Entsetzen vor den Strafen dieses Lasters empfinden will, der soll sein Fleisch, je nach der Art und dem Grad seiner Verfehlung, durch Fasten züchtigen und außerdem kostbare Getränke meiden, gemäß dem gerechten Richterspruch seiner Richter.

Vom wüsten Treiben der Vergnügungssüchtigen

104 Die Vergnügungssucht läßt manche Menschen im Wirbel ihres wüsten Trubels nach Wunsch und Laune ihr Spiel treiben. Die bösen Geister wollen ja die himmlische Sinfonie lächerlich machen, und sie werden doch nicht obsiegen. Daher fallen sie manche Menschen mit der Vergnügungssucht an und treiben mit ihnen in den tollsten Verlustigungen lügnerisch ihren Spaß, wo sie diese in Wirklichkeit doch gar nicht spielen lassen können. Doch der Lobpreis himmlischen Einklangs, der Gott gebührt, kann nie verstummen, da er unausschöpflich, weil der Wahrheit Fülle ist. Der Vergnügungssüchtige hingegen befragt immer nur seinen Geist, wohin er fliegen und was er machen könnte, und wenn er dies im Spiegel des Wissens erkannt hat, so verdreht er dies in Eitelkeit und Lüge; selbst mit den Elementen gibt er nur seinen Ton an, wo immer er hingeht und wie es ihm grad gefällt.

Was ohne Gott gesucht wird, das verdirbt

105 Alle Menschenkinder, die da so großartige Dinge mit gewaltigen Untersuchungen ausgeklügelt haben, um sie zu erforschen und je nach Vermögen ins Werk zu setzen, sie alle sind eitel. Sie lassen die Wirklichkeit aus dem Auge, die Gott ihnen zeigt und gibt, und sie bauen sich dafür mit ihren falschen Götzen trügerische Planungen wie ein Gebirge auf. Überall suchen sie jenen Geschehnissen auf die Spur zu kommen, die uns die Welt doch nur durch Zeichen andeutet. Indem sie so verfahren, halten sie das falsche Wissen für die Wirklichkeit selbst und täuschen sich und andere. Denn was immer ohne Gott gesucht und ohne Gott gefunden wird, geht dem Verderben entgegen. Und wie sehr sie in ihrem Fleisch und Blut auch Spiel und Tanz erleben und genießen möchten, sie fallen doch nur der Täuschung anheim, da all dies nichts bedeutet. Wie des Staubes Asche, so schwinden sie dahin.

Dies alles ist gesagt von den Seelen der Büßenden, die geläutert und gerettet werden wollen, und es ist die Wahrheit. Der gläubige Mensch achte darauf, und er eigne es sich an im Gedächtnis seines guten Gewissens.

Die Herzenshärte

106 Darauf sah ich eine weitere Menge böser Geister, die mit lauter Stimme riefen: „Sollte das etwa nicht statthaft sein, daß einer sich im Prinzip Gott gleichstellte?" Diese Geister sind Genossen der Hartherzigkeit. Sie überreden die Menschen, diese zu ihrer Herrin zu machen und niemandem Barmherzigkeit zu erweisen. Was sie nämlich im Himmel nicht bewerkstelligen konnten, das versuchen sie nunmehr über die Menschen zu erreichen.

Die Strafe der Hartherzigen

107   Und siehe: Ich sah einen trockenen Brunnen, tief und breit, dessen Grund
aus siedendem Pech bestand. Darin wurde ein weiter Spalt sichtbar, durch den
vom unteren Teil her feuriger Rauch und glühende Würmer in den Brunnen auf-
stiegen. Auch wurden zahlreiche spitze, glühende Nägel in diesem Brunnen wie
vom Winde hin und her gestoßen. Auf dem Boden dieses Brunnens hockten die
Seelen jener Menschen, die auf der Welt die Herzenshärte, ohne jedes Erbarmen
gegen ihre Mitmenschen, walten ließen. Jederzeit hatten sie zu befürchten, durch
diesen Spalt in das erwähnte Feuer am Boden zu stürzen; auch mußten sie zahlreiche Martern durch den Rauch, die Würmer und die Nägel ausstehen. Weil sie
sich gewissenlos gegen ihre Mitmenschen verhalten hatten, hockten sie nun in
diesem Brunnengrund voll Pech und Feuer und mußten die Angst vor dem
Feuer am Boden ertragen. Weil sie in ihrer Boshaftigkeit Gott aus dem Weg ge-
gangen waren, bedrängte sie nun dieser feurige Rauch. Und weil sie den Menschen unmenschliche Schmerzen zugefügt hatten, wurden sie von den oben beschriebenen Würmern gequält. Wegen ihres verhärteten Gemütes aber, das kein
Erbarmen kannte, hatten sie die Verletzungen und Verbrennungen durch die
feurigen Nägel zu erleiden. Dies sah ich, und ich verstand es so.

Die Buße der Hartherzigen

108   Aus dem lebendigen Licht aber hörte ich wiederum die Stimme zu mir
sprechen: Was du siehst, ist wahr. Wollen daher die Menschen, die in dieser Welt
so verhärtet sind, daß sie anderen Hilfsbedürftigen keine Barmherzigkeit zukommen lassen, den bösen Geistern, die ihnen solche Herzenshärte zeigen, widerstehen und jener Pein, wie du sie siehst, entrinnen, so sollen sie sich mit bitterem
Fasten und heftigem Geißeln kasteien. So sollen sie dies tun, je nach dem Maß
ihrer Schuld und nach der Bestimmung der ihnen vorgesetzten Seelenführung.

Herzenshärte ist ein ganz schlimmes Laster

109   Die Herzenshärte ist so schlimm, weil sie kein Erbarmen kennt, nicht nach
der Liebe fragt und nichts Gutes tut. Eine solche entsetzliche Herzenshärte besaßen gewisse Tyrannen. Obschon sie Gottes Wundertaten sehen konnten, ließen
sie nicht ab vom Eigensinn ihres Wollens, zogen Herz und Sinn dem Willen
Gottes vor und kämpften damit gegen Gott. Wie aber Gott in der Schuld des
ersten Engels und in der Torheit des ersten Menschen den Eigensinn ihres Willens
gebrochen hat, und wie Er den Pharao in Schrecken versetzte, da Er Ägyptens
Erstgeburt schlug, so macht Er auch jetzt die Herzenshärte zuschanden, die sich

in sich selber so verhärtet hat, daß sie sich weder durch die Vorschriften des Gesetzes noch durch das Geheiß menschlicher Vernunft erweichen läßt. Daher nimmt Gott ihr das Heil Seiner Hilfe und versenkt sie dem Pharao gleich in Schande.

Dies alles ist gesagt von den Seelen der Büßenden, die geläutert und gerettet werden wollen, und es ist die Wahrheit. Der gläubige Mensch achte darauf, und er eigne es sich an im Gedächtnis seines guten Gewissens.

Die Feigheit

110 Und siehe: Ich sah noch andere Geister aus dieser Menge, die laut herumbrüllten, nur Luzifer sei ihr Herr! Das sind die Teufel der Feigheit, welche die Menschen verleiten, weder die Furcht vor Gott noch eine Sorge für die Mitmenschen für nötig zu halten.

Die Strafe der Feiglinge

111 Und ich sah einen schwarzen Nebel und wilde Winde im Tumult tosender Gewitterstürme und gewaltiger Regenschauer. Dahinein jagten nun die bösen Geister Feuerschläge gleich wie Regengüsse. Die Seelen derjenigen, die in der Welt die Feigheit geliebt und deshalb Gott nicht eifrig gedient hatten, wurden von diesem Gestürm heftig geschüttelt und zugleich durch das Feuer, das die bösen Geister auf diese Wetter losjagten, versengt. Weil sie sich auf dieser Welt von der Gottesfurcht nicht einschüchtern ließen, mußten sie nun diese Unwetter aushalten. Und weil sie die Mahnung der Gerechtigkeit feige in den Wind geschlagen hatten, bekamen sie nun das Feuer zu fühlen. Dies sah ich und verstand es so.

Die Buße der Feiglinge

112 Und wieder hörte ich aus dem lebendigen Licht die Stimme zu mir sprechen: Was du siehst, ist wahr, und es ist so, wie du es siehst. Menschen aber, welche die Feigheit lieben und Gott weder eifrig noch treu dienen, sollen sich, falls sie sich von diesen Geistern nicht länger verhöhnen lassen und von diesen Leiden befreit werden wollen, je nach der Art ihres Vergehens mit einem Bußgewand strafen und sich mit Geißeln züchtigen. Sie sollen sich dem Fasten unterwerfen und sich um die Armen kümmern. Dies alles sollen sie nach den Vorschriften ihres Seelenleiters ausführen.

Feigheit strahlt nicht im Licht der Gottesfurcht

113   Die Feigheit strahlt nicht auf in der Furcht Gottes, und sie erglüht nicht im Feuer der Sorge für Seine Ehre. Finster ist sie, weil durch dieses Laster das lebendige Gewissen, das als Geisthauch des Lebens in der Seele lebt, samt der Vergeltung der Gnade, verdunkelt wird, da sie diese im Gutestun gar nicht suchen will. Ebenso vernachlässigt sie in großer Unseligkeit den Glauben, der ihr gleichsam den Rücken stark machen sollte, da in ihm die Hoffnung auf das ewige Leben gründet. Auch stößt sie nicht mehr in die tönende Posaune der guten Werke, da sie nicht mit aufrichtiger Hingabe zu Gott aufseufzt.

Dies alles ist gesagt von den Seelen der Büßenden, die geläutert und gerettet werden wollen, und es ist die Wahrheit. Der gläubige Mensch achte darauf, und er eigne es sich an im Gedächtnis seines guten Gewissens.

Der Zorn

114   Alsdann sah ich andere Geister aus dieser Menge, die gegen die Heerschar Gottes anschrien: „Welche Macht habt ihr schon gegen uns? Gar keine!" In ihrer grimmigen Wut starrten sie auf gewisse Frauen und riefen sogleich: „Die da, die sind geeignet zur Fruchtbarkeit dieser Welt, so wie der Acker für den sprossenden Keim. Beeilen wir uns daher, sie zu verführen, auf daß sie keine Helden gegen uns großziehen!" Diese bösen Geister reizen die Menschen zu Zorn und Raserei und zu ähnlichen Lastern, und sie stacheln sie gar zu Mord und Totschlag an.

Die Strafe für die Zornigen

115   Darauf sah ich die stürmisch aufgewühlte Luft wie im Feuer brodeln und unter ihr einen breiten, schwarzen See. Der war voll von schlammigem Moder, aus dem Würmer quollen, die nur ein Auge hatten und die mit ihren Schwänzen die ganze faulige Masse in Bewegung brachten. In diesem faulenden Unrat mit seinen Würmern wurden die Seelen jener Menschen, die auf dieser Welt von Zorn und Haß besessen waren und die nicht davon ablassen wollten, gepeinigt, während sie gleichzeitig im Feuer dieser Lüfte brennen mußten. Weil sie den Zorn mit seinem hartnäckigen Haß unausgesetzt in sich genährt hatten, wurden sie vom Schmutz und dem Gewürm dieses Sees gequält: vom Schmutz wegen ihres Zornes und durch die Würmer wegen ihres Hasses. Und weil sie diesen Zorn im Wutanfall zum Durchbruch kommen ließen, hatten sie das Feuer der erwähnten Lüfte zu erleiden.

Weitere Strafen für die Zornigen

116   Jene Seelen aber, die sich während ihres irdischen Lebens ohne Haß und
andauernden Zorn nur hin und wieder dem Zorn überlassen hatten, gingen
körperlos in der Nähe dieses Ortes einher, sahen von dort die gräßlichen Qualen
und bekamen es mit der Angst zu tun. Da aber der Zorn noch nicht in ihnen
eingewurzelt war, wurden sie von diesen Strafen nicht berührt. Sie erblickten
vielmehr diese nur ihres plötzlich aufbrausenden Zornes wegen, und so konnten
sie ihnen rasch wieder entrinnen.

Die Strafe für den Mord im Zorn

117   Auch sah ich ein gewaltiges Feuer, das verschiedenste äußerst heftige Strafen an Hitze und Kälte wie auch alle nur möglichen Würmer in sich trug. Hier
wurden die Seelen jener bestraft, die auf dieser Welt im Wutanfall ihres Zorns
zum Mord getrieben worden waren. Wegen des mordenden Zornes erlitten sie
das Feuer, ihrer Verblendung wegen, in der sie nicht bedacht hatten, was sie
taten, die Kälte, die Würmer schließlich wegen ihrer Anmaßung, mit der sie die
Ehrfurcht vor dem Ebenbild Gottes außer acht gelassen hatten.

Die Strafe für den Mord aus Habsucht

118   Ich sah ein weiteres Feuer, in dem sich zwei riesige, schauderhafte Drachen
befanden. Sie fauchten mit ihrem Schnauben auf die Seelen ein, die hier gequält
wurden. Das waren die Seelen, die während ihres leiblichen Daseins aus Habgier gemordet hatten. Nun mußten sie in diesem Feuer brennen und wurden von
diesen Drachen gepeinigt. Wegen des Mordes hatten sie das Feuer zu ertragen,
ihrer Habsucht wegen aber die Drachen.

Die Strafe für den Mord aus Notwehr

119   Weiter sah ich eine breite tiefe Grube, die angefüllt war mit siedendem
Pech und feurigem Schwefel. In der Nähe hatten sich ringsum Frösche und
Skorpione gelagert. Diese jagten den Seelen, die in dieser Grube gequält wurden, Angst ein, ohne sie jedoch zu verletzen. Denn die Seelen jener Menschen,
die ihre Angreifer aus Notwehr getötet hatten, um dem eigenen Tod zu entgehen, saßen in dieser Grube. Wegen des Mordes, den sie auf diese Weise verübt hatten, mußten sie die Hitze erleiden. Ihrer Heftigkeit wegen, mit der sie
dabei ihre Fassung verloren hatten, zehrte das Pech an ihnen. Und wegen der

Entrüstung, die sie bei diesem Mordfall ihren Gegnern gezeigt hatten, wurden sie mit dem Schwefel gepeinigt. Weil sie sich beeilt hatten, ihren Angreifern hinterlistig zuvorzukommen, indem sie in ihrem Herzen sprachen: „Eher will ich dich töten, als von dir den Tod zu erleiden", hatten sie nun die Angst vor den Skorpionen zu ertragen. Und weil sie das alles in der Bitterkeit ihrer Herzen ausgeführt hatten, litten sie unter dem Entsetzen durch diese Frösche.

Die Strafe für den Mord aus Unwissenheit

120   Auch erblickte ich eine glühende Luftschicht, die von einem Wind hin und her bewegt wurde. Hier befanden sich die Seelen derjenigen, die aus Unwissenheit einen Totschlag begangen hatten, dies aber für unwesentlich erachteten. Weil sie durch den Mord die Luft befleckt hatten, befanden sie sich in der glühenden Luftschicht; weil sie aber ihre Tat geringgeschätzt hatten, erlitten sie die Erschütterung durch diesen Wind.

Die Strafe für Giftmischer

121   Alsdann sah ich ein gewaltiges, rotglühendes Feuer, in dem schauderhafte Drachen mit Schweinerüsseln herumkrochen. Sie wühlten diesen Feuerbrand vom Grund aus um. In diesem Feuer befanden sich die Seelen jener, die während ihres leiblichen Lebens andere Menschen durch Gift oder auf sonstige Weise ohne Blutvergießen getötet hatten. Wegen des schleichenden Sterbens, das sie anderen zugemutet hatten, brannten sie in diesem rotglühenden Feuer. Und wegen des Giftmischens, durch das sie jene aus dem Weg geräumt hatten, wurden sie von diesen Drachen mit den Schweinerüsseln gequält.

Die Strafe für Kindsmörder

122   Auch sah ich ein äußerst heftiges Feuer, das neben einem Brunnen aus lichtklarem Wasser loderte. In ihm brannten gewisse Seelen, unter denen einige von Würmern, gleich wie mit einem Gürtel, in der Höhe des Nabels umgürtet waren. Andere wieder sogen die Feuersglut ein und gaben sie wieder von sich, so wie ein Mensch Atem holt und die Luft wieder ausstößt. Auch schleuderten die boshaften Geister feurige Steine. Sie alle mußten im Wasser des erwähnten Brunnens ihre Strafen wie in einem Spiegel ansehen, wodurch ihre Pein nur noch wuchs. Das waren die Seelen jener Menschen, die während ihrer irdischen Lebenszeit das in ihnen keimende Menschenleben ausgelöscht hatten, indem sie ihre eigenen Kinder aus dem Wege räumten. Die Seelen jener, die bereits die

Empfängnis verhindert hatten, brannten ihres Vergehens wegen in diesem Feuer, und sie mußten für ihre Unmenschlichkeit die Umgürtung durch die Würmer erleiden. Die Seelen jener, die ihre eigenen Kinder dem Tod ausgeliefert hatten, wurden dieser Schlechtigkeit wegen in demselben Feuer gepeinigt. Wegen des unmenschlichen Menschenmordes mußten sie jenes Feuer schlucken und wieder ausstoßen. Wegen der Hartherzigkeit aber, die in solcher Handlung liegt, mußten sie die Steinwürfe durch die bösen Geister aushalten. Da sie nicht einsehen wollten, was sie zu tun hatten, wurde ihre Strafe noch dadurch erhöht, daß sie in dem erwähnten Wasser dies alles beständig noch einmal anschauen mußten, nicht zu ihrem Trost, sondern zur Vergrößerung ihrer Leiden.

Die Strafe für Selbstmörder

123   Die Seelen jener aber, die sich selbst den Tod gegeben hatten, wie auch ihre Strafart, bekam ich nicht zu sehen. Ich wußte lediglich, daß sie sich im Abgrund der Hölle befanden. Weil sie sich nämlich selber den Tod gaben, steht ihnen die Strafe für einen Freibeuter zu. Und weil sie keine Reue über eine solche Tat mehr zeigen konnten, wurden sie in die Höllengruft versenkt. Dies sah und erkannte ich durch den lebendigen Geist.

Die Buße für solche Untaten

124   Und wiederum hörte ich aus dem erwähnten lebendigen Licht die Stimme zu mir sprechen: Was du siehst, ist wahr, und es ist so, wie du es siehst. Daher sollen die Menschen, die in die Strafen der erwähnten Laster verstrickt sind, sich aus Scheu vor solchen Qualen möglichst selber ihre Buße für solche Untaten auflegen, solange sie noch in dieser Welt weilen, um in der kommenden Welt nicht noch schlimmere Züchtigungen zu erfahren. Diejenigen, die den Zorn aus Haß zu ihrer zweiten Natur machten, sollen sich, falls sie die erwähnten bösen Geister des Zornes von sich treiben und ihren Strafen entgehen wollen, mit einem Bußgewand und mit Ruten züchtigen sowie ein strenges Fasten auferlegen.

Die Buße für den Zorn

125   Die aber den Zorn ohne den böswilligen Haß in sich aufbrausen ließen, und die das wiedergutmachen wollen, sollen sich je nach dem Maß ihrer Sündenlast ein Bußkleid und Geißelhiebe oder auch Fasten auferlegen, ganz nach dem Maßstab, den sie von ihrem Seelenführer gesetzt bekamen.

Zorn ist ein ganz schlimmes Laster

126   Ein äußerst schlimmes Laster ist der Zorn. Er ist gleichsam das Herz des
Satans. Mitunter verbirgt er sich in der Höhle einer Schlange; beständig bedroht
er den Menschen und fällt ihn an, so daß er seinen Verstand verliert. Er bekommt den Segen Abrahams nicht, der da freudigen Willens allen Geboten
Gottes Folge leistete, so daß ein gewaltiges Volk aus solcher Segnung hervorging. Ein zornmütiger Mensch vernichtet jeden Tugendkern und zernagt jeden
Keim. Er gleicht einem frechen Dieb und knirscht vor Trotz ob all der Gaben
des Fingers Gottes wider den Menschen. Zorn und Zank bringt er in Gang,
wo er nur kann, und er hat seinen Teil nicht allein an der Unzucht, sondern
an jedweder Übertretung des Gesetzes Gottes. Jener Drache ist der Zorn, der
alles versengt, wohin er nur kommt. Er ist jener Dieb, der alles stiehlt und
raubt, was es nur zu stehlen gibt. Im Zorn rast selbst der Weise in sinnloser
Wut, der Geduldige streitet in Ungeduld, der Mäßige verfällt in Unmaß. Der
Zorn ist jene Bitternis, welche die Güte und Milde im Gesetz und Gebote
Gottes zum Ekel macht. Jener Mörder ist er, der den Körper von der Seele
trennt und nicht leidet, daß sie beisammen sind. Er ist jener harte, unerträgliche
Felsblock, der jeden Wert und alle Gerechtigkeit zu zermalmen trachtet. Daher
liegt sein Anteil unten in der Hölle, weil er das Himmlische erschüttern wollte.
Sobald der Zorn sich nämlich eines Menschen bemächtigt hat, bringt er ihn außer
sich und verkehrt ihn in solch sinnlose Raserei, daß er weder an Irdisches noch
an Himmlisches denkt. Denn gerade den, der nach dem Bilde Gottes gemacht
wurde, zermalmt er ganz und gar und macht ihn zunichte. Durch solchen Frevel
häuft er nur um so größere Pein in sich auf. Daher sollen die Menschen, die sich,
durch was für einen Mord auch immer, als Übertreter der Gerechtigkeit erwiesen
haben, ihre Leiber, mit denen sie so grausame Verbrechen begangen haben, mit
harten Strafen züchtigen, damit sie ihre Seelen den erwähnten Strafen entreißen.

Die Buße für den Mord aus Wut

127   Wer aber in einem Zornanfall die Seele eines Menschen aus seinem Leibe
verjagt hat, der soll sich, falls er sich selbst bestrafen will und so den erwähnten
Qualen entgehen möchte, über lange Zeit hindurch mit strengstem Fasten und
mit Geißelhieben züchtigen. Er soll für eine gewisse Zeit das Licht des Tages
meiden, weil er durch das vergossene Blut die Luft befleckt hat. Dies soll er
nach dem Urteil des ihm vorgesetzten Meisters ausführen.

Die Buße für den Mord aus Habgier

128 Wer aber, im Feuer der Habgier entbrannt, Seele und Leib eines Menschen getrennt hat, der soll, um den erwähnten Qualen zu entgehen, strengstes Fasten und heftige Geißelungen über einen längeren Zeitraum hinweg auf sich nehmen. Er soll die Gemeinschaft mit den Menschen meiden und eine Zeitlang im Wald das Leben eines Einsiedlers führen. Doch auch dies mache er nach dem ausgewogenen Maß der Gerechtigkeit.

Die Buße für den Mord aus Notwehr

129 Wer aber einen Menschen Hals über Kopf getötet hat, weil er im Glauben, von ihm getötet zu werden, seinem Angriff zuvorkam, der soll sich ebenfalls, um den Strafen für dieses Vergehen zu entrinnen, durch Fasten, wenn auch etwas leichter als beim vorher erwähnten Fall, züchtigen, und auch hier nach dem Urteil und dem Ausmaß, welche er diesem Fehltritt beimißt.

Die Buße für den Mord aus Unwissenheit

130 Falls ein Mensch, der unwissend seinen Mitmenschen zu Tod brachte, den genannten Peinigungen entrinnen will und vor ihnen bewahrt bleiben möchte, dann soll er ein Fasten auf sich nehmen, um der Gerechtigkeit Genüge zu tun, wenn auch in leichterer und kürzerer Form, weil sein Wille nicht diesem Vergehen beigestimmt hat.

Die Buße für den Mord durch Giftmischerei

131 Wer aber einen Menschen durch Giftmischerei oder auf eine andere unblutige Weise in den Tod geschickt hat, soll, falls er den Qualen für dieses Verbrechen entgehen will, ein strenges Fasten mit scharfen Rutenschlägen über eine längere Zeit auf sich nehmen. Er soll ein Bußkleid anlegen, sein Lager mit Asche bestreuen, die Gesellschaft der Menschen fliehen und während der ganzen Zeit ein einsames Leben im Walde führen.

Die Buße für die Abtreibung

132 Frauen aber, die das keimende Leben in ihrem Schoße ersticken und somit die stoffliche Voraussetzung für einen werdenden Menschen zugrunde gehen

ließen, sollen ein hartes Fasten und rauhe Hiebe in wahrer Bußgesinnung über sich ergehen lassen, damit sie von der geschilderten Pein verschont bleiben.

Die Buße für den Kindesmord

133   Jene Frauen, welche Kinder, die sie bereits geboren hatten, zu Tode brachten und auf diese Weise schlimmer als ein wildes Tier gefrevelt haben, sollen sich, um der tödlichen Verdammung zu entrinnen, mit äußerst strengem Fasten und heftigen Geißelungen, ferner mit einem rauhen Bußgewand in der Angst der Einsamkeit selbst ihre Strafe geben, damit sie im kommenden Leben das Heil der Erlösung finden.

Wer sich selbst tötet, löscht sich aus ohne Trost

134   Wer sich aber selbst den Tod gegeben hat, der hat sich damit aus dem Gedächtnis anständiger Menschen getilgt, weil der Trost der Bußgesinnung dem Auszug seiner Seele nicht mehr vorangehen konnte. Da er nämlich gerade das getötet hat, womit er sich in der Buße reinigen sollte, hat er sich selbst ohne jeglichen Trost ganz und gar ausgelöscht.

Bei der Buße muß auch die Leistungsfähigkeit erwogen werden

135   Bei jeder Buße aber, die der Richter auferlegt, muß auch die Leistungsfähigkeit und die Schwäche der menschlichen Natur berücksichtigt werden. Selig daher der Mensch, der die Reue über seine Sünden in sich trägt, um sie dem Richter dieses wie jenes Lebens anzubieten. Denn die Buße, die in diesem Leben in reumütiger Zerknirschung begonnen wird, bleibt aufbewahrt für das ewige Leben in Herrlichkeit.

Gott, der Schöpfer, wollte Seine Herrlichkeit nicht allein haben

136   Gott hat alles erschaffen und Seiner Schöpfung das Leben geschenkt. Wie Er es vor aller Zeit bestimmt hatte, führte Er Sein Werk zur Vollendung. Sein Wille war, daß Seine Herrlichkeit nicht Ihm allein verbleibe, daß Er sie vielmehr Seinen Geschöpfen mitteile, damit auch sie sich mit Ihm freuten. Dies tat Er so, wie eine Henne wohl ihre Küken unter ihre Fittiche sammelt. Aber der erste Engel kam zu Fall und stürzte sich selbst in den Tod. Dabei hat er auch den ersten Menschen zu Fall gebracht. Durch diesen Sturz des ersten Menschen

gerieten die Weltelemente in Verwirrung. Bei der Ermordung Abels sogen sie sein Blut ein; denn auch die Erde trank sein Blut. Und Satan sprach bei sich selber: „All mein Wollen will ich stillen an diesem Gotteswerk! Ich werde mit ihm noch mehr erreichen, als ich bereits von mir aus zustande brachte!" Gott aber schaute in Seinem großen Ratschluß auf sich und erkannte klar, wie Er den Menschen rechtfertigen könnte, der schon verloren war. Kein Geschöpf ist je in die Tiefen dieses Ratschlusses vorgedrungen. In diesem Plan hat Gott beschlossen, daß Sein Sohn Mensch werde aus der Jungfrau, um den Menschen loszukaufen. Diesem Ratschluß vermochte sich niemand zu widersetzen.

Durch seine Leiden zog Christus auch die Sünden der Büßer auf sich

137 Für die Tatsache, daß der Mensch zum Sündigen kam, nahm der Gottessohn die Zartheit des Kindesalters auf sich. Gegen die Lust des Fleisches hielt Er die Mühsal der Jugendzeit aus. Gegen die Gier der Habsucht hat Er freiwillig Hunger gelitten. Wegen der verwirklichten Sünden der Ungerechten ließ Er sich von der Traurigkeit umfangen. Wegen der Tyrannei der Gottlosen wurde Er mit zahlreichen Vorwürfen angeschrien. Um der Bosheit der Mörder willen mußte Er am Kreuze leiden. Für die schweren Todsünden, in denen die Menschen begraben waren, gab Er, um sie dem Tod zu entreißen, am Kreuz Seinen Geist auf. In diesen Leiden zog Er alle Sünden der Büßer wie auch all derer, die Ihn nicht verleugnen, auf Sich. Deshalb wird Er „Engel des großen Ratschlusses" genannt, da Er sich in jedem Falle als gerecht und mildherzig erweist.

Der Mörder wird in seiner Bußgesinnung durch die Wunden Christi geprüft

138 Wenn schon alle Sünden gefährlich und bösartig sind, so ist doch der Mord das schlimmste Übel aller Übel. Denn hier ruft der Mensch nicht mehr sein Herz zurück, das doch Gott fürchten sollte, da er jenes Werk auslöscht, das als Ebenbild Gottes gestaltet ist. Wer aber dermaßen verblendet ist, daß er Gott in solch einem gefährlichen Tun beiseite schiebt, der wird durch die durchbohrten Wunden Christi in seiner Bußgesinnung geprüft. Er allein hielt die Kelter des seligen Leidens aus, um den verlorenen und gefallenen Menschen zu retten, wo die Hilfe eines Menschen nicht mehr genügt hätte.

Dies alles ist gesagt von den Seelen der Büßenden, die geläutert und gerettet werden wollen, und es ist die Wahrheit. Der gläubige Mensch achte darauf, und er eigne es sich an im Gedächtnis seines guten Gewissens.

Die Ausschweifung

139 Schließlich erblickte ich noch andere Geister in dieser Menge, die sich mit
listigen Gesten gegenseitig antrieben und schrien: „Luzifer ist unser Herr! Was
kann es uns schaden, wenn ein anderer noch mächtiger ist als er? Diesen wollen
wir als unsern Herrn! Mit ihm werden wir schon schaffen, was uns gefällt!"
Das sind die Teufel der Ausschweifung, welche die Menschen dazu überreden,
die gesetzte Ordnung in den Wind zu schlagen.

Die Strafe für die Ausschweifung

140 Und ich sah einen Sumpf von großer Ausdehnung, aus dem ein gar ekel-
hafter Rauch herausquoll, der sich alsbald über diesen Sumpf wie ein Nebel
ausbreitete. In diesem Sumpf krabbelte eine Unmenge ganz winziger Würmer
herum. Die Seelen jener Menschen aber, die während ihres leiblichen Daseins
ein zügelloses Leben voller Ausschweifung geführt hatten, saßen in diesem
Sumpf. Von seinem Rauch wurden sie belästigt, von seinen Nebelschwaden
bedrückt und von jenen Würmern furchtbar gequält. Weil sie während ihres
irdischen Daseins ihre Leiber der Ausschweifung überlassen hatten, wurden sie
nun in diesen Sumpf getaucht. Weil sie ihretwegen keine Rücksicht auf Gottes
Gebot mehr nahmen, mußten sie jenen Rauch ertragen. Weil sie sich dabei
gottlos ergötzten, wurden sie von den Nebelschwaden bedrängt. Weil sie aber
in solcher Art Fröhlichkeit unpassende Redensarten geführt hatten, wurden
sie von jenen Würmern gebissen. Und ich sah dies und verstand es so.

Die Buße für die Ausschweifung

141 Und wieder hörte ich aus dem lebendigen Licht die Stimme zu mir
sprechen: Was du siehst, ist wahr; und es ist so, wie du es siehst und noch viel
schlimmer. Menschen aber, die sich solcher Ausschweifung überlassen, sollen,
falls sie die bösartigen Geister, die sie zu solcher Art Ausgelassenheit ermuntert
hatten, überwinden und ihren Martern entgehen wollen, ihren Leib mit Geißeln und Fasten niederhalten, je nach dem Maß ihres Vergehens und nach der
Weisung ihrer Seelenrichter. Die Ausschweifung liebt nämlich die Wahrheit
nicht. Sie will nur das tun, wonach ihr gerade gelüstet. Sie behauptet dabei, ihr
schlechter Wille richte ja keinen Schaden an. In all ihrem Tun weiß sie nichts
von Gott, und sie schärft ihre Zunge nur wider Ihn, wie dies bei David geschrieben steht:

Der Psalmist spricht

142 „Der Menschenkinder Zähne sind wie Lanzen und Pfeile, und ihre Zunge ist ein geschliffenes Schwert" (Ps 56, 6).

Das ist so zu verstehen: Die Söhne des Fleisches, die dem Fleische nach in Sünden geboren sind, haben in ihrem Fleisch ein festes Gefüge, das hart ist wie Zähne. Wie eine harte Wand steht dies gegen die Sehnsucht der Seele. Denn wie die Menschen gegen ihre Nachbarn rüsten, um nicht verwundet zu werden, so leistet auch das Fleisch, mit seiner unsauberen Freude hartnäckig und ungerecht bewaffnet, dem Wollen und der Freude der Seele Widerstand. Es entsendet gleich giftigen Pfeilen gegen Gott und das Heil der eigenen Seele lästerliche Worte, die mit ihren Widerhaken die Seelen der Sünder verletzen und sie mit solchen Verletzungen bis ins Innerste treffen. Sie verkehren die ihnen einwohnende Vernunft ins Böse, schärfen sie mit treulosen Worten wie ein Schwert und treiben ihr wildes Spiel mit ihr. Sie kehren einen gewissen Anstand hervor, den sie aber nur heucheln, und ziehen damit viele Leute an sich und verletzen ihre Seelen, indem sie diese auf solche Weise auf eine falsche Bahn bringen.

Wer sich auf dieser Welt noch nicht völlig entsühnt hat, der wird nach dem Tode vollends erprobt

143 Jene Menschen aber, die ihre Seele wieder zu Gott aufrichten wollen, mögen sich solcher Nichtigkeiten enthalten und sich vor diesen gefährlichen Verletzungen hüten. Sie sollen Buße tun, soweit sie vermögen. Denn die Seelen derjenigen, die in der Welt zwar Buße taten, ohne voll entsühnt worden zu sein, da der leibliche Tod ihnen zuvorkam, werden nunmehr außerhalb ihrer Leiblichkeit durch die verdienten Strafen vollends auf die Probe gestellt.

Dies alles ist zu sagen von den Seelen der Büßenden, die geläutert und gerettet werden wollen, und es ist die Wahrheit. Der gläubige Mensch achte darauf, und er eigne es sich an im Gedächtnis seines guten Gewissens.

Es schließt der erste Teil

ZWEITER TEIL

DER MANN SCHAUT NACH WESTEN UND NORDEN

1   UND ICH SAH, wie der Mann sich nach Westen wandte, so daß er nun nach Westen und nach Norden schaute. Und siehe: An beiden Schultern trug er einen Flügel, der seine Arme überdeckte. Auch auf dem Rücken hatte er Flügel und ebenso auf der Brust. Sie alle standen aufrecht, zum Fliegen bereit. Der Flügel auf seinem Rücken erstreckte sich in seiner höchsten Ausdehnung als Ganzes zum linken Flügel, nicht aber zum rechten. Der Flügel vor der Brust war bei seiner höchsten Ausdehnung in zwei Teile geteilt, wovon der eine Teil sich zum linken Flügel, der andere zum rechten krümmte. Mitten auf jedem dieser Flügel erschien ein Buch. Das Buch auf dem linken Flügel hatte zwei Seiten, wovon die eine grün, die andere von silberner Farbe war. Auf der grünen Seite stand geschrieben: „Noë betrat die Arche, so wie Gott es ihm geboten hat. Wo ist der, der sich einen solchen Herrn selber machen könnte? Im Wasser begann Er, den Menschen wieder aufzubauen, um ihn später in der Taufe neu erstehen zu lassen." Auf der silbernen Seite stand geschrieben: „Gott schrieb das Gesetz auf eine steinerne Tafel, weil der Mensch noch nicht Weichheit genug für die göttliche Vernunft besaß. Später schrieb Er in der Weichheit, gleichsam im fleischernen Herzen." Auch das Buch auf dem rechten Flügel hatte zwei Seiten, von denen die eine saphirfarben, die andere aber golden war. Auf der saphirnen Seite stand geschrieben: „Ein Wort hat der Herr wider Jakob entsandt, und es fiel nieder auf Israel" (Is 9, 7). Auf der goldenen Seite stand geschrieben: „Im Anfang war das Wort, und das Wort war bei Gott (Joh 1, 1). Im Anfang hat Gottes Wort alles geschaffen, um sich später Seinem Werk zuzuneigen." Das Buch auf dem Flügel im Rücken dieses Mannes glich einem marmornen, ungeteilten Stein von weißer Farbe, und der Finger Gottes hatte darauf geschrieben: „Die Prophetengabe weissagte den Menschen über ihre Vision die Weisheit und das Wissen. Jene Wurzel aber, aus der Gott im Lehm den Menschen entstehen ließ, ließ der Geist dieses Gottes lebendig werden und gab ihm den Geist. Dies sind die Wunderwerke der Gottheit, die Gott im Menschen wirkt: vorhersehend, aufschreibend, die Zither schlagend und mit den Flügeln der Prophetengabe aufjubelnd." Das Buch vor dem Brustflügel war ganz und gar schwarz, dabei aber voll von Sternen. Es enthielt in weißen Lettern zahlreiche zusammengestellte Schriften, die aus der Tiefe der genannten Bücher zusammengedrängt waren, so wie sie die Philosophen und Weisen diesen Büchern entnommen hatten, um mit ihnen die Straßen der Gerechtigkeit gegen den Westen und Norden hin für Gott zu bereiten, ganz so, wie ein Mensch dies tut, wenn er aus dem Brunnen Wasser schöpft und nicht eher damit aufhört, bis sein Gefäß voll ist. Genauso hat auch

Gott im Anfang alle Welt geschaffen, und Er wird diese Schöpfung nicht verlassen, bis dieses Sein Werk ganz und gar vollendet sein wird.

2   Die erwähnte weiße Wolke, in welcher der Mann von den Schultern bis zu seinen Hüften stand, war voll von seligen Geistern. Aus dieser Wolke hörte ich eine Stimme wie mit leichtem Grollen sprechen: „Gebt Ehre dem König, der alles regiert, und Ruhm dem lebendigen Gotte!" Darauf erhoben sich alle Seligen im Aufgang des Lebens; sie drängten nach vorn und nicht mehr zurück, als ob die Lebensräder voll des stürmenden Geistes nur noch nach vorwärts kämen, um nie mehr zurückzurollen.

An einem noch geheimgehaltenen Ort dieser Wolke waren noch andere Seelen von Heiligen verborgen, gleichsam versunken im Spiegel dieser Verborgenheit und geschmückt mit lauter Edelsteinen und jeder Art von Geschmeide. Sie stießen in die Posaunen und schlugen die Zither zu schönster Musik und tönten wider im Rauschen des Meeres und vieler Wasser. Und auch sie riefen: „Wie lange noch sollen wir warten, und wann endlich kommt die Zeit, da unser Werk, das noch auf der Straße vor Gottes Antlitz liegt, voll erscheint, auf daß wir unser Zelt zurückgeben und Gottes Antlitz schauen ohne den Schleier des Moses?" Ihnen wurde als göttliche Antwort zuteil: „Das kann nicht geschehen, ehe die vier Winde sich gegenseitig verwirren und in sich selbst erschüttert werden, ehe das Haupt der alten Schlange gänzlich zertreten ist, bis sie nichts mehr vermag, und ehe denn die Sonne mit dem Löwen alles vergängliche Getier zu sich versammelt."

Die erwähnten Seelen der Gerechten aber kannten und hörten diese noch verborgenen Heiligen Gottes und erblickten sie wie in einem überaus klaren Spiegel. Sie lechzten nach der ihnen erteilten Antwort und harrten gemeinsam weiter mit ihnen, bis der Löwe sein volles Gebrüll ausstoße und aller Zwiespalt (schisma) auf der Welt sein Ende fände.

3   Und siehe: In jenem Nebel, in dem ich die zuvor beschriebenen Laster fand, erblickte ich nunmehr acht weitere Laster in folgender Erscheinung.

Die erste Gestalt

Eine Gestalt sah ich, die sah aus wie eine Schlange, die sich auf ihrem Rücken in der Finsternis wälzte, mit Augen wie von Feuersbränden, einer weit heraushängenden Zunge und einem Schwanz, dessen Ende gekappt war. Ihr Leib war schwarz, und weißliche Streifen von giftiger Farbe liefen ihr vom Kopf der Länge nach hinunter. Offen klaffte ihr Bauch, in der die Gestalt eines

Menschen erschien, der seinerseits darin auf dem Rücken wie in einer Wiege lag, auf dem Kopf einen Filzhut, der aussah wie ein nach oben gestülpter Helm, aus dem nun weißliches Haar über die Schulter wallte. Sie trug ein Gewand aus zarter weißer Seide und hüllte sich in einen Mantel, dessen Farbe der einer Schlange glich. Und die Gestalt sprach:

Der Schlemmer spricht

4   „Gott hat alles geschaffen, warum also sollte ich es mir an irgend etwas fehlen lassen? Wüßte Gott nicht, daß man dies alles brauchte, so hätte Er es nicht gemacht. Ich wär' ja verrückt, wenn ich vor all den schönen Dingen nicht meiner Lust folgen wollte, zumal auch Gott will, daß der Mensch für sein leibliches Wohl Sorge trage."

Die Antwort der Enthaltsamkeit

5   Und wieder hörte ich aus der Sturmwolke, die sich von Süd nach Westen erstreckte, eine Stimme auf diese Worte antworten: „Kein Mensch würde seine Zither so schlagen, daß ihre Saiten springen! Sind nämlich ihre Saiten einmal gesprungen, was bliebe dann von ihrem Klang? Gar nichts! Du stopfst deinen Bauch so voll, du Schlemmer, daß deine Adern beinahe platzen und sich in Krämpfen winden. Wo ist da noch eine Spur vom süßen Ton der Weisheit, die Gott dem Menschen verlieh? Stumm und blind bist du, und du weißt nicht, was du sprichst. Wie nämlich ein Regenguß das Land umwühlt, so bringt der unmäßige Genuß von Fleisch und Wein dem Menschen nur gotteslästerliche Verblendung ein.

Ich aber habe das schöne Inbild im Erdenlehm geschaut, als das Gott den Menschen gründete. Daher bin ich ein bekömmlicher Regen, auf daß das Fleisch nicht wuchere in Lastern. Ich schöpfe aus den Menschen das Maß, auf daß ihrem Leibe nichts fehle, daß er aber auch nicht zu üppig werde, vollgestopft von Speis und Trank und mehr als nötig wäre. Ich bin eine Zither, die in schönster Musik tönt und in ihrem guten Willen die Härte des Herzens durchdringt. Wenn nämlich der Mensch maßvoll seinen Leib pflegt, dann spiele ich in Fürbitte für ihn im Himmel auf der Zither; und solange sein Leib in Maßen durch die Nahrung erquickt wird, singe ich zur Harfe.

Du aber, du Schlemmer, du weißt und kennst von alldem nichts und versuchst es nicht einmal zu sehen und zu begreifen. Denn einmal stürzest du dich in unangemessenes Fasten, so daß du kaum noch leben kannst, und dann stopfst du wieder in deiner Gefräßigkeit den Bauch so voll, daß du dabei zum Überkochen kommst und üblen Schleim erbrechen mußt.

Ich aber nehme nur so wenig an Speisen, daß die Säfte des Organismus nicht ausgetrocknet werden und dabei aus dem Gleichgewicht geraten, und so lobe ich zur Zither und singe zur Orgel. O ihr Gläubigen all, laßt ab vom Schlemmen, da schon der Bauch der alten Schlange die Eva verschlang und durch Eva mancherlei Schmutz erbrochen hat!"

Die zweite Gestalt

Die zweite Gestalt glich einem Leoparden. Und sie sprach:

Die Engherzigkeit spricht

6   „Aller Mut und jeder Sieg imponiert mir nicht; und ich will nicht, daß mir irgendwer im Wege steht. All denen, die mir mit Schrift und Glauben lästig oder schaden könnten, antworte ich nicht einmal. Ich gehe einfach über sie weg."

Antwort der Freigebigkeit

7   Und abermals hörte ich aus der stürmisch aufgewühlten Wolke eine Stimme dieser Gestalt antworten: „Du bist eine ganz gefährliche, eine abscheuliche, eine gar zu bittere Bitterkeit. Du willst weder Gott noch Seinen Geboten eine Antwort geben, bleibst vielmehr starr in deiner Verbitterung. Ich aber stehe offen und bereit da, in Regen und Tau, für Salbe und Medizin. Freigebig wirke ich im Regen, voller Freude im Tau, aus lauter Barmherzigkeit beim Salben und voll des Trostes für jedwedes Leid bei meinem ärztlichen Tun. Auf diese Weise bleibe ich in allen Dingen treu und werde so in Ewigkeit herrschen. Dein Grundstoff aber ist die Hölle, aus der du auch stammst!"

Die dritte Gestalt

8   Die dritte Erscheinung sah aus wie ein Mensch, nur daß ihr Haupt zwischen den Schulterblättern aus der Brust herausragte, mehr dem Haupt eines wilden Tieres denn dem eines Menschen ähnlich. Sie besaß groß aufgerissene, feurige Augen und den Mund wie ein Leopardenmaul. Von jeder Wange zog sich ein pechschwarzer Streifen hin zum Kinn. Aus den beiden Mundwinkeln hing der Kopf einer Schlange heraus, und aus ihrem Maule fauchte sie eine Feuerlohe. Sie stand da auf den Knien und hielt den übrigen Körper hoch aufgereckt. Das Haupt hatte sie nach Frauenart mit einem pechschwarzen Tuch umschlun-

gen. Auch das übrige Gewand war kohlrabenschwarz. Daraus baumelten leere Handschuhe, indes sie ihre Arme unter das Gewand verschränkt hielt. Und sie sprach:

Die Gottlosigkeit spricht

9   „Ich will nicht gehorchen: weder Gott noch irgendeinem Menschen! Würde ich nämlich einem anderen zu Willen sein, um auf seinen Vorteil Rücksicht nehmen zu müssen, so könnte er ja mit mir machen, was er wollte. Er würde meine Interessen nicht mehr im Auge haben und mir etwa sagen: Geh nur! Aber gerade das soll nicht sein. Wenn mir einer ein Unrecht antut, so bekommt er es hundertfach zurück. Ich will meine Angelegenheiten schon so zurechtbiegen, daß keiner mir zu widerstehen wagt. Keinem werde ich vor den Füßen tanzen. Jede Angelegenheit, die auf meinen Nutzen zielt, will ich selber regeln, so wie dies ein jeder tut, wenn er kein Narr ist. Wenn Gott will, daß ich tue, was dir gefällt, dann würde er mir damit kaum etwas Gutes aufhalsen."

Die Frömmigkeit antwortet

10   Und wieder hörte ich aus der Sturmwolke eine Stimme diesen Worten entgegnen: „Du bist so teuflisch und grausam; so viel Bosheit steckt in dir! Würde Gott dir nämlich erlauben, alles zu tun, was du willst, wer wäre Er selber denn noch? Und würde Gott dich auch noch mit Wohltaten überhäufen für das, was du da tust, wo bliebe das Zepter Seiner Macht? Indem du zum Schlechten ansetzest, stürzt Gott dich schon wie einen Klumpen Blei in die Hölle, wo alle Kreaturen dich verfolgen werden. Wo ist dann noch deine Macht? Finsternis und Lästerung und Zermürbung beherrschen dich. Wo ruhst du aus? In Schmähungen. Wo findest du Frieden? In der Verwirrung. Wo ist eine Bleibe für dich? Dort allein, wo jeder gegen jeden steht, wo ein jeder immerfort nur sein Elend herleiert und wo es schließlich zu Mord und Blutvergießen kommt."

Die vierte Gestalt

11   Die vierte Erscheinung war umhüllt von dichten Finsternissen, so daß man keine weiteren Einzelglieder an ihr wahrnehmen konnte. Als ein unförmiges und monströses Menschengebilde konnte man sie kaum von der Finsternis unterscheiden. Doch stand sie auf einem trockenen, verhärteten und schwarzen Schaum und stieß von Zeit zu Zeit eine feurige Lohe aus. Und sie sprach dabei:

Die Lüge spricht

12 „Wer wäre der, der immer nur Wahres sagen könnte! Wenn ich nämlich meinen Mitmenschen aufrichtig Glück wünschen würde, müßte ich mir ja selber dabei schaden. Einen anderen zu drücken, das ist mein Fall! Daher will ich ruhig die windigen Worte, die mir zur Ehre gereichen, in meinen Mund nehmen, um das, was ich auf der einen Seite nicht finden kann, auf der anderen zu erreichen. Wäre ich nämlich wahrhaft, so würde ich kaum an all die Dinge ringsum kommen. Wenn ich aber meine Methode pflege, dann kriege ich auch das mir Fremde, und so kann ich reden, was ich will. Wie viele Leute gibt es doch, die sind in ihrer Wahrheitsliebe so unbeweglich, daß sie sich nicht zu rühren vermögen, als seien sie an einen Pfahl gebunden. Sie bringen nur das zum Ausdruck, was sie tatsächlich sehen und hören. Drum werden viele von ihnen auch so erbärmlich und einfältig und armselig. Ich aber finde, was ich, recht oder nicht, suche. Da ich vornehmer und vermögender sein will als andere, zeige ich mich ihnen zunächst im Reden als vornehm und vermögend. Das bekommt mir besser, als so an den Pflock gebunden zu sein. Oftmals behaupte ich auch etwas, was ich nicht sehe und nicht höre. Dabei bleibt mir manches Übel erspart, und manches Böse übergehe ich. Würden meine Redensarten immer die gleichen sein, würde ich von allen dementsprechend eingestuft. So aber bringe ich immer neue Sprüche, so daß sie mir nichts anhaben können. Das ist mir bekömmlicher, als wenn ich mit Knüppeln und Säbeln traktiert würde. Denn noch nie fand ich, daß jemand vornehm oder reich geworden wäre ohne diese meine Methode."

Antwort der Wahrheit

13 Und wieder hörte ich aus der stürmisch aufgewühlten Wolke eine Stimme dieser Gestalt antworten: „O du schlangengleiche, höllische Zunge! Du lebst ohne das Grün der Gnade Gottes, da du immer neu die Flammen des Unrechts und der Täuschung anfachst. Nichts Böses ist dir genug, zumal du ihm entstammst. Eine Tochter des Satans bist du, weshalb auch jeder Schritt dich ins Unrecht führt. Du weißt nicht einmal, wohin du gehst. Geschwätz und Betrug teuflischer Überredung sind die Brüste deiner Laster. An der Brust einer Dirne saugst du, weshalb du auch ihren Lohn erhältst. Ehre, Glück und Ruhm deiner Mitmenschen treibst du weg von dir.

Ich aber, ich stehe als eine Säule auf allen Pfaden des Herrn. Ich bin die wohltönende Posaune der Gerechtigkeit Gottes. Alle Seine Werke zähle ich auf nach ihrem Wesen und nach ihrer Zahl und zeige sie auf in Wahrheit. Daher bin ich gerufen in den Palast des Königs und zu jeder Seiner Ehrungen. Ohrgehänge und Armgeschmeide trage ich. Ein Blitzen bin ich in Gottes Schmuck, da ich aus Gottes Recht die Wahrheit sage. Aber auch Himmel und Erde und die übrigen

Geschöpfe, die das Herz der Welt ausmachen, sind voller Wahrheit. Und selbst die Wasser, die unter Himmel und Erde liegen, da sie ihr Säftesystem bilden, bleiben in der Wahrheit. Du aber, du nichtswürdiges Stück, bist ein ganz übler Wurm, weshalb du auch wie stinkender Dreck zertrampelt wirst."

Die fünfte Gestalt

14   Die fünfte Erscheinung sah aus wie ein Mensch mit krausem, schwarzem Haar und feurigem Antlitz. Sie trug einen Mantel mit verschiedenen Farben, der an den Schultern durchlöchert war. Durch die Löcher hatte sie ihre Arme gesteckt, um mit dem linken Arm ein Beil zu halten, das sie fest an sich zog. Ihre Hände waren an den Fingerspitzen mehrfach verletzt, da sie diese sich vor lauter Wut wundstieß, wobei auch ihr Gewand von ihrem Blut bespritzt war. Und sie sprach:

Die Streitsucht spricht

15   „Jene große Last kann ich nicht aushalten noch ertragen, um mich mit ihr zu belasten, so wie man eine Eselin mit dem Sack belädt, der dann ihr Junges folgt. Solange ich noch atme, und solange ich lebe, werde ich nicht dulden, daß einer mich mit seinen närrischen Liebhabereien belästigt. Allen werde ich förmlich verbieten, daß sie mich wie Dreck der Erde zertreten. Vielmehr will ich ihnen mehr Unbill zufügen, als sie mir, weil ich Belästigungen dieser Art nicht leiden mag. Ich will es sein, der ihnen Schmach zufügt, damit sie sich daran in ihrem Herzen kränken."

Des Friedens Antwort

16   Und wieder hörte ich aus der stürmisch aufgewühlten Wolke eine Stimme dieser Erscheinung antworten: „O zischelnde und feurige Glut solcher Schmach! Du bist das blutige Verbrechen und das Zähneknirschen in Person. Im Hin und Her des Unrechts kochst du, bis du Blut vergießest. Auf diese Weise möchtest du dich in deinem Eigensinn breit machen, wie es dir grad gefällt. Dein Mund trieft von großer Grausamkeit, mit der du möglichst viele kleinkriegen willst und alle verunehrst, die der gewöhnlichen Lebensart folgen. Denn du zerstörst gute Vorsätze und eine ruhige Gesinnung; mit deinem Trug machst du ein Ende mit ihnen. An keiner Stelle findest du einen Ruheplatz des Friedens, willst und ersehnst auch keinen, wühlst dich vielmehr in deine Höhle ein, wie eine Schlange, um von dort aus durch deine Schleuder jedwedem Wunden beizubringen.

Gleichst du doch dem Hüpfen gefräßiger Würmer, die häufig dem Menschen den Tod bringen. Daher bist du ein Schatten des Todes, ein äußerst gefährliches Gift, dem Menschen zum raschen Verderben.

Ich aber bin ein Heilmittel (medicina) für jeden Fall, den du verursachst. Wo du Wunden schlägst, da mache ich wieder heil. Die unrechten Kriege und die ewige Streitsucht, ich achte sie für ein Nichts. Bin ich doch ein Gebirge aus Myrrhe und Weihrauch, voll von Wohlgerüchen. Auf dem obersten Gipfel wohne ich als die Säule der Wolke, da ich alles Gute an mich ziehe und über alle Himmel weiterziehe. Daher werde ich auch über dich hinweggehen. Wo du verletzt bist, bleibe ich von Dauer, und ich werde dir keine Ruhe geben."

Die sechste Gestalt

17   Die sechste Erscheinung glich einem Aussätzigen. Sie trug schwarzes Haar, hatte aber sonst keinerlei Kleider an. Dafür bedeckte sie sich mit breiten Blättern verschiedener Pflanzen. Mit ihren Händen aber zerfleischte sie sich ihre Brust. Und sprach:

Die Schwermut spricht

18   „Was ist noch mein Heil, wenn nicht Tränen? Was für ein Leben habe ich, wenn nicht Schmerz? Und was wird meine Hilfe sein, wenn nicht der Tod? Welche Antwort wird mir werden, wenn nicht das Verderben? Etwas Besseres gibt's nicht für mich."

Die Antwort der Seligkeit

19   Aus der erwähnten stürmischen Wolke hörte ich eine Stimme dieser Gestalt antworten: „Du bist geradezu süchtig auf Peinigung und willst wohl nichts anderes mehr. Gott will angerufen sein, und Seine Güte sollte man aufsuchen. Du mißgönnst dir dich selbst, da du nicht auf Gott vertraust. Von Gott forderst du nichts, weshalb du auch nichts findest.

Ich aber rufe laut zu Gott und bekomme Antwort von Ihm. Ich erbitte mir etwas von Ihm, und in Seiner Huld schenkt Er mir, was ich will. Ich suche bei Ihm, und so finde ich es auch. Denn ich bin in allen Ehren die Wonne selber. Die Zither schlage ich vor Gott, da ich mein ganzes Handeln auf Ihn richte. Und so sitze ich in meiner vertrauensvollen Hoffnung, die ich auf Ihn hege, auf Seinem Schoß. Du aber hast kein Vertrauen zu Gott, du ersehnst nicht Seine Huld. Daher passiert dir auch immer nur das Schlimmste!"

Die siebente Gestalt

20   Die siebente Gestalt sah aus wie ein Wolf. Mit gekreuzten Beinen hockte sie auf ihren Füßen und lauerte überall umher, um alles, was sie nur packen könnte, an sich zu reißen. Und sie sprach:

Die Maßlosigkeit spricht

21   „Was immer ich wünschen und suchen kann, das will ich auch genießen. Ich habe gar keine Lust, mich zu enthalten. Warum sich enthalten, wo einem dies nichts einbringt? Sollte ich etwa vergessen, was ich bin, wo doch jedes Wesen auf seine Eigenart pocht? Wollte ich so leben, daß ich kaum zum Atmen käme, was wäre mein Leben dann noch wert? Was mir an Spiel und Lust entgegenkommt, das will ich auch packen. Wenn mein Herz vor Freude springt, soll ich es festbinden? Wenn meine Adern strotzen vor Lust, sollte ich da zur Ader lassen? Und wenn mir schon das Reden liegt, sollte ich mich zum Schweigen verurteilen? Wird mir doch jeder Reiz meines Leibes eine wahre Lust! Und wie ich geartet bin, so lebe ich mich auch aus. Warum sollte ich mich in etwas anderes verwandeln, als was ich nun einmal bin? Ein jedes Geschöpf wächst nach seiner Natur, und wie es ihm paßt, so handelt es auch. Und grad so halte ich's auch!"

Das Maß antwortet

22   Und wieder hörte ich aus der Sturmwolke eine Stimme dieser Gestalt eine Antwort geben: „O du Spionin im Hinterhalt! Alles, was in der Vernunft ehrenvoll dasteht, das kränkst du durch deine Hinterlist. Du benimmst dich wie die Jungen wilder Tiere, die noch kein Maß kennen, und handelst wie das schmutzige Vieh. Alles nämlich, was in der Ordnung Gottes steht, antwortet einander. Die Sterne funkeln vom Licht des Mondes, und der Mond leuchtet vom Feuer der Sonne. Jedes Ding dient einem Höheren, und nichts überschreitet sein Maß. Du aber nimmst weder auf Gott Rücksicht noch auf Seine Geschöpfe. Du hängst vielmehr in der Luft wie eine leere Scheide, die im Winde baumelt.
   Ich aber wandle auf den Pfaden des Mondes und in den Bahnen der Sonne; ich achte auf jede Satzung Gottes, und mit allen Dingen wachse ich in ehrenvoller Gesittung. Ich zähle sie alle in Liebe voll und ganz. Denn ich bin im Palaste des Königs eine Fürstin und erforsche alle seine Geheimnisse. Nichts lasse ich leer davon zurück, sondern fasse alles zusammen. Ich habe das alles sehr lieb, und ich leuchte mit allem wie der Strahl der Sonne. Du aber reibst dich auf bei deiner Haltung und wirst der Würmer Fraß."

Die achte Gestalt

23   Die achte Erscheinung glich einem Turm, der in seiner Höhe ein Schutzdach trug, in dem drei Fenster waren. Daraus reckten sich die beiden Arme eines
Menschen, dessen Hände über das Dach hinunterhingen. Die Arme selbst baumelten in der Finsternis wie leere Ärmel, während ihre Hände nackt waren,
gleichwohl aber im Feuer brannten. Und die Gestalt sprach:

Die Verstocktheit spricht

24   „Welche Verdienste und was für einen Lohn habe ich? Nur das Feuer!
Denn ich selber wie auch die Art, aus der ich stamme, wollen nichts anderes. Ich
fliehe vor allem Strahlenden und lehne es ab, einem lichten Werk zu folgen. Ich
will nichts wissen vom Schmucke der leuchtenden Dinge, da ich zur Plünderung
der Seelen da bin. Bei diesem Raubzug aber, da bin ich zu Hause; denn so will
es jener, von dem ich stamme. Und ich bin jene Lästerung, die dieser getan hat."

Die Antwort des Seelenheils

25   Und abermals hörte ich aus der erwähnten stürmisch aufgewühlten Wolke
eine Stimme dieser Gestalt folgende Antwort geben: „Du bist der Pfeil des Satans, der im Dunkeln unheilvoll schwirrt. Du verwundest die Seligen im Martyrium, da sie wollen, was du nicht willst. Selbst wenn sie das tun, was du verachtest, willst du sie verderben, ohne dies doch zu können. Denn die Seligen erheben sich mit der Engelschar im Banner des Glaubens und stürmen kräftig
gegen dich an. Mit gewaltigem Durst suchen sie dich zu unterdrücken, sowie den
Hirsch dürstet, aus der Wasserquelle zu trinken. In der Taufe nämlich und mit
den sieben Gaben des Heiligen Geistes, die mit der Menschwerdung des Heilands erschienen, ertränkten sie dich gleichsam in der Sintflut des Wassers. Dadurch nämlich wirst du aufgehoben, der du Gottes Gegner bist.
      Ich aber bin ein Bauwerk aller Güter und der Turm Jerusalems in den Wer-
ken der Heiligen. Durch den Widder, der im Dorngestrüpp hängt, was hinweist
auf Christus, nehme ich die Büßenden auf und halte die Einfältigen im Glauben
an die Taufe und die Unschuldigen durch die Salbung des Heiligen Geistes fest.
Durch die reinste Jungfräulichkeit, die in Christi Fleisch wie eine Lilie erblühte,
ward ich wiederhergestellt auf dem Weg des Heiles. Und so gehöre ich zu Gottes
Gefolge."

Der Löwe brüllt

26   Und siehe: Vor dem Manne stand der Löwe, um sich gegen jene Laster
zu wenden. Er stieß ein gewaltiges Brüllen mit dem Wind aus und rief laut: „O
ihr teuflischen Laster, in glühendem Brandfeuer will ich euch ausplündern. Mit
dieser Beute will ich ein Ende mit euch machen, da ihr doch immer nur der Gerechtigkeit Gottes wie auch mir zu widerstreben versucht."

Gott schuf gegen den Satan den Alten wie den Neuen Bund

27   Und abermals hörte ich die Stimme vom Himmel zu mir sprechen: Gott
hat sich selber mit vieler Art Zeichen und mit den verschiedensten Züchtigungen
der Finsternis diabolischer Nachstellungen entgegengeworfen. Er hat den wahn-
sinnigen Aufstand der Laster derart verdunkelt, daß sie der Seligkeit der Himmelsbürger nicht widerstehen konnten. Da Er selbst aus dem Himmel hervor-
blickte, hat Er Seine Getreuen mit aller Heiligkeit gefestigt. Und so siehst du,
wie der erwähnte Mann sich nach Westen wendet, so daß er nun nach Westen
und nach Norden blickt, mutig dastehend als ein machtvoller Streiter wider den
Teufel; dies hatte er alle Zeit in seinem alten Ratschlusse, da er gegen die Finsternisse dieses verfallenden Bauwerkes und gegen die Kälte törichter Unwissenheit alle Mittel des Alten und Neuen Bundes einsetzte und somit das volle Vermögen der guten Werke.

In der Macht des Sohnes Gottes liegt unser Schutz auf ewig

28   Daß er aber an beiden Schultern zwei Flügel trägt, die seine Arme über-
decken, das bedeutet, daß in der Kraft der Gottheit und Menschheit des Sohnes
Gottes jener Schutz liegt, der niemals aufhören wird und kein Ende kennt. Denn
hier wie dort hütet Gott alles und verbirgt auch Sein Werk, das im uralten Geheimnis Seines Ratschlusses so verborgen war, daß Er es noch keinem offenbar
machte. Denn obschon Gott Tag für Tag neue Wunder wirkt, behält Er noch
viele im Geheimnis Seines Ratschlusses, ohne sie offenkundig in Erscheinung treten zu lassen, wie man auch die Gedanken eines Menschen nicht wissen kann,
ehe sie im Werk offenkundig geworden sind.

Der Propheten Geheimnis wird enthüllt durch die Lehrer

29   Auch auf seinem Rücken befindet sich ein Flügel sowie ein weiterer vor
der Brust. Sie bedeuten jene Mysterien, die vor der Geburt des Gottessohnes,

gleichsam in Seinem Rücken, unter der Hand Seines Schutzes im alten Prophetenamt noch durch zahlreiche Dunkelheiten verhüllt waren. Diese versuchen nunmehr die wahren Lehrer zu erschließen, so wie Gott diese zu enthüllen beliebte.
Und so schöpfen sie nun auch aus der Tiefe der Weisheit und zur Verteidigung
des Geistigen die Geheimnisse des Neuen Testamentes wie aus einem Brunnen,
ohne je davon abzulassen. Genauso hat auch Gott nicht nachgelassen, bis Er in
sechs Tagewerken Seine Schöpfung vollendet hatte. Und dennoch können jene
Lehrer diesen Brunnen niemals voll und ganz ausschöpfen.

*Die Geheimnisse des Alten und des Neuen Testaments werden bekannt-
gemacht, um geübt zu werden*

30   Daher sind diese Flügel wie zum Fliegen ausgespannt, weil alle Geheimnisse des Alten wie des Neuen Bundes den gläubigen Völkern vor Augen treten,
um in den guten Werken gezeigt und geübt zu werden.

Der Schutz des Prophetenamtes nahm zu im Alten Testament

31   Der Rückenflügel neigt sich auf der Höhe seiner Ausdehnung mehr zum
linken Flügel als zum rechten hin, weil der Schutz des Prophetenamtes in seiner
gewaltigen Kraft zur Verkündigung seiner Geheimnisse und innerhalb der
Ganzheit seiner Worte die volle Verteidigung des Alten Testamentes erstrebte.
Denn das Prophetenamt und das Gesetz bilden eine Einheit. Auf fleischliche
Weise zeigten sie den Lebewesen fleischliche Dinge voraus, ohne sich bereits vollends zur rechten Seite des Geistigen hinzuwenden. Noch war jener nämlich nicht
gekommen, der den Lohn des Himmels verheißen hat.

Die Heiligung im Alten wie im Neuen Bunde

32   Der Flügel vor der Brust ist auf der Höhe seiner Ausdehnung in zwei
Teile geteilt, weil der Schutz des Geheimnisses sich in der Tiefe des Ursprungs
zum Alten wie zum Neuen Testament hinneigt, da die wahren Lehrer, in den
Prophezeiungen wie im Evangelium, mit ihren geheimnisvollen Worten die Mysterien der Geheimnisse immerfort vermehren. Wie die Erde im Alten Bunde
durch zahlreiche Reinigungen schon von außen her auf fleischliche Weise geheiligt worden war, so wird im Neuen Bund der Himmel durch den Sohn Gottes in vielen und reichen Vorzeichen rechtmäßiger und geistlicher Rechtfertigun-
gungen verherrlicht.

Von der Beschneidung und von der Taufe

33   Der eine Teil krümmt sich zum linken Flügel, der andere aber zum rechten zurück, weil das Alte Testament sich zur Verteidigung des Irdischen neigte, das Neue aber auf den Schutz des Himmlischen aus ist. Und während die Alten bei der Beschneidung noch den fleischlichen Dingen anhingen, dienen die Gläubigen mit Hilfe des Gottessohnes in der Taufe dem geistigen Leben. Jene sind ja bei der Beobachtung dieser Gebote noch nicht gerechtfertigt, diese aber empfingen in der Reinigung durch den Glauben an Christus die Wiederherstellung von oben, wie auch der Apostel Paulus sagt:

Die Werke des Gesetzes rechtfertigen den Menschen nicht

34   „Da wir aber wissen, daß kein Mensch gerechtfertigt wird aufgrund von Gesetzeswerken, sondern nur durch den Glauben an Jesus Christus, so sind wir zum Glauben an Christus Jesus gekommen, damit wir eben aufgrund des Glaubens an Christus und nicht aufgrund von Gesetzeswerken unsere Rechtfertigung erlangten" (Gal 2, 16).

Das will so verstanden sein: Gottes Gnade traf auf die Unterwerfung des Volkes durch den Heiligen Geist. Denn der Fall Adams hat die Seelen der Gerechten getötet, weshalb der Finger Gottes in Moses das Gesetz schrieb. Doch konnte das verwundete Fleisch allein das verwundete Fleisch nicht heilen, weil es ja versehrt war. Daher schrieb der Herr dem Moses durch das Gesetz vor, auf welche Weise die Menschen Ihm im Geist des Gehorsams Rinder und Stiere zu opfern hatten. In diesem Geheimnis sollten sie lernen, sich selbst im Absterben ihrer Natur aus Fleisch und Blut Gott aufzuopfern, so wie sie jetzt ihr Vieh zum Opfer brachten. Da aber der unbefleckte und reine Mensch durch sein Blut und seinen Tod sich selbst zum Opfer dargebracht hat, wurden alle Völker in ihm wieder rein. Daher sollen die Menschen in ihrer Erkenntnis begreifen, daß der Mensch nicht durch die fleischlichen Werke des Gesetzes gerechtfertigt wird, denen er nur auf fleischliche Weise dient. Blut und Asche des Viehs konnten sie nämlich weder rechtfertigen noch befreien, vielmehr nur die Gerechtigkeit der Wahrheit in Gottes Sohn, die ihnen den Weg des Heils wies. Denn im Glauben an den Sohn Gottes werden die, die getreu an Ihn glauben, Ihm auch dienen. Daher sollen die Gläubigen getreulich dem glauben, der da der Weg und die Wahrheit ist, gleichsam im Glauben der Weg, in der Glaubwürdigkeit die Wahrheit. Auf diese Weise sollen sie durch die gläubigen Werke gerechtfertigt werden, die sie aus Liebe zu diesem Gottessohn wirken, und nicht wegen jener Werke, die ihnen in der Bitterkeit des Widerwillens vorgesetzt werden. Denn die guten Werke weisen in ihrer Ablehnung der toten Werke auf die himmlische Heimat hin, wie auch Christus in der Buße die Völker salbt und sie in Seiner

Person heil macht. Er selbst ist das unbefleckte und gemästete Opfertier, das sich allen Menschen, die an Ihn glauben, hingab. Und so hat der Alte Bund den Menschen nicht voll und ganz gerechtfertigt noch gar befreit, sondern nur den Weg gewiesen. War er doch nur gleichsam die Stimme vor dem Wort; das Wort des Gottessohnes aber ist es, welches das neue Gesetz in der Wahrheit schenkte.

Die Vernunft unterscheidet alles

35 Daß aber in der Mitte eines jeden Flügels ein Buch erscheint, bedeutet, daß inmitten der Macht göttlicher Beschützung die Vernunftkraft lebt. Auf Gott hin schafft, ordnet und unterscheidet sie alles, was von Gott gegeben wird. Nichts gibt es, was diese Vernunft nicht auf das feinste durchdringen und untersuchen würde.

Das Heil in Christo erklärt das Zukünftige

36 Das Buch auf dem linken Flügel enthält zwei Seiten, weil diese Vernunft, im Alten Bund aus Gottes Schutz lebendig, zwei Wege der Rechtschaffenheit aufweist. Die eine Seite ist von grüner, die andere von silberner Farbe. Ist doch die lebensfrische Grünheit jene Gerechtigkeit im Stoff des Gotteswerkes, die Gott selbst hervorbrachte. Wie nämlich die Erde alles Grün sprießen läßt, so wies der Alte Bund allen Samen und jede Blüte der zukünftigen Ausgeglichenheit auf. Dies wird im silbernen Fundament der reinen Erkenntnis kundgetan, welche die reine Heiligkeit mit Christus im Kommen zeigt. Dasselbe siehst du in dieser grünen Schrift geschrieben, wo der blühende Hinweis göttlicher Unterweisung deutlich zeigt, daß Noë mit der Arche jenem gehorchte, der weder Anfang noch Ende hat. Er war es, der im Wasser den vergänglichen Menschen wiederhergestellt hat, um ihn alsdann durch die Taufe zum Leben zu erneuern. Und so steht es auf der silbernen Seite geschrieben: In der Reinheit des wahren Wissens wird gezeigt, daß Gott im Alten Bund den Menschen die Härte entgegenstellte, weil sie sich Ihm gegenüber hartnäckig und nicht nachgiebig verhielten, damit dann im Neuen Bund ihre erweichten Herzen das göttliche Wort aufnehmen könnten.

Gottes Sohn wohnt im reinen Herzen

37 Das Buch auf dem rechten Flügel enthält ebenfalls zwei Seiten, weil die Vernunft im Neuen Testament, im Schutz der höchsten Seligkeit, sich zwei Wegen zuwandte, da ein Herr — Gott und Mensch in Gottes Sohn — sich zeigt. Die

eine Seite ist saphirfarben und die andere goldfarben, weil die Jungfräulichkeit
wie ein Saphir in Christus aufleuchtete, da Er selbst, im Schoß der Jungfrau
geboren, die Keuschheit lehrte, damit alle, die ihm folgen wollten, die Keuschheit liebten. Daher leuchtet auch aus ihnen ein goldener Glanz auf, da die Gläubigen ihn als den wahren Gott, aus Gott dem Vater geboren, anerkennen, der
alles mit dem Vater gegründet hat. Denn im Anfange der Schöpfung herrschte
Gottes Sohn in Seiner vollen Fülle, so wie Er vor Ewigkeiten war, und Er erlebte auch keinerlei Einbuße, als Er die Schöpfung hervorgehen ließ. Denn Er
erschuf alles das, was noch nicht da war. Aber auch mit der Menschwerdung
erfuhr Er keinerlei Beeinträchtigung Seiner Gottheit. Dies siehst du auf der
saphirfarbenen Seite aufgeschrieben: In der wahren Offenbarung gebar die
Jungfrau in reiner Jungfräulichkeit einen reinen Menschen, da Sein Wort sich
den Gläubigen in so liebenswürdiger Sendung als Herr aller Welt zeigte. Dies
bleibt in all jenen lebendig, die Gott mit reinem Herzen anschauen wollen. Und
so steht es auch auf der goldfarbenen Seite geschrieben, weil mit offenbaren
Zeichen und unter zahlreichen Wunderwerken der Sohn der Welt auf die Welt
kam, um sich als Ursprung alles Seins wie auch als der endlich angekommene
Sohn Gottes zu zeigen. Er ist jener Ursprung, der die ganze Welt hervorbrachte
und der sich alsdann aus dieser Schöpfung wiederum die Jungfrau als Mutter
erwählt hat.

Die Weissagungen über die Menschwerdung Christi sind klar und lauter

38   Das Buch auf dem Flügel im Rücken jenes Mannes gleicht einem marmornen, ungeteilten Stein von leuchtend reiner Farbe. Denn die Vernunft bleibt
im Schutz der Kraft der Weissagung, die den kommenden Christus voraus-
sagte: Seine Menschwerdung sah sie bereits schattenhaft voraus. So kann einer,
wenn er auf den Rücken eines Menschen schaut, noch nicht sein Antlitz kennen,
und er fragt sich verwundert, wie jener wohl aussehen möge. So weissagten
auch die Propheten den Gottessohn, aber sie konnten Ihn noch nicht leibhaftig
erkennen. So lag noch eine gewisse Härte in ihrem Wesen, gleich der Festigkeit
des Marmors, da sie, durchdrungen vom Heiligen Geiste, niemandem nachgaben,
vielmehr auf die Unteilbarkeit der Wahrheit beharrten, ohne sich in ihren
Aussagen hierhin oder dorthin zu verzetteln. Auch nahmen sie das von keinem
an, was sie sagten, es sei denn von Dem allein, der Gott ist in der Fülle Seiner
Person. Auf diese Weise verhielten sie sich wie Felsgestein, das in seiner Härte
überdauert und keinem weicht. Sie verhielten sich so in ihrer schlichten Einfach-
heit, da sie nichts anderes sagten, als was sie gesehen und erkannt hatten, so
wie auch ein Kind in seiner Einfalt nichts anderes spricht, als was es sieht und
weiß.

In Weisheit und Wissen trugen die Propheten die Wunderwerke Gottes vor

39   Gottes Finger aber hatte in diesem Buche Seine Geheimnisse nieder-
geschrieben, die Er offenbaren wollte. Gottes Geist durchdrang dabei die Vernunft des Menschen derart, daß er weissagen konnte. Dies veranstaltete Er über
jene Schaubilder, in denen die Propheten, erleuchtet durch den Heiligen Geist,
in diesem Heiligen Geiste von weit her das Zukünftige vorausschauten. In ihrer
Weisheit kündeten sie gar vieles, da Gottes Macht ihren Geist angerührt hatte.
Und so zeigten sie immer mehr bedeutungsvolle Dinge auf, wie ja auch die
Weisheit alles erbaut hat. Vieles weissagten sie durch die Wissenschaft, da
Gottes Wort ihr Wissen derart anschaute und entfachte, daß sie Geheimes und
Verborgenes aussprechen konnten. Denn der Geist Gottes begeisterte in Seiner
lebendigen Kraft jene Wurzel, in der Gott den Menschen aus dem Lehm erstehen ließ. Mit seiner Einhauchung hat dieser Heilige Geist in den Propheten
jenes Leben ohne Ende, die Seele nämlich, derart beleuchtet, daß diese gleichsam auf einem fremden Wege, Fremdlingen gleich, die Wundertaten Gottes vor-
trugen, und dies ganz auf die gleiche Weise, wie auch der Erdenlehm in das
andere Leben von Fleisch und Blut verwandelt wurde. Dies aber sind die
Wunderwerke der Gottheit, die Gott in Seinen Wundern durch die Propheten
vorträgt, und zwar überall dort, wo jene aussprechen, was sie im Heiligen Geist
vorausgeschaut haben, und wo sie aufschreiben, was ihnen durch Gottes Geheiß
zur Überlieferung anvertraut ward. Und so schlagen sie die Zither, weil die
Vernunft, entfacht im Heiligen Geiste, zahlreiche Weisen in Wort und Stimme
Gott zum Lobe erfand, um darin ihren Klang zu entsenden und somit Gott
zu loben. Auf den Flügeln der Prophetengabe lobsingend, läßt Gott die Menschen solches tun, da die vom Geiste der Weissagung getragenen Propheten in
diesen Dingen zahlreiche Wunderwerke aufzeigen, gleich den Cherubim, die da
die Geheimnisse Gottes kennen und vortragen, in denen Gott nach Seinem
geheimen Ratschluß, wo Er will und wie Er will und in wem Er will, am
Werke ist.

Die Vernunft gründet in Gottes Weisheit

40   Das Buch auf dem Brustflügel ist ungeteilt und ganz schwarz, jedoch voll
von Sternen. Denn die Vernunft gründet ungeteilt in der tiefen Weisheit des
göttlichen Schutzes. Sie teilt sich in keinerlei Verschiedenheit eines Widerspruchs
auf, so wie die Menschen in ihrem Charakter Gegensätzlichkeiten an sich tragen.
Und alles das, was die Weisen des Alten wie des Neuen Bundes über Christus
ausgesagt haben, das kommt nun in dieser Vernunft zur Einheit. Das Buch
bleibt aber schwarz, weil die Vernunft sich bei der menschlichen Sinnlichkeit
oftmals zum Fleische hinneigt, und weil sie sich auch häufig wundert, wer oder

was das sei, wovon hier gesprochen wird. Gleichwohl aber leuchtet sie auf im
Glanz der Gestirne, weil Glaube und Einsicht die Menschen beleben. In ihrer
Gläubigkeit trauen sie ja einem Gott, den sie nicht sehen können. Und vor Gottes
Wunderwerken verstehen sie, was ihrer Einsicht oftmals so mühsam zum Ver-
ständnis kommt. Erkennen sie doch hier, daß sie nur Gottes Geschöpfe sind.

Die Mysterien des Alten und Neuen Bundes stehen gegen den Unglauben

41   In strahlenden Buchstaben aus der Tiefe der beschriebenen Bücher zu-
sammengefaßt, erscheint mancherlei Schrift. Denn die Vernunft legt im Glanz
der Güte Gottes die Mysterien des Alten wie Neuen Bundes vor, gesammelt zu
einem Entwurf und zur Festigung. Die gläubigen und verständigen Menschen
sammeln jene nämlich in der katholischen Lehre, indem sie ihnen die Wege der
Rechtschaffenheit gegen die Finsternisse des Unglaubens und gegen Satan selber
bahnen. Dies alles tun sie im Durst nach der Schrift, aus der sie mit großer Sehnsucht schöpfen. Sie lassen nicht davon ab, bis sich das ganze Wissen ihres Herzens
damit aufgefüllt hat, wie auch Gott nicht gelassen hat von Seinem Werk, bis
Er es voll und ganz vollendete. Indem sie so die Schriften sorgfältig anschauen
und sorgsam durchforschen, verehren sie Gott und verherrlichen Seinen Namen.
Wo immer sie nämlich die Menschen erbauen, da suchen sie auch die Ehre Gottes,
wie der Psalmist David sagt:

David spricht

42   „Alle Völker, die Du geschaffen, sie kommen und beten Dich an. Und sie
preisen, o Herr, Deinen Namen. Denn groß bist Du und mächtig der Wunder.
Du allein nur bist Gott" (Ps 86, 9—10).
    Das will heißen: Die ganze Welt schuf Gott. Und Er ließ zu, daß auch der
Mensch sich seine Welt baue. Denn die Menschen wirken und gestalten und
befehlen. Sie schaffen an den Geschöpfen und bilden an diesem Vorbild auch
anderes nach ihrem Willen, ohne ihnen jedoch einen Geist geben zu können.
Denen sie aber vorstehen, denen legen sie auch Gebote auf. Weil Gott nun den
Menschen geschaffen hat und ihn mit dem Hauch Seines Geistes zum Leben
erweckte, sollen alle Völker, aus Adam geboren und Geschöpfe Gottes nach
Seinem Willen, zu Gott kommen. Sie sollen betend diesen Herrn suchen, wo
immer sie Seinen Namen anrufen. Denn sie spüren Ihn wirklich, weshalb sie
sich auch nicht von Ihm trennen können, gleich wie ein Sohn nicht verleugnen
könnte, was für einen Vater er habe. So rühmen sie den Namen Gottes, indem
sie zu Gott flehen und Gott anrufen. Manche Menschen aber halten das Werk
ihrer Hände schon für Gott, und sie nennen dieses Werk auch göttlich, was

nichts anderes ist als ein Ratschlag des Teufels, mit dem er diese aufgeblasenen Menschen sitzen läßt. Solche Leute vermeinen, den Namen Gottes zu rühmen, wo sie Gott doch gar nicht kennen; sie wollen einen Gott haben, während sie doch Gott gerade nicht besitzen. Daher ist dem Menschen das Alte und das Neue Gesetz gegeben, damit der Mensch im Glauben und im Schauen wie auch in der Anbetung Gott erkenne. Auf diesen beiden Wegen haben die klugen Philosophen die Weisheit gesucht und nicht nachgelassen, bis ihre Krüge gefüllt waren. Dies hat Gott gar sehr gefallen, wie Ihm überhaupt alles gefiel, was Er gemacht hatte. Und so ist der Herr gewaltig in Seinen Wunderwerken, großartig auch in den höheren Gotteskräften. Er ist wunderbar am Werke, und die Pracht Seines Wirkens erstrahlt in großer Schönheit. Denn Gott ließ den Noë die Arche betreten, Er zeigte dem Abraham die höchsten Werte, Er gab dem Moses das Gesetz, um schließlich in Seinem Sohn die Gläubigen zum Leben zurückzuführen. Dies alles sind wirklich außerordentliche Wunderwerke. Immer wieder von neuem wiederholen die gläubigen Menschen sie in Ehrfurcht. Sie lassen nicht nach, die gewaltige Tiefe in solchem Wirken zu erforschen. Ist dieses alles doch aus Gott hervorgegangen, und der dies machte, ist Gott allein: Aus Ihm kommen alle Güter, und zu Ihm kehren sie zurück. Denn da Gott den Menschen schuf, ließ Er ihn wie ein Rad im Geiste des Lebens seinen Kreislauf nehmen, weshalb er auch immer wieder zu Ihm zurückkehrt.

Viele sind selig vor dem Gesetz, im Gesetze und in der Taufe

43   Du siehst nun, wie die weiße Wolke, in welcher der Mann von den Schultern bis zu seiner Hüfte steht, voll ist von seligen Geistern. Das hat zu bedeuten: Der Glanz der Wunder Gottes, der sich aus der Kraft des Ursprungs einer kommenden Welt auf die Menschwerdung des Heilands der Menschen hin erstreckt und der nunmehr in dieser Herrlichkeit der Menschwerdung erscheint, vereinigt die ganze Schar der Seelen, die Gott dienen, in sich. Viele nämlich gab es vor dem Gesetz, noch andere im Gesetz, viele auch in der Taufe, die durch das Erlösungswerk dieses Gottessohnes die höchste Seligkeit empfangen haben. Daher freuen sie sich nun in jener Heimat, die Gott für sie von Anfang der Welt an vorgesehen hatte. Denn die gläubigen Menschen erhalten ihrer getreuen Werke wegen in der Heimat der Seligkeit die Ruhe für ihre Seele, um nun nach vollbrachtem fleischlichen Lebenslauf glücklich auszuruhen. Daher hörst du auch aus dieser Seligkeit eine Stimme, die von der Höhe der Engel herkommt, um Den zu loben, der alles regiert und Den zu verherrlichen, der von Ewigkeit zu Ewigkeit lebt. Auf diese Weise werden die Seelen jener Gerechten zur Freude erhoben und schreiten im Leben zum Leben fort, ohne je davon abzulassen, weil sie ewig darin weilen werden. So läuft auch das Lebensrad, das die Gottheit bezeichnet, aus dem eilenden Geist, der ohne Verzug die Taufe heiligt, zur

Belehrung und zur Reinigung der Menschen und läßt nie davon ab, weil es eine andere Lehre nicht gibt, welche die Menschen zum Leben führen könnte. Diese Seelen haben während der Zeit ihres leiblichen Daseins die Götterbilder verachtet und ihre Heimat bei Abraham gefunden; sie haben alle Angelegenheiten, auf welche man seine irdische Sorge wirft, verlassen und lebten so gleichsam im fremden Land wie Fremdlinge in ihren Seufzern, wobei sich auf dem Pfade der Gebote Gottes ihre Verdienste vermehrten, für die sie nunmehr den höchsten Lohn erhalten.

Die Seelen der Vollendeten genießen engelgleiche Freuden

44   Im Glanz dieser Seligkeit, ja in noch verborgeneren Freuden, befinden sich andere Seelen vollendeter Heiligen, die sich während ihres Erdendaseins der Betrachtung Gottes widmeten. Nunmehr sind sie geschmückt mit allen himmlischen Tugenden und jedweder vollendeten Heiligkeit. Daher loben sie mit den höchsten Stimmen der Posaunen Gott. Dies ist der Hauch, der aus dem Mund der Propheten und Weisen und anderer Gotterwählten klingt, da die Taten des Heiligen Geistes im Menschen unzählbar sind. Aufjubeln sie im Zitherklang vollendeter Freude, wobei sie widerklingen in so wunderbarem Schall und so unaussprechlicher Musik, daß dies ein menschliches Herz nicht zu fassen und zu verstehen vermöchte. Denn weil sie mit dem Feuer und dem Wasser in der Heiligkeit der Taufe die guten Werke wirken, und weil sie bei diesem Tun die übrigen Elemente bewegen, tönen sie nun wie der Klang des Meeres und das Rauschen der Wasser, die vor der Unmenge an Tönen wunderbaren Klang entsenden. Dies sind jene Menschen, die sich während ihrer Lebenszeit von den fleischlichen Lüsten im Aufschwung ihrer Herzen abgewandt und die irdischen Begehrlichkeiten abgelegt hatten, gleichsam als seien sie nicht menschlicher Art, und so wurden sie auch von anderen Leuten getrennt, wie die Engel von den Menschen getrennt sind. Sie schwebten mit ihren spiegelgleichen Werken in himmlischen Sphären und schauten durch die Fenster des Glaubens, gleichsam mit dem Gutsein eines einfältigen Kindes, auf Gott, um beständig in dieser Haltung zu verharren.

Die Seelen der Heiligen wünschen ihren Leib zurück

45   Mit ihrer Sehnsucht Stimme rufen sie gleichwohl, wie lange sie noch auf jenen Zeitpunkt zu warten hätten, wo ihre Werke, die offenkundig aufstrahlen vor dem lebendigen Gott, ihnen ihre Leiber, in denen sie gewirkt hatten, wiedergeben würden, auf daß sie dann endlich losgelöst von aller Verlegenheit, in der noch Moses sein Antlitz bedeckte, Gott anschauen könnten. Denn die

Werke der Heiligen, die sie in der Eingebung des Heiligen Geistes wirken,
leuchten vor Gott wie der Himmel, da sie mit Gott und in Gott getan wurden,
und so schenkt Gott diesen Seelen, eben dieser Werke wegen, den Ort der Erquickung, wenn auch noch nicht jene volle Freude, in welche die Fülle des Gottes-
volkes erst am Jüngsten Tage eingehen wird. Dann wird Gott mit dem vollen
Werke der Heiligen ihre Körper und Seelen vereinigen, und so wird das Himmelreich ihrer Werke sie selber vor Gottes Antlitz führen, wo sie Ihn vollends
schauen werden. Da nämlich der Leib mit der Seele Gutes wirkt, kann der
Mensch, solange die Seele körperlos ist, jene Fülle noch nicht besitzen, um auch
ohne den Leib Gottes Antlitz voll und ganz erschauen zu können. Wenn aber
Leib und Seele verbunden sein werden, dann enthüllt Gott Sein Angesicht,
damit die Seligen Ihn in dieser Form erblicken können. Denn dann sind sie
wieder zusammen, die da gemeinsam am Werke waren. Dieses Rufen ist mächtig,
und es ist ein großartiger Ruf der Heiligen, da sie kaum erwarten können, bis
sie ihre Leiber zurückerhalten. Mit so großer Sehnsucht suchen sie nach dem
Siegel ihrer Leiber, wie ein hungriges Kind vom Vater Brot erbittet. Solch
einem Kinde aber wird der Vater gütigst entgegenkommen, um ihm rasch ein
Brot zu schenken. Und so werden auch sie eine Antwort erhalten.

*Bevor die Heiligen ihre Körper zurückerhalten, wird der Erdball
erschüttert werden*

46   Bevor sie aber ihre Leiber zurückerhalten, wird der Erdball erschüttert
und in eine andere Gestalt verwandelt werden. Der alte Feind wird mit seinem
ganzen Protz vernichtet, und der wahre Gott, als Gott und Mensch wesend,
wird all Seine Glieder in Seinen Erwählten versammeln. Und so empfangen sie
das volle Heil ihrer Leiblichkeit.

Die Heiligen erkennen sich am Wirken im Heiligen Geiste als Gefährten

47   Die erwähnten Seelen der Seligen kennen diese Erwählten Gottes. Ob-
schon sie unter der Eingebung des Heiligen Geistes die verschiedenartigsten
Werke wirkten und ihre Taten so verschieden waren, erkennen sie sich doch in der
feurigen Berührung des Heiligen Geistes als Gefährten. Sie vernehmen die
Stimme ihrer Gesänge und ihrer Wonnen und erblicken sie in der lautersten
Reinheit ihres Gewissens und ihrer Betrachtung. Mit ihnen empfangen sie die
göttliche Antwort, die ihnen von oben her geschenkt wurde. So stehen sie in
Bereitschaft da, während der äußerst gewaltige Gott Seinen überaus starken
Befehl ausführt, um alle teuflischen Nachstellungen am Ende der Welt zu ver-
nichten. Und so erhalten sie ihre Leiber zur ewigen Seligkeit und Glorie zurück.

Im Unglauben stellt der Teufel die Missetaten vor

48   Daß du aber in der erwähnten Nebelwand zuvor schon eine ganze Schar
von Lastern erblicktest und auch nun wieder acht Laster in voller Erscheinung
siehst, das bedeutet: Im finsteren Unglauben, in dem du früher das Wechselspiel
der diabolischen Nachstellungen erschautest, erblickst du nun viermal ein Paar
mit seinen verkehrten Haltungen. Durch die vier Weltteile wie durch die vier
Elemente schwelgend, pflegen sie alle den Erdkreis in Verwirrung zu bringen,
weil sie jene, die Gott in Frieden dienen möchten, immerfort mit ihren Nachstellungen belästigen. Denn der Teufel tut mit seinen Künsten und Lastern
grad so, als sei er Gott, und er zeigt den Menschen unzählige unpassende Tricks.
Und dies wird er so lange treiben, bis er sich völlig verausgabt hat.

Die alte Schlange möchte alles für sich haben

49   Eine dieser Gestalten, die sich da auf ihrem Rücken wie eine Schlange
in der Finsternis wälzt, weist darauf hin, daß der Teufel, diese alte Schlange,
im Finsteren seiner Schlechtigkeit den Hunger seiner Begehrlichkeit gegen das
Himmlische entfacht, indem er den Menschen überredet, von der Sehnsucht
nach höheren Werten zum Irdischen hinabzusteigen. Die Augen dieser Gestalt
brennen wie Feuer, weil die Neigung des Satans in der Glut des Hasses Flammen der Täuschung entsendet. Ihre Zunge hängt aus dem Munde, weil die Lüge
grausam aus ihrem bitteren Wesen hervorgeht. Und ihr Schwanz ist abgeschnit-
ten, weil sie ihr Werk in ihrem Eigensinn nicht zu Ende bringen kann. Denn sie
würde alle in den See des Verderbens ziehen, wenn die himmlische Majestät sie
nicht daran hinderte. Ihr Leib aber ist von schwarzer Farbe, weil sie die Menschen mit aller Gewalt überreden möchte, Gott zu vergessen. Daher laufen ihr
auch weißliche Streifen von giftiger Farbe vom Kopf quer über das Gesicht
herunter, weil des Satans Pfade die Bleiche des Todes decken. Sie setzen in der
Schlemmerei den giftigen Krampf menschlicher Lebensweise ins Werk, um so das,
was in der Verderbnis begonnen, in der gleichen Verderbtheit zu verlängern
und dem schlimmsten Ende zuzuführen. Denn wie der Ursprung des Teufels
schlecht ist, so ist es auch sein Ende.

Von der Schlemmerei des Bauches

50   Daß aber der Bauch dieser Gestalt offen klafft, bedeutet, daß der Rachen
des Teufels offensteht, die Seelen zu verschlingen. Wie in einer Wiege auf dem
Rücken liegend, erscheint darin die menschliche Gestalt, welche die Schlemmerei
bedeutet. Denn der Teufel überredet die Menschen zunächst zur Gefräßigkeit,

um sie dabei um so leichter und um so vollständiger in die übrigen Laster zu
verstricken. Sie liegt in der Gier ihrer Gefräßigkeit wie unwissend auf dem
Rücken da, um den Menschen von der Sehnsucht nach dem Paradies abzuhalten.
Und so ist ja auch der Mensch zuerst über die List der Schlange mit einer Speise
verführt worden. Auf dem Kopfe trägt die Gestalt einen Filzhut, der wie ein
Helm nach oben aufgestülpt ist. Denn die Schlemmerei richtet in den Gesinnungen der Menschen mit trügerischem Aufwärtsstreben den Eigensinn auf. Sobald
solche Leute ihren Bauch vollgeschlagen haben, beginnen sie, gleich als ob sie
nun vor lauter Schätzen überflössen, hochmütig zu werden. Aus diesem Hut
wallt weißliches Haar über die Schulter, weil sie im Vermögen ihrer Macht
einen schimmernden Überfluß vorweisen möchte und so alles ohne jede Scham
verachtet und niemandem etwas lassen will. Daher ist sie auch mit einem
weißen Gewande aus zarter, weißer Seide bekleidet, da sie sich immer nur mit
dem Genuß der teuersten und auserlesensten Gelage breitmacht. Ihr Umhang
gleicht einem Mantel mit der Farbe einer Schlange, weil sie sich die Weitläufig-
keit der Begierde in all jenen Lastern umwirft, welche die teuflische Unzucht
hervorbringt, um die Menschen zur Schlemmerei in Speise und Trank zu verführen. Was dieses Laster aber seinem Wesen nach wirklich darstellt, das macht
es mit seinen oben erwähnten Redensarten klar. Durch die Ermahnung der
Enthaltsamkeit wird ihm Einhalt geboten, und der Mensch wird angehalten,
sich nicht auf diese Weise verhöhnen zu lassen.

Von der Engherzigkeit

51   Die zweite Gestalt zeigt die Engherzigkeit, die alsogleich der Schlemmerei
folgt. Denn der Mensch verfällt, nachdem er sich in üppiger Gefräßigkeit belastet hat, ob des Überflusses an Speisen der Herbheit und Bitternis, so wie der
Herbst nach dem Sommer kommt. Wie eine Leopardin verhält sie sich, da alle
ihre Werke engherzig bleiben, ein wildes Tier in seiner zwiefachen Natur nach-
ahmend, so wie sie auch selbst in Wort und Tat äußerst scharf ist, was schon
ihre obigen Redensarten beweisen. Daher wird sie von den Worten der Freigebigkeit angeklagt. Die Menschen werden ermahnt, gutwillig in dieser Freigebigkeit zu bleiben, da überall dort eine große Verbitterung herrscht, wo der
Mensch abfällt von Gott, wo er sich gegen Gott verhärtet, als sei Gott nicht
mehr sein Helfer. Nichts mehr von allem will er Gott zurückgeben, was Gott
ihm zugestanden hat. Daher, ihr einsichtigen und weisen Menschen, bereitet
euren Geist auf Gott hin! Dies will euch Isaias zeigen, wenn er aus Meinem
Geiste spricht:

Worte des Isaias

52   „Wenn du dem Hungrigen deine Seele schenkst und den Gebeugten sättigst, dann wird im Dunkel dein Licht erstrahlen, und deine Finsternis wird zur Mittagshelle. Und der Herr Gott wird dir immerdar Frieden schenken. Er wird deinen Geist mit Herrlichkeit füllen und deine Glieder freimachen" (Is 58, 10—11).

Das soll heißen: Des Menschen Seele besitzt ihr Seufzen und die Sehnsucht wie auch das Wollen. Auch hängt sie fest am Leibe, welcher der Erde entstammt. Sobald nun die Seele ihren Leib bewegt, ihn sozusagen lebendig macht, spürt das Fleisch die Sünde, aus der es stammt. Führt der Mensch diese Sünden aus, dann leidet die Seele Durst, da ihr eigentliches Amt doch das Gute ist. Nun wird es Zeit für den Menschen, sich eiligst zum Seufzen seiner Seele zu erheben, mit der er zu Gott strebt. Er steige schleunigst auf zur Sehnsucht, mit der er Gott liebend umarmt, und er setze sein ganzes Wollen ein, mit dem er Gott liebt. Die Seele begreift nämlich vielerlei Gutes und mancherlei Böses, wie dies der Mensch in seinem Tun immer wieder beweist. Sie selbst ist dabei wie ein Wind, der über die Gräser weht, und sie ist wie ein Tau, der auf die Keime fällt; wie die regenreiche Luft ist sie, die alles wachsen läßt. Daher öffne der Mensch seinen guten Willen allen, die da Sehnsucht tragen. Auf welche Weise geschieht dies? Ein Wind sei er im Beistand für die Elenden, und wie ein Tau sei er bei der Tröstung der Verlassenen. Wie die regenreiche Luft verhalte er sich, indem er die Schwachen stark macht (deficientes reficiendo). Mit seiner Lehre mache er sie satt wie Hungrige, indem er ihnen seine Seele schenkt, da er ihnen so mit allen Kräften seiner Seele aufmerksam beisteht. Wo du solches, o Mensch, tust, und wo du eine Seele, bedrängt von Dämonen wie von Menschen, gefesselt in Sünden und eingekerkert, durch wohlwollende Überredung rettest und mit heiligen Ermahnungen sättigst, da bricht im Aufgang der Gerechtigkeit aus dem Dunkel der Sünden dein Licht auf. Auf dem guten und heiligen Pfade schreitest du einher, so daß du aufhörst zu sündigen und das gute Werk zu wirken beginnst. Die Finsternisse der Sünden verdunkeln nicht länger das Licht der Heiligkeit; sie haben vielmehr überall, auch wo sie nicht wollen, zu Dienste zu stehen. Dann steigen die Finsternisse deiner Unternehmungen dem Mittag gleich zu ihrem Untergang nieder; denn wie sich nach dem Mittag der Tag neigt, so schwinden auch deine Sünden dahin und vergehen zu Nichts. Und so wird dir in Seiner Huld der Herr aller Dinge und der Gott der ganzen Welt Ruhe vor deinen Feinden schenken, und dies macht Er auf immerdar. Sie haben weiter keine Gewalt über dich, vielmehr trittst du für immer auf sie wie auf den Schemel unter deinen Füßen. So wird Er in himmlischer Heiterkeit und im Glanze der höchsten Schönheit deine Seele erfüllen, erleuchtet wie von der Wohltat eines heiteren Tages. Er wird dein Gebein, die Gebeine deiner Glieder nämlich, die da Gutes und Heiliges taten, von aller Verderbnis befreien, dort bei der künftigen Auferstehung nämlich, wo nichts Sterbliches mehr Bestand hat, vielmehr alles gerufen wird, was heilig und unversehrt ist.

Von der Gottlosigkeit

53 Die dritte Gestalt zeigt die Gottlosigkeit, die jede Engherzigkeit begleitet. Denn wo der Kleinmut den Geist eines Menschen beherrscht, da schließt sich ihm die Gottlosigkeit an. Keine Freude an den Gütern des Herrn läßt sie ungetrübt. Alles Gute, wo immer es sich durchsetzt, macht sie nieder. Sie hat die Gestalt eines Menschen, nur daß ihr Haupt zwischen den Schulterblättern aus der Brust herausragt, so daß es mehr dem Kopf eines wilden Tieres denn dem eines Menschen gleicht. Wo diese Gottlosigkeit unter den Menschen vorherrscht und wo sie ihr Beginnen im Eigensinn ihres Gewissens vorträgt, da hält sie tierische und verletzende Sitten bereit und betrügt unter dem Schutzmantel menschlicher Gesittung. Sie behindert die wahre Lehre und das Gute, den Gehorsam wie die Unterwerfung, welche alle aus Gott sind, und sie weiß nichts von der Schönheit der Gerechtigkeit in allen Dingen. Große und feurige Augen hat sie sowie ein Leopardenmaul, weil sie mit brennender Glut in ihrer ganzen Neigung nur diese gewaltige Bitternis zeigt, um alles zu zerfetzen und zu zerreißen, was sie nur könnte. Sie will nichts wissen von Gnade und Barmherzigkeit und findet kein Maß für die Weisheit. Die Heiligen und die Gerechten möchte sie treffen, wo sie nur kann. Daher zieht sich auch von jeder Wange ein pechschwarzer Streifen zu ihrem Kinn hinunter, weil sie in ihrem beißenden und wühlenden Nagen nur die Hartnäckigkeit eines grimmigen und schlechten Wollens kennt, das sich immer nur auf Torheiten ausrichtet. Und so bleibt sie in ihrer Selbsttäuschung ohne die Ehre Gottes. Aus beiden Mundwinkeln hängt der Kopf einer Schlange heraus, weil sie Gott wie den Menschen verachtet, wobei sie in ihren Kränkungen zu keinem Ende kommen kann, vielmehr in ihrer schlangenhaften Gesinnung immer neue Untaten anheizt. Auch faucht sie eine große Feuerlohe aus ihrem Munde, weil sie die Menschen mit den brennenden Pfeilen ihrer Worte belästigt, indem sie sie auf jede nur mögliche Weise verrückt zu machen sucht. Daß sie aber auf ihren Knien steht, während der übrige Körper hoch aufgereckt ist, das bedeutet, daß sie ihre Macht nur auf den Kult von Götzenbildern anlegt und so die Menschen, die vor Gottlosigkeit schäumen, den Götzenbildern gleich macht. Dabei versucht sie ihnen weiszumachen, sie seien gerecht und pflegten nur die Gerechtigkeit. Daher hat sie auch ihr Haupt nach Frauenart mit einem pechschwarzen Tuch umschlungen, weil sie die Gesinnungen der Menschen im dunklen und trügerischen Schatten des Leichtsinns mit der Härte in Verbindung bringt. Der übrige Leib aber ist mit einem kohlrabenschwarzen Gewand bedeckt, weil sie sich mit dem Irrtum der

äußersten Grausamkeit, die der Lauterkeit des Lebens entbehrt, umgibt. Leere
Handschuhe baumeln herunter, während sie ihre Arme unter dieses Gewand
verschränkt hält. Das bedeutet, daß ihr Tun keinerlei ersichtlichen Nutzen
bringt, vielmehr in seiner Ohnmacht keinem Menschen wertvoll werden könnte.
Auch damit stellt sich dieses Laster, wie oben geschildert, in seinen Redensarten
bloß. Ihm antwortet die Tugend der Frömmigkeit, um zu zeigen, wie sehr das
Gottlose auf ewig verdammt ist.

Über die Lüge

54   Die vierte Gestalt zeigt die Lüge, die hier die Gottlosigkeit begleitet.
Wo nämlich der Mensch gottlos wird, da verfällt er auch der Lüge. Mit Eifer
errichtet er sein Lügengebäude, das jeder Wahrheit entbehrt. Die Gestalt ist von
dichter Finsternis umhüllt, so daß du keinerlei Gliederung an ihr wahrzunehmen
vermagst. Denn sie ist so verstockt im Unglauben und besitzt keine Spur mehr
an Aufrichtigkeit, um Gutes zu tun; keinerlei Rechtlichkeit wird in ihr gefunden,
vielmehr durchwogen sie nur noch die Finsternisse des Todes. Daß du aber in
dieser Dunkelheit an ihr kaum die unförmige und monströse Gestalt eines
Menschen wahrnehmen kannst, das bedeutet: Sie schreitet nicht in rechtschaffenem Licht einher, sondern in der Dunkelheit des Todes, da sie der Schönheit
des Wahren und des Glanzes der Gerechtigkeit in Wort und Tat gänzlich entbehrt. Sie findet daher bald Sicherheit, bald Ungewißheit auf ihren Pfaden,
weil bei ihr jene Sorgfalt der Liebe, in der Gott angeschaut wird, nicht zu finden
ist, dafür aber jene unfruchtbare und lügnerische Täuschung, die sie unter den
Menschen und mit Hilfe der Menschen so häufig zustande bringt. Die Gestalt
steht auf einem trockenen Schaum, der hart ist und schwarz, und sie stößt von
Zeit zu Zeit eine feurige Lohe aus, weil die Lüge sich auf die Täuschung der
Worte stellt, obschon sie dort keinerlei Kraft haben kann. Und so erscheint sie
ohne die Grünkraft der Gerechtigkeit ganz vertrocknet, ohne die Milde der
Güte verhärtet und ohne das Leuchten der Tugenden ganz schwarz, weil in ihr
keine Heiterkeit herrscht, sondern die Flamme des Zorns, die nur Unrechtes
zeugt, so wie sie dies weiter oben mit ihren Redensarten zeigt. Aber durch die
Antwort der wahrhaften Wahrheit wird sie in ihre Schranken verwiesen. Die
Menschen werden ermahnt, sich wahrhaftig zu verhalten. Denn wer die Lüge
liebt, treibt nicht nur dieses eine Laster, sondern verfällt auch allen anderen. Und
da sie alle miteinander verflochten sind, wird er nur immer zu neuer Lüge
getrieben, so wie dies der Prophet David, von Meinem Geiste erleuchtet, kundtut.

David spricht

55 „Abgewichen sind die Gottlosen vom Mutterleibe an. Vom Schoße der Mutter an gingen sie eigene Wege, und sie schwätzen wie die Lügner" (Ps 58, 4).

Das soll heißen: Die Ursünde entstammte jener Speise, welche die an sich heile und glückliche Natur des Menschen zur Sterblichkeit verwandelt hat. Mit dieser Speise nämlich schlief das gute Gewissen ein, das böse aber erhob sich zu einer verkehrten Lebensweise. Denn abgewichen sind die Übertreter der Gerechtigkeit von der wahrhaften Wahrheit. Die Natur des Menschen wurde verfremdet zu einem giftigen Schoß, und zwar durch den Mund der Schlange, die in ihrer Hinterlist fragte, warum denn nur der Mensch den Apfel nicht verzehren wolle. Seit aber das erste Paar nach der Schlange Rat Gottes Gebot übertrat, starben die Menschen den Tod. Daher sind auch die Kinder, die von ihnen stammen, bereits mit der Empfängnis im Tod der Gottvergessenheit dem Schutz der Heiligkeit entfremdet. Daher sollten die Menschen eine sorgfältige und angemessene Enthaltsamkeit in bezug auf die Speisen üben, da ja der alte Feind mit seinem gefräßigen Schlund durch eine Speise den Menschen erstmals verführt hat. Denn sobald der menschliche Trieb die Nahrung gefordert hat, tritt auf der Stelle die Habsucht hinzu, um mit ihr aus allen anderen Speisen den Bauch zu füllen und jeden Pfad des guten Gewissens zu einem Irrweg zu machen. Und so lebten die Menschen vom Mutterschoße an dem Irrtum, da schon die ersten Menschen in der Erbsünde zu freveln begannen und später auf dem Höhepunkt ihrer Schuld immer gewandter zum Sündigen wurden. Dem Trieb zur Nahrung gesellte sich nämlich die Lust zum Sündigen überhaupt. Ist diese Lust einmal zur Durchführung gekommen, so wird auch das Reden falsch, weil der Teufel über die Speise das große Lügen in die Welt brachte, durch das er Gott und Sein Recht verleugnete. So verhalten sich nun alle, die in der Gier des Essens und im Rausch des Weines ihren Bauch gefräßig füllen. In dieser Gier zeigen sich die Söhne der Menschen als Lügner, da sie die Wahrheit hintanstellen und verleugnen. Und wie schon bei der Unschuld der Menschen die Verführung des Satans stand, so reden nun auch die Menschen lauter Lügen daher, so wie es der Teufel tat, und so töten sie sich wie andere. Wenn sie sich aber dergestalt ihrem Gott, der Himmel und Erde erschuf, widersetzen, wo werden sie enden, wenn nicht in der Hölle? Zwar nennen sie jetzt noch ihr Verderben das Leben und geben vor, sich mit ihren Worten den Himmel zu verschaffen, den sie doch niemals sahen noch jemals schaffen konnten. Was in Wirklichkeit eine Katastrophe bedeutet, das nennen sie eine hohe Ehre. Mit ihrem lügenhaften Verhalten setzen sie den Menschen auf jede nur mögliche Weise herab. Sie preisen den Menschen noch mit solcher Täuschung und töten ihn doch nur durch diesen Betrug, womit sie nur jenen gleichen, die das Kalb am Berge Horeb machten und dann behaupteten, das sei der Gott Israels. So treiben es diese Leute, die in der Lüge zu Hause sind, die untereinander lauter Nichtig-

keiten schwätzen und sich und aller Welt jedes Ding versprechen, was sie nur
wollen. Wer aber so handelt, der ist in Wirklichkeit tot, so tot, wie die Götzenbilder es sind. Er haust im Nordwind, ja er selber ist der Nord, und so wird er
zu Fall kommen.

Vom Streit

56   Die fünfte Gestalt zeigt die Streitsucht, die sofort der Lüge folgt. Lügt
nämlich ein Mensch, so verfällt er auch dem Streit, so daß ein jeder mit seinem
Bruder in Tücke und Unbilligkeit gaunerisch zu zanken beginnt. Diese Erscheinung hat Menschenform; sie trägt krauses, schwarzes Haar und hat ein feuriges
Gesicht. Denn gerade der Mensch, der ja ein vernünftiges Wesen ist, liebt den
Streit mehr als die anderen Lebewesen, die keine Vernunft haben. In seiner
Streitlust macht er sich öfter lustig über die anderen Geschöpfe; und so treibt
er es durch schamlose Schliche, mit anschwärzender Verdrießlichkeit und auf
allen verschlungenen Wegen seines Wissens wie auch durch den Trieb seines
hitzigen Eigensinns, wenn er rasend vor Zorn wird. Der Mantel aber mit seinen
verschiedenen Farben, der an den Schultern Löcher hat, durch welche die Arme
ragen, weist darauf hin, daß die Gestalt ihre Lüste mit neuen und immer nur
wieder anderen Lastern bedeckt. Bei der Gewalt ihres Wahnsinns besitzt sie
keinerlei heile Geschlossenheit, keinerlei verpflichtende Rechtschaffenheit, vielmehr nur die Haltlosigkeit schwärmerischer Spaltungen. Gleichsam als deren
Verlängerung treibt sie auch das Werk ihrer Hände ganz nach ihrem Eigensinn
an. Denn wer streitsüchtig ist, achtet weder auf das Wollen noch die Wohlfahrt
seiner Mitmenschen, geht vielmehr nach seinem Eigennutz mit ihren Wünschen
um. Daher hält die Gestalt unter dem linken Arm eine Axt, die sie an sich preßt,
weil sie in ihrer widerspenstigen Kraft nur noch die äußerlichen Abschnitte der
Worte herleiert, die sie sich in ihrer verkehrten Haltung anmaßt. Ihre Fingerspitzen verletzt sie sich ständig, indem sie diese vor lauter Wut wundstößt,
wobei ihr Blut auch über das Gewand spritzt, da sie mit der Spitze ihrer ver-
drehten Redensarten ihr eigenes Tun häufig verletzt, indem sie sich selber in ihrer
Raserei Ungemach zufügt. Und so stellt sie auch mit ihrem verkehrten Tun nur
ihr Gewissen für die anderen bloß und reizt sich selber derart auf, daß sie mit
ihrem Gezänk sich und andere verwirrt, wie dies deutlich aus ihren oben erwähnten Redensarten hervorgeht. Aus dem Richterspruch des Friedens von
oben aber wird ihr Halt geboten, und die Menschen werden ermahnt, dieses
Laster zu meiden.

Von der Schwermut

57   Die sechste Gestalt vertritt die Schwermut. Denn nach dem Streit kommt
sogleich die Schwermut, die von allen Gütern Gottes abfällt. Menschen aber, die
glauben, sie besäßen das Heil, auch wenn sie Gott nicht verehren, laufen in den
Tod. Die Gestalt gleicht einem Aussätzigen und hat schwarzes Haar. Wie nämlich die Aussätzigen von den Gesunden und Reinen isoliert leben, damit sie mit
ihnen in keinerlei Berührung kommen, so haust auch der Schwermütige abge-
trennt von allen Gotteskräften und leuchtet in keinerlei Glanz mehr. Dennoch
bleibt die Ähnlichkeit mit einem Menschen gewahrt. Während sich nämlich alle
übrigen Geschöpfe im Gehorsam zu Gott glücklich wissen, stößt der Mensch
sich selber durch teuflische Verführung ins Unglück der Schwermut. Diesen
Zustand vertieft er in der Schwärze zahlreicher überflüssiger Verdrehtheiten
gleich wie verdrehtes Haar. Er wird nicht einmal rot dabei, wenn er sich auf
die Mahnungen kluger Leute hin nicht bessern will. Die Gestalt trägt keine
Kleider, hüllt sich vielmehr lediglich in breites Blätterwerk ein, weil sie entblößt ist von allem Gut der Heiligkeit und ohne die Freude der Erlösung lebt,
vielmehr sich mit der Unbeständigkeit jeder Art von Eitelkeit umgibt, um so
durch das Wechselspiel ihrer Haltung jenes Glück zu erzwingen, das sie doch
nicht haben kann. Mit ihren Händen zerfleischt sie sich ihre Brust, da sie in
ihrem Tun ihr Gewissen anklagt, wobei sie mit ihren gar üblen Handlungen
doch nur das Innerste ihres Herzens bloßstellt. Die vertrauensvolle Hoffnung
auf Gott kennt sie nicht, wohl aber den bösen Drang zu immer größerer Bedrängnis, wie dies ja aus ihren oben erwähnten Redensarten hervorgeht. Doch
wird sie durch die Antwort der Glückseligkeit im Zaume gehalten. Und die
Menschen werden belehrt, nicht im Zustand der Schwermut zu verharren.

Von der Maßlosigkeit

58   Die siebente Gestalt bezeichnet die Maßlosigkeit, die im Einklang mit
der Schwermut steht und so ihr folgen muß. Wo sich nämlich ein Mensch auflehnt gegen die Güter Gottes, da wuchert zugleich das Unmaß in jeder Beziehung,
in der er glaubt, bestehen zu können. Aber er kann sich gerade dort nicht behaupten, weil alles, was gegen Gott gerichtet ist, keinen Bestand hat, sondern
ins Verderben stürzt. Wie ein Wolf sieht die Gestalt aus, weil sie in der Heftigkeit der Hinterlist und der groben Widersprüchlichkeit ihrer Haltung ohne
jedes Maß ist. Mit gekreuzten Beinen hockt sie auf ihren Füßen und lauert
überall umher, um alles an sich zu reißen, was sie nur packen könnte. Zu solchen
Trieben befähigt, verfällt sie auf den schlimmen Pfaden ihres Eigensinns nur zu
leicht allem Minderwertigen und sinnt nur auf lauter Nichtigkeiten, die sie sich
aneignen will. Mit solchen Eitelkeiten stört sie jede Würde maßvoller Lebens-

führung und macht sie zunichte; denn nur zu gern möchte sie bei ihren Vergnügungen bleiben, wie ihre Worte weiter oben deutlich machen. Ihr wird durch
das ausgewogene Maßhalten eine Antwort gegeben, und die Menschen werden
ermahnt, in allen Lebensbelangen das entsprechende Maß zu beachten.

Von der Verstocktheit

59   Die achte Gestalt weist auf die Verstocktheit hin, die mit der Maßlosigkeit einhergeht. Wo immer sich nämlich die Maßlosigkeit in aller Offenheit
gegen Gott auflehnt, da ist sofort auch die Verstocktheit der Seelen zur Stelle.
Sie mag nichts mit Gott zu tun haben und knirscht wider Ihn. Als ein Berg
des Heiles will sie dastehen, wo sie doch nur eine vollendete Ruine ist, in der
schon der erste Engel seinen Ruin sich selber wie allen seinen Mitläufern schuf.
Wie ein Turm sieht sie aus, der oben ein Schutzdach trägt, in dem drei Fenster
sind, weil die gewaltige und unerschütterte Hartnäckigkeit wie ein Turm der
Verdorbenheit dasteht, in welcher sich nunmehr der Hochmut gleichsam an der
Turmhöhe eine Sicherung und ein Schutzdach verschafft, er, der nicht zu Gott,
sondern in die Traurigkeit des Todes strebt. In ihrem Streben, ihrer Einsicht
und mit allem Wissen ist die Verstocktheit, gleichsam aus drei Fenstern schauend,
danach aus, wie sie die Seelen ins Verderben ziehen könnte. Sie verleugnet den
wahren Glauben an die Heilige Dreifaltigkeit, da sie nicht glaubt, daß ein
Gott in drei Personen und die drei Personen in einer Gottheit sind. Daß aber
unter ihr die beiden Arme eines Menschen erscheinen, dessen Hände von diesem
Dach herunterhängen, das bedeutet, daß bei solcher weithin sichtbaren Verstocktheit keine Achtung vor Gott, vielmehr nur noch Respekt vor dem Teufel herrscht.
Denn nun erhebt sich der Mensch in seinem Unglauben immer wieder von neuem
zum Bösen hin. Er richtet sein lästerliches Handeln auf eine tödliche Sorglosig-
keit aus, indem er seine Hoffnung nicht auf Gott setzt, sondern auf eine leere
Eitelkeit. Die Arme dieser Gestalt baumeln in der Finsternis wie leere Ärmel,
und ihre Hände sind nackt, brennen aber wie im Feuer, weil sie die Macht und
die Verkehrtheit der Verstockung darstellt samt ihrer im Dunkeln sich um-
treibenden spitzbübischen Gesinnung, mit der sie die Seelen ihres Gefolges insgeheim tötet, wie denn das Tun solcher verderbter Menschen von jeder Heiligkeit entblößt ist. Dennoch glühen ihre Handlungen im Brand der Bitternis,
wenn auch ohne jede Hoffnung auf Heil. Denn diese Verstocktheit will nichts
anderes und hat auf nichts anderes ihren Sinn gerichtet, als die Seelen dorthin
zu verführen, wo sie selber ist. Dies zeigt sie ganz deutlich mit ihren oben
erwähnten Redensarten. Das Seelenheil aber widerlegt sie und ermahnt die
Menschen, ihr nicht zu folgen. Denn die Verstocktheit betrachtet das Heil so,
als sei es gleichsam ein Nichts. Sie selber aber ist das Verderben in der Verdorbenheit und findet kein Heilmittel einer Errettung im Heile, da sie grund-

sätzlich gegen Gott steht. Dem wollte sie anhangen, der kein Licht hat, vielmehr in der Finsternis bleibt. So hat es der Prophet Jeremias, vom Heiligen Geiste ermahnt, zum Ausdruck gebracht.

Jeremias spricht

60   „Was soll das, Israel, daß du dich im Lande der Feinde befindest? Du alterst dahin in der Fremde und verunreinigst dich mit den Toten. Denen wirst du zugesellt, die sich in der Hölle befinden. Du hast verlassen die Quelle der Weisheit. Wärest du den Weg Gottes gewandelt, du wohntest noch daheim im Frieden für immer" (Bar 3, 10—13).

Diese Worte sind so zu verstehen: Woher kommt solch ein Übelstand, daß du, der du doch ein Zeichen der Wunder Gottes bist und dich einen Himmel mit allen seinen Leuchten nennst, in welchem du Gott anschauen könntest —, daß du nun ausgerechnet in jenem Teil, in dem dein Geist irdischer Natur ist, eine Heimat für alle deine Feinde in Aussicht nimmst? Denn aus deinem Fleische wuchern alle jene Lüste, die der Seele Feind sind. Deine irdische Natur war es, die in ihrer ersten Grünkraft leichtsinnig zu spielen begann und die später der Lüsternheit verfiel, um schließlich in die Tiefe des Meeres zu stürzen. Schmutzig und häßlich und äußerst schimpflich sind deine Werke, unter denen dein Geist in fremder Erde gealtert ist, so daß du nun in jener Schuld existierst, die allem Heil entgegensteht. Du kennst Gott nicht, schläfst vielmehr und stinkst mit deinen toten Taten, die in ihrer Unglaubwürdigkeit Gott und allen Seinen Heiligen ein Ekel sind. Daher bist du verurteilt zum Untergang mit allen jenen, die in den höllischen Strafen hausen, die weder den Tag des Glaubens schauten noch die Sonne der Barmherzigkeit erblickt haben, die auch den Mond der Heiligkeit mit allen Gestirnen der Tugenden verließen. Denn sie haben das Licht aller Gnade Gottes verschmäht. Und so hast auch du den Bronnen der Weisheit verlassen, das unaufhörliche Leben in Gott nämlich, das kein Mensch in seinem Wissen oder Erkennen oder im Schauen ausschöpfen könnte. Wärest du nämlich auf dem Weg der Gebote Gottes gewandelt, so daß du die Spuren Christi nachgeahmt hättest, könnte auch dir die Glückseligkeit leuchten, und der Ruhm des Herrn Sabaoth würde dich zum Leben geleiten. So würdest du eine Heimat finden in der Einheit von Liebe und Frieden. Gott würde dich auf Erden bereits den Menschen wie auch im Himmel Seinen Engeln vorstellen und dir das Licht der Herrlichkeit im Ruhm aller heiligmäßigen Werke zeigen, um dich erklingen zu lassen wie den süßen Ton einer Zither. Da du dies alles aber vernachlässigt hast, lebst du im Zustand einer gewaltigen Katastrophe. Du aber, Israel, der du in den heiligen Taten deinen Gott schauen möchtest, du sollst nicht die verderbten Söhne Jakobs nachahmen, die den Teufel verachten sollten, was sie aber nicht taten. Du solltest vielmehr jenes Werk vollbringen, das Gott im

Paradiese dem Adam auftrug und das Er später in Abel gelehrt hat, jenes Werk, das Er bei der Beschneidung des Abraham als Offenbarung der wahren Dreifaltigkeit offenbart hat, das Er Moses in der rötlich leuchtenden Flamme zeigte und schließlich in jenen Kindern Israels offenbar machte, die das Frevelwerk verachteten. Steige daher auf der Leiter der Gotteskräfte auf, die dem Jakob gezeigt wurde, und ahme in Seinen überaus herrlichen Tugenden Christus, den Sohn Gottes, nach, der einem jedem Seine Barmherzigkeit schenkt, der Ihn nur sucht. So hat Er sich selber dargestellt, als Er noch in der Welt weilte, wie es Ihm gefiel. Denn Er schlief wie ein Einhorn im Schoße der Jungfrau, und Er stieg später wie ein Steinbock den Berg der Tugendkräfte und Wunderwerke hinan, durch die Er ganz und gar den Teufel überwunden und dessen Macht zertrümmert hat.

Vom Löwen als der Gestalt des Strafeifers Gottes

61   Daß aber bei dem Manne ein Löwe steht, der sich gegen diese Laster wendet, bedeutet, daß in aller Majestät der Gottheit die Menschheit des Erlösers wohnt. Gleichermaßen Gott und Mensch, bekämpft Sie in der gewaltigen Kraft Ihres Eifers die teuflischen Laster. Mit dem Winde ein schauerliches Gebrüll ausstoßend, ruft der Löwe, daß er jene Laster im Feuer des Heiligen Geistes vertilgen und sie so allesamt an ihr Ende bringen würde, die da gegen ihn kämpfen wollten. Ein gewaltiges Gebrüll stieß er im Sturm des Heiligen Geistes aus, um in eben diesem Heiligen Geiste seine Schüler zu durchdringen, indem er sie predigen und eine neue Heiligkeit bezeugen hieß. Mit diesem neuen Heil sollten sie der alten Schlange die verlorenen Seelen entreißen und ihre schlimmen Einflüsterungen zunichte machen, mit welchen sie doch immer nur der Wahrheit und dem Heil der Menschen entgegenzuwirken trachtet. Denn wie auch der Teufel mit seinen verkehrten Machenschaften Christus, dem Sohne Gottes, in Seinen Auserwählten Widerstand zu leisten versucht, so führt Christus doch wie ein äußerst starker Löwe alle diese Winkelzüge samt den Lastern seines Gefolges ins Nichts und vernichtet sie ganz und gar.

Gottes Strafeifer sucht die böswilligen Menschen heim

62   Wie der Strafeifer mit Gottes Hilfe den Teufel mit allen seinen Lastern zähmt und zu Boden schlägt, um die am Boden Liegenden zu vernichten, so züchtigt und zerstreut er in seinem Zorneifer immer wieder auch mit körperlichen Züchtigungen jene Menschen, die ihm Widerstand leisten und die heilbringenden und gerechten Ermahnungen nicht befolgen. Mit Jammer und Unheil sucht er sie leibhaftig heim. Wie nämlich der Löwe in seiner Kraft die

anderen Tiere verschlingt, so machen auch die Macht und der Eifer Gottes das
Wesen des Teufels zunichte. Die Lüge im Anbeginn, mit der dieser Teufel sich
selber eine Existenz zu schaffen versuchte, vernichtet dieser Zorneifer ganz und
gar. Er tötet all seine Feinde, die da vor sich selber behaupten, sie könnten
nichts anderes tun, als was ihnen ihre eigene Natur vorschreibt. Dabei richten
sie doch nur immer wieder ihre Neigung auf das, was ihnen selber gefällt, und
so wühlen sie sich in die Laster des Teufels ein, verleugnen den Willen Gottes
und verachten Gottes Werk, als sei Gott gar nicht da. Daher werden sie durch
Gottes Zorneifer zerstreut und vernichtet, wie auch alle die zerstreut wurden,
von denen der Prophet Jeremias spricht.

Jeremias spricht

63 „Hände von Frauen, sonst so zart empfindend, kochten ihre eigenen
Kinder. Sie dienten ihnen als Speise beim Zusammenbruch der Tochter Meines
Volkes. Vollendet hat der Herr Seinen Grimm, ausgegossen hat Er die Rache
Seines Unwillens. Und Er fachte ein Feuer an über Zion, das selbst seine Grund-
mauern verzehrte" (Klage 4, 10).
   Diese Worte sind so zu verstehen: Das so gebrechliche Tun der Frauen, die
nicht das starke Mark der Männer besitzen, sich vielmehr in der Empfindsamkeit ihrer Herzen jenen Werken zuwenden, die im Feuer des Heiligen Geistes
nicht durchgekocht wurden, sie kochten nun die Kinder ihres Eigensinns. Wo
immer sie in fleischlicher Lust entbrennen, da gehen sie auch zugrunde in ihrer
Seele, da sie sich in ihrer vor Lust schäumenden Sinnlichkeit zu jeder weiteren
Sünde hinreißen lassen. Und so wird ihr Verlangen, das oben erwähnter Menschen nämlich, zu ihrer Speise, da sie alles, wonach ihnen der Sinn steht, auch
vollbringen. Dies treiben sie bis zur Zermürbung und zum Untergang der Seelen jener, die in ihren heiligen Werken dem Volke Gottes zugerechnet sein sollten. Indem sie es an der Vollendung der guten Tugenden und an einer ehrenhaften Heiligkeit fehlen lassen, reden sie daher: „Was soll das wohl sein, das
wir doch niemals zu schauen bekommen? So vieles hören wir, was wir nicht
verstehen, und wir wissen eigentlich nur, was die Wahrheit nicht ist!" Und
während sie hartnäckig auf dieser Behauptung beharren, schwindet die Freude
des Lebens mit allem Heil in ihnen dahin, und alle Tugendkräfte, mit denen sie
geschmückt sein sollten, werden in ihnen gelöscht. Alsdann vollendet der Herr
des Alls an ihnen Sein Strafgericht, indem Er Seinen Zorneifer gegen sie entfacht, so sehr, daß Er keine Gnade mehr kennt. Die Woge Seiner Geißel schüttet
Er über sie aus, um ihre Untaten auszurotten, indem Er sie verwirft und ins
Nichts zurückführt. So läßt Er auch Seinen Zorneifer in jenem Aufstieg entbrennen, in dem sie Gott anschauen sollten, was sie aber nicht taten, da sie dem
Hochmut verfielen. Sie wähnten vielmehr, auf jenen Berg steigen zu können,

auf dem sie keiner mehr überwinden könnte. Jetzt aber hat Er die Grundfesten
dieses Hochmuts ausgerottet, da Er ihn ganz und gar vernichtete; bis auf die
Wurzel hat Er ihn ausgerissen, damit er nicht von neuem wachse. Wird doch
weder bei seinem Ursprung noch seinem Ende irgendein Heil gefunden, und
so muß der Weg all jener, die ihm folgen, in den Untergang führen. Haben sie
doch kein Vertrauen auf Gott, der sie geschaffen und vom Teufel befreit hat.

Die Menschen, die ihre Nächsten in Not bringen, gibt Gott dem Elend preis

64   Gott schickt nach Seinem geheimen Urteilsspruch bestimmten Menschen
Seine Strafe in leiblicher Gestalt, damit diejenigen, die im Leib gesündigt haben,
nun auch am Leibe bestraft würden. Warum solches geschehen kann, das weiß
Er allein, der Seine Geheimnisse nicht jeden wissen läßt. Wenn nämlich gewisse
Leute ihre Mitmenschen in eine Notlage bringen und ihnen ihr Eigentum ent-
wenden oder sie sich in ihrer Herrschsucht zu Sklaven machen, dann geschieht
es häufig, daß Gottes Strafgericht sie derart schlägt, daß es ihnen selbst wie
ihren Kindern an allem Glück der Welt gebricht und sie gleichsam das Brot der
Zerknirschung und nicht des Jubilierens verspeisen. Wenn dann die Bosheit bei
all ihrer Verkehrtheit das Maß voll macht, dann vollendet auch Gott im gerechten Gericht und nach rechtmäßiger Prüfung an ihnen Seinen Urteilsspruch. Mit
Feuer verzehrt Er ihr Selbstvertrauen, und Er kehrt ihre Macht um, indem Er
ihre Festung zertrümmert und schleift, auf die sie mehr als auf Gott ihr Vertrauen
gesetzt hatten. Indem Gott dies alles tut, entscheidet Er gerecht über alles, und
Er legt einem jeden für jedwede Tat Seinen Richterspruch auf. Gott weiß ja
alles, und Sein Wissen gereicht niemandem zum Verderben, sonst wäre Er nicht
der gerechte Richter. Der Teufel aber versucht, was er sieht und was er weiß,
so sehr er kann, zu vernichten. Gott aber war immer und ist in Ewigkeit, und
deswegen weiß Er auch um alles Verborgene. Der Teufel aber, der einen Anfang
hat, sieht zwar das, was gemacht wurde, aber er hat keinen Einblick in das
Innere des Herzens. Gott allein umfaßt das Ganze, weil das Ganze Sein Werk
ist, und weil Er das tat, was Ihm gefallen hat.

Gott schuf allen Menschen ein Gewissen

65   Ob man sich wohl auch nur einen Menschen auf der Welt denken könnte,
der nicht das Wissen um Gut und Böse hätte? Keinen einzigen! Mit seinem
Wissen um Gut und Böse besitzt der Mensch die Gottesliebe und die Gottesfurcht. Mit beiden Fähigkeiten nehme er seinen Pflug in die Hand und lasse
seinen Acker fruchtbar werden. Er gehe allem Unkraut aus dem Weg und rotte
es aus, und er werde nicht lässig bei solcher Arbeit. Ein großartiges Zeugnis und

eine gewaltige Sache ist dies. Himmel und Erde nämlich vermögen ihre Gesetzlichkeit nicht umzuwerfen, da Himmel und Erde keine andere Richtung nehmen
können, als wohin sie gesetzt sind.

Wer aber die Sehnsucht nach dem Leben kennt, der nehme diese Worte darin
auf und halte sie ganz innen fest in der Kammer seines Herzens.

Die Schlemmerei

66 Und siehe: Ich sah in der erwähnten Schar andere böse Geister, die ein
großes Geschrei ausstießen und brüllten: „Warum sollte Luzifer ein Knecht im
Dienen sein, wo er genauso gut der Herr sein darf?" Solche Geister legen den
Menschen die Gefräßigkeit nahe und bringen sie mit ihren Verführungen zur
Schlemmerei.

Von der Strafe der Schlemmer

67 Und ich bekam ein gewaltiges Feuer mit starker Lohe zu sehen, das in
sich einen schwarzen Kern hatte, aus dem es mächtig brannte. In diesem Feuer
aber und in solcher Schwärze wurden die Seelen jener gepeinigt, die sich wäh-
rend ihres leiblichen Daseins an der Schlemmerei des Bauches ergötzt hatten.
Einige von den erwähnten Geistern aber hatten gewisse Funken aus diesem
Feuer geschlagen, durch die sie jene Seelen quälten, wobei sie sprachen: „Wehe!
Die da haben ihre Körper mehr geliebt als ihre Seelen!" Denn wegen des großen
Hungers nach Speis und Trank, mit dem sie ihren Leib bedrängt hatten, solange
sie noch in diesen ihren Körpern weilten, spürten sie nun die Glut solchen
Feuers. Wegen der zahlreichen Schlechtigkeiten, die sie sich in dieser Gefräßigkeit zuschulden kommen ließen, hatten sie die Schwärze dieses Brandes auszuhalten. Und da sie dies alles in einem nichtigen Übermut taten, litten sie nun
an den Funken dieses Feuers wie auch am Anblick dieser Geister. Und durch
den lebendigen Geist sah und verstand ich dies.

Die Buße der Schlemmer

68 Und abermals hörte ich aus dem lebendigen Licht die Stimme zu mir
sprechen: Das, was du siehst, ist wahr. Menschen aber, die nichts anderes lieben
als einen vollen Bauch, sollen, falls sie diesen Nachstellungen der Dämonen und
solchem Elend der Strafen entgehen wollen, Enthaltsamkeit an Speis und Trank
je nach der Art und dem Grad ihres Verhaltens üben, so wie ihnen dies von
ihren Meistern vorgeschrieben wurde.

Deren Gott der Bauch ist

69   Wer immer nur einen vollen Bauch liebt, der erhebt häufig seine Stimme gegen Gott und versucht Ihn zur Rechtsverletzung herauszufordern, indem er spricht: „Warum hätte Gott uns zur Herrlichkeit erschaffen, wenn Er sie uns doch wieder nehmen wollte, so als wenn wir sie nicht besitzen dürfen? Warum sollten wir just das nicht tun, was uns ergötzt?" Über solche Menschen ist zu sagen, daß ihr Bauch ihr Gott ist, weil sie nämlich all ihr Sinnen und alle Sorgfalt wie auch ihr ganzes Sehnen auf einen vollen Bauch richten. Ihr ganzes Planen richtet sich nur noch auf dieses eine Wollen, da sie all ihr Tun der Schlemmerei ihres Bauches preisgeben. Daher steht über solch ein Laster geschrieben:

Moses spricht

70   „Wo sind ihre Götter, auf die sie ihr Vertrauen setzen? Sie, die ihrer Opfer Fett verzehren und den Wein ihrer Trankopfer trinken?" (Deut 32, 37—38).

Das ist so zu verstehen: Wo ist die ganze Pracht geblieben, auf welche die Schlemmer ihre Hoffnung setzten, indem sie, im Glauben, es würde ihnen schon bekommen, Speise und Trank im Überfluß in sich hineinschlangen? Ihre ganze Ehre ist nun nichts als die Qual und das unselige Schicksal der Verlorenen, da sie diese in ihren Verführungen fangen, um sie in die Verwirrung zu stürzen. Das bleibt vom Selbstvertrauen jener, die ihre Nahrung im Unmaß zu sich nahmen, für die sie nun das Unterpfand der Täuschung erhalten. Und genau so, wie sie sich auf unangemessene Gelage verlegen, so pflegen sie auch Umgang mit den Menschen zu halten. Denn wie das Feuer vom Blasebalg entfacht wird, so entsteht alles Übel aus einem zu vollen Bauche. Was ist das auch für eine Art von Selbstvertrauen und was für ein Sieg bei solchen, die doch nur töten und das, was sie töten, gänzlich vernichten? Der Teufel weiß ja nur zu gut, daß der Mensch seiner Nahrung nicht entbehren kann, daß er aber auch die Gebote Gottes beachten soll. Daher überredet er ihn von Anfang an, er möge nur ruhig Gottes Gebote für Speise und Trank überschreiten, um ihn auf diese Weise später um so leichter täuschen zu können. Was er selber nämlich zunächst nur in seiner eigenen Absicht hat, das läßt er nun den Menschen in seinem Tun vollenden. Die bösartigen Geister aber sind mit ihren Nachstellungen für die höllischen Strafen bestimmt. Sie haben keine andere Freude als an der Täuschung der Menschen, solange sich ein Mensch nur zwischen Gut und Böse entscheiden kann. Daher werden sie letzten Endes keine Freude ernten, sondern die volle Sühne ihrer Strafen. Denn diese Geister versuchten über den Götzendienst, den Menschen die Opfergaben und deren Fett wie auch den Wein in unziemlichen Gelagen anzubieten. Was Gott im Alten Testament verbrannt wissen wollte, das liefern diese nun für die Gelage, weil Gott dem Menschen beim Essen wie beim Sündigen überhaupt Enthaltsamkeit auferlegt hat, während der Teufel dem gänzlich widerspricht. Die Enthaltsamkeit an Nahrung läßt nämlich die Wollust gar nicht aufkommen, indes ein voller Bauch sie rasch vollendet. Daher soll der Mensch, der Gott dienen will, die Gefräßigkeit fliehen und seinen Bauch vor ihr im Zaume halten.

Dies alles ist gesagt über die Buße der zu reinigenden und zu rettenden Seelen, und es ist die Wahrheit. Der gläubige Mensch achte darauf, und er halte es fest im Gedächtnis seines guten Gewissens.

Die Engherzigkeit

71 Daraufhin sah ich noch andere Geister in dieser Menge, und ich mußte ihr Geschrei anhören: „Was ist das schon, das der, der sich Gott nennt, da macht? Und was hätte das schon zu bedeuten, daß Luzifer die gleiche Ehre erstrebt?" Diese Geister treiben die Menschen zur Engherzigkeit und überreden sie dazu, dem Geheiß Gottes wie auch den Menschen gegenüber diese Bitterkeit aufkommen zu lassen.

Die Strafe für die Engherzigen

72 Und ich sah ein gewaltiges Feuer, schwärzlich, rötlich und bleich auflodernd, in dem es wimmelte von feurigen Schlangen, die eine riesige Lohe aus ihrem Mund entfachten. Die Seelen jener aber, die während ihres leiblichen Daseins dem Laster der Engherzigkeit gefrönt hatten, brannten in diesem Feuer, und sie wurden von diesen Schlangen arg gequält. Wegen der Treulosigkeit, die sie in sich versteckt hielten, hatten sie das schwarze Feuer zu ertragen. Wegen der Verbitterung, die in ihren Herzen herrschte, wurden sie durch die rötliche Flamme gepeinigt. Und wegen der List und der Lust, die in ihnen aufloderten, wurden sie durch die weißliche Flamme gestraft. Weil sie in Wort und Tat die Widersprüchlichkeit ihres bitteren Wesens gegen das göttliche Gebot und gegen die menschliche Art gewendet hatten, wurden sie von jenen Schlangen hart mitgenommen. Und ich sah und verstand dies.

Von ihrer Buße

73 Und aus dem lebendigen Licht hörte ich abermals die Stimme zu mir sprechen: Das, was du siehst, ist wahr. Daher sollen die Menschen, die sich in

ihrer Engherzigkeit gegen Gott und die Menschen stellten, falls sie nicht den Angriffen der oben erwähnten Geister und der dort genannten Strafen überantwortet werden wollen, sich des Fastens und der Gebete befleißigen, je nach dem Ausmaß ihres Vergehens und je nach den Vorschriften ihres Richters, der über sie befindet, da sie in ihrer großen Verbitterung Gott verachtet haben.

Die Schuld der Engherzigkeit

74   Die Engherzigkeit verachtet Gott. Sie schätzt nicht Seine Güte und sucht nicht Seine Barmherzigkeit und liebt nicht Seine Entscheidungen. Mit schlechten Redensarten knirscht sie wider jene Güter und will die Sicherheit in allen Dingen nur für sich allein haben. So achtet sie weder in der Furcht noch in der Liebe zu Gott auf das, was zu tun sei. Sie tut das, was sie will; will sie etwas nicht, so zernagt sie es in ihrer Bosheit. Ein rücksichtsloser und engherziger Mensch flieht nämlich die Weisheit, er läßt die Glückseligkeit im Stich und greift selbst die Liebe an, indem er ihre Werke haßt und jede Wahrheit zur Lüge verdreht. Ein solcher Mensch wühlt sich ein in die Verbitterung, so daß er sein Leben an die Werke des Todes verkauft und selber den Becher des Todes trinkt. In der Hinterlist seiner Nachstellungen sucht er immer nur, wie er jedes Ding erlangen und es nach seinem Eigensinn aufsplittern und schlecht machen könnte. Er treibt es dabei so weit, daß er einen Menschen tötet, indes er sich als dessen Verteidiger aufspielt. Und so sät er nichts, was er im Vertrauen und zu Nutzen ernten könnte; nichts sammelt er in die Scheune, was Gott Seinen Kindern verheißen hat. Vielmehr wird er in all seinem Tun nur als ein Taugenichts dastehen, um in sich selber die innere Verhärtung aufkommen zu spüren. Er fühlt keine Sehnsucht nach der Freude des Lebens, sondern in all seiner Neigung die schmerzliche Mühsal, in welcher er Gott nicht mehr anruft.

Dies aber ist gesagt über die zu reinigenden und zu rettenden Seelen der Büßer, und es ist die Wahrheit. Der gläubige Mensch achte darauf, und er halte es fest im Gedächtnis seines guten Gewissens.

Die Gottlosigkeit

75   Und ich sah in der erwähnten Menge weitere Geister, die ein Geschrei erhoben und riefen: „Luzifer hat doch viel mehr und weit größere Wunder in sich als Gott. Was wir an diesem Luzifer haben, das wissen wir ganz genau. Einen anderen Gott wollen wir gar nicht haben." Diese Geister stacheln die Menschen zur Gottlosigkeit an, die sie, sehr zu ihrem Schaden, nachahmen und gern haben.

Die Strafe der Gottlosigkeit

76 Und ich sah ein gewaltiges Feuer in einem glühenden und brodelnden Blei, untermischt mit Schwefel, das im ganzen überwogte und das jede Art von feurigen Drachen in sich trug. Die Seelen jener aber, die während ihres leiblichen Daseins der Gottlosigkeit gefolgt waren, wurden mit diesen Strafen bedrängt. Wegen der Schlechtigkeit dieser Gottlosigkeit empfanden sie die Glut des Feuers, und wegen der unerträglichen Last solcher Frevel mußten sie das glühende Blei erdulden. Der Äußerungen ihres Unwillens wegen, mit dem sie ihre Mitmenschen verachtet hatten, wurden sie durch den Schwefel bestraft, und wegen der blinden Leidenschaft, die sie in dieser Gottlosigkeit gezeigt hatten, indem sie ihre Mitmenschen nicht anerkennen wollten, wurden sie durch jene entsetzlichen Drachen gequält. Und durch den lebendigen Geist sah und verstand ich dies.

Von der Buße der Gottlosen

77 Und wiederum hörte ich aus dem lebendigen Licht die Stimme zu mir sprechen: Dies alles ist die Wahrheit. Menschen aber, die sich das Werk der Gottlosigkeit aneignen, sollen sich, falls sie den Nachstellungen dieser Geister und jenen gefährlichen Strafen entrinnen wollen, mit Fasten und körperlichen Züchtigungen, so wie es ihnen in gerechter Weise von ihren Seelenführern gezeigt wird, im Zaume halten, da sie so zahlreiche Werke gottlos zur Ausführung brachten.

Vom Übel der Gottlosigkeit

78 Die Gottlosigkeit will nicht die Furcht vor Gott, und sie kennt nicht die Liebe zu Gott, noch wirkt sie irgend etwas in göttlicher Tugendkraft. In all ihrem Tun nimmt sie nur auf den Norden Rücksicht, und alle ihre Handlungen zerstreut sie in ihr böses Gewissen. Und so bringt sie in Boshaftigkeit mit jedem Wink ihrer Augen nur Schmähungen hervor. Daher ist von den Anhängern dieses Lasters vom Propheten, der durch Meinen Geist erleuchtet ist, folgendes gesagt.

David spricht

79 „Ihre Wohnstatt möge veröden, keiner mehr soll wohnen in ihren Zelten" (Ps 69, 26).
Das ist so zu verstehen: So soll doch geschehen der Wille der Gottlosen, die da Werte nicht sammeln, sondern nur zerstreuen! Was sie an sicherer Habe zu

besitzen wähnen, das soll vernichtet und gänzlich versprengt werden! Denn sie
wollen keinen Meister und keinerlei Autorität über sich haben; auch dulden sie
keinen Gleichberechtigten neben sich. Was sie vielmehr zu packen kriegen, das
reißen sie an sich, und was ihnen nicht liegt, das verwerfen sie einfach. Bei
solchem Verhalten kennen sie nicht den Jubel geistlicher Freude. Über Liebe
lachen sie nur, und Güte gilt ihnen nichts. Wo gesegnet wird, fliehen sie rasch;
wo aber geschmäht wird, da sind sie im Bunde. Daher halte sich nicht im Gezelt
jener boshaften Gewohnheiten auf, wer wirklich ein Zuhause sucht! Denn ein
jeder wird sich von ihnen fernhalten, der die himmlische Wohnstatt zu besitzen trachtet. Den Gottlosen ist ja die Glückseligkeit fremd, da sie selbst mit
dem Blick auf das Wissen dieses Wertvolle nicht mehr vollziehen wollen, vielmehr in ihrem Tun nur auf Satan Rücksicht nehmen und so Gott verachten.
Daher kennt Gott auch nicht das Werk, das sie wirken, und nicht die Basis, die
sie legen; Er wirft sie vielmehr weg wie den letzten Dreck. Ihr ganzes Trachten
richtet sich nur darauf, wie sie das Gesetz Gottes untergraben könnten und wie
sie ihren eigenen Willen in jeder Angelegenheit durchzusetzen vermöchten. Daher wird das Licht der Wahrheit von all ihren Lebenslagen abgezogen, da sie
es weder suchen noch wollen, vielmehr mit ihrem Tun im Schatten des Todes
wandeln. Und so werden sie empfangen, was sie gesucht haben, und sie werden
besitzen, was sie gewünscht haben, weil sie auf ihre Katastrophe zugehen, indem
sie Gott verlassen haben. Wer aber Gott liebt, eignet sich die Frömmigkeit an,
in der er Gott von Herzen anhängt.

Dies aber ist über die zu reinigenden und zu rettenden Seelen der Büßer gesagt, und es ist die Wahrheit. Der gläubige Mensch achte darauf, und er halte es
fest im Gedächtnis seines guten Gewissens.

Die Lüge

80   Und wieder sah ich andere Geister in dieser Menge, die zuhauf ein großes Geschrei erhoben und brüllten: „Den Thron unseres Herrn, der Luzifer
heißt, werden wir über den Sternen erblicken. Er wird höher stehen als alle,
weil das geschieht, was er will. Und wer sollte ihm gleich werden?" Diese Geister entsenden ihre Schmähungen gegen den Thron Gottes und gegen Seine
Ehre, und sie sind wie das Auge des Hochmuts. Sie bringen die Menschen dazu,
sich nun auch selber der Lüge und Gotteslästerung zu verschreiben.

Die Strafe der Lügner

81   Und ich sah ganz in Schwarz ein Feuer brennen, in welchem Drachen
lauerten, die dieses Feuer mit ihrem Atem anfachten. Neben diesem Feuer aber

schwoll ein Strom eiskalten Wassers auf, den diese Drachen in wilde Bewegung versetzten, indem sie immer wieder hineinsprangen. Über diesem Feuer und dem Flusse sammelte sich eine flammende Luftschicht, die das Feuer wie auch den Fluß mit ihrer Glut berührte. Die Seelen jener Menschen aber, die sich auf der Welt dem Laster des Betrugs und des Meineids hingegeben hatten, wurden im Feuer und in diesem Wasser gequält. Aus der Glut des Feuers wurden sie in das eiskalte Wasser und aus diesem Wasser wieder in die Feuersglut geworfen, wobei ihnen noch die oben erwähnten Drachen hart zusetzten. Die flammende Luftschicht aber verletzte sie nicht, sondern bedrohte sie nur mit den erwähnten Qualen, die sie ja durch das falsche Schwören und den Meineid während ihres leiblichen Daseins verdient hatten. Da sie nämlich auf Erden immer nur Lügen vorbrachten, litten sie unter diesem Feuer; und da sie ihren Eifer nur auf immer tiefere Täuschung richteten, wurden sie von der Kälte dieses Wassers gequält. Da sie das eine auf das andere gehäuft hatten, wurden sie von jenen Drachen bestraft. Weil sie aber beim Schwören und im Meineid so viele Lügen vorgebracht hatten, wurden sie von der flammenden Luftschicht von oben angesengt. Und ich sah und verstand dies.

Die Buße der Lügner

82   Und abermals hörte ich aus dem lebendigen Licht die Stimme zu mir sprechen: Das, was du siehst, ist wahr; und es ist so, wie du es siehst, und es ist noch viel schlimmer. Daher sollen sich die Menschen, die der Lüge anhangen, falls sie Angst bekommen vor den erwähnten bösen Geistern und vor den Qualen dieses Lasters, mit Fasten und Geißeln und Stricken über lange Zeit hinweg nach dem Urteil ihres Richters züchtigen. Die aber den Betrug im Schwören und beim Meineid aufgeben wollen, sollen sich noch stärkere Züchtigungen an Fasten wie auch an Rutenstreichen und harten Gewändern über lange Zeit hinweg auferlegen.

Von der Lüge

83   Denn die Lüge freut sich nicht am Wahren. Was nicht ist und nicht sein kann, das macht sie wichtig, und das tut sie mit einem übertriebenen und nicht zu rechtfertigenden Vergnügen. Keinem glaubt sie die Wahrheit; sie schwätzt vielmehr in verfremdeter Lüge, die keiner durchschauen kann. Und dies versucht sie zu tun gegen Gott und seine Heiligen, in denen Gott doch so große Wunder wirkt. Diese Lüge ist das Laster der Unmenschlichkeit. Wenn nämlich ein Mensch in seinem fleischlichen Verlangen sündigt, so ist das menschlich. Wer aber der Lüge folgt, der verläßt den Bereich der Menschlichkeit. Die Lügner

verwickeln sich derart in ihr Lügengespinst, wie eine Unke sich in ihre Höhle verkriecht. Daher werden sie von der Glückseligkeit und dem Leben in Freude, das innerhalb der Tore der Töchter Zions herrscht, abgelenkt; sie folgen den Werken des Teufels und widersetzen sich der Lehre des Heiligen Geistes. Die Lügner machen sich in der Aufbauschung ihres Betrugs gleichsam zu Bergen auf dieser Welt, und sie wollen auf diese Weise mit den Weisen und den Reichen der Welt regieren, obgleich sie nur zum Nichts bestimmt sind. Denn Gott ist in allen Dingen und über alle Dinge, und Er wägt in Seinem ausgewogenen Richterspruch alle gerechten und ungerechten Dinge aus, und einem jeden wird Er nach dem Maß und der Art seines Tuns den Lohn auszahlen.

Dies alles ist gesagt über die zu reinigenden und zu rettenden Seelen der Büßer, und es ist die Wahrheit. Der gläubige Mensch achte darauf, und er halte es fest im Gedächtnis seines guten Gewissens.

Die Streitsucht

84   Und ich sah wieder andere Geister in der erwähnten Menge, die ein großes Geschrei gegen die Heerschar Gottes erhoben und riefen: „Wer seid ihr nur, und woher kommt ihr denn, daß ihr nicht wollt, daß ein anderer euch gleich sei? Wir werden euch mit der Zeit schon mürbe machen, und wir werden euch eure Herrlichkeit entreißen, so daß unsre Glorie viel strahlender sein wird als die eure." Diese Geister weisen auf die Streitsucht hin, und sie verleiten die Menschen zum Zank.

Die Strafe für die Streitsucht

85   Und ich sah einen Sumpf von gewaltiger Tiefe, in dem ein äußerst schwarzer und feuriger Nebel lag, während um ihn ein wilder, glühender Wind brauste. In dieser Nebelschicht und in jenem Windbraus lagerten Würmer von entsetzlicher Gestalt. Die Seelen jener Menschen aber, die in ihrer Leiblichkeit bei allem Tun nur den Streit gesucht hatten, wurden nun ohne ihre Leiber in diesen Feuersbränden gepeinigt, so daß sie vom Wind ergriffen in jenen Sumpf plumpsten, um wieder vom Sturm aus jenem Sumpf hochgeschleudert zu werden, wobei sie noch die Angriffe dieses Gewürms auszuhalten hatten. Diejenigen aber, die den Streit nur gewollt haben, ohne ihn auszuführen, erlitten jene Pein ohne die Strafe des Sumpfes, in den sie nicht fielen. Die Seelen aber, die während ihres leiblichen Daseins immer nur im Streit gelebt und somit ihren Mitmenschen zahlreiche Beschwerlichkeiten zugefügt hatten, wurden in diesem schwarzen und feurigen Nebel gequält. Da sie ihre Streitsucht eiskalt in die Tat umsetzten, litten sie nun in diesem Sumpf das äußerste Feuer. Da sie in ihrer Gottlosigkeit

mit anderen im Streit lagen, wurden sie von diesem feurigen Wind versengt. Und der Verwirrung wegen, in die sie ihre Mitmenschen durch ihre schlimmen Taten gestürzt hatten, fielen sie in diesen Sumpf. Weil sie bald ihre Mitmenschen in Beleidigungen geschmäht hatten, um bald wieder ihrer Gottlosigkeit zu verfallen, wurden sie jetzt aus den Qualen des Sumpfes wieder herausgewirbelt in die Quälerei dieses Windes. Weil sie so verwegen bei ihrem Streit waren, hatten sie unter den Würmern dieses Feuerbrandes zu leiden. Die aber nur im Wort und nicht in der Tat im Streit lagen, weil sie ihrer Streitsucht nicht die Tat folgen ließen, brauchten nicht die Strafen dieses Sumpfes zu erleiden, obschon sie die übrigen Anfechtungen für die Streitsucht zu spüren bekamen. Und durch den lebendigen Geist sah und verstand ich dies.

Die Buße für die Streitenden

86   Und wiederum hörte ich aus dem lebendigen Licht die Stimme zu mir sprechen: Das, was du siehst, ist die Wahrheit. Daher sollen die Menschen, die jene bösartigen Geister, die sie zum Streit überreden, aus sich heraustreiben wollen und somit auch die Strafen für jene Streitsucht, die sie in ihren Taten verwirklicht hatten, zu entfliehen versuchen, ihren Leib mit Fasten züchtigen. Sie sollen sich aller fetten Speisen enthalten und sich mit Ruten schlagen. Die aber ohne die Tat und nur in ihren Redensarten zu zanken pflegten, sollen sich lediglich der Enthaltsamkeit an Speise und Trank befleißigen.

Das Übel des Streites

87   Der Streit ist nämlich ein schlechtes Übel. Er liebt nicht die Eintracht, flieht vielmehr die Geduld. Er gleicht das Unrecht nicht aus, sucht vielmehr nur zänkische Menschen und ermuntert sie zum Streiten. Auch duldet er nicht, daß man friedfertig redet, da er immer schnell zum Reden bereit ist und jedermann mit zänkischen Worten angreift. Die Menschen aber, die den Streit lieben, ahmen den Teufel nach, der die Schönheit der edlen Engel verdunkeln wollte, um sich ihnen als ein noch schöneres Wesen vorzustellen. Daher warf Gott ihn und seinen Anhang in eine unermeßliche Verwirrung, wo sie auf ewig die Schande haben werden, wie dies David, durch Mich erleuchtet, gezeigt hat.

David spricht

88   „Meine Kläger sollen sich kleiden in Schande, und wie ein Mantel soll sie umhüllen die Schmach" (Ps 109, 29).

Das will so verstanden sein: In ewige Zerknirschung sollen sich hüllen die bösen Geister, die mit beißender Verleumdung die Gaben des Himmels zernagen, indem sie Gewänder der Schmach anlegen, da ihr Wähnen zunichte ward. Was sie nämlich tun wollten, das konnten sie nicht vollbringen. Denn ihre Herrlichkeit wurde in Schwärze verwandelt; alles, was sie zu vollbringen wähnten, wurde zu Nichts. So decken sie sich mit doppelter Verwirrung: Sie verloren die Glückseligkeit, um sich die Schwermut anzuziehen; und sie wurden aus der Glorie vertrieben, um ihre Strafen zu nehmen. Diese Geister schlagen den Menschen vor, sie sollten nur ruhig alles wegwerfen, was gut und edel ist, um sich auf ihre Streitsache einlassen zu können. Sie sollten vor allem ihren Vorgesetzten Unrecht zufügen und ihnen gegenüber alles mit dreisten Worten und in Unverschämtheit vorbringen. Denn so steht ja geschrieben:

Die Worte der Genesis

89   „Wer hat dich gesetzt zum Fürsten und Richter über uns?" (Exod 2, 14.)
Das will so verstanden sein: Welcher Urheber oder welche Macht hat dich, der du uns ähnlich bist, dazu bestimmt, daß du über uns herrschest, als seien wir keine Menschen? Was willst du richten über unser Werk, als seiest du Gott? Was für eine Kraft gab dir die Macht, uns wie ein Rad herumzuwälzen? Ihr nennt uns verdreht und träge, ihr, die ihr uns befehlen wollt und unsre Meister zu sein begehrt. Ihr schreibt uns vor, wir sollten nicht streiten, und legt uns noch manches andere auf, das ihr selber nicht tragen wollt. Von so mancherlei sollten wir uns abwenden, was ihr doch heimlich wie auch in aller Öffentlichkeit tut. Auf diese Weise aber treibt der Streit das Gesetz und die Meister von sich weg und behauptet, die Entscheidungen des Gesetzes seien nicht nach dem Recht, sondern lediglich nach dem Wollen und der Herrschsucht der Gewalthaber eingerichtet. Wer aber seine Seele retten will, der soll nicht solchem Streit obliegen, sondern in Wort und Tat friedfertig einhergehen, auf daß er den guten Willen zu den Werken der Gerechtigkeit finde.
Dies aber ist gesagt über die zu reinigenden und zu rettenden Seelen der Büßer, und es ist die Wahrheit. Der gläubige Mensch achte darauf, und er halte es fest im Gedächtnis seines guten Gewissens.

Die Schwermut

90   Auch sah ich in der beschriebenen Menge weitere Geister, die ihr Geschrei erhoben und riefen: „Wir wollen gar keinen anderen Herrn als Luzifer! Er nämlich kämpft, wo immer er kann, gegen jenes Wesen, das da behauptet, Gott zu sein." Diese Geister stellen den Menschen einen Abgrund von Schwermut vor

Augen und lassen sie glauben, sie seien nur zum Unglück auf die Welt gekommen.

Die Strafen für die Schwermut

91 Und ich sah einen Graben von gewaltiger Breite und Tiefe, der schwefliges Feuer und die verschiedensten Würmer in sich trug. Hier wurden die Seelen jener gepeinigt, die während ihrer Erdenzeit nicht voll auf Gott vertrauten, vielmehr jedes Ungemach, das ihnen zustieß, ihrer eigenen unglückseligen Natur zuschrieben. Weil sie auf Gott kein Vertrauen setzten, befanden sie sich in diesem Graben. Weil sie in ihrem Mißtrauen leichtfertig gesündigt hatten, brannte sie nun jenes schweflige Feuer. Weil sie aber alles Ungemach, das ihnen zustieß, der eigenen unglückseligen Natur zuzuschreiben versuchten, mußten sie die Angriffe jener Würmer aushalten.

Von der Buße für dieses Laster

92 Und ich sah und verstand dieses. Aus dem erwähnten lebendigen Licht aber hörte ich die Stimme zu mir sprechen: Das, was du siehst, ist wahr, und es ist so, wie du es siehst. Die Menschen aber, die jene Geister, die ihnen die Schwermut vor Augen halten, überwinden und die Strafen für das erwähnte unselige Mißtrauen von sich abwenden wollen, sollen entweder das Leben eines Einsiedlers führen oder sich dem Gehorsam klösterlicher Lebensart unterwerfen.

Von der Sünde derer, die glauben, nur zum Elend geboren zu sein

93 Sobald gewisse Menschen dem Wechselspiel des Lebens ausgesetzt werden, mißtrauen sie Gott und glauben, nur zum Elend und im Elend geschaffen zu sein. Sie behaupten: „Gott will und kann uns nicht helfen, da wir zu solch gewaltigem Unglück geboren sind, daß uns keinerlei Hilfe mehr kommen kann." Wer so zu sich selber spricht, der sollte in sich gehen und seine Hoffnung auf Gottes Barmherzigkeit werfen. Er sollte im Seufzen nach höheren Dingen zugeben, daß er gefehlt habe, damit er sich auch jetzt noch Gottes Huld verdiene. Denn der Mensch ist von Natur aus gut. Es liegt allein am Menschen, wenn er seine Natur in ihr Gegenteil verkehrt, indem er seinem Fleisch die Zügel schießen läßt, so wie diesem gerade die Lust steht.

Dies alles ist gesagt über die zu reinigenden und zu rettenden Seelen der Büßer, und es ist die Wahrheit. Der gläubige Mensch achte darauf, und er halte es fest im Gedächtnis seines guten Gewissens.

Die Maßlosigkeit

94   Darauf sah ich in dem gleichen Haufen noch andere Geister, die gegen die
guten und rechten Engel Gottes ihr Geschrei erhoben und lärmten: „Wolltet ihr
doch für euren Herrn Ruhm und Ehre aufwenden, wir aber in der gleichen
Weise für den unseren!" Diese Geister zeigen den Menschen die Maßlosigkeit,
und sie reizen sie dazu auf, sich in allen Dingen maßlos zu verhalten.

Von der Strafe der Unmäßigen

95   Und ich blickte auf ein Meer von einer auffallenden Länge und Breite,
das durch und durch mit Schwefel durchmischt war und in gewaltigem Feuers-
brand loderte. In ihm wurden die Seelen jener Menschen gequält, die sich während ihres irdischen Daseins in Wort und Tat wie auch in jeder Bewegung ihres
Leibes und ihres Denkens der Maßlosigkeit anheimgegeben hatten. Alles das,
was sie so völlig unangemessen taten, wollten sie auf keinerlei Weise mäßigen.
Wegen dieser Schuld aber, in der sie sich befleckt hatten, waren sie in die Wasser
jenes Meeres getaucht. Ihrer Vergeßlichkeit wegen, in der sie nichts von Gott
wissen wollten, litten sie unter jenem Schwefel; und wegen der Vernachlässi-
gung des göttlichen Gesetzes wurden sie von jenem Feuer gepeinigt. Und ich sah
und verstand dies.

Von der Buße der Unmäßigen

96   Und wiederum hörte ich aus dem lebendigen Licht die Stimme zu mir
sprechen: Das, was du siehst, ist wahr. Menschen aber, die in all ihrem Tun kein
Maß finden, sollen sich, falls sie die bösartigen Geister, die ihnen in diesem
Laster nachstellen samt deren Strafen entfliehen wollen, das Joch des Gehorsams auferlegen und sich aller fetten Speisen enthalten.

Vom Unmaß

97   Die Maßlosigkeit hat weder im Himmel noch auf Erden eine richtige
Heimat, weil jeder ihrer Schritte ins Ungewisse führt. In ihrer Vermessenheit
will sie überall dabeisein, indem sie behauptet: „Ich wäre nur ein halber
Mensch, wenn ich nicht jedes Ding durch und durch untersuchen könnte." Doch
will sie weder noch ersehnt sie gar den Frieden, weshalb sie auch wie ein Rad
immer von neuem herumgedreht wird, um sich in sich selber zu wälzen. Wie
Staub im Sturm verweht wird, so wird auch sie zerstreut, da sie in sich nur

Unmaß häuft. Wehe daher allen, die da weilen auf der Erde, welche der Herr
über die Wasser gefestigt hat! Und wehe denen, die auf dem Meere fahren,
mit welchem Gott die Erde umschloß! Denn zu Wasser wie zu Lande schickt
der Teufel den Menschen zahlreiche Maßlosigkeiten, indem er sie in die Verwirrung des gleichen Falles führt, durch den er selber fiel. Denn er ist mit den
Menschen verfeindet, indes der Mensch von Gott geschaffen wurde, ihm Widerstand zu leisten und den Himmel zu erringen.

Dies ist gesagt über die zu reinigenden und zu rettenden Seelen der Büßer,
und es ist die Wahrheit. Der gläubige Mensch achte darauf, und er halte es
fest im Gedächtnis seines guten Gewissens.

Die Verstocktheit

98   Schließlich sah ich in der erwähnten Menge noch andere Geister, die in
ein gewaltiges Geschrei ausbrachen und brüllten: „Wer ist denn Gott? Was
sind dagegen wir?" Diese Geister verachten Gott, als sei gar kein Gott da,
und sie überreden die Menschen, ihr Vertrauen nicht auf Gott zu setzen, ihn
vielmehr bei jeder sich bietenden Gelegenheit zu verleugnen. Denn sie möchten
auch sie mit sich ins Verderben reißen.

Die Strafe für die Verstockten

99   Für diese Verstocktheit sah ich das Verlies der Hölle samt seinem Teufel
vorbereitet. Wer nämlich sein Vertrauen nicht auf Gott setzt, der ist wert, daß
er die Strafen der Hölle bekomme. Und durch den lebendigen Geist sah und
verstand ich dies, während ich aus dem erwähnten lebendigen Licht abermals
die Stimme zu mir sprechen hörte: Das, was du siehst, ist wahr, und es ist so,
wie du es siehst.

Von ihrer Buße

100   Daher sollen die Menschen, falls sie den bösen Geistern, die sie zu einem
Tun ermuntern, das nur aufs Verderben schaut, entfliehen und von jener
Verstocktheit abrücken wollen, auf Gott vertrauen. Sie sollen im guten Willen
Seine Gebote gerecht und heiligmäßig, soweit sie nur können, erfüllen und sich
des Wachens und des Fastens wie auch der Almosen befleißigen, damit sie sich
dem Teufel, der im Verderben west, entreißen. Wer nämlich nicht auf Gott
vertraut, der weiß gar nicht, was die Seele ist. Er sucht Gott nicht zu verstehen
und zu sehen in all dem Wunderbaren, mit dem Er in der Welt am Werke ist.

Gott nämlich, der in solcher Gipfelhöhe thront, daß kein Mensch Ihn leiblich schauen könnte, leuchtet den Menschen mit der großartigen Pracht Seiner Werke, und Er schenkt ihnen alles, was sie nötig haben.

Gottes Mysterium ist notwendig

101   Denn wer bewirkt alles dies, wenn nicht Gott? Was würde es dem Herrn nützen, wenn er seinen Diener alles Verborgene wissen ließe? Oder was hätte die Herrin davon, wenn ihre Magd jedes ihrer Geheimnisse kennte? Wo solche Zustände herrschten, da würden die Diener bald über ihre Herren herrschen wollen.

Im reinen Glauben kennt der Mensch seinen Gott

102   Wenn aber ein Mensch sein eigenes Wesen wie auch das aller sichtbaren Geschöpfe nicht kennen würde, wie sollte er da Gott, den er nicht sieht, bis zum Ende begleiten können? In der Lauterkeit seines Glaubens soll er daher Gott verstehen und zu schauen versuchen. Er soll in seiner Verzweiflung nicht behaupten, er wisse ja doch nicht, wer Gott sei, der ihm zu Hilfe kommen könne. Dadurch würde er nur in solches Elend eingetaucht, daß er darin keine Lebenskraft mehr und keinen einzigen frohen Tag mehr fände. Denn die Teufelsschar gibt an, Gott sei für die Menschen nicht Gott, sondern nur wie ein Schnitzwerk. Sie ist bestrebt, ihrer Nichtsnutzigkeit wegen die Ehre der Glückseligkeit eher zu leugnen, als in ihren Besitz zu kommen. Der Mensch aber, der auf sein Heil aus ist, soll solches nicht tun, sondern auf Gott vertrauen und die satanischen Täuschungen von sich abweisen. Von seinen Sünden soll er sich, soweit er kann, in wahrer Reue reinigen, damit seine Seele, wenn sie ihren Leib ablegt, in jenem Leben milder bestraft werde und eher die dafür bestimmte Buße übernehme.

Dies alles ist gesagt über die zu reinigenden und zu läuternden Seelen der Büßer, und es ist die Wahrheit. Der gläubige Mensch achte darauf, und er halte es fest im Gedächtnis seines guten Gewissens.

Es schließt der zweite Teil

DRITTER TEIL
DER MANN SCHAUT NACH NORDEN UND OSTEN

1 UND ICH SAH, wie der erwähnte Mann sich gegen den Norden wandte, so daß er nunmehr nach Norden und Osten schaute. Die Winde wie auch die Luft und die Grünkraft aller Welt, die sich unter dem Himmelsfirmament befinden, und in denen der Mann von den Schenkeln bis zu seinen Knien stand, sie dienten diesem Manne gleichsam wie ein Gewand, das Hüften und Knie umflatterte. Feuer und Leuchten der Luft aber saßen wie ein Schmuckstück auf diesem Gewand. Aus dem Mark seiner Hüfte schwitzten die Kräfte der Elemente, und sie kehrten wiederum in dieses Mark zurück, so wie ein Mensch seinen Atem ausstößt und ihn wieder in sich zieht.

Die Klage der Elemente

2 Und ich hörte, wie sich mit einem wilden Schrei die Elemente der Welt an jenen Mann wandten. Und sie riefen: „Wir können nicht mehr laufen und unsere Bahn nach unseres Meisters Bestimmung vollenden. Denn die Menschen kehren uns mit ihren schlechten Taten wie in einer Mühle von unterst zu oberst. Wir stinken schon wie die Pest und vergehen vor Hunger nach der vollen Gerechtigkeit."

Gottes Antwort

3 Ihnen antwortete der Mann: „Mit Meinem Besen will ich euch reinigen und die Menschen so lange heimsuchen, bis sie sich wieder zu Mir wenden. In der Zwischenzeit aber werde Ich viele Herzen vorbereiten und hinziehen zu Meinem Herzen. Mit den Qualen derer, die euch verunreinigt haben, will Ich euch reinigen, so oft ihr besudelt werdet. Wer denn wäre Mir gewachsen? Doch nun sind alle Winde voll vom Moder des Laubes, und die Luft speit Schmutz aus, so daß die Menschen nicht einmal mehr recht ihren Mund aufzumachen wagen. Auch welkte die grünende Lebenskraft durch den gottlosen Irrwahn der verblendeten Menschenseelen. Nur ihrer eigenen Lust folgen sie und lärmen: „Wo ist denn ihr Gott, den wir niemals zu sehen bekommen?"
Ihnen antworte Ich: Seht ihr Mich denn nicht Tag und Nacht? Seht ihr Mich nicht, wenn ihr sät und wenn die Saat aufgeht, von Meinem Regen benetzt?

Jegliches Geschöpf strebt hin zu seinem Schöpfer und erkennt klar, daß nur Einer es hervorgebracht hat. Nur der Mensch ist ein Rebell. Er zerreißt seinen Schöpfer in die Vielzahl der Geschöpfe. Doch wer machte in Weisheit die Bücher? In ihnen schlagt nach, wer euch wohl geschaffen! Solange noch ein Geschöpf in seiner Art wirkt, um euren Bedürfnissen zu dienen, werdet ihr die volle Freude nicht haben. Wenn aber die welke Schöpfung dahingeschwunden sein wird, dann werden die Auserwählten die höchste Freude im Leben aller Wonnen schauen.

In dem oben erwähnten Nebel aber, in dem sich die verschiedenartigsten Laster befanden, sah ich nunmehr sieben weitere Laster in sinnbildlicher Erscheinung.

Die erste Gestalt

4   Die erste Erscheinung hatte das Gesicht einer Frau, deren Augen im Feuer brannten, während die Nase vor Dreck strotzte und der Mund geschlossen war. Arme aber und Hände hatte sie nicht, vielmehr ragte an jedem Oberarm der Flügel einer Fledermaus heraus, und zwar so, daß der rechte Flügel nach Osten, der linke aber nach Westen zeigte. Ihre Brust war die eines Mannes; Beine und Füße hingen direkt daran wie die Beine und Füße einer Heuschrecke, während Bauch und Rücken fehlten. Den Kopf aber sowie den übrigen Körper sah ich weder mit Haaren noch mit irgendeinem Gewande bedeckt; nur von der erwähnten Finsternis war sie ganz und gar umschlossen, mit Ausnahme eines sehr dünnen Fadens, der sich wie ein goldener Reif vom Scheitel über beide Wangen hinüberzog bis unter ihr Kinn. Und die Gestalt sprach:

Der Hochmut spricht

5   „Meine Stimme schreit weithin über die Berge. Wer ist's, der sich mit mir messen könnte? Ich breite meinen Mantel über die Hügel und Felder und will nicht, daß auch nur einer mir Widerstand leiste. Ich weiß, daß keiner mir gleich ist."

Die Demut antwortet

6   Und ich hörte eine Stimme aus der erwähnten Sturmwolke, die sich vom Süden zum Westen hin erstreckte; und sie gab dieser Gestalt folgende Antwort: „Ich bin die Säule der Wolke. Warum sollte ich nicht dulden, daß einer mir wenn auch noch so schreckliches Unrecht zufügt, da doch der Schöpfer vom Himmel herniederstieg, um den Menschen an sich zu ziehen? Ich hatte in den

Höhen beim Schöpfer meine Heimat und stieg nieder mit Ihm auf die Erde, und so kann ich an allen Enden der Erde wohnen. Daher bringe ich kein noch so flüchtiges Wort trügerisch über die Lippen, so als wollte ich behaupten, ich sei dieser oder jener, wo ich doch gar nichts bin. Würde ich solches behaupten, so wäre ich nicht die Sonne, die das Dunkel erleuchtet. Denn mit Gott durchdringe ich alle Finsternisse. Daher vermöchte kein Sturm mich zu erschüttern, da ich in der vollen Güte mit Gott weile."

Die zweite Gestalt

Ich sah eine weitere Erscheinung, ganz scheußlich im Aussehen. Kopf und Schultergürtel samt den Armen glichen einem Menschen; anstatt der Hände aber trug sie die Klauen eines Bären. Brust, Bauch und Rücken hatten in ihrer Unförmigkeit nichts mehr mit einem Menschen zu tun. Von den Hüften abwärts glich sie wieder einem Menschen, nur daß sie hölzerne Füße hatte. Ihr Kopf war feuerrot, und sie stieß eine Flammenlohe aus ihrem Mund. Besondere Kleider trug sie nicht; sie hüllte sich vielmehr ganz in die erwähnte Dunkelheit. Nur das rechte Schulterblatt ragte daraus hervor. Und die Gestalt sprach:

Die Mißgunst spricht

7   „Der Hirt und Hüter jeden Unmaßes bin ich. Alle Grünkraft des Mannes (virilis viriditas) treibe ich aus, so weit ich nur kann. Für angemessene Worte habe ich keinen Sinn. Und seien sie in ihrer Zahl wie der Sand am Meere und so klug wie Schlangen, ich zernage sie doch, und mir können sie keinen Widerstand leisten. Denn ich werde die Hölle genannt. Und so ziehe ich die Massen an mich und beschmutze all das, was Gott gewirkt hat. Wenn ich das Schöne und Strahlende schon nicht selbst besitzen kann, dann will ich es wenigstens in den Dreck ziehen. Und wenn mich auch alle als Nacht beschimpfen und mich mit ihren Wassern besprengen, so bin ich doch bald schon wieder trocken. Meine Redensarten entsende ich wie Pfeile im Dunkeln, und alle, die sich treuherzige Menschen nennen, verletze ich. Meine Kräfte sind wie der Nordwind. Alles, was ich besitze, werde ich dem Haß überliefern; denn dieser stammt von mir ab, und er ist noch geringer als ich."

Der Liebe Antwort

8   Und abermals hörte ich aus der erwähnten Sturmwolke eine Stimme dieser Gestalt antworten: „O du schmutziger Scharfmacher! Wie eine Schlange

bist du, die sich selber den Tod gibt. Denn alles das, was in Festigkeit und Ehre Bestand hat, das kannst du nicht ertragen. Du bist jenes Götzenbild, das gegen Gott aufsteht und das die Völker durch Treulosigkeit tötet. Daher nennst du dich mit Recht eine Hölle, da auch diese gegen jedes rechte Maß ihre Vermessenheit setzt. Will sie doch alles, was der Weisheit entstammt, vernichten, und sie mag nicht einmal leben mit diesen schönen und strahlenden Dingen.

Ich aber bin jener Lufthauch, der alles Grüne nährt und die Blüten sprießen läßt mit ihren reifenden Früchten. Mit jedwedem Hauch des Heiligen Geistes werde ich belehrt, so daß ich die lautersten Bäche ergießen kann. Mit dem Seufzen zum Guten rufe ich Tränen hervor und aus den Zähren den Wohlgeruch heiliger Werke. Auch bin ich jener Regen, der aus dem Tau herweht, durch den alle Kräuter mich anlachen zu fröhlichem Leben (laeta vita).

Du aber, ein gar böses und schlechtes Gift, du nagst an allem Wertvollen mit deiner Pein, ohne doch all diese Pracht vernichten zu können. Je mehr du wütest, um so mehr wächst alles das. Und wo du als Tod auftrittst, da leben jene Kräfte auf, und in Gottes Macht erscheinen die Blüten der Weinberge. Auch bist du ein ruchloses und nächtiges Scheusal und das Zischen des Satans, und nichts anderes ist dein Sehnen. Im Hochmut deines Geistes behauptest du: ,Ich will mehr Völker an Zahl als Sand am Meere an mich ziehen.' Und doch gehst du zugrunde.

Ich hingegen, ich wirke bei Tag und bei Nacht die Tugend des Gleichmuts und der guten Tat. Ich breite Tag und Nacht meinen Mantel aus. Alle guten Werke wirke ich am Tage, und ich salbe bei Nacht alle Schmerzen, und so kann keiner mir auch nur das geringste vorwerfen. Ich bin die liebenswürdige Freundin am Throne Gottes, und Gott verbirgt mir keine Entscheidung. Das königliche Brautgemach, es ist mein, und alles, was Gott gehört, gehört auch mir. Und wo der Sohn Gottes der Menschen Sünden mit Seinem Gewande tilgt, da verbinde ich die Wunden mit mildestem Linnen. Du aber solltest dich schämen, da du den besseren Teil nicht gefunden hast."

Die dritte Gestalt

9   Die dritte Erscheinung hatte die Gestalt eines gewöhnlichen Menschen, nur daß ihre Hände stark behaart waren und Füße und Beine den Beinen und Füßen eines Kranichs glichen. Auf dem Kopf trug sie eine Mütze, die aus Grashalmen geflochten war. Sonst war sie ganz schwarz gekleidet. In der rechten Hand hielt sie eine grüne Gerte, in der linken einige Blüten, die sie mit großer Aufmerksamkeit anstarrte. Und sprach:

Die Ruhmsucht spricht

10 „Alles, was passiert, untersuche ich auf das genaueste. Ich bin mein
eigener Zeuge dafür, wenn ich nach meinen Richtlinien alle Dinge aufs beste
zusammenfasse. Was ich so in den Blick und zu wissen bekomme, warum sollte
ich das nicht mir selber zur Ehre gereichen lassen? Ich habe genug Selbstvertrauen,
um nach eigenem Vermögen die Dörfer und Landstraßen zu durcheilen, so wie
die Vögel dies tun, die in den Wäldern wohnen und singen, was sie wollen. Von
ihrem Gesang will ich lernen und will genauso tönen wie sie. Dies alles will
ich mit menschlicher Empfindung vermischen, und ich betreibe selbst das Verhalten wilder Tiere noch mit der Anmut eines jungen Mädchens. So ordne ich
mir alles zurecht, was mein Eigentum ist, damit alle, die mich sehen, daran
ihr Vergnügen haben, und alle, die mich hören, mir darin Ehre erweisen, und
so alle sich nur wundern können über solch ein Muster an Redlichkeit. Ich
bin der Zithergesang mit den Vögeln, bin wild mit den Tieren und weise mit
den Menschen. Jedem Frohsinn macht sich mein heiteres Wesen so löblich verbindlich. Und wenn ich so handle, wer gleicht mir darin? Würde ich nicht auf
die Suche gehen, so könnte ich auch nichts finden. Und wenn ich nicht betteln
täte, würde mir keiner was geben. Mein Glück ist mir nur dann hold, wenn
ich es mit Klugheit und Tüchtigkeit an mich reiße. Mir macht das gar nichts
aus, wenn ich dabei anderen beschwerlich bin oder lästig falle. Bin ich doch
klug und tüchtig und will meinen Ruhm für mich alleine haben. Warum sollte
dies Gott mißfallen, da ich doch so geschaffen bin?"

Die Gottesfurcht antwortet

11 Abermals hörte ich aus der stürmisch aufgewühlten Wolke eine Stimme
dieser Gestalt antworten: „Weil du vor nichts Respekt hast und jegliches Ding
gierig an dich reißest, bist du die nichtige Leere eines gar üblen Götzenbildes.
Was wäre das auch, was ein Mensch ohne die Gnade Gottes tun könnte? Rein
gar nichts! Wenn nämlich der Mensch das Rad seiner Erkenntnis in die Selbst-
verherrlichung dreht, dann tötet Gott ihn. Richtet er sich aber auf das Gute aus,
wird Gott ihm zur Seite stehn. Du aber willst alles tun, was dir nur in den Sinn
kommt. Doch wo du etwas beginnst, wird dein Kopf hinunter gebogen, während
deine Füße nach Gottes Urteil nach oben gezogen werden. Vor dem Bad der
Taufe errötest du, und das Heilmittel Gottes (medicina Dei) verlangst du nicht.
Du badest mit schnellfüßiger Eitelkeit in jeder Art von Übel, und was wirklich lebendig ist, das willst du gar nicht haben.

Ich aber stehe in Ehren vor Gott und beurteile jede Schuld so, wie sie ist.
Ich erwäge eine solche Verrichtung nicht, als sei das etwas Besonderes, und ich
weiche nicht vor ihr aus. Ich seufze in Liebe zu Gott und achte Sein Urteil; an

Seinem Lohn habe ich meine Freude. Wie könnte ich mir auch selber zuschreiben, teilhaftig zu werden der himmlischen Freuden? Dies geht nur, wenn ich den Gestank der Sünde fliehe, die Pracht der Welt verlasse und das zu üppige Fleisch in mir nicht brennen lasse. Und so achte ich darauf, daß ich frei bleibe von Schuld. Ich suche in der Welt nicht immer nur einen Anlaß zum Freveln, bin vielmehr bestrebt, mit ihr im Frieden zu leben. Daher gibt Gott mir die Möglichkeit, vom Holz des Lebens zu essen, was bedeutet, daß Gott es im Menschen niemals an guten Werken fehlen läßt, so sehr auch die Anfechtungen des Satans den Menschen bedrängen. Gott selbst hat ja den guten Menschen als ein edles Fundament begründet, was die allerheiligsten Werke bedeutet, und dies in der Absicht, daß der Mensch ein Haus im Gezelte Gottes sei. Das soll ein Mensch sprechen und bedenken, der da will im Hause Gottes seine Heimat finden. Du aber, du äußerst gefährliche Pest, du verdienst den Namen ‚Keine Ehr an Ehren‘."

Die vierte Gestalt

12   Eine vierte Erscheinung sah ich, die den Kopf einer Schlange hatte und eine gefiederte Brust gleich einer Möwe, während die Beine und Füße wie die einer Viper waren. Rücken und Schwanz wie auch der restliche Körper glichen einem Krebs. Die Gestalt bewegte sich Hals über Kopf hierhin und dorthin, als würde sie von einem Sturmwind geschaukelt und geschüttelt, wobei sie die erwähnten Finsternisse in Unruhe versetzte. So wandte sie sich dem Norden zu und stieß eine starke Feuerlohe aus ihrem Munde. Und sprach:

Der Ungehorsam spricht

13   „Warum sollte unsereins Respekt haben vor den Vorschriften anderer? Würden wir so handeln, könnten wir weder sehen noch merken, was wir selber sind. Wir treten als die rechtmäßigen Philosophen auf, und wir sind klüger als alle anderen. Sollten wir nicht nach dem handeln, was uns zur Kenntnis gekommen ist? Genau, so wollen wir tun! So viele Meister haben uns nach ihrem Eigensinn und aus lauter Feindseligkeit Vorschriften gemacht: Sollten wir handeln, wie es ihnen gefällt? Was für ein Unfug! Wenn ich die Bäume voll von Blüten sähe, und wenn ich alle Stimmen der Vögel verstünde, und wenn sie alle mir etwas auftragen würden, so wäre ich um nichts schlauer für mein Handeln. Was ich mir aber selber vorschreibe, von dem weiß ich genau, was ich daran habe und was es mir nutzt. Wie mir das zum Heil gereicht, das verstehe ich nur zu gut. Es ist schon besser für mich, das zu tun, was ich weiß, als das, was ich nicht einsehe. Was ich nämlich nicht kenne, das könnte mir doch nur mehr

schaden als frommen. Daher habe ich das zu tun, was ich sehe und was ich anfassen kann und dessen Sinn ich verstehe. An jedes Geschöpf auf der Welt aber will ich die gleiche Frage stellen, wie es mir wohl zum Heil oder zum Unglück diene. Denn so hat Gott es meinen Vorschriften unterworfen, um es mir gehorsam zu machen. Warum hätte Gott mir auch die Welt zur Verfügung gestellt, wenn ich keinerlei Erweis an ihr finden dürfte? Daher geht mein Trachten nur auf das, was mir gefällt."

Der Gehorsam antwortet

14   Aus der erwähnten Sturmwolke hörte ich nun eine Stimme dieser Gestalt wie folgt antworten: „Ich gehorche Gott, und so besitze ich einen festen Halt. Wer oder was aber sollte das sein? Als Gott in Seinem Wort das All erschuf, indem er das „Fiat" sprach, und es ward so — da war ich das Auge. Auf Gottes Geheiß wurde ich wach, und so ist alles geschaffen worden. Da aber der erste Engel zu leben begann, widersetzte er sich alsbald schon Gott. So ließ ich seine Werke gar nicht lebendig werden, da er auf eine andere Weise existieren wollte. Darauf suchte er mich zu bedrängen und zu verdrängen, ohne die Oberhand zu gewinnen. Denn ich bin die Sonne, der Mond und die Sterne, bin das Quillen der Wasser und die Wurzel im Wirken Gottes. Ich bin da, wie im Körper die Seele. Und wie der Wille im Menschen vollführt, was er ersehnt, so bin ich Gottes Wille, um alles zu verwirklichen, was Gott vorschreibt. Ich war schon beim ältesten Ratschluß mit Gott, und Gott hat alles durch mich angeordnet, was Er erschaffen wollte. Im Geheiß Seines Wortes ertönte ich wie eine Zither, da ich Sein Gebot bin. Ich berühre nichts, ich will nichts, ich trachte nach nichts, als was aus Gott kommt, da ich von Ihm ausging, aus Ihm gewachsen bin und keinen anderen Gott will.

Du aber, du Verletzer der Gebote des Schöpfers, du behauptest in deiner Überheblichkeit, Gott zu sein und nimmst daher auf nichts Rücksicht. Was du willst, das machst du auch. Doch wo wäre ein Himmel und wo die Erde, die du geschaffen hättest? Wo sieht man die Schönheit der Berge und der Felder, die auf dich zurückgingen? Nichts davon hast du gemacht und willst doch verachten, was Gott ins Leben rief? Warum nur das? Indem du nur immer über dich selber schwatzest und alles nur nach dem beurteilst, was dir allein gefällt, willst du nichts von Gott, der doch vor dem Ursprung der Tage bereits war und der noch nach der Vollendung des letzten Tages sein wird. Daher gleichst du, du schlechtes Ding, den welken Blättern der Bäume und den Schuppen der Fische. Wie sie wirst du abgeworfen werden, da dein Name auf keinen Nutzen zielt, sondern nur auf den Tod."

Die fünfte Gestalt

15   Die fünfte Erscheinung hatte wohl die Form eines Menschen, aber keinen Kopf. Von den Knien bis zur Fußsohle steckte sie in den Düsternissen. An
der Stelle des Kopfes erblickte ich keinerlei Gestaltung, außer daß diese Region
ringsum mit schwärzlichen Augen voll war. Eines der Augen saß dort, wo sonst
die Mitte der Stirn ist und flackerte von Zeit zu Zeit wie ein prasselndes Feuer.
Die rechte Hand hatte sie auf die Brust gelegt, in der linken hielt sie einen Stab,
wobei sie sich einen schwarzen Mantel umgeworfen hatte. Und die Gestalt
sprach:

Der Unglaube spricht

16   „Ein anderes Leben kenne ich nicht als dieses hier, das ich sehen und
fühlen und fassen kann. Welchen Vorteil könnte eine ungewisse Existenz mir
bieten? Von diesem Leben aber kann ich ganz genau feststellen: Das ist da,
oder es ist nicht da! Und wie ich sonst auch suche und forsche, und was ich auch
zu sehen und zu hören und zu wissen bekomme, ich finde keine andere Wirklichkeit. Sollte ich aber bei dem, was die Natur so sehen läßt, einmal was zu packen
kriegen, das mir nützte, würde mir das denn schaden? Ich gehe keinen Schritt
weit und treibe keine Wissenschaft, als in den Bereichen, die ich genau kenne.
Denn wenn ich auf den Flügeln der Winde fliegen will, so werde ich hingestreckt
auf die Erde. Und wenn ich selbst Sonne und Mond befrage, was ich nun machen
solle, sie würden mir kaum eine Antwort geben. Und sollte mir irgendwoher
etwas zu Ohren kommen, woher wüßte ich denn, ob es mir nutzt oder schadet?
Ich weiß ja in Wirklichkeit nichts von dem, was alles so dahergesagt wird. Nur
das, was ich sehe, das weiß ich. Viele Gerüchte bekomme ich zu hören, viele
Predigten und so manche Lehren, die ich doch nicht verstehe. Also will ich nur
das tun, was mir den meisten Nutzen verspricht."

Der Glaube antwortet

17   Und ich hörte abermals aus der stürmisch aufgewühlten Wolke eine
Stimme dieser Gestalt antworten: „O du ganz übles Stück, du bist doch eine
Fallgrube des Satans, der in seiner Brust aber auch alles verleugnet, was recht
ist. Daher bist du ein Hinweis auf seine Brust. Denn der Vorsatz deines Denkens neigt sich dem Teufel zu, der dir zur Rechten steht, weshalb auch deine
Augen so verdunkelt sind, daß sie nicht mehr diesen Heilsweg finden können,
der zum Himmel ansteigt, und der dich, der du Nacht bist, so zusammendrängt,
wie die Rechte auf die Linke fällt. Die Rechte bedrückt dich nämlich; daher ist
ihr Aufstieg zu rühmen, wie auch das schlechte Gewissen noch die Magd des

guten Gewissens heißt. Sie will zwar mit der Magd nicht dienen, wie auch die
Herrin die Knechtsdienste der Magd nicht übernimmt. Denn nur so führt sie
den ehrenvollen Namen einer Herrin. Du aber gehst als Verdammte dahin, da
du den Spruch der Richter mit dir führst, indem du alles Lichte im Glauben
fliehst. Deine Vernünftelei hält den Menschen, die du betrügst, immer die Sünde
entgegen, da du nicht auf dem Pfad der Gottesgebote wandeln willst.

Ich aber lobe mit den Engeln in Treue Gott, da ich alles will, was Gottes ist.
Mit dem Cherubim schreibe ich alle Gebote auf, die er erläßt, wie er sie in Gott
sieht. Und so entscheide auch ich, der Glaube, durch die Propheten und Weisen
und Gelehrten über alle Dinge. Alle Herrschaftsbereiche der Welt glänzen ge-
rechterweise in mir, der ich ein Spiegel Gottes bin, und auch ich erstrahle in
allen Vorschriften Gottes."

Die sechste Gestalt

18   Die sechste Gestalt erblickte ich als ein Weib, dessen Haupt nach Frauenart mit einem düsteren Schleier bedeckt war. Auch der übrige Körper war mit
einem schwärzlichen Gewand bekleidet. Vor ihrem Angesicht erschien ein brennendes Schwefelgebirge, das rechts und links von ihr gleich wie ein Berg aus
lauter Schwefel mit großem Getöse in die Finsternisse abstürzte. Hinter ihrem
Rücken aber erhob sich das Poltern eines grausigen Gewitters. Vor diesem
schrecklichen Geschehen aufs äußerste entsetzt, preßte die Gestalt unter Zittern
und Wehklagen ihre Arme und Hände auf die Brust. Und indem sie vollends in
die beschriebenen Düsternisse untertauchte, rief sie aus:

Die Verzweiflung spricht

19   „Was ist das doch für ein furchtbares Entsetzen! Und wer könnte mich
trösten! Wer vermöchte mir beizustehen, um mich dieser Katastrophe, die mich
zermalmt, zu entreißen? Das Höllenfeuer ist aufgeloht rings um mich her, und
Gottes Strafeifer warf mich weg in den Höllenschlund. Was bleibt noch übrig
für mich, wenn nicht der Tod? Keine Freude am Guten habe ich und auch
keinen Trost mehr an der Sünde. Auf der ganzen Welt gibt es nichts Gutes
mehr!"

Die Hoffnung antwortet

20   Und abermals hörte ich aus der stürmisch aufgewühlten Wolke eine
Stimme dieser Erscheinung antworten: „O du Zündstoff des Satans, du bist der
Sünde Zunder! Keine Ahnung hast du und kannst dir nicht denken, was alles

es Gutes in Gott gibt! Wenn du den Wert der Dinge freilich außer Gott suchst, so kann dir keiner helfen! Und selbst wenn du das Böse suchst außer Gott, so könnte keiner darüber befinden. Gott schuf ja Himmel und Erde und jedweden Wert, und Er band selbst die Hölle in Sein Geheiß. Alle Belohnung kommt von Ihm allein, und jede Beurteilung des Bösen stammt von Ihm. Warum also hältst du dir dein Verderben schon vor, wo du noch gar nicht verurteilt bist? Die bösen Geister, sie wollen Gott nicht, und auch du vertraust nicht auf Ihn. Jedes Geschöpf kommt Gottes Gesetz entgegen, nur der Teufel lehnt es ab, weshalb er in die Hölle geworfen wurde, wo er nichts anderes vermag, als was der Hölle zusteht. Daher soll kein Mensch, der etwas Gutes erreichen will, sich selbst sein Verderben vorhalten. Ist Gott doch das höchste Gut, und Er läßt keine gute Tat ohne ihren Lohn.

Ich aber, die Hoffnung, ich sitze in Sehnsucht am Throne Gottes. In Treue umarme ich all Seine Werke; ich bringe alles Tun zur Vollendung und ziehe so die ganze Welt an mich. Das tust du eben nicht, du tödliches und höllisches Unrecht, da du kein Vertrauen hast zu Gottes Werk. Was aber nutzt dir dies? Zahlreiche Strafen hältst du dir unterdessen vor, die du doch nie sehen wirst, um dabei in kindischer Torheit das Leben zu verlieren."

Die siebente Gestalt

21   Die siebente Erscheinung hatte die Gestalt einer Frau, die auf ihrer rechten Seite lag. Die Beine hatte sie gekrümmt und hochgezogen, so wie ein Mensch dies tut, der es sich auf seinem Lager bequem macht. Ihre Haare waren wie Feuerflammen und ihre Augen weiß wie Kreide. Sie hatte weiße Schuhe an ihren Füßen, die aber so schlüpfrig waren, daß sie auf ihnen weder gehen noch stehen konnte. Aus ihrem Mund kam übelriechender Atem und floß giftiger Speichel. An ihrer rechten Brust säugte sie einen jungen Hund, an der linken eine Schlange. Mit den Händen sah man sie spielerisch Blüten von den Bäumen und Gräsern rupfen, während sie deren Duft mit der Nase einzog. Besondere Kleider hatte sie nicht angezogen, war vielmehr in das nackte Feuer gewandet, und wer sich ihr nahte, der wurde von dieser Brunst wie Heu gedörrt. Und sie sprach:

Die Wollust spricht

22   „Diese Figur von einem Gottesbild, die will ich ruhig in den Schmutz ziehen, auch wenn das dem lieben Gott noch so lästig ist. Denn auf diese Weise kann ich alle verderben. Ich habe schließlich meine eigene Herrlichkeit und bin auch auf der Höhe. Ich erlaube mir einfach, alles an mich zu ziehen, weil das

so in meiner Natur liegt, die mir nun einmal angeboren ist. Warum sollte ich enthaltsam leben und die Möglichkeiten eines so fröhlichen Lebens, einer so lustsprühenden Sinnlichkeit von mir werfen? Wenn ich ein so winziges Teilchen meiner Natur zur Reife bringen möchte, soll denn das schon eine besondere Schuld sein? Doch wenn ich nicht das täte, was der Trieb meines Fleisches von mir fordert, dann würde ich zornmütig und hinterlistig, betrügerisch und verschlagen, kurzum in lauter Anfechtungen verwickelt werden. Mag daher der Himmel seine Gerechtigkeit haben, auch die Erde hat ihre besonderen Verpflichtungen. Wenn die Natur des Fleisches Gott wirklich so lästig wäre, dann hätte Er es schon so eingerichtet, daß sich das Fleisch nicht so bequem befriedigen läßt."

Die Antwort der Keuschheit

23   Und wieder hörte ich aus der Sturmwolke eine Stimme, die gleichsam vom Diadem des Königs her dieser Gestalt eine Antwort gab: „Ich sitze nicht untätig umher wie du in deiner Unflätigkeit, da du ständig mit der Unzucht spielst. Auf jenem Lager, auf dem du dich da wälzest, möchte ich nicht liegen, wo du gleichsam die Schändung herausforderst. Aus meinem Munde kommen nicht so giftige Worte, die jeder schlüpfrigen Gemeinheit geradezu eine Lehre geben.

Ich schöpfe vielmehr im Quell des Segens aus dem süßesten Tau meinen Trank, da all mein Tun die Erquickung meines Gottes trägt. Ich sitze in der Sonne und schaue auf den König der Könige, da ich alle guten Werke aus freien Stücken wirke. Ich mag nicht diesen Schwanz des Skorpions, der dich mit seinem Schmutz besudelt. Ich besitze im Wohlklang des frohen Lebens die Freuden der Redlichkeit und Schamhaftigkeit. Das fröhliche Leben, das in mir herrscht, wird weder durch die Schmähungen der Unzucht gestört noch durch den Schmutz der Unkeuschheit besudelt.

Du aber, du Unwesen aus lauter Schmutz, du bist der gefräßige Bauch der Schlange; gewachsen bist du im Gehör der Ohren bei Adam und Eva, da der Gehorsam aus ihnen entschwand. Ich aber bin im höchsten Vater-Wort entsprungen. Himmel und Erde werden dich in Verwirrung bringen, da sie dich so in deiner nackten Verwilderung erblicken."

24   Zur rechten Seite des Mannes aber sah ich eine Gestalt stehen, die ganz wie ein Mensch aussah, jedoch ein Antlitz wie Feuer hatte und angezogen war mit einem stählernen Gewand. Und sie wandte sich gegen die erwähnten Laster und rief mit lauter Stimme:

Gottes Zorneifer spricht

25 „O Teufels-Bauch und Ausfluß aller Übel, die der Satan in den todbringenden Künsten dem Menschengeschlecht eingießt, in Christi Blut werdet
ihr zuschanden werden und mit dem Alpha und Omega zugrunde gehen, da ihr
nichts anderes seid als der übelste Tod in Person!"

Der Teufel kann Gottes Ruhm nicht mindern

26 Und abermals hörte ich die Stimme vom Himmel zu mir sprechen: Gott
hat die Weltordnung gesetzt und sie mit den Elementen gefestigt. Mit Glanz
und Schönheit hat Er das All geschmückt. Er hat es aufgefüllt mit dem Reichtum der Geschöpfe, dem Menschen zu Diensten. Aber der Teufel neidete ihm
gerade das, und er ließ nicht nach, diesen Menschen mit den abscheulichsten
Lastern zu fangen, damit er in allem ihm die Ehre gebe. Gleichwohl konnte er
nie die Ehre Gottes mindern, so wie dir dies in der gegenwärtigen Schau deutlich wird.

Gott bewahrt den Menschen vor Verstrickung in Schuld

27 Wenn du siehst, wie der besagte Mann sich nach Norden wendet, so daß
er jetzt nach Norden und Osten schaut, dann bedeutet dies, daß Gott dem
Menschen zeigt, daß er nicht in die Verstrickung der Blindheit und Schuld fallen
soll, daß er diese vielmehr streng zu meiden habe, um sich auf die Glorie des
wahren Lichtes vorzubereiten. Trägt er doch alles Wissen um Gut und Böse in
sich selber. Und so kann sich der Mensch gar wohl im Rad seines Gewissens frei
entscheiden, zu welcher Seite er sich neigen will.

*Die Elemente weisen darauf hin, daß der Mensch Gott die Ehre
erweisen soll*

28 Wind und Luft und alles Grüne der Welt, die unter dem Firmament des
Himmels sind, in denen der Mann von den Lenden bis zu den Knien steht,
dienen diesem Manne als Gewand. Denn das Wehen und die Weite der Winde,
der Lüfte milde Feuchtigkeit wie auch die feine Grünkraft der Bäume und
Kräuter, die von den oberen Kräften gehalten werden, in denen auch Gott zu
ihrer Erschaffung und Erhaltung am Werke bleibt, sie alle geben Ihm in diesem
Aufgang und Niedergang die Ehre, da sie allen Gesetzlichkeiten voll und ganz
nachkommen. Denn Gott wird über die Mysterien Seiner Schöpfung verherr-

licht, so wie der Mensch durch das Gewand, in das er sich kleidet, geehrt wird. Das Feuer wie der Lüfte Licht sind diesem Gewande ein Schmuck. Denn das Feuer hegt die verschiedenen Geschöpfe mit seiner Glut, und die Luft durchleuchtet sie mit ihrer Milde. So ehren beide Gott und schmücken ihn gleichsam mit ihren Diensten, da Er durch sie erkannt wird, wie Er auch durch sie der Allmächtige heißt. So wird ja durch den Glanz seines Gewandes und das Diadem seines Hauptes auch ein Mensch Herr und König genannt. Und so wird durch das rechte Tun der Seele Gott verherrlicht; denn wie die Kräfte der Geschöpfe sich verhalten, so auch die Kräfte der Seele. Das erste Keimen eines gerechten Verlangens fliegt durch die Seele wie der Wind; der Geschmack des guten Willens spielt in ihr wie die Luft, und die Vollendung vollkommener Werke grünt in ihr wie die Grünheit der Welt, die zu weiterer Reifung wächst. Dies alles ruht in der Weisheit der himmlischen Geheimnisse gleichsam wie unter dem Firmament des Himmels, da die Weisheit in der Seele des Gerechten das Gute zu wirken beginnt und dies auch in ihr vollendet. Gott ist darin gleichsam von den Lenden bis zu den Knien, die, so wie sie dies alles in Ihm hervorbringen, von Ihm gehalten werden bis zur endgültigen Vollendung. Daher dienen sie Ihm auch, angefangen von den Lenden, dem Organ der Zeugung, da alle guten Werke im Menschen aus Gott hervorgehen, bis hin zu den Knien, dem Organ der Festigung, da sie in Gott ihre Kraft gewinnen, als das Gewand Seiner Verherrlichung. Und so ist es nur gerecht, daß der Mensch in all seinem Tun nicht sich selber, sondern Gott die Ehre gibt. Das Feuer des heiligen Aufstiegs, in dem die gläubige Seele entzündet wird, damit sie nicht bei ihrem heiligmäßigen Tun welke und schwinde, wie auch das Licht der Wahrheit, in dem der gute Ruf in den Menschen gesehen und gehört wird, sie sind gleichsam der Schmuck des Gewandes zu Ehren Gottes. Denn alles dies geschieht gleichsam zum Ruhm und zur Ehre Gottes. Denn die heilige Seele wird mit den gerechten Werken, die sie im Fleische wirkt, Gott Ruhm und Ehre geben, da sie ihr Tun nur mit Seiner Hilfe vollenden konnte, wie auch der Prophet bezeugt, wenn er spricht:

David spricht

29 „Mein Gott ist mein Heil: auf Ihn will ich hoffen. Er ist mein Hort und das Horn meiner Rettung, meine Zuflucht ist Er" (Ps 18, 3).

Das will heißen: Mein Gott, von dem ich geschaffen bin und durch den ich lebe, zu dem ich strebe, wenn ich seufze, von dem ich alles Gute fordere, da ich Ihn kenne als meinen Gott und vor dem ich weiß, daß ich Ihm dienen darf, da ich von Ihm meinen Verstand habe: Er ist mein Helfer in allem Guten, da ich alle guten Werke vollende durch Ihn. Daher werfe ich auf Ihn meine Hoffnung, da ich Seine Huld anziehe wie ein Gewand. Und so ist Er mein Retter, weil Er mich vor dem Freveln schützt, wenn mein böses Gewissen mich zermürbt, und

Seinen Rat mir gibt, auf daß ich nicht länger Böses treibe. Gott selbst ist das
Horn meiner Seelenrettung, da Er mich durch den Heiligen Geist das Gesetz
lehrt, in dem ich Seine Pfade wandeln kann und in dem ich empfangen möchte
die Speise des Lebens, die allen wahrhaft Gläubigen zum Leben gereicht. Solange ich diese empfange, macht Gott mich durch alles das zu einem Heiligen
und Erwählten: Er wird mich aufnehmen in die höchste Glückseligkeit, und Er
wird mich sammeln in Seinem Schoß.

Der Elemente natürliche Kraft im Vergleich zum geistlichen Leben der Seele

30   Aus dem Hüftmark dieses Mannes schwitzen die Kräfte der Elemente,
und sie kehren wieder zurück in dieses Mark, so wie ein Mensch seinen Atem
ausstößt und wieder einzieht. Denn wie das Mark dem Menschen Kraft verleiht,
und wie die Hüfte ihn trägt, so gehen auch aus der äußerst starken Macht des
Schöpfers die Kräfte der Elemente hervor, die da die Welt halten und tragen,
indem sie den verschiedenen Kreaturen Wärme, Feuchte, die Grünkraft und
den Halt verleihen, um sie keimen und wachsen zu lassen. Und zu der gleichen
äußerst starken Kraft ihres Schöpfers sammeln sie sich wieder, wenn sie diese
Geschöpfe welken lassen. Denn alle Geschöpfe, die der Naturgesetzlichkeit der
Elemente unterliegen, entstehen hier und vergehen dort. Wenn die Weltelemente
ihre Funktion ausüben, bringen sie Frucht; wenn sie aber nach Gottes Geheiß
wieder gesammelt werden, nehmen sie die Fruchtbarkeit weg. So stößt auch der
Mensch seinen Atem aus, um nicht in Unfruchtbarkeit zu vergehen, und er zieht
ihn wieder ein zur Erquickung seiner Lebenskraft. Alle diese Werke nehmen nun
Bezug auch auf das Leben der Seele: Die geistige Lebenskraft ist in der Seele
lebendig wie das Mark der Hüften im Fleische; aus ihr gehen im guten Ruf die
Kräfte der Tugenden wie der Elemente hervor und kehren durch das gleiche
Vermögen im betrachtenden Gebet wieder zurück. Und so ergießt auch die Zerknirschung des Herzens in einem erschütterten Menschen ihre Tränen vor Gott
aus, um wieder im Weinen innezuhalten, wenn diese Erschütterung abgeklun-
gen ist.

Die Elemente werden durch die menschlichen Untaten von unterst zu oberst gekehrt

31   Die gewaltige Stimme aber, die du aus den Elementen der Welt zu diesem
Manne rufen hörst, deutet auf die Klagen hin, welche die Elemente mit wildem
Geschrei ihrem Schöpfer vortragen. Nicht in menschlicher Weise hörst du sie
reden, sondern mit allen Zeichen ihrer augenscheinlichen Unterdrückung. Über-

schreiten sie doch die rechte Bahn, die sie von ihrem Schöpfer gesetzt bekamen, durch ihre fremdartigen Bewegungen und ihren widernatürlichen Kreislauf, verwirrt durch die Sünden der Menschen. Damit bringen sie zum Ausdruck, daß sie ihre Bahnen und natürlichen Funktionen nicht vollenden können, wie ihnen dies von Gott aufgetragen ist, weil sie eben durch die Untaten der Menschen von unterst zu oberst gekehrt werden. Daher stinken sie im Pesthauch der üblen Schandtaten wie auch im Hunger der fehlenden Gerechtigkeit. Denn die Menschen pflegen diese nicht mehr in der rechten Weise, indem sie sich den Rauch der stinkenden Strafen zuziehen und somit am Weltgestank teilnehmen. Die Menschen verkehren ja nun einmal mit den Elementen, wie auch die Elemente mit den Menschen im Verbund sind.

Gott peinigt die Menschen, um sie zur Reue zu bringen

32 Dieser Mann aber, der Gott bedeutet, antwortet, daß Er die Welt mit Seinem Besen, das heißt mit Gericht und Züchtigungen, reinigen werde, und daß Er die Menschen, die von Schuld befleckt sind, mit zahlreichen Geißeln und Katastrophen immer wieder peinigen werde, bis sie endlich in Reue zu Ihm zurückkehren. Denn auf diese Weise wird Er den guten Willen der Menschen auf sich hin vorbereiten.

Gott will vor Seinem Auge eine reine Welt sehen

33 So oft auch die Elemente der Welt durch die schlechten Taten der Menschen geschändet wurden, wird Gott sie durch die Qualen und Drangsale der Menschen wieder reinigen, denn Er will, daß alle Welt vor Seinem Angesicht rein sei, wie sie auch von niemandem zu Ende gebracht oder vermindert werden könnte.

Von den verdorbenen Früchten der Erde

34 Auch die Winde sind durch den äußerst schlechten Gestank der Schandtaten behindert, so daß sie nicht mehr recht mit reiner Luft zu wehen vermögen, vielmehr mit dem Sturm der Gewitter bedrohlich einherziehen. Ebenso speit die Luft den Schmutz der zahlreichen Unreinheiten der Menschen wegen aus, indem sie eine widernatürliche und nicht bekömmliche Feuchtigkeit aussendet, durch welche sie die Grünkraft und die Früchte, die der menschlichen Ernährung dienen sollten, dörren läßt. Mitunter ist diese Luftschicht voller Nebel, mitunter auch voll Schnee, aus welchen Schichten dann häufig schädliche und un-

nütze Tierchen entstehen, welche die Frucht der Erde verletzen und verzehren, so daß sie nicht mehr den Menschen zum Nutzen gedeihen kann. Haben doch die Menschen Herz und Mund vor der Weisheit und den übrigen Tugenden verschlossen, und sie öffnen sie nicht mehr für das Wahre!

Die verkehrten Menschen behaupten, man könne Gott nicht zu Gesicht bekommen

35   Daher ist in diesen Menschen, in denen die Grünkraft herrschen sollte, keinerlei Leben, vielmehr nur noch dürre Trockenheit, und zwar wegen der durchaus nichtsnützigen Wahnhaftigkeit jener diabolischen Künste, die sich in der Verderbtheit der Menschen spiegelt. Alles, was sie tun, richten sie auf ihre Begehrlichkeit und Lüsternheit aus, wobei sie in ihren Herzen und mit ihren Zungen sprechen, wer wohl jener Gott sei, und was jener Gott könne, und welche Macht Er wohl habe, den man doch nie zu sehen kriege, der vielmehr immer im Verborgenen weile.

Die Menschen erblicken Gott in der Schöpfung

36   Ihnen gibt der Herr Antwort, wenn Er sie fragt: Ob sie Ihn denn nicht in der Erleuchtung des guten Gewissens gleicherweise gesehen hätten wie beim Leuchten der irdischen Sonne, als sie das Gute tun sollten? Ob sie Ihn nicht geschaut hätten in der Trübung des Herzens gleicherweise wie im Dunkel der Nacht, als sie Schlechtes zu meiden hatten? Ob sie Ihn denn nie erfahren hätten auf den Wegen der Gerechtigkeit, die im Heiligen Geiste zu immer größeren Fortschritten geleitet würde? Oder ob sie ihn nicht geschaut hätten, als der irdische Samen in die Erde fiel und mit Tau und Regen durchtränkt wurde, um auf diese Weise zum Wachstum zu kommen? Und ob das alles durch einen anderen geschehen könnte als durch den Schöpfer aller Dinge?

Der Mensch wagt es, den Schöpfer zu versuchen

37   Jedes Geschöpf strebt in seiner Lebensaufgabe zu dem hin, der es gebildet hat. So kommt es zu der Einsicht, daß Gott allein es geschaffen hat, da nur Einer ist, der alles schuf. Der Mensch indes, durch zahlreiche Eitelkeiten gebunden und zerstreut, versucht auch seinen Schöpfer zu binden. Denn er sträubt sich gegen dessen schöpferisches Vermögen, zerteilt Ihn vielmehr in lauter Einzelgeschöpfe. Je nach Lust und Laune seines Eigensinns schiebt er Gott jene Absicht zu, die er sich selbst in seinem Wollen gebildet hat, so daß er etwa sagt:

Gott habe ihn nun mal so geschaffen, daß er die Sünde, die er begehen will, nicht vermeiden könne.

Das Wort der Weisheit aus der Schrift

38 Was aber in den Schriften hinterlassen ist, wird in vielfältiger Weisheit gewußt. Denn Gott hat sie gemacht. Kein Mensch hätte sie erfinden können, wenn nicht Gottes Weisheit sie vorgeschrieben hätte. In dieser Schrift ist in feinster und sorgfältigster Untersuchung zu erforschen, wer wohl den Menschen geschaffen haben könnte: Gott allein ist es, der ihn schuf!

Von den Geschöpfen und der höchsten Glückseligkeit

39 Solange die Schöpfung in ihrer zeitlichen Bedingtheit den Menschen in der Welt zur Verfügung steht, um allen ihren Bedürfnissen entgegenzukommen, wird der Mensch nicht die Herrlichkeit und Vollendung der ewigen Freuden erblicken. Denn noch steht die Natur mit den Menschen wie auch die Menschen mit diesen Weltelementen notwendig in einem Verkehr. Wenn aber das Ende der Welt gekommen sein wird, so daß die Schöpfung in die Dürre der zeitlichen Schwächung fallen muß, um bereits ihre Verwandlung zu spüren, dann werden die Auserwählten ihren Schöpfer, der ihnen alle guten Werke vergelten wird, im Leben der Ewigkeit und einer gänzlichen Freude mit allem höchsten Glück schauen, weil sie dann keinerlei Sorge und keinerlei Bedürfnisse an natürlichen Elementen und zeitlichen Dingen mehr kennen. Denn jetzt sind sie in der Ewigkeit, um im seligen Leben Gott anzuhängen, so wie geschrieben steht:

Die Weisheit spricht

40 „Es werden die Gerechten aufleuchten, wie Funken in den Stoppeln dahinfahren. Sie werden die Nationen richten und herrschen über die Völker, und Gott wird auf ewig ihr König sein" (Sap 3, 7—8).

Das soll heißen: Das Leuchten der Ewigkeit und einer unaufhörlichen Glückseligkeit werden jene besitzen, die durch die heiligen Werke gerechtfertigt sind. Das sind die Werke, die im Glauben an die Heilige Dreifaltigkeit in jenem Rad gewirkt wurden, das Ezechiel sah, und in dem Gott sie selber wie auch sie ihren Gott erblicken werden. Und so werden sie in die Höhe und in die Breite einer leuchtenden Glückseligkeit mit Freude und Fröhlichkeit erhoben, ohne jede Last eines gebrechlichen Leibes. Dort werden sie mit ihren heiligmäßigen Werken funkeln und keinerlei Beschwerlichkeit ihres Körpers mehr fühlen, um in der

Heiligkeit ins Weite geführt und durch keinerlei Hindernis mehr beeinträchtigt zu werden. Auch werden sie, im Richterspruch des Herrn gerechtfertigt, jene richten, denen die Schuld noch anhaftet, und die Sünden all jener zertreten, sofern sie diese nicht gewohnheitsmäßig pflegten. So werden sie im rechtmäßigen und gerechten Gericht über die Völker herrschen, die sich noch in den irdischen Sorgen und in den Sehnsüchten der Völker dieses Zeitalters bewegen. Und dann wird Er in königlicher Ehre und unsterblicher Herrschaft, sichtbarlich als ihr Herr, regieren. Haben sie doch das Leben im heiligen Tun und durch heiligen Lohn erlangt. Solches wird Er tun in jener stetigen Dauer, die kein Ende mehr nehmen wird.

Die sieben Laster stehen gegen die sieben Gaben des Heiligen Geistes

41   Daß du in jenem Nebel, in dem eine Menge verschiedenartigster Laster erschien, die sieben Laster nunmehr unter den beschriebenen Erscheinungen erblickst, das bedeutet: In der Dichtigkeit jener nichtswürdigen Treulosigkeit, in der vielerlei Gestalten und mancherlei Arten ganz schlechter und schmutziger Laster umgehen, erscheinen in ihrer ganzen Nichtsnutzigkeit genauso viele Laster, wie es auch Gaben des Heiligen Geistes gibt. Sie versuchen, auf jede nur mögliche Weise diesen Gaben Widerstand zu leisten. Aber sie kommen dennoch nicht zum Ziel, weil die Tugendkraft Gottes die Verkehrtheit des Satans ganz und gar überwindet.

Vom Hochmut

42   Die erste Gestalt bezeichnet den Hochmut, welcher der Anfang jedes Lasters und der Grundstoff und Keim (materia et matrix) aller Übel ist. Er ist es, der den Engel aus dem Himmel verstoßen und den Menschen aus dem Paradies vertrieben hat. Er ist es auch, der den Seelen, die im guten Werk zum Leben zurückkehren wollen, ganz zum Schluß ihres Tuns noch einen Hinterhalt stellt, indem er ihnen die letzte Wiederherstellung nimmt. Denn nur zu oft läßt es der Mensch an der letzten Folge seiner guten Taten fehlen, und so wird er durch den Hochmut um den seligen Lohn betrogen. Das Antlitz einer Frau hat diese Gestalt, weil der Hochmut all sein Wollen im ersten Engel, der aus dem Himmel stürzte, zur Torheit verkehrt hat, und wie er die erste Frau aus dem Paradiese gejagt hat, so pflegt er auch jetzt noch in seiner gewundenen Weichlichkeit die Menschen außer sich zu bringen. Die Gestalt hat feurige Augen, weil jede ihrer Absichten vor Bosheit brennt. Die Nase strotzt vor Schmutz, weil sie sich in ihrer Torheit maßlos besudelt. Geschlossen ist ihr Mund, weil sie das rechte Wort nicht liebt, vielmehr im Herzen Gott und jeden Wert verleugnet. Arme

und Hände hat sie nicht, weil ihre Macht und ihre Worte nicht das Leben, sondern nur den Tod bringen. An jeder Schulter trägt sie die Flügel einer Fledermaus, weil sie sich im Himmel wie auf Erden nur trügerisch eine herrschaftliche Verteidigung zubereitet. Denn sie macht sich nicht den rechten Flug der Gerechtigkeit verbindlich, sondern nur die trügerische, nächtige Täuschung. Daher streckt sie den rechten Flügel zum Osten, den linken aber zum Westen aus, weil sie sich in den himmlischen Dingen Gott widersetzt, in allen irdischen Angelegenheiten aber hinrennt zum Teufel. Sie hat eine Brust wie ein Mann, weil sie in ihrem Herzen immerfort die Aufgeblasenheit eitler Großmannssucht hegt. Beine und Füße sind wie die einer Heuschrecke, weil sie in einer derartigen Geschwollenheit die Hemmnisse ihres Weges aufzeigt und vorführt, mitsamt der eitlen Ruhmsucht eines unangemessenen und haltlosen Lebenswandels. Bauch und Rücken fehlen dieser Gestalt, da sie keinerlei Nährboden für Nützliches bietet und niemandem die Kraft eines Unterhaltes verleiht, mit der man es im Guten aushalten könnte. Daß du aber das Haupt wie auch den übrigen Körper weder mit Haaren noch mit einem Kleide bedeckt siehst, das bedeutet: Blöd und nackt schreitet der Hochmut einher, in seiner Gesinnung gleicherweise wie in seinen Handlungen, ohne das Haar der Klugheit und ohne jedwede Gewandung des Heiles, so wie dir dies gezeigt wird. Von Finsternis ist die Gestalt ganz und gar umhüllt, da sie auf jede Weise verdorben in ihrer ganzen Treulosigkeit daliegt. Lediglich ein winziger Faden zieht sich wie ein goldener Reif vom Scheitel über beide Wangen unter das Kinn, weil sie selbst keinem Ehre und keinem Liebe, vielmehr einem jeden nur Verachtung erweist, der Gott als den Allesumfassenden anerkennt. Dies alles hat sie hervorgebracht vom Beginn ihres Übermütigwerdens bis zu jenem Übermut im Äußeren, gleichsam bis zu ihrer Oberfläche. Und so hat sie sich knirschend und nagend Gott widersetzt, dem sie doch nicht gleich werden konnte. Wie sie aber damals zu schimpflichem Fall hingestreckt wurde, so reißt sie nunmehr, je höher sie sich in den Gesinnungen und Handlungen der hochmütigen Menschen erhebt, diese um so tiefer mit sich nach unten, um doch nicht zuzugeben, daß irgend etwas ihr gleiche, wie sie weiter oben zeigt. Ihr widersetzt sich die Demut, und sie ermahnt die Menschen, den Hochmut zu verabscheuen.

Von der Mißgunst

43 Die zweite Gestalt bezeichnet die Mißgunst, welche den Hochmut begleitet, da ihr Werk auch die übrigen Laster in Brand setzt. In ihrem Hochmut beneiden die Menschen nämlich das Fortkommen der anderen und entfachen dadurch nur immer weitere Übel. Die Gestalt hat solch ungeheuerliche Form, weil der Teufel mit der Mißgunst alles, was er beginnt, auch zum Ende bringt. Und so neidet er, wie dir gezeigt wird, dem Menschen die Erlangung der höch-

sten Glückseligkeit. Haupt, Schultern und Arme gleichen denen eines Menschen, mit Ausnahme der Hände, die wie die Tatzen eines Bären sind. Denn obschon der Mensch in seiner Gesinnung, gleichsam in seinem Haupte, Gott kennt, beurteilt er doch seinen Mitmenschen in seinen Entscheidungen oftmals nicht nach Gottes Gebot, sondern wie es die Mißgunst ihm eingibt. Daher trägt diese Gestalt auch auf den Schultern ihres Betrugs und ihrer Macht ganz bewußt die Liederlichkeit statt der Gerechtigkeit, und sie kann die Arme ihrer Stärke nur verkrampft vorweisen. Dies macht sie genau so, wie ein Mensch es tut, wenn er über die menschliche Wissenschaft, die er beherrscht, seinen Mitmenschen heimlich Boshaftigkeiten zufügt, abgesehen davon, daß solche grausame Taten die wildeste Plünderung und die viehische Raubsucht nachahmen. Und so zerfetzt, zertrampelt und zerstört sie alles nur Mögliche auf gewaltsame und grimmige Weise. Brust, Bauch und Rücken dieser Erscheinung überschreiten in ihrer Unförmigkeit das menschliche Maß, weil Wissen und Halt und Kraft beim Verhalten eines Mißgünstigen zu seinen Mitmenschen von solcher Gewalt und Gewundenheit an Bosheit sind, daß bei ihnen weder eine rechte Lehre noch eine wohlgeordnete Einrichtung noch eine passende Stütze gefunden wird, dafür aber diese bedrohliche und verkrampfte Aufgeblasenheit einer unziemlichen Ausschreitung ohne jedes Maß. Von den Lenden abwärts gleicht sie wiederum einem Menschen, abgesehen von ihren hölzernen Füßen. Denn der Mißgünstige fügt in seinem Hang nach fleischlichen Lüsten den anderen zahlreiche Übel zu, obschon er ein größeres und profunderes Wissen hat als alle anderen Geschöpfe. In solchen Handlungen zeigt er seine dürren und toten Spuren ohne alle Grünkraft des Wertvollen, da er weder in seinem eigenen Lebenswandel noch auf den Spuren seiner Mitmenschen aufrichtig einhergeht. Der Kopf der Gestalt lodert im Feuer, und aus ihrem Munde sprüht sie Feuerflammen, weil die Absicht der Mißgunst nach Schlangenart brennt und weil sie auch in ihren Redensarten nur Schlimmes unter den Menschen anstiftet, durch das dann die Menschen in Leidenschaft aneinandergeraten. Besondere Kleider hat sie nicht an, da sie daherlebt, von keinem Wert bekleidet, ohne Lust auf Gerechtigkeit oder Gesetz und ohne jedwede Satzung. Daher sucht sie auch weder im Großen noch im Kleinen irgendeinen rechtschaffenen Nutzen. Sie ist ganz und gar von den erwähnten Finsternissen umhüllt, weil sie all ihr Vermögen auf die Verbitterung dieser Treulosigkeit setzt, um so dem Fortschritt der Mitmenschen zu schaden. Sucht sie doch nichts Rechtes und nimmt keine Rücksicht darauf, will vielmehr überall das Böse, durch das auch der Teufel die Welt unterjochte, so wie geschrieben steht:

Aus dem Buche der Weisheit

44   „Durch des Teufels Mißgunst ist der Tod in die Welt gekommen. Und die ihm angehören, werden ihn nachahmen!" (Sap 2, 24.)

Das ist so zu verstehen: Satan stellte sich Gott entgegen und wollte Seine Ehre aufteilen, um einen gleichmäßigen Anteil dieser Ehre an sich zu reißen. Daher hat Gott ihn hingestreckt in die Hölle und ihm nicht gestattet, seinen Willen auszuführen. Als dieser nun den Menschen geschaffen sah, da erkannte er seine Chance. Alsogleich breitete er seine Mißgunst aus, um von ihm zu erfahren, warum nur Gott ihm das Gebot, das er von Ihm erhalten, gegeben habe. Und so wandte er durch das Laster der Mißgunst Gottes Werk, den Menschen nämlich, von Ihm ab und zog ihn an seine Seite, wo er seinen Gott verlassen und sich mit dem Teufel verbünden sollte. So kam durch den neidischen Hauch satanischer Einflüsterung der Tod, der alles vernichtet, offen in die Welt. Er unterwarf sich den Menschen und zeigte an ihm seine Macht, indem er den Menschen, der der Welt Gottes sein sollte, zwang, ihm zu dienen, so wie jemand in ein Zelt eintritt, um darin seinem Herrn zur Verfügung zu stehen. Den Spuren dieses alten Verführers aber schreiten alle die nach, die sich an seiner Bosheit ein Beispiel nehmen, indem sie ihre Mitmenschen mißgünstig bedrängen. An seiner Seite stehen alle die, die zwar das Gute und Gerechte erkannten, sich aber von ihm abwandten, um die Gaben Gottes, die Er selbst ihnen gab und ordnete, auf beißende Weise zu schädigen. Daher werden sie auch Gemeinschaft mit ihm in der Hölle haben. Die Gläubigen aber, die dieses Übel fliehen und Gott in Treue umarmen, sind Kinder des höchsten Lohnes. Denn sie werden von Gott die gewünschte Belohnung erhalten, weil sie Ihm an Seinen Wunderwerken Ehre erwiesen haben. Daher werden sie auch genannt: „Ein Himmel mit all seinem Schmuck."

Weiter von der Mißgunst

45   Daß aber die Mißgunst ihre rechte Schulter aus dieser Finsternis herausreckt, das bedeutet, daß der Mensch das rechte Vertrauen und das richtige Vermögen, das er bei seinen guten und heiligen Werken besitzen sollte, indem er jetzt seinen Mitmenschen ihren Fortschritt mißgönnt, über jene teuflische Nichtswürdigkeit setzt, die dem Menschen fortnehmen will, was er von Gott hat. Denn der Neid ist ein Räuber und gleich einem Dieb, der am Straßenrand Höhlen aufbaut, um einen jeden, der des Weges kommt, zu betrügen und ihm das Geld wegzunehmen, das er bei sich trägt. Auch gleicht er einer Schlange, die im Empfangen und beim Auswerfen ihre Erzeuger tötet. Die Mißgunst baut so in ihrem Verhalten Gruben, indem sie dem Menschen seine Güter stiehlt; auch zerreißt sie alle die, die ihm ihre Güter verdanken, indem sie ihnen auf alle nur mögliche Weise nachstellt, wie sie dies in den oben erwähnten Worten zum Ausdruck bringt. Ihr leistet die Liebe Widerstand, und sie mahnt die Menschen, sich nicht der Mißgunst zu überlassen.

Von der Ruhmsucht

46   Die dritte Gestalt bedeutet die Ruhmsucht, die der Mißgunst auf dem
Fuße folgt. Im nichtsnutzigen Wechselspiel fremder Angelegenheiten tritt sie
als seine Begleiterin auf, weil die Menschen, sobald sie das Fortkommen ihrer
Nachbarn beneiden, sich nun selber gerühmt wissen wollen. Die Gestalt sieht
wie ein Mensch aus, weil sie in fleischlicher Lust und Begehrlichkeit lebt. Nur
ihre Hände sind behaart, weil sie ihr Tun, das sich gemäß der Vernunft zur
Erkenntnis des Menschen ausrichten sollte, zu viehischen Handlungen verkehrt.
Beine und Füße aber gleichen denen eines Kranichs, weil sie ihre eitlen Ansichten,
gleichsam mit ihren Beinen, nach den Vorstellungen des Teufels richtet und so
ihre Spuren auf die Unbeständigkeit legt. Heftet sie doch bei den Menschen,
die ihr folgen, ihre gehaltlose Größe ohne die Kraft tugendhafter Pfade mehr
auf eine törichte Unvernunft als auf die rechtschaffene und wahrhaftige Klugheit. Daher trägt sie auf ihrem Kopf einen Hut, aus Grashalmen geflochten,
weil die Menschen, die im Geiste der eitlen Ehre folgen, die irdischen und hinfälligen Ehrungen lieben. Und so sehr sie jetzt auch üppig blühen, so werden
sie doch, den Kräutern gleich, bald von der Dürre befallen werden. Mit einem
schwarzen Gewand ist sie angetan, weil dieses Laster nicht im Leben steht,
vielmehr in der Finsternis des Unglaubens vom Untergang des Todes umgeben
wird. Daß sie aber in der Rechten eine grüne Gerte und in der Linken eine
Blüte trägt, die sie mit großer Aufmerksamkeit anstarrt, das bedeutet, daß die
Menschen, die der Ruhmsucht folgen, ihre geistlichen Werke, die sie aus der
Grünkraft himmlischer Neigungen haben sollten, mit ihrer Prahlerei vergeblich
zeigen, während sie die weltlichen Handlungen, gleich als ob sie auf Erden vor
Redlichkeit blühten, nur der Gunst der Welt wegen vorweisen. Auf beiderlei
Weise bezeigen sie ihre ganze Absicht, weil sie bei jeder Gelegenheit in ihrer
eitlen Prahlsucht gerühmt werden wollen. All das bringt dieses Laster mit seiner
Rede weiter oben zum Ausdruck. Aber die Furcht des Herrn gibt ihm Antwort
und zeigt, wie verwerflich es ist.

Vom Ungehorsam

47   Die vierte Gestalt zeigt den Ungehorsam, der zusammen mit der Ruhm-
sucht auftritt, weil das der Reigen dieser und der übrigen Laster so will. Er
bereitet alle seine Aufgaben nach dem Wollen dieser Ruhmsucht wie auch der
anderen Laster vor, ordnet sie an und durchdringt sie mit seiner Glut. Die
Gestalt trägt den Kopf einer Schlange. Wie nämlich ihre Absicht gemäß der
Absicht der alten Schlange von Anfang an war, so überredet sie auch jetzt den
Menschen, Gott keinen Gehorsam zu leisten. Ihre Brust ist gefiedert, wie die
Brust einer Möwe; läßt sie doch mit ihrem Wissen die Menschen sich in ihrem

Eigensinn zu stolz erheben. Solche Überheblichkeit bewirkt, daß sie nicht mehr die Klugheit, sondern die Torheit nachahmen. Da sie von Gott nichts wissen wollen, bringen sie nur das zur Ausführung, was ihnen selber paßt. Beine und Füße gleichen denen einer Schlange, weil sie ihre Schritte auf die Absicht der Lüste jener Menschen heftet, um diese von der glückseligen Unterwerfung abzuhalten und sie in der Frechheit und der Verwegenheit, mit der sie in ihrer Nichtswürdigkeit Gott Widerstand leisten, zu verstocken. Der Rücken und der Schwanz wie auch der ganze übrige Körper gleichen einem Krebs, weil sie das Selbstvertrauen, das dieser Ungehorsam in der Kraft seiner Rebellion aufbringt, zur Vollendung dieses ihres Werkes führt, indem sie im Bösen verharrt. Daher treten auch die übrigen Verbindungen ihres verkehrten Tuns bald in aufdringlicher Kühnheit nach vorne vor, bald wieder in täuschender Hinterlist zurück. Auf diese Weise bewahrt sie weder in diesem noch in jenem Verhalten eine Beständigkeit, weist vielmehr durch solche gefährlichen Täuschungen alles zurück, was in den Satzungen Gottes angeordnet ist und hintertreibt dies aufs Geratewohl durch die Maßlosigkeit ihrer Manöver. Daher bewegt sie sich auch Hals über Kopf bald hierhin, bald dorthin, als werde sie vom Wind geschaukelt, und so wie sie bewegt wird, erschüttert sie auch die erwähnten Finsternisse, weil die Menschen, die den Ungehorsam lieben, nicht einmal tatkräftig in einträchtiger Rebellion dastehen, sondern sich bald von diesem zu jenem, bald von jenem zu diesem getrieben finden, angeheizt durch die diabolischen Künste, und zwar überall dort, wo sie von der Leidenschaft solcher Aufwiegelung die gesamten Verkehrtheiten der Laster in Bewegung bringen, indem sie nämlich durch das Übel des Ungehorsams auch die übrigen Laster anziehen. Daß sich die Gestalt aber zum Norden hinwendet und aus ihrem Mund eine gewaltige Feuerflamme loht, das bedeutet, daß sie sich jenem zuwendet, der in der Verbitterung seines Unglaubens Gott im Norden Widerstand leisten wollte, so wie er auch dieses Laster zuerst hervorbrachte, und so bricht ja die große Brandstiftung der verschiedensten Laster aus ihren Reden hervor, da sie niemandem die geschuldete Achtung des Gehorsams erweist, vielmehr alles, soweit sie nur kann, mit ihren Worten versengt, so wie sie dies von sich selber bezeugt. Ihr antwortet der Gehorsam, und er ermahnt die Menschen, nur ihm in Treue nachzufolgen.

Vom Unglauben

48 Die fünfte Gestalt bezeichnet den Unglauben, der allsogleich dem Ungehorsam folgt. Wenn die Menschen nämlich zu diesem Laster neigen, dann kommen sie beim Unglauben aus, so daß sie ihren Gott verleugnen. Die Erscheinung hat Menschengestalt mit Ausnahme des Kopfes, da sie Gott zwar erkennt, ohne ihn aber auf rechte Weise verehren zu wollen. Daher entbehrt sie, zum Geist

des Unglaubwürdigen verzerrt, jenes rechten Ansatzes, in welchem man Gott
im Glauben erkennen könnte. Von den Knien bis zu den Fußsohlen ist sie in
Finsternis eingetaucht, weil sie weder zum wahren Glauben hin bewegt wird
noch im rechten Glauben schreiten kann, sich vielmehr unbeweglich in der
Düsternis des Unglaubens zeigt, da sie Gott in Wort und Tat kaum erkennt.
Wo ihr Haupt sein sollte, da erscheint keine weitere Gestaltung, außer daß sie
ringsum mit schwärzlichen Augen voll ist. Darunter befindet sich ein Auge in
der Mitte der Stirn, das mitunter wie ein prasselndes Feuer flackert. Denn in
ihrer Gesinnung kennt die Ungläubigkeit keine Spur von Klugheit, vielmehr
nur die Torheit menschlichen Wissens. Mit den verschiedensten Ansichten ihrer
Absichten, im Unglauben schwarz werdend, bringt sie die Fülle der Unglaubwürdigkeit hervor. Nach allen Richtungen hin hält sie Ausschau und zieht so das
Tun der Untreue an sich, und so verachtet sie auch das Licht eines jeden, der
aufrichtig Ausschau nach der Wahrheit hält. Die ungläubigen Menschen behaupten nämlich ständig, sie besäßen die Redlichkeit des Glaubens, während
doch ihr ganzes Tun nur so strotzt von der Verkehrtheit der Hinterlist. Daher
werfen sie mit ihrer schlechten Gesinnung, die sie in ihrer Haltung nicht verbergen können, ihre ganze Absicht darauf, sich auch mal gleichsam im Licht des
Glaubens zu zeigen, indem sie ihren Unglauben durch die Kräfte der Natur
und die Ordnung der Sterne zu stärken versuchen, da sie betrügerisch auf jene
ihre ganze Hoffnung heften, in denen sie dann doch kein Vertrauen der Glückseligkeit und keinerlei Licht des Lebens finden können. Daß die Gestalt ihre
rechte Hand auf die Brust legt und in der Linken einen Stab hält, das bedeutet,
daß Menschen, die den Unglauben lieben, in der Eifersucht ihres Herzens gehässig auf die guten und heiligmäßigen Werke sind. Ihr eitles Selbstvertrauen
richten sie nur an den bösen Handlungen auf. Dadurch teilen sie Gott in zwei
Teile auf, da sie Ihn in den oberen wie unteren Erscheinungen der Welt von den
Elementen her durchforschen, ohne dabei doch irgendeiner Wirklichkeit des
Lebens habhaft zu werden. Die Gestalt hat sich einen ganz schwarzen Mantel
umgeworfen, weil sie sich mit der Täuschung solcher finsteren diabolischen
Künste mehr herausredet, als daß sie danach strebt, das glückselige Leben zu
besitzen, so wie sie dies auch in den oben erwähnten Redensarten zeigt. Ihr
wird Widerstand geleistet durch den Glauben, der die Menschen mahnt, im
wahren Spiegel der Lauterkeit zu Gott hin zu streben, so wie sie auch durch den
Apostel Paulus ermahnt werden, der geschrieben hat:

Der Apostel spricht

49　„So laßt uns hinzutreten mit wahrhaftigem Herzen in voller Glaubens-
zuversicht: Die Herzen sind ja durch die Besprengung vom bösen Gewissen
gereinigt, und der Leib ist gewaschen mit reinem Wasser. Laßt uns unverbrüch-

lich festhalten am Bekenntnis unserer Hoffnung. Denn treu ist der, der die
Verheißung gegeben hat" (Hebr 10, 22—23).

Das will so verstanden sein: Ermahnt durch den Heiligen Geist sollen wir
in wahrhafter Gesinnung hinzutreten zur höchsten Glückseligkeit, und in Fried-
fertigkeit sollen wir das Gute beginnen, um es in Frömmigkeit zu vollenden.
Denn im Frieden entbrennt die brüderliche Liebe, und die Frömmigkeit beachtet
in Gottes Nachfolge alle Lebensbedürfnisse des Menschen. Und so sollen wir
in der reinen und einfachen Vollendung des wahren Glaubens unseres Herzens
(und nicht in bösartiger Zwiespältigkeit, mit der ein Mensch in seinem Eigensinn
sich dieses ausucht und jenes ablehnt) auch in unseren Herzen besprengt werden
mit den Wassern der Schrift. Das Wissen, das uns zu bösen Taten treibt,
sollen wir von uns abwerfen, um mit den einzelnen Worten dieser Schrift zu
suchen, wer Gott sei und was uns Seine Werke bedeuten. So machen wir das
Gewissen in uns wieder rein, das, durch Adams Fall von den Schuppen des Todes
umdüstert, nur zu oft seinen Glauben und seine Werke verleugnet. Unser inneres
Leben ist nämlich so lange nicht lauter, ehe wir nicht gereinigt sind von unserer
Schuld, und zwar so, daß auch unser Leib sichtbarlich durchflutet wird vom
Wasser der Taufe, das der Heilige Geist unsichtbar läutert und lebendig macht,
damit der Sündenschmutz von der Seele gewaschen und die gar elende Natur
des Fleisches von seinem unreinen Geifer im Bad erfrischt werde. Wenn dies
geschehen sein wird, dann sollen wir auch im festen und lauteren Glauben das
Bekenntnis jener Hoffnung halten, das wir öffentlich bei der Taufe gelobt
haben, indem wir Gott vertrauen und den Teufel verachten. Fürderhin sollte
er uns nicht mehr durch eine Verführung seiner diabolischen Künste von diesem
Glauben ablenken. Unerschüttert sollte er in uns, fest verwurzelt und wohl-
gewachsen, bestehen, da wir im Bad der Wiedergeburt auf diese Weise gezeichnet
sind, daß wir in der unverfälschten Gerechtigkeit Kinder Gottes heißen. Denn
der ist treu bei jeder Gabe und in jedwedem Werk, der den verheißenen Lohn
des glückseligen Erbes Seinen Getreuen und allen denen, die wahrhaftig auf
Ihn vertrauen, gewähren wird. Von diesem wahren Gottessohn selber, der an
der Grenze der Weltalter wahrhaft Mensch wurde, werden sie in dieser Fülle
des Glaubens den auf ewig gesicherten Lohn erhalten.

Von der Verzweiflung

50   Die sechste Gestalt erscheint unter der Bezeichnung Verzweiflung, und
sie tritt in die Fußspuren ihres Unglaubens, da sie als ihr und der anderen
Laster Zündstoff zu bewerten ist. Sie setzt weder auf sich selbst noch auf einen
anderen ihre Hoffnung, verhält sich vielmehr so, als sei sie gar nicht da. Du
siehst sie als Frauengestalt in Ohnmacht und Schwäche in bezug auf gute
und rechte Tröstung. Kein sieghaftes Auftreten zeigt sie, vielmehr nur das

verächtliche Schwanken weibischer Schwäche. Nach Frauenart hüllt sie ihr Haupt in einen schwärzlichen Schleier und ist auch sonst am Körper nur mit schwarzen Gewändern bekleidet, weil ihre Absichten fragwürdig und gebrechlich sind, umgeben von der Düsternis der Verzweiflung und der Zweideutigkeit, woher auch all ihr sonstiges Tun wahrhaft gebrechlich bleibt, ohne die Atmosphäre des Lichtes und der Freude. Daher umgibt sie sich mit keiner Herrlichkeit der seligen Hoffnung, sondern nur mit der Schande der Zweideutigkeit. Denn die Menschen, durch den Satan getäuscht, indem sie Gottes Gnade in der Verzweiflung in den Wind schlagen, entblößen sich von allem Schmuck der höheren Werte. Deshalb erscheint vor ihrem Antlitz auch ein brennendes Schwefelgebirge. Wo nämlich Menschen dieser Art den wahren Glauben in seliger Hoffnung anschauen sollten, da halten sie sich, gleichsam auf Bergeshöhen, an die Verzweiflung mit ihrer verdorrenden und stinkenden Torheit, die der Seele die Grünkraft und den Wohlgeruch der Tugenden nimmt, so wie auch der Schwefel einen Körper dürr werden und stinken läßt. Zur rechten und linken Seite dieser Gestalt erscheint ein Berg aus ebensolchem Schwefel. Denn wo sich ihre Herzen im Guten zu Gott, gleichsam zur Rechten, erheben sollten, um das Böse, gleichsam zur Linken, zu verschmähen, da tragen sie in ihrer Gesinnung im äußerst brennenden und bitteren Schmerz und in der Zerknirschung der Verzweiflung nur den Hauch der Überheblichkeit in sich. Sie denken weder an Gottes Güte, noch setzen sie darauf ihr Hoffen, vielmehr häufen sie in ihrem Herzen alles Übel und jedes Ungemach elendiglich auf. Daß sie in die erwähnten Abgründe stürzen und darin ein schreckliches Gepolter verursachen, bedeutet, daß die Verzweiflung diese Menschen in den Untergang zieht und ihnen zahlreiche Hirngespinste und das Gezischel der Strafen samt eines diabolischen Hohngelächters einträgt.

Hinter dieser Erscheinung, ganz nah in ihrem Rücken, bricht tosend ein gewaltiges Gewitter aus. Denn in jenem Widerspruch, den die Verzweiflung Gott entgegenhält, so daß sie sich weigert, Ihm auch nur einen Blick zu schenken, brach der Fall des ersten Engels ein in diese Gestalt und verleitete sie zu der Katastrophe so unheimlichen Elends und solcher Strafen. Die Barmherzigkeit Gottes hat sie nicht aufgesucht, solange diese noch zu finden war. Von alledem entsetzt, preßt sie unter Zittern und Wehklagen ihre Arme und Hände auf die Brust und taucht vollends in die erwähnte Finsternis unter. Denn so wie die Menschen durch teuflische Verführung der Verzweiflung verfallen, werden sie auch von allen ihren begangenen Taten in Schrecken versetzt. Und so werfen sie im Seufzen der Trostlosigkeit und im Schreck der Vergessenheit, in der sie sich selber nicht mehr kennen, alle Kraft und jeden Zusammenhang der Werke, die sich auf die Höhe seliger Hoffnung hin erstrecken sollten, auf den Schmerz des bösen Gewissens, ohne jede Tröstung durch das gute Gewissen. Ganz und gar geben sie sich der äußerst elenden Unseligkeit anheim, weil sie sich nicht zur wahren Ehre erheben wollten, so wie das von diesem Laster in den oben erwähnten Worten gezeigt wird. Ihm aber antwortet die Hoffnung, und sie ermahnt die Menschen, in ihren Herzen nicht mit jenem Laster gemeinschaftliche Sache zu machen.

Von der Wollust

51 Die siebente Gestalt bezeichnet die Wollust, die der Verzweiflung am eigenen Wesen auf dem Fuße folgt. Haben die Menschen nämlich einmal an Gottes Barmherzigkeit gezweifelt, so daß sie keine Spur von Hoffnung auf Gutes mehr in sich tragen, ergeben sie sich der Wollust, in der sie ihre ganze Lust befriedigen, indem sie nur das noch tun, was ihr Fleisch mit seinem Schmutz von ihnen verlangt. Diese Gestalt erscheint als Weib. Wie nämlich das Weib fruchtbar ist zum Gebären, so trägt auch die Wollust die Gier und den Zunder der Sünde in sich. Die Gestalt liegt auf der rechten Seite, weil sie die Redlichkeit guter und keuscher Taten verachtet. In der Lust des Fleisches erwähnt sie bisweilen Gott und entschuldigt sich selbst, bisweilen behauptet sie, die wahre Buße zu wollen, die sie doch nicht hat; und so sündigt sie in ihrem Selbstvertrauen aus dem vollen. Die Beine hat sie gekrümmt und hochgezogen, so wie ein Mensch dies tut, der es sich auf seinem Lager bequem macht, weil sie die Kraft, in der sie hochaufgerichtet zu Gott dastehen sollte, in die Gebrechlichkeit des hingeworfenen Fleisches verkehrt hat und dieses durch die Macht der schändlichen Werke an sich zieht. Und so läßt sie sich auch in ihrer Gesinnung voll Wollust gehen und behauptet mit den lüsternen Menschen, sie könne sich nun einmal nicht ihrer Begierde enthalten. Ihre Haare sind wie Feuerflammen, weil die Menschen, die ihrer Lust leben, alle Scham, die sie im Geiste zur Keuschheit hinwenden sollten, herabziehen in die Glut der Lust. So nähren sie in sich die Flammen eines schimpflichen Brennens, durch das sie sich selbst wie andere schmählich anstecken. Ihre Augen sind weiß wie Kreide, weil dieses Laster der schlechten Menschen Absichten mit ihrem unsauberen Müßiggang durchbohrt, damit sie auf nichts mehr achten, was nur nach Arbeit aussehen könnte, auf daß sie um so bereiter für ihre Lüste werden. An ihren Füßen trägt sie weiße Schuhe, die aber so schlüpfrig sind, daß sie auf ihnen weder gehen noch stehen kann, weil sie nur wollüstige Gier und keinerlei rechtmäßige Abtötung des Fleisches im Lebenswandel der Menschen duldet. Ihr schlüpfriges Gebärdenspiel weist darauf hin, daß sie auf keine Weise weder in der Ehre der Rechtschaffenheit zu wandeln noch in der Gewohnheit der Beständigkeit bei ihr zu weilen bestrebt ist, dafür aber auf den Abwegen ihrer schändlichen Leidenschaft einherschreiten will, indem sie hin und wieder hochspringt, um dabei nur um so öfter in die Tiefe zu fallen. Da die unreinen Menschen dem Reizen des Fleisches verfallen und den Schmutz der menschlichen Befleckungen bevorzugen, indem sie sich den schlimmen Tieren angleichen und die himmlische Enthaltsamkeit fliehen, unter-

ziehen sie sich nach göttlichem Richterspruch zahlreichen Leiden ihres Fleisches,
da sie just das in ihrem Eigensinn nicht wollen, was sie an Wert ersehnen sollten,
wie dies beim Apostel Paulus geschrieben steht:

Der Apostel Paulus spricht

52   „Daher überließ sie Gott der Unreinheit, nach der ihr Herz gelüstet, so
daß sie gegenseitig ihre eigenen Leiber schändeten. Denn Gottes Wahrheit hatten
sie gegen die Lüge eingetauscht, und sie wollten lieber dem Geschöpf Verehrung
und Anbetung erweisen als ihrem Schöpfer, der da hochgelobt ist in Ewigkeit"
(Röm 1, 24—25).

Das soll heißen: Weil die verkehrten Menschen ihr Wollen auf ungewisse
Süchte werfen und nicht mehr davon lassen wollen, deshalb erlaubt ihnen in
Seinem gerechten Gericht der Schöpfer der Welt, in dessen Macht auch sie
bleiben und ohne dessen Erlaubnis nichts geschieht, daß sie sich in die Begehrlichkeit ihres Denkens und Wollens begeben, wobei sie der Unreinheit verfallen,
zu der sie einen so heftigen Trieb haben. Und so können sie ihr Fleisch zur
Unwissenheit und Widersprüchlichkeit verkehren, indem sie miteinander jene
Sünden, die nicht erlaubt sind, schmählich ausführen. Was immer sie nämlich
begehren und wollen, das begehen sie auch in ihrer Schande; ihren Gott verlassen sie, den sie gleichwohl in ihrem Wissen behalten, um dabei gleichzeitig
bestrebt zu sein, wie sie sich an ihrem Fleische sättigen könnten.

Weiter von der Wollust

53   Durch solches Verhalten ahmen sie den ersten Engel nach, der mit seinem
so boshaften Eigensinn das Leben in seiner Natur verändern wollte. Dies aber
konnte er nicht vollbringen, weil Gott ihm dem Tode, der vom Leben abgezogen ist, übergab. Und so gestattet Gott wohl, daß diese Menschen sich in die
Leidenschaften ihrer Lüste stürzen, so daß sie auf ihre Triebe und nicht auf den
Himmel zu eilen. Mit dem unreinen Blut und mit schmachvoller Feuchte beflecken und entehren sie sich, indem sie die menschliche Natur bei sich selber
wie bei ihren Mitmenschen durch gar üble Beschmutzung verdrehen und her-
unterreißen, wobei sie die angemessene Zeugung, wie Gott sie eingerichtet hat,
zerstören. Mit all ihrer Unreinheit und in menschlicher Berührung verletzen
und schwächen sie die ehrsame Zucht, da sie ihre Leiber einem perversen Lebenswandel preisgeben. Sie verändern nämlich jene Wirklichkeit, durch die Gott
wahrer Gott ist, zu einem Zustand der Lüge, um darin Gott zu lästern, indem
sie Götzen verehren, die keinerlei Wirklichkeit, vielmehr nur ihren hohlen
Namen besitzen. Damit aber können sie weder sich noch ihren Mitmenschen

nützen, vielmehr dienen sie in sklavischer Haltung nur der ihnen unterworfenen Kreatur, da sie vor dieser ihre Knie beugen und an sie ihre Bitten richten. Der sie geschaffen hat, den wollen sie verlassen und ihm nicht die geschuldete Ehrfurcht erweisen. Daher fügt ihnen der Teufel zahlreiche Leiden und Leidenschaften unreiner Sinnlichkeit zu, aus denen sie sich nicht mehr herausreißen wollen und auch nicht können, da sie gerade das pflegen, von dem sie keine Erfrischung noch irgendein Heil erwarten können. Jene Geschöpfe nämlich, die Adam in seiner Vernünftigkeit an ihren Funktionen gleichsam wie mit ihren Namen nannte, erwählen sie sich zum Gott. Den Sklaven nennen sie Gott, wenn sie den wahren Gott verlassen, der da in unaufhörlichem Ruhme über Seine ganze Schöpfung in Ewigkeit gepriesen wird. Und so ist Gott die Wahrheit, Satan aber jene Lüge, die alle ihre Diener stets sich beeilen läßt, sich zu so üblen Schändungen des Körpers und der Seele zu verkrümmen.

Noch einmal die Wollust

54   Daher kommt aus dem Munde der Wollust ein übelriechender Atem und fließt giftiger Speichel. Mit ihren Worten zeigt und erwähnt sie den Trieb und das Geworfensein des Hochmuts und bringt auch ihre Lüste unter schimpflichen Redensarten vor. An ihrer rechten Brust säugt sie einen jungen Hund, an ihrer linken aber eine Schlange. Wo sie nämlich mit der rechten Brust normalerweise den Menschen die Nahrung in Weisheit reichen sollte, da spritzt sie nun das Unreine voll Torheit heraus. Und wo sie an der linken Brust mit Klugheit des Unrechts enthalten sollte, da nährt sie mit der Torheit das Bittere, nichts schonend, da sie einem jeden Ärgernis schafft, der sich ihrer Lust entgegenstellt, während sie jedoch auch diejenigen zerfleischt, die sich mit ihr einlassen. Deshalb rupft sie mit ihren Händen die Blüten von den Bäumen und Gräsern und zieht ihren Duft mit der Nase ein, weil sie einem jeden einzureden versucht, er würde bei seinem Tun gleichsam jene Blüte der oberen und übernatürlichen wie auch der niederen und natürlichen Leidenschaft leibhaftig genießen, welche er sich im Geruch der üblichen Lust unmäßig aneignet. Wo sie nämlich die Lust des unreinen Duftes immer wieder schimpflich genießen, da wird auch der Hunger nach den scheußlichen und unziemlichen Gelüsten bei den Menschen von Mal zu Mal vermehrt. Besondere Kleider hat die Gestalt nicht an, ist vielmehr in das nackte Feuer gewandet und läßt mit ihrer Brunst alle Dinge in der Nähe wie Heu verdorren, weil ihr der Schmuck der Scham und Ehre fehlt. So zeigt sie sich der ganzen Welt in ihrer nackten Verwilderung. Sie erscheint als ein teuflisches und höllisches Feuer, da sie in der trügerischen Glut ihrer Unflätigkeit Blut und Fleisch der Menschen, die sich mit ihr einlassen, erregt, um ihnen die Früchte der Heiligkeit zu entreißen wie dürres Heu und sie zu allen nur möglichen unerlaubten Anreizungen fleischlicher Begehrlichkeit zu verführen, so

wie sie dies in den obigen Redensarten eingesteht. Ihr tritt die Keuschheit entgegen, und sie ermahnt die Menschen, sich von jener Wollust abzuwenden und lieber ihr getreulich zu folgen.

Die Gestalt des Strafeifers

55   Zur rechten Seite des Mannes siehst du nun eine Erscheinung in Menschengestalt stehen. Das bedeutet, daß in der Wahrhaftigkeit und Mächtigkeit Gottes Sein Strafeifer hervortritt, die Sünden der Menschen zu reinigen und zu tilgen. Denn der Mensch, geschaffen als Abbild Gottes und begabt mit dem Wissen um Gut und Böse, wird gerichtet durch den gerechten Richterspruch des höchsten Richters, der alles wahrhaft entscheidet. Die Gestalt trägt ein feuriges Antlitz, weil der Strafeifer alles Unrecht in der Glut seiner Gerichte wie mit Feuer verzehrt, nicht allein, daß er alles im Feuer läutert, sondern auch alles Übel austreibt und ins Nichts zurückführt. Daher trägt er auch ein stählernes Gewand. Denn sein Kleid ist die Gerechtigkeit, die stark und beständig dasteht in ihren Entscheidungen. Sie richtet alles, über das sie zu Gericht sitzt, nach keiner anderen Richtschnur als nach dem, was gerecht ist. Und so schreitet sie gegen die erwähnten Laster ein. Denn der Zorneifer des Herrn weist die diabolischen Täuschungen der oben aufgeführten Laster zurück und vernichtet sie ganz und gar, weil diese Laster, der alten Schlange Eingeweide nämlich, die nichts weiter sind als das Außerachtlassen in Ungerechtigkeit, den Menschen tödliche Pfeile senden. Gleichwohl werden sie alle durch das Martyrium des Gottessohnes in Verwirrung gebracht und von der ewigen Gottheit vernichtet, so daß sie gänzlich zugrunde gehen. So wird auf ewig der Tod zerstört werden, wenn Gott Seine Macht zu zeigen geneigt sein wird, dem doch niemand widerstehen könnte, wie dies auch Hiob bezeugt hat:

Hiob spricht

56   „Gott, dessen Zornesstrafe niemand widerstehen kann, und vor dem sich alle beugen, die da tragen das All!" (Hiob 9, 13.)
Das hat zu bedeuten: Gott, der das All geschaffen hat und in dessen Macht alle Dinge stehen, zeigt sich in der Gewalt Seiner Gerichte in solchem Ausmaße, daß keine Macht bei Engeln oder Menschen gefunden wird, die Seiner Prüfung zu widerstehen vermöchte, wenn Er in gerechter Entscheidung Seine Strafe gegen die Übeltäter trifft. Denn der Zorn Gottes ist so einzigartig, daß er als solcher schon stetig gegen das Übel der Unbilligkeit ankämpft. Dabei hat er nicht die geringste Verbindung mit dem Bösen, wirft dieses vielmehr völlig zu Boden, wie er es auch bei den Engeln und im Menschen zunichte machte. Auf diese

Weise hat Gott Seine Entscheidungen begründet, indem Er der Unbilligkeit die Gerechtigkeit und den Verbrechern die Züchtigung entgegenhielt. Dies geschieht überall da, wo der Sünder durch die Strafe gerechtfertigt wird, wo er sich nämlich mit der Reue auseinandersetzt und dem Kreuz der Buße unterwirft, wo er sich unter Tränen hart zusetzt, indem er seine Sünden über den Priester vor Gott bekennt. Denn auch der höchste Priester, der Sohn Gottes, unterwarf sich dem Kreuz, da Er zahlreiche Sünden der Menschen durch Sein vergossenes Blut abgewaschen hat. Diesem Vergleich mit Gott könnte niemand standhalten, da Er selber allein Gott ist und allein der gerechte Richter, der alles recht entscheidet und alles gütig ordnet. Seinem Geheiß haben sich unterworfen, die diese Tugendkraft von Ihm angenommen haben, so daß sie den Erdkreis tragen, das heißt jenen Umkreis, aus welchem die Welt besteht, so wie sie dies alles auch gemäß der Anordnung und nach der Satzung Gottes vollführen. Diese Kräfte aber sind Sonne und Mond wie auch die übrigen Planeten, ferner die Sterne mit den übrigen Gestirnen, die in ihrer brennenden Gewalt das Rad des Weltalls halten. Sie ziehen auch den Wasserkreislauf an sich und saugen die Wasser auf, damit der Erdball nicht in der Glut jener Kräfte verdorre. Auf diese Weise kommt die Welt durch das Wasser erst recht zum Leuchten. Alle diese Kräfte stehen nach dem Urteilsspruch Gottes unaufhörlich zur Verfügung, weil sie in diesem natürlichen Dienst im Verbund mit den Menschen stehen wie sie auch deren Handlungen spüren. Sie können gar nicht anders handeln, als es ihnen aufgetragen ist. Diese ganze Gesetzlichkeit ist vom höchsten Schöpfer so angeordnet. Er ordnet alles und sorgt für alles, damit dies alles auch einem jeden in rechter Fügung und genauer Angemessenheit zugute kommt. Wer aber die Sehnsucht nach dem Leben hat, der nehme diese Worte darin auf und berge sie im innersten Gemach seines Herzens.

Der Hochmut

57   Und siehe: Ich sah innerhalb der weiter oben erwähnten Menge andere Geister, die ein Geschrei erhoben und riefen: „Wer ist der Herr? Luzifer ist der Herr, und ein anderer existiert nicht!" Diese Geister zeigen den Menschen den Hochmut, und sie reden auf sie ein, bis sie glauben, sie seien mehr wert als andere.

Von den Strafen der Hochmütigen

58   Und ich sah ein gar großes Feuer, das überall loderte in schlimmster Glut. Eine Masse von riesigen und schauerlichen Würmern wimmelte darin. In diesem Feuer wurden die Seelen derjenigen gepeinigt, die in Wort und Tat den Hoch-

mut in sich aufkommen ließen, solange sie noch in der Welt weilten. Ihres Hochmuts wegen wurden sie in diesem Feuer gepeinigt, und wegen ihrer Prahlerei wurden sie von den Würmern geplagt, die darin wimmelten.

Von der Buße der Hochmütigen

59   Und ich sah und erkannte dies. Und wieder hörte ich aus dem lebendigen Licht die Stimme zu mir sprechen: Das, was du siehst, ist wahr. Die Menschen sollen aber, falls sie die bösen Geister und deren Übermut ablegen und die Strafen für dieses Laster vermeiden wollen, ihren Körper durch ein Bußgewand und durch Kniebeugen, ferner mit Rutenstreichen, Seufzen und Tränen im Zaume halten und züchtigen.

Vom Kampf gegen den Hochmut

60   Durch solche Art Bedrängnis wird der Hochmut im Menschen überwunden. So nämlich ist der Kampf gegen den Hochmut zu führen: Das Bußgewand hindert den Höhenflug des Geistes daran, sich zu erheben; das Beugen der Knie bringt den Geist zur Zerknirschung; die Rutenschläge zermalmen seine Aufgeblasenheit; die Seufzer verletzen ihn, und die Tränen ertränken ihn. Das Seufzen nämlich sieht auf Gott, und die Träne bekennt Ihn.

Hochmütigkeit ist die Mutter der Laster

61   Auf diese Weise kann man dem Hochmut Einhalt gebieten. Denn im Hochmut liegt jener erste Betrug, der Gott verachtete, weshalb die Hochmütigkeit auch zur Mutter aller anderen Laster wird. Wie der Mensch seinen ganzen Organismus mit den fünf Sinnen beherrscht, so zieht auch der Hochmut mit den übrigen Lastern, mit dem Haß nämlich und dem Ungehorsam, mit der Ruhmsucht und mit dem Betrug das ganze Geschlecht der Laster an sich und führt es auf die Bahn des Irrtums. Denn der Hochmut wollte noch über Gott hinaus; er hat auszuforschen versucht, wie weit er mit seinen Fähigkeiten kommen könne. Der Haß aber wollte nicht auf Gott sein Vertrauen setzen, sondern kämpfte gegen Seine Gerechtigkeit, wobei er zahlreiche Verwundungen hinnehmen mußte. Der Ungehorsam unterwarf sich nicht Seinen Satzungen und behauptete, Gott habe in Wirklichkeit keinerlei Macht. Die Ruhmsucht erstrebte gerade das, was nicht geschehen durfte, da sie sich Gott nennen ließ. Der Betrug aber begehrte, daß es mit Gott ein Ende nehmen müsse. Er hat den lebendigen Gott verachtet, um sich einen stummen Gott zu wählen. Wie aber aus Eva

das ganze Menschengeschlecht hervorging, so sind auch aus dem Hochmut alle Übel der Laster entstanden. Daher hat der Teufel dieses Weib mit dem Hochmut zu Fall gebracht, als er es überredete, den Apfel zu essen. Wer sich aber dem Hochmut anheimgibt, der entbehrt der Liebe Gottes, und er keimt nicht im Tau des Segens der Tugenden. Daher soll ein Mensch, der Gott demütig dienen will, dieses Laster fliehen und es gänzlich aus sich vertreiben.

Dies alles ist gesagt über die Seelen der Büßer, die geläutert und gerettet sein wollen, und es ist die Wahrheit. Der gläubige Mensch achte darauf, und er halte es fest im Gedächtnis seines guten Gewissens.

Die Mißgunst

62 Ich sah nun unter der Menge noch andere Geister, die riefen: „Was soll das für ein Ruhm, und was soll das für ein Reich sein, das doch keiner zu fassen kriegt?" Diese Geister überreden die Menschen, nur ja nicht die Gabe Gottes im Menschen zu lieben, vielmehr nur an sich selber Gefallen zu finden und ihren Mitmenschen nichts an Glück und Gütern wie auch an Erfolgen zu gönnen.

Vom Fegefeuer der Mißgunst

63 Und ich sah einen gewaltigen, hohlen Berg, der innen ganz von Feuer und glühendem Pech brannte, und in welchem eine Unmenge von Vipern wimmelte. Der Berg hatte eine enge Öffnung, durch welche die Seelen ein- und ausgingen. Neben diesem Berg herrschte eine ganz entsetzliche Kälte, während eine glühende Nebelschicht darüber lagerte, die zahlreiche Skorpione beherbergte. Hier wurden die Seelen jener durch Folterungen gequält, die sich während ihrer Erdenzeit der Mißgunst samt dem Haßgefühl überlassen hatten. Von der Pein dieses Berges wurden sie zur Peinigung der benachbarten Kälte und von der Pein jener Kälte wieder zur Peinigung dieses Berges hin- und hergeworfen. Weil sie nämlich in ihren Herzen gegen ihre Nächsten mißgünstig aufgebraust waren, brannten sie im Feuer jenes Berges. Weil sie dem Glück und dem Erfolg ihrer Mitmenschen neidisch abgetan waren, wurden sie mit diesem Pech überschüttet. Weil sie aber ihre Mitmenschen auf diese Weise gehässig und gottlos gequält hatten, wurden sie von diesem Vipernzeug gefoltert. Wegen ihres Haßgefühls, das mit der Mißgunst verbunden war, hatten sie die Kälte neben diesem Berg auszuhalten; und der Grausamkeit dieses Hasses wegen bekamen sie seinen feurigen Nebel zu spüren. Wegen ihrer Bissigkeit und Wildheit mußten sie unter den Skorpionen leiden. Sofern sie aber die Mißgunst mit dem Haß und den Haß mit der Mißgunst zusammen in sich hausen ließen, wechselten sie nun von der einen Pein zur anderen Peinigung.

Von der Buße der Mißgunst

64   Und ich sah und verstand dies. Auch hörte ich abermals die Stimme aus dem lebendigen Licht zu mir sprechen: Das, was du siehst, ist wahr. Daher sollen sich die Menschen, falls sie diese gefährlichen Geister, die ihnen Mißgunst und Haß eingeben, wie auch diese Strafen vermeiden wollen, mit einem Bußgewand und mit Geißelungen züchtigen. Sie sollen die Knie vor Gott beugen, da sie durch ihre Mißgunst viele Menschen verwirrt und im Neid wie im Haß ihres Glückes beraubt haben.

Von der Sünde der Mißgunst

65   Mißgünstige Menschen lieben weder das Gute, das sie in den anderen sehen und erkennen, noch setzen sie darauf ihr Vertrauen. Sie geben vielmehr an, daß ihre Handlungen immer auf geraden und rechten Wegen erfolgreich voranschreiten. Daher läßt Gott zu, daß sie zu Fall kommen, weil sie nicht in der Beständigkeit stehen wollen. Genauso verhielten sich die Juden, die das, was sie wohl wußten, verachteten, und das, was sie genau sahen, verleugneten, die den rechten Weg verließen, um einen unrechten Pfad einzuschlagen, indem sie den, den Ich ihnen zur Erlösung sandte, in ihrem widersprüchlichen Verhalten zu unterdrücken versuchten, damit Er sich nicht durchsetze. Wohl sahen sie die Sonne der Lehre leuchten, und waren doch bestrebt, sie zu verdüstern. Sie spürten ihr Wunderbares, das sie dann doch ganz und gar im Nichtsnutz ihrer Mißgunst zu vernichten trachteten. Daher habe Ich sie vernichtet und sie zerstreut wie Staub, weil sie dem, was sie sahen, nicht glaubten. So kommt nach dem rechten Urteil vor Gott und den Menschen zu Fall, wer das Wertvolle und Heilige, das er sieht und kennt, nicht nachzuahmen bestrebt ist.

Die Mißgunst gleicht dem Satan

66   Die Mißgunst schafft nichts Gutes; sie verletzt und verdrängt vielmehr auch den, der in ihr zu stehen scheint. Sobald aber die Mißgunst sich mit dem Haß verbindet, setzt sie alle Kräfte der Menschenseele in Bewegung. Ein Mensch nämlich, der in der Schwärze der Mißgunst noch dem Haß folgt, entbehrt der Glut des Heiligen Geistes, in welchem der frohe und nie zu Ende gehende Tag aller Wonnen besteht. Eine solche Freude kann ein haßerfüllter Mensch nicht kennen, da er sich am Wohlergehen der anderen nicht mitfreut. Mit seinem verbitterten Haß nagt er vielmehr an allem, weshalb er dem Teufel gleicht, der bei seinem ersten Auftritt bereits den Haß in sich keimen fühlte, wodurch er auch allen Schmuck der Himmel verlor. Versuchte er doch, über Mißgunst und

Haß Gott Widerstand zu leisten. Die aber Gott dienen wollen, erröten ob solchen Tuns und weisen dieses Übel weit von sich, damit sie dadurch nicht den Spiegel ihrer Seelen verdüstern.

Dies alles ist gesagt über die Seelen der Büßer, die geläutert und gerettet sein wollen, und es ist die Wahrheit. Der gläubige Mensch achte darauf, und er halte es fest im Gedächtnis seines guten Gewissens.

Die Ruhmsucht

67   Unter dieser Menge sah ich noch andere Geister, die ein großes Geschrei erhoben und riefen: „Wir werden keinen anderen Gott anrufen, als den, der Luzifer heißt! Mit ihm allein werden wir großartigen Ruhm gewinnen." Diese Geister zeigen den Menschen die Ruhmsucht; und sie ermahnen sie, mit allem Eifer sich darauf zu verlegen.

Vom Fegefeuer der Ruhmsucht

68   Und siehe: Ich sah einen lang hingezogenen und weit ausgedehnten Sumpf, voll von Schmutz, in dem zahlreiche Arten von Würmern wühlten, die einen äußerst schlimmen Gestank von sich gaben. Hier wurden die Seelen jener gepeinigt, die sich während ihrer Erdenzeit mit höchstem Eifer der Ruhmsucht anheimgegeben hatten. Weil sie sich unausgesetzt bemüht hatten, immer nur Ruhm zu erlangen, wurden sie von dem Schmutz dieses Sumpfes befleckt. Weil sie sich mit diesem Laster über andere erhoben hatten, wurden sie von diesem Gewürm gequält. Und weil sie überall und ohne Maß so handelten, hatten sie nun unter dem erwähnten Gestank zu leiden.

Von der Buße der Ruhmsucht

69   Und ich sah und verstand dies. Und abermals hörte ich aus dem lebendigen Licht die Stimme zu mir sprechen: Das, was du siehst, ist wahr, und es ist so, wie du es siehst. Menschen aber, die die Geister der Ruhmsucht überwinden wollen und auch den Strafen für dieses Laster entfliehen möchten, sollen sich mit Fasten und Geißeln züchtigen; sie sollen Gott immer wieder ihre Gebete anbieten und dieses Laster ganz und gar fliehen.

Von der Schuld der Ruhmsucht

70   Die Ruhmsucht hat nur einen Blick für die linke Seite und erwägt, was sie in ihrer Unvernunft treiben könnte. Überall will sie nur ihren eigenen Willen haben. Sie schmückt sich für andere, und von den anderen wünscht sie auch geehrt und belohnt zu werden. Während sie sich aber solchermaßen schmückt, findet sie keine Zeit zur Gottesfurcht, und während sie nach Ehre hascht, kennt sie keinerlei Gottesliebe, und wie sehr sie auch bestrebt ist, gelobt zu werden, sie verläßt doch immer mehr Gottes Gerechtigkeit. Wegen ihrer Lust am eigenen Wollen zeigt sie Gott keinen Gehorsam, da sie Ihn nicht achtet, nicht liebt und Seine Gebote nicht wahrt. Alle, die ihr folgen, wähnen daher, sie hätten auch schon den besten Teil erwählt, wenn sie nur von sich selber lernen wollen und nur ihre eigenen Anordnungen treffen, während sie Gottes Dienst weder suchen noch Gottes Sohn lieben. Vielmehr stürzen sie alles Heilige und Gerechte in die Verhöhnung ihres Vergnügens. Die Gott aber getreulich dienen wollen, sollen diese Nichtigkeit von sich abweisen und mit den seligen Werken fest auf der Zerknirschung ihres Geistes beharren.

Dies ist gesagt über die Seelen der Büßer, die geläutert und gerettet sein wollen, und es ist die Wahrheit. Der gläubige Mensch achte darauf, und er halte es fest im Gedächtnis seines guten Gewissens.

Der Ungehorsam

71   Noch andere Geister erblickte ich in diesem Haufen, und ich mußte ihr Geschrei anhören: „Gott allein sollte nicht Gott sein, sondern ein anderer neben ihm wird allmächtig werden!" Diese Geister ermuntern die Menschen zum Ungehorsam, und sie zeigen ihnen, auf welche Weise sie ihrer Obrigkeit Widerstand leisten können.

Vom Fegefeuer des Ungehorsams

72   Und ich erblickte eine äußerst dichte Finsternis, in der die Seelen jener, die sich während ihrer Leiblichkeit dem Ungehorsam zugesellt hatten, auf einem mit feurigem Pflaster versehenen Fußboden umherirrten. Auf dem Boden lagen äußerst bissige Würmer, die nach ihnen schnappten. Weil sie verblendet waren, da sie den Vorschriften ihrer Vorgesetzten nicht nachkommen wollten, irrten sie nunmehr in dieser Finsternis. Weil sie in ihrem Ungehorsam widerrechtlich wandelten, wurden sie vom Feuer dieses Bodens gebrannt. Und weil sie sich ihrer Obrigkeit trotzig entgegengestellt hatten, mußten sie unter diesen Würmern leiden. Und ich sah und verstand dies.

Von der Buße des Ungehorsams

73 Und ich hörte abermals aus dem lebendigen Licht die Stimme zu mir sprechen: Das, was du siehst, ist die Wahrheit; und es ist so, wie du es siehst. Daher sollen die Menschen, die dem Ungehorsam willfährig waren, falls sie diesen Geist, der in ihnen hochkam, austreiben wollen und ohne die Strafen für diesen Ungehorsam bleiben möchten, sich vor ihren Vorgesetzten mit gebeugten Knien zeigen und sie mit Worten der Demut um Verzeihung bitten. Nach ihrem Geheiß sollten sie sich eine gewisse Zeit zu einem einsiedlerischen Leben bereit finden; auch sollen sie sich zwischendurch mit Fasten und Geißeln züchtigen. Sie sollen auf der Haut ein möglichst rauhes Gewand tragen, um auf diese Weise über die Ausgewogenheit der Gerechtigkeit wieder unter die Kinder des Vaters aufgenommen zu werden.

Von der Schuld des Ungehorsams

74 Der Ungehorsam ist ein äußerst schlechtes Übel. Er will Gott nicht fürchten, noch gibt er dem Menschen Ehre. Wer diesem Laster folgt, spricht zu sich selbst: „Ach, was! Was bekommen wir denn wirklich zu sehen? Und sollten wir gerade das tun, was uns durch Blinde aufgetragen wäre? Wir haben keine Ahnung davon, was das sein könnte! Unser Recht steht dafür höher und nützlicher da als das ihre. Was würde es uns auch helfen, wenn wir bei solchem Handeln fortfahren würden, das uns durch Mißgunst und Haß aufgebürdet wird? Von dorther haben wir keinerlei Nutzen zu erwarten. Denn durch dieses wollen sie uns ja nur kleinkriegen." Wer aber seine Hoffnung auf Gott setzen will, der nehme die glückselige Unterwerfung auf sich und gehorche dem Gebot seiner Obrigkeit. Er folge nicht dem, der sich seinem Schöpfer nicht unterwerfen wollte und der so aus der Höhe des Himmels in die tiefste Hölle stürzte.

Dies ist gesagt über die Seelen der Büßer, die geläutert und gerettet sein wollen, und es ist die Wahrheit. Der gläubige Mensch achte darauf, und er halte es fest im Gedächtnis seines guten Gewissens.

Der Unglauben

75 Darauf erblickte ich in der oben geschilderten Menge wieder andere Geister, die ein großes Geschrei erhoben und riefen: „Einmal wird auch Gott tot sein! Und dann wird ein anderer nach ihm kommen." Diese Geister verführen die Menschen zur Ungläubigkeit, und sie überreden sie, nicht auf Gott zu vertrauen.

Vom Fegefeuer des Unglaubens

76   Und ich erblickte ein außerordentliches Feuer, das von dichtesten Finsternissen umgeben war, unter welchem sich wiederum ein stinkender Kothaufen von erstaunlicher Länge und Breite wie auch Tiefe befand. In diesem Feuer und in solchem Kot aber rannten zahlreiche und furchtbar gestaltete Würmer hin und her. An diesem Strafort befanden sich die Seelen jener, die während ihrer Erdenzeit Gott kein Vertrauen schenken wollten, Ihn vielmehr, einem Standbild gleich, für nichts erachteten. Wegen der Boshaftigkeit, die sie in sich hegten, brannten sie in diesem Feuer. Wegen des Unglaubens, in welchem sie Gott keine Achtung zollen wollten, waren sie von diesen Finsternissen umgeben. Wegen der Unglaubwürdigkeit, mit der sie alle geziemende Freude der Gottesgeschöpfe in Leid und Schikane verkehrt hatten, wurden sie von diesem Kot befleckt. Wegen ihrer Zweifelssucht aber, in der sie kein Hoffen auf Gott mehr fanden, mußten sie nun die Quälerei von diesem Gewürm aushalten. Und ich sah und verstand dies.

Von der Buße des Unglaubens

77   Und wiederum hörte ich aus dem lebendigen Licht die Stimme zu mir sprechen: Das, was du siehst, ist wahr. Die Menschen aber, die im Unglauben gelähmt sind, sollen sich, falls sie die Geister, die ihnen solches eingaben, überwinden wollen und den Strafen dafür entgehen möchten, mit Fasten und Geißeln, mit Gebeten und Kniebeugen kasteien, auf daß die göttliche Tugendkraft die Taten und Worte des Unglaubens von ihnen nehme.

Von der Schuld des Unglaubens

78   Der Unglaube leistet Gott Widerstand und kämpft auch gegen die Menschen; er findet weder zu Gott noch zu den Menschen Vertrauen. Immer wieder hält er sich selber vor: „Was bin ich? Was war ich? Was werde ich einmal sein?" Die so daherreden, sind blind, weil sie das Heil, in Gott zu sein, verachten und weil sie keinem vertrauen, da sie weder den Tag noch die Nacht kennen wollen. Weil sie Gott nicht kennen wollen, leugnen sie den Tag; da sie Seine Entscheidungen nicht achten, fürchten sie nicht die Nacht. Und da sie auch untreu zu den Mitmenschen sind, verachten sie die Schöpfung Gottes, wobei sie in ihrem Denken so geblendet werden, daß sie keine rechte Lebensordnung mehr in sich tragen. Daher ist von ihnen gesagt:

David spricht

79   „Laß sie stürzen in ihre eigenen Ränke. Ob der Menge ihrer Frevel stoße
sie aus. Denn sie bieten Dir Trotz, o Herr" (Ps 5, 11).

Das will so verstanden sein: Die verkehrten Menschen werden, wertlos im
Nichtsnutz ihrer Verdrehtheit, zu Fall kommen, indem sie ohne den Trost und
ohne das Heil von Ruhm und Ehre leer in ihrem Ränkespiel bleiben. Daher
stoße Du, der Du alles gerecht bedenkst, diese Leute, gemäß der Menge ihrer
Frevel aus, derer gar viele sind, sie, die Dich verachten und Dich von sich gestoßen haben. Eine gewaltige Gottlosigkeit herrscht nämlich in jenen Menschen,
die das, was sie gerecht beurteilen und glücklich tun könnten, mit Wissen und
in der Tat verachten, die sich dafür fremden Angelegenheiten zuwenden, zu
denen sie gar kein Verhältnis haben, zumal sie diese weder sehen noch kennen.
Sie halten das für ihre Existenz, was einfach nicht da ist. Diese Gottlosigkeit
im Unglauben verhält sich derart, daß sie ein jedes Ding einrichtet und ordnet,
als sei sie der Urheber dieser Sache, wobei sie auf vieles einen Haß hat, da sie
ihr Interesse immer wieder auf anderes wirft. Die Menschen, die sich mit diesem
Laster verbrüdern, sind selber nichts, da sie Gott verlachen und ins Nichts drängen. Von der Ehre Gottes und der Freude, die in Gott ist, wollen sie nichts
wissen; Gott wollen sie keine Verehrung schenken, wie ja auch ein Mensch
seinem Feind keine Ehre erweist. Selig aber sind die, die Gott lieben! Sie können
die Werke des Unglaubens fliehen und ihren Glauben auf alles Gute heften, um
sich so Gott zu verbinden. Ziehen sie es doch vor, lieber mit Ihm als mit dem
Teufel zu leben.

Dies ist gesagt über die Seelen der Büßer, die geläutert und gerettet sein
wollen, und es ist die Wahrheit. Der gläubige Mensch achte darauf, und er halte
es fest im Gedächtnis seines guten Gewissens.

Die Verzweiflung

80   Auch sah ich in dieser Menge andere Geister, die ebenfalls ein Geschrei
erhoben und brüllten: „Los, laßt uns voran machen, damit Luzifer seinen Willen vollende!" Diese Geister treiben die Menschen zur Verzweiflung und bedrängen sie, ihre Hoffnung nicht auf Den zu werfen, der sie geschaffen hat.

Vom Fegefeuer der Verzweiflung

81   Und siehe: Ich erblickte eine Grube von mächtiger Ausdehnung, die zugleich von solcher Tiefe war, daß ich ihren Grund nicht sehen konnte. Ein gewaltiges Feuer brannte in ihr und stieß einen äußerst unangenehmen Gestank

aus. In dieser Grube befanden sich die Seelen derjenigen, die an der Gnade und der Barmherzigkeit Gottes gezweifelt hatten, solange sie noch in ihrem Leibe lebten. Weil sie die Hoffnung auf Heil aufgegeben hatten, lagen sie in dieser Grube. Weil sie sich auch anderweitigen Verfehlungen überlassen hatten, wurden sie von seinem Feuer verbrannt. Und da sie bei solcher Schuld keinerlei Maß kannten, hatten sie den Gestank dieses Feuers zu erleiden. Und ich sah und verstand dies.

Von der Buße der Verzweiflung

82   Und ich hörte aus dem erwähnten lebendigen Licht wiederum die Stimme zu mir sprechen: Das, was du siehst, ist wahr. Was könnte solchen Menschen, die die Verzweiflung in sich hochkommen lassen und die auf die Güte Gottes nicht mehr vertrauen, die mit ihrem Gott vielmehr umgehen, als sei Gott gar nicht da, anderes noch bevorstehen als der Tod? Wenn sie aber den bösen Geistern, die sie zur Verzweiflung aufreizen, Widerstand leisten und aus dieser Verzweiflung herauskommen möchten, dann sollen sie sich in lauterem Gebete und mit gebeugtem Knie auf ihren guten Willen besinnen. Sie sollen sich einem schweren Fasten und anderen schwierigen Arbeiten unterziehen, wobei ihnen nicht gestattet sei, daß sie sich in noch größere Verzweiflung hineinsteigern, da sie sich in ihrer äußersten Verbitterung sowieso schon gar manches Herzensleid dieses Übels wegen zufügen.

Von der Schuld der Verzweiflung

83   Die Verzweiflung verletzt den Leib des Menschen, und sie tötet seine Seele. Sie verachtet Gott und stellt Sein Recht hintan. Sie wähnt, daß Seine Hilfe sich auf ein Nichts gründe. Zu sich selber spricht sie: „Was ist das alles schon, was Gott gemacht hat? Wo werde ich selbst dabei zu stehen kommen, wenn nicht im Verderben?" So wird die Verzweiflung von allem Guten weggerissen und damit aus dem Glauben hinausgeworfen, getilgt aus der Satzung der Schriften, weil mit diesen Dingen alle Werte erprobt und erkannt werden, so wie mit Geld alles gewechselt und verglichen werden kann. Denn die Verzweiflung vertraut weder auf Gott, noch glaubt sie an Ihn, noch zeigt sie Einsicht, noch will sie sich selber kennen. Da sie so geartet ist, zerstört Gott sie in allen Dingen und vor allen Dingen. Wenn nämlich das Holz nicht mehr die Grünkraft in sich trüge, wäre es kein Holz mehr, und wenn die Bäume nicht blühen würden, könnten sie keine Frucht tragen. So ist auch der Mensch ein Nichts ohne das Grünen des Glaubens, und ohne die Einsicht der Lehre und der Schriften kann er keine Frucht geben. Daher wird der Irrlauf des Menschen-

herzens, in welchem auf so beißende Weise die Verzweiflung nistet, durch die göttliche Macht zerstört. Denn Gott jagt die Verzweiflung hinaus, und kein Wesen auf der Welt kann sich in ihr freuen.

Dies ist gesagt über die Seelen der Büßer, die geläutert und gerettet sein wollen, und es ist die Wahrheit. Der gläubige Mensch achte hierauf, und er halte es fest im Gedächtnis seines guten Gewissens.

Die Wollust

84 Wieder andere Geister sah ich in dem erwähnten Haufen, die ebenfalls folgendes Geschrei erhoben: „Ist das nicht gewaltig, was Luzifer da gemacht hat? Und wir sind ganz einer Meinung mit ihm." Diese Geister verlocken die Menschen zur Wollust, und sie reizen sie auf, die Lust ihres Fleisches zu befriedigen.

Von den Fegefeuern der Wollust

85 Und ich erblickte ein gewaltiges Feuer, das in äußerster Glut brannte, ganz und gar durchmischt von giftigem und stinkendem Schwefel, von dem es abermals in gewaltiger Stärke aufbrodelte, so daß es, von dieser Eingießung in Bewegung gesetzt, ein großes Geklirre von sich gab. An diesem Strafort wurden die Seelen jener gequält, die sich während ihres leiblichen Daseins der Wollust und Unzucht ergeben hatten. Wegen der Leidenschaft der Wollust wurden sie von diesem Feuer gepeinigt. Wegen der unreinen Begehrlichkeit, die in ihnen loderte, wurden sie von diesem Gift angesteckt. Und wegen ihrer immer neuen schmachvollen Handlungen wurden sie durch diesen Schwefel gestraft.

Vom Fegefeuer der Ehebrecher

86 In diesem Flammenmeer befand sich ein anderes Feuer, in das die bösen Geister die Seelen jener, welche die Ehe gebrochen hatten, derart hineintrieben und wiederum herauszerrten, wie eine Rute hierhin und dorthin gebeugt wird, die einem Gartenzaun eingeflochten wird. Weil sie während ihrer Erdenzeit leibhaftig die Ehe gebrochen hatten, wurde ihnen in dem erwähnten Feuer ein weiteres Feuer auferlegt, und weil sie mit fremden Menschen Verkehr hatten, wurden sie auf die verschiedenste Weise in solches Wechselspiel hineingebunden.

Von der Verletzung des Keuschheitsgelübdes

87   In großer Höhe dieser Luftschicht gewahrte ich nun, wie ein Hagel mit Feuer und Kälte durchmischt herniederprasselte. In diesen Höhen befanden sich die Seelen jener, die während ihres leiblichen Daseins Gott ein keusches Leben gelobt hatten, um dieses Gelübde zu brechen. Sie stürzten aus dieser Höhe hinunter und wurden gleichsam vom Winde wieder hinaufgejagt, wobei sie von einer gewissen Fessel dieser Finsternis so eingewickelt waren, daß sie sich nicht mehr bewegen konnten, vielmehr dieser Hagel aus Feuer und Kälte nur so über sie hereinbrach. Die bösen Geister machten ihnen dabei Vorhaltungen, indem sie höhnten: „Was soll das schon für ein Gelübde sein, das ihr gelobt und nun schmählich gebrochen habt!" Wegen des Gelöbnisses der Keuschheit nämlich, das sie nicht eingehalten hatten, fielen sie aus dieser Höhe. Wegen der Vergeßlichkeit aber, in der sie sich nicht mehr an ihren Schwur erinnern wollten, wo sie doch freiwillig gefehlt hatten, lagen sie gefesselt in diesen Finsternissen. Und wegen der Begehrlichkeit des Fleisches, die sie der Liebe zu Gott vorgezogen hatten, mußten sie nun diesen Hagel aus Feuer und Kälte aushalten.

Von der widernatürlichen Unzucht

88   Ferner erblickte ich einen breiten und tiefen Sumpf ganz voll von scheußlichem Kot, in dem sich die Seelen jener wälzten, die während ihrer Erdenzeit die menschliche Natur sowohl an ihrer eigenen Art, sei es an Männern oder Frauen, wie auch in widernatürlicher Unzucht verkehrt hatten. Die bösen Geister aber schütteten feuriges Wasser über sie aus und zwangen sie mit feurigen Gabeln, sich in diesem Kot zu verstecken. Weil sie nämlich die menschliche Natur sowohl bei sich, wie auch mit anderen unzüchtig erniedrigt hatten, wurden sie von diesem Kot besudelt. Weil sie dies in der Glut ihrer gefährlichen Leidenschaft vollbracht hatten, überschütteten die bösen Geister sie mit feurigem Wasser. Und weil sie bei solchem Laster jede menschliche Scham abgelegt hatten, wurden sie von den Geistern mit feurigen Gabeln in diesen Kothaufen zurückgestoßen.

Von den Strafen jener, die mit dem Vieh unzüchtig verkehrt hatten

89   Auch sah ich, wie die bösen Geister die Seelen jener, die unzüchtig mit dem Vieh geschlechtlich verkehrt hatten, mit feurigen Stacheln und spitzen Dornen zwangen, hierhin und dorthin zu eilen, um den feurigen Geißelungen zu entgehen. Selbst die Tiere machten ihnen dabei Vorwürfe. Wegen des unmenschlichen Geschlechtsverkehrs wurden sie mit diesen feurigen Spitzen gequält. We-

gen der widernatürlichen Leidenschaft bei diesem Verkehr hatten sie die feurigen Geißelungen auszuhalten. Und weil sie nicht einmal bedacht hatten, was sie da taten, mußten sie jetzt die Vorwürfe über diese Sünde anhören. Und ich sah und verstand dies.

Von der Buße des Wollüstigen

90   Aus dem lebendigen Licht hörte ich wiederum die Stimme zu mir sprechen: Das, was du siehst, ist wahr, und es ist so, wie du es siehst, ja noch viel schlimmer. Daher sollen sich die Menschen, welche die Geister, die ihnen die Wollust der Unzucht eingeredet haben, überwinden möchten und die ihren Strafen entfliehen wollen, mit Fasten und Geißelungen züchtigen. Sie sollen mit den lautersten Gebeten gegen ihr Fleisch angehen, damit sie dieses auf solche Weise dem guten Sehnen des Geistes unterwerfen.

Vom Laster der Unzucht

91   Die Unzucht gleicht jenem äußerst gefährlichen Natternzeug, das schleichend täuscht und so in sich die Boshaftigkeit des Teufels trägt, der tötet und die Gerechtigkeit verläßt. Daher sollen die Menschen, welche die Wollust voller Unzucht lieben und die rechtmäßigen Einrichtungen hintansetzen, ihre Seelen und Leiber derart töten, wie dies ein wildes Tier tut, das ein anderes als faulenden Kadaver zurückläßt.

Über die Unzucht mit Hilfe von Kunstgriffen

92   Die aber durch schlimme Kunststücke im unreinen Bund des Geschlechtsaktes Verkehr miteinander haben, sind nicht wert, sich in rechtmäßiger Verbindung zu ehelichen, da sie, verführt durch götzendienerische Künste, bereits vorher miteinander verkehrten.

Von der Strafe für den Ehebruch

93   Menschen, die sich durch den Ehebruch entehrt haben und damit die rechtmäßige Geschlechtsvereinigung, die Gott selbst verbunden hat, in leichtfertiger Übertretung zerrissen haben, sollen sich, falls sie den Strafen für dieses Vergehen entrinnen wollen, ein rauhes Gewand anziehen und sich mit schärfstem Fasten und mit Geißelhieben nach Vorschrift ihres Seelenführers züchtigen.

Von der Schuld im Ehebruch

94   Dieses Vergehen bedeutet eine außerordentliche Liederlichkeit und ist für
beide Teile unzulässig und nicht zu entschuldigen. Da Gott nämlich den ersten
Menschen bildete, führte Er das Weib aus seiner Seite heraus. So sind die beiden ein Fleisch geworden. Von Gottes Geschenk durchdrungen, sollten sie in
einer einzigen Liebe leben. Daher verlieren die Menschen, die durch den rechtmäßigen Ehebund vereinigt und durch den Vertrag einer so ehrwürdigen Autorität geheiligt wurden, die Kraft ihrer Stärke, wenn sie später diesen Vertrag
verletzen und sich einem anderen in die Arme werfen sollten. In ihrer eigentlichen Stärke werden sie geschwächt, so wie Samson seine Manneskraft verlor,
als sein Weib ihn betrog. Hals über Kopf hat er sich in die Katastrophe gestürzt, wie er sich auch selber den Tod gab.

Die Buße für die gefallenen Jungfrauen

95   Die aber das Gelübde der Keuschheit zerreißen und die Reinheit, die sie
Gott gelobt haben, nicht einhalten, sollen, um die Strafe für dieses Vergehen zu
lindern, falls sie gottgeweihte Jungfrauen waren, den Schleier der Jungfräulichkeit ablegen und von ihrem Seelenführer den Witwenschleier annehmen. Alsdann sollen sie sich genauso wie jene, die Gott das Gelöbnis der Witwenschaft
gaben, dieses aber in der Glut ihrer Leidenschaft verletzten, mit einem rauhen
Gewand wie auch durch Fasten und Züchtigungen strafen, um mit gebeugtem
Knie und im Gebete die Gnade Gottes wiederzuerlangen.

Wer das Gelübde bricht, gleicht einem Heiden

96   Wer sich Gott angelobt hat, um Ihn hinter dem Rücken zu verachten, und
sich so der Welt, die er bereits verlassen hatte, wieder in die Arme wirft, der
gleicht einem Heiden, der Götzenbilder und nicht Gott anbetet, weil er den
eigenen Willen für Gott hält. Er macht es wie Pharao, der das Volk Gottes, das
er entlassen hatte, verfolgte, um es zu fangen, und der dafür im Roten Meer
versenkt wurde. Genauso wird jener, der seinen Eigenwillen, den er Gott zu
Liebe verlassen hatte, von neuem wieder an sich zieht, in den grausamen Tod
versenkt. Denn wie das Leben im alten Gesetz nicht bestehen konnte, so könnte
sich auch ein solcher bei diesem Vergehen nicht das Leben verdienen.

Die Strafe für die widernatürliche Unzucht

97   Wer aber in widernatürlicher Unzucht, sei es bei Männern oder bei Frauen, die rechte Natur des Menschen herabgewürdigt hat, der soll sich, falls er in Reue die Strafen jener Schuld von sich wenden will, mit einem Bußgewand bei Fasten und Geißelungen züchtigen, und er soll sich mit gebeugtem Knie in innigstem Gebete Gott wieder angenehm machen.

Nochmals von der widernatürlichen Unzucht

98   Diese Sünde ist schändlich und ruchlos. Sie erhebt sich im Menschen durch die Kunst des Teufels, wie auch beim Falle Adams der Tod in den Menschen eintrat, als er sich von Gott zurückzog. Gott hat ja den Menschen zu großer Ehre und zu einem ruhmreichen Namen geschaffen; aber die Schlange hat ihn getäuscht. Der Mensch nahm ihren Rat an, und so verlor er die Kenntnis der Sprachen aller Lebewesen, die sie mit ihrem tönenden Hauch hervorbringen. Diese Sünde macht die Kraft im Herzen des Teufels aus. Daher überredet er die Menschen, daß sie die natürliche Gewohnheit in tierische Verhaltensweisen verkehren und solche Schändlichkeit miteinander treiben. Wegen des Urhasses nämlich, den der Teufel auf die Fruchtbarkeit des Weibes hatte, verfolgt er dieses nun, daß es keine Frucht mehr hervorbringe. Daher hat er es ganz gern, wenn die Menschen den Geschlechtsverkehr auf widernatürliche Weise ausüben. Weil Gott aber wollte, daß das menschliche Geschlecht aus der Frau hervorginge, ist es ein außerordentliches Verbrechen, daß der Mensch seinen Samen bei der Ausführung dieses Vergehens zu ungeordneter Vermischung ergießt.

Von der Sodomie

99   Menschen, die mit Tieren geschlechtlich verkehren, so daß sie die herrliche Natur des Menschen solch schimpflicher Schändlichkeit unterwerfen, die dann später aber zur Besinnung über diese ruchlose Verfehlung kommen, sollen sich für diese Schuld einer Züchtigung unterziehen, indem sie sich mit strengstem Fasten und mit härtesten Rutenschlägen züchtigen. Auch sollen sie jene Art des Viehs, mit der sie gesündigt haben, hinfort meiden, damit sie in ihrer Bußgesinnung dem Teufel ein Ärgernis geben.

Noch einmal von der Sodomie

100   Ein Mensch, der mit Tieren Unzucht treibt, handelt so wie einer, der ein irdenes Gefäß herstellt, um dann zu behaupten, das sei nun sein Gott. Und so fügt er Gott Schmach zu, weil er die vernünftige Natur mit einer unvernünftigen und widersprüchlichen Art verbindet. Ein solcher Mensch gleicht einem harten, kalten Stein, weil das schon eine außerordentliche Verhärtung bedeutet, wenn ein Mensch sich derart verhärtet, daß er vergißt, zu welcher Ehre er geschaffen wurde. Und es bedeutet eine außerordentliche Kälte, wenn er in seinem Verstand das Feuer der Glut des Heiligen Geistes auslöscht, indem er in völliger Blindheit solchen Frevel ausführt. Daher leidet seine Seele, die unauslöschlich in ihrem leiblichen Gefäße brennt, wenn der Mensch solchen Frevel verübt, der ja noch schlimmer als das Gewürm ist, das doch nicht abweicht von seiner eigenen Natur.

Von der Schuld der Wollust

101   Wenn ein Mensch aus sinnlicher Begierde in Wollust seine Pflicht verletzt, dann bringt er den Dämonen ein Opfer. Da er nämlich durch die Lust zu solch schlimmem Tun getrieben wird, verfinstert er die Augen seines guten Gewissens derart, als würde er seine Augen mit seinen Händen bedecken. So geht er mit seinem leichtsinnigen Handeln dahin in die Finsternis, indem er zu sich sagt: „Ich kann doch nicht dastehen, als sei ich nicht aus Fleisch und Blut! Aus Speis und Trank nehme ich mein Leben, so wie Gott mich gemacht hat; daher kann ich mich einfach nicht von solchem Tun freihalten." Und so läuft der Mensch in seiner Sinnlichkeit und mit seinen schlechten Handlungen wie ein Mühlwerk um und baut sich doch im Eigensinn seiner vermaledeiten Werke nur eine Ruine auf. Im Kuß und Duft der Gier reißt er die Laster der Wollust an sich. Denn die Feurigkeit der Wollust hat sich entzündet am Nabel des Weibes, um sich in den Lenden des Mannes vollends zu befriedigen. Beiden eilt die teuflische Überredungskunst zu Hilfe, weil der Teufel den bösen Rat im Weibe begann, um ihn im Manne zu vollenden, so wie auch ein Feuer, das durch ein weiteres angefacht wird, erst recht in Glut kommt. Weil aber Gott den Menschen ohne jedweden Mangel erschuf, und da Er ihm durch das gute Gewissen jeden Wert gezeigt hat, wird Er auch all sein Tun nach seinen Verdiensten richten. So hat dies auch David, im prophetischen Geist durch Mich erleuchtet, zum Ausdruck gebracht.

David spricht

102 „Nach Recht wird Er richten den Erdkreis und die Völker nach Seiner
Gerechtigkeit" (Ps 98, 9).

Das ist folgendermaßen zu verstehen: Gott, der alles gerecht entscheidet,
wird nach Recht richten den Erdkreis, der eingerichtet wurde zum Dienste des
Menschen, auf daß dieser unter allen irdischen Geschöpfen auch nicht eines
Grashalms entbehrte. Da die Erde aber durch die Sünden der Menschen verletzt wurde, soll sie auch durch die Gerechtigkeit rechtmäßig gereinigt werden,
auf daß sie nicht im Roste der Nichtswürdigkeit unnütz erscheine. Die Menschen
aber, die dazu bestimmt wurden, daß sie ruhigen Gemütes unter Gottes Satzung
ausharrten, wird Er nach dem Maß der Billigkeit richten, damit sie in dieser
Zeit oder im künftigen Weltalter gereinigt werden, indes die Verächter Seiner
Satzung ausgetilgt werden. Da sie die Gnade Gottes im Leben und Denken
vernachlässigten und sich der Sünde ergaben, sollten sie sich, um davon frei zu
werden, den dementsprechenden Strafen unterwerfen, um möglichst bald in
Reue auf Gottes Huld als auf ihr Ende zu blicken, in welcher sie alsdann geläutert zu ihrer Seligkeit auferstehen werden.

Dies aber ist gesagt über die Seelen der Büßer, die geläutert und gerettet sein
wollen, und es ist die Wahrheit. Der gläubige Mensch achte hierauf, und er halte
es fest im Gedächtnis seines guten Gewissens.

Es schließt der dritte Teil

VIERTER TEIL

DER MANN SCHAUT NACH SÜDEN UND WESTEN

1 ICH SAH NUN, wie der Mann sich nach Süden wandte, so daß er nunmehr nach Süden und Westen blickte. Die Erde aber, in welcher dieser Mann von den Knien bis zu seinen Waden stand, trug die Feuchte und das Grünen wie auch alle Keimkraft in sich. Sie bildete sozusagen die Blüte und Schönheit seines männlichen Vermögens, gleich als ob seine Tugend durch jene geschmückt wäre. Ist sie, die Erde, doch in den verschiedensten Arten fruchtbar, da alles, was in den irdischen Geschöpfen gebildet wird, von der Erde abstammt. Sie selbst, die Erde, ist auch der Grundstoff des Werkes Gottes am Menschen, der seinerseits wieder die Materie für die Menschwerdung des Gottessohnes bildet.

Und siehe: In dem erwähnten Nebelfeld, das die verschiedensten Laster in sich beherbergte, bekam ich nun acht weitere Laster in folgender Erscheinung zu sehen.

Die erste Gestalt

Die erste Erscheinung hatte einen Kopf wie den eines jungen Hirsches und den Schwanz wie ein Bär, während der übrige Körper einem Schwein glich. Und die Gestalt sprach:

Die Ungerechtigkeit spricht

2 „Auf wen soll ich meine Gerechtigkeit setzen? Auf keinen! Würde ich nämlich immer nur auf dies oder jenes achten müssen, so wäre ich kein Geschöpf Gottes mehr, sondern eher ein Esel, der träge dahertrottet, solange ihn nicht die Peitsche treibt. Da bin ich doch weiser und klüger als die anderen. Ich kenne die Sonne, den Mond und die Sterne wie auch die übrige Welt, und jedes Ding bestimme ich ganz genau in seinem Gefüge. Warum also sollte ich mich selbst verleugnen, so als wüßte ich nichts? Wenn ich die Lebensverhältnisse eines anderen ablehnen würde, könnte er mit mir vielleicht dasselbe machen. Würde ich dies aber trotzdem tun, so bliebe meine Lage doch noch vorteilhafter. Und warum sollte ich mich selber abhärmen, so als wüßte ich nichts Gutes, da doch alles, was ich besitze, weitaus besser und nützlicher ist als die Werte und Güter der anderen? Denn ich bin genauso viel wert wie jene, die über alles entscheiden und mitbestimmen wollen."

Die Gerechtigkeit antwortet

3   Aus der stürmisch aufgewühlten Wolke, die sich vom Süden zum Westen hin erstreckte, hörte ich eine Stimme dieser Gestalt wie folgt antworten: „O du teuflisches und zuchtloses Stück, was redest du da? Gott hat alle Dinge der Welt so eingerichtet, daß eins auf das andere Rücksicht nehme. Je mehr einer vom anderen lernt, wo er von sich aus nichts weiß, um so mehr wächst doch in ihm das Wissen. Daher besitzt er durch die Wissenschaft Augen, um auf sich zu achten, damit er nicht in eine Gefahr renne und sich darin aufs Spiel setze. Wenn der Mensch nämlich nicht darauf achten würde, wem könnte er dann durch sein Befehlen vorstehen? Welches Geschöpf würde ihm gehorchen, und was in der Schöpfung würde ihm noch dienen? Mit Hilfe der Natur setzt der Mensch ja ins Werk, was für ihn lebensnotwendig ist. So gräbt er die Gärten mit dem Spaten, die Äcker wendet er mit dem Pflug um, indes der Stier sie pflügt, und er heißt diesen zu ziehen. Eine jede Art in der Natur gewinnt er zu seinem Dienst und zu jenem Zweck, dessen er zu seinem Nutzen bedarf. Warum also verachtest du den Menschen, diesen Inbegriff von Himmel und Erde? Warum weisest du die Lehre und das Geschenk des Heiligen Geistes zurück, die doch der Heilige Geist selber den Menschen eingegossen hat? Der Mensch baut ja den Tempel und Altar für Gott auf, um Ihm darin zu dienen. Daher weiß ich, daß die Gaben des Heiligen Geistes, die ich im Menschen erkenne, die Werke Gottes sind, und für sie bin ich der Lobgesang (symphonia). Ich trage mit vollem Recht das Diadem des Königs unter den Geschöpfen und in ihren Werken. In Ehren achte ich auf sie und bin mit ihren Taten am Werk, so daß sie voller Freude mich besitzen, der ich für sie wie ein Stab auf dem Pfade der Gerechtigkeit bin. Daher soll jeder, der mich verachtet, in die Grube fallen. Denn aus dem springenden Urquell bin ich hervorgegangen, und keine irdische Bedingung kann mich in Schrecken versetzen. Mit der Morgendämmerung habe ich mich erhoben, ich, die geliebteste Freundin Gottes: Bei Ihm werde ich bleiben und weiche nie von Ihm. In Ihm bin ich ein Garant der Wohlfahrt. In der glühendsten Dürre falle ich nicht, da ich die Blühkraft aller Bäume bin, die der Winter nicht welken läßt und die im Sturmwind nicht fallen. Auf dem Berge Zion habe ich meine Heimat, und im Umgang des Lammes wandle ich. Mit Seinem Siege erhebe ich mich, ja, ich selber bin der Sieg des Königs. Niemand wird mich besiegt finden, niemand mich auch erschüttern können, niemand setzt mich in Schrecken, weil ich gar nicht zu Fall kommen kann."

Die zweite Gestalt

4   Die zweite Gestalt trug ein kindliches Gesicht unter weißen Haaren. Sie war mit einem ausgebleichten Hemd bekleidet, unter das sie ihre Arme und

Hände verschränkt hielt und mit dem sie die Füße wie auch die übrigen Glieder so zu bedecken versuchte, daß ich keine weitere Gestaltung an ihr zu unterscheiden vermochte. Und sie sprach:

Der Stumpfsinn spricht

5   „Warum sollte ich ein beschränktes und mühseliges Leben auf mich nehmen? Warum sollte ich so zahlreiche Trübsal ertragen, wo ich doch nicht besonders gefehlt habe? Steht doch einem jeden Ding in der Welt sein eigenes Sein zu! Wie viele heulen da und wehklagen und quälen ihren Körper, so daß sie kaum noch leben können. Und dennoch kommen sie nicht von ihrem schlechten Lebenswandel los und häufen Schuld auf Schuld. Zu was sollte ihnen dann die ganze Anstrengung nütze sein! Ich aber finde in der Bequemlichkeit und bei meiner Scheu vor aller Arbeit ein besseres Leben als die anderen, und die Arbeit liegt mir einfach nicht. Wenn ich aber solcher Mühsal wie auch anderen Schädlichkeiten aus dem Wege gehe, warum sollte Gott mich just deswegen verderben?"

Die Tapferkeit antwortet

6   Aus der erwähnten Sturmwolke hörte ich eine Stimme dieser Gestalt Antwort geben: „O du Staub aus Staub, o glühende Asche elender Fäulnis! Im Urbeginn der leiblichen Ausgestaltung warst du bereits so giftig, wie es jetzt noch deine Werke in ihrer Nichtsnutzigkeit sind. Nicht einmal mit den Würmern kann man dich vergleichen, die sich in ihren Höhlen herummühen, um eine Nahrung zu finden, und auch nicht mit den Vögeln, die ihre Nester bauen, um darin trotz ihrer Beengtheit noch ihre Nahrung zu suchen, womit sie ihre Körper am Leben halten. Was wäre auch in diesem Leben an Lebendigem zu finden, das nicht in der Sorge existieren würde? Gar nichts! Denn dieses Leben ist noch weit entfernt von jenem ersehnten Leben im Paradies, wo die lebendigen Augen der Seligkeit nimmermehr dunkeln. Du aber, du elendes Geschöpf, ohne die Weisheit Gottes und von Gottes Barmherzigkeit verstoßen, du möchtest haben, was keiner dir geben wird, weil du ohne Mühe das nehmen willst, was du in deiner lähmenden Faulheit gar nicht erlangen kannst.

Ich jedoch diene mit der Tapferkeit des Löwen, der Menschheit des Heilands nämlich, im königlichen Gemache, und ich recke mich auf zu allem Guten Gottes. Überall fliege ich hin wie einer, der weit seinen Mantel breitet. Deshalb rufen mir zu alle Zungen und Stämme der Menschen, die im Guten verharren wollen, und sie wünschen, mich zu besitzen. Dich aber halten sie für einen unnützen Kadaver!"

Die dritte Gestalt

7   Und ich sah eine dritte Erscheinung, deren Kopf aussah wie der Kopf einer Sterneidechse, während der übrige Leib dem Körper einer gewöhnlichen Eidechse glich. Ganz in ihrer Nähe erschien eine Wolke, die schwarztrüb und neblig war, dabei untermischt von einer dichten weißen Wolke. Die Gestalt hatte ihre vorderen Füße auf die oben erwähnte Wolke gelegt und sprach:

Die Gottvergessenheit spricht

8   „Wenn Gott mich schon nicht kennen will, und da ich auch nichts von Ihm weiß, warum sollte ich denn von meinem eigenen Willen lassen, wo doch Gott mich nicht will, wie auch ich von Ihm nichts zu spüren bekomme? Wo mir eine Sache nützen könnte, und was ich selber will, darauf will ich überall achten. Was ich weiß, was ich einsehe, was mir gefällt: das will ich tun! So viele reden mir da von einem anderen Leben, von dem ich nichts weiß und nichts höre, das mir jedenfalls noch keiner gezeigt hat. So mancher redet mir dann ein: Mach doch dies oder jenes! Sie weisen mich auf einen Gott und auf das Leben hin und jenen Lohn, den ich einmal bekomme, auf daß mir deutlich werde, was ich tun könnte. Viele Gewaltherrscher kommen zu mir und schlagen mir großartige Pläne vor, die mehr Falsches als Wahres enthalten und die sie doch nicht vorwärts bringen. Was mir zu tun zusteht, das ist erlaubt und soll sich meinem Plan fügen. Noch mehr Götter und damit auch Schulmeister will ich nicht. Wenn es wirklich einen Gott gibt, dann ist eines sicher: daß er mich nicht kennt!"

Die Heiligkeit antwortet

9   Aus der stürmisch aufgewühlten Wolke hörte ich eine Stimme dieser Gestalt antworten: „O du überstürzendes Verderben, was redest du da? Wer hat dich erschaffen und wer dich ins Leben gerufen? Gott allein! Warum willst du das bloß nicht einsehen, daß du dich nicht selber gemacht hast? Ich aber, ich rufe zu Gott und verlange von Ihm alles, was zum Leben nötig ist. Ich stimme mit Seinen Plänen überein und bleibe dabei, indem ich Ihn sehe und erkenne. Wie das geschieht? Durch das gute Gewissen bin ich schnell zur Stelle. Mit ihm spüre ich Gott, und in ihm schlage ich die Zither des Gebetes, indem ich Ihn anbete und mit ihm Gott erkenne. Würde ich aber nur auf diese Dinge achten, so würde ich mich abwenden von Gott. Denn es ist nicht die Erde, die den Menschen Speise und Kleidung und andere Lebensmittel schenkt, sondern Gott selber. Zwar sehen die Menschen alles wachsen, aber woher das kommt und wie etwas wächst, das sehen sie nicht. Das allein wissen sie, daß sie aus Gott

gedeihen. Die ganze Menschheit und alle Zeitalter könnte keiner wachsen lassen, noch könnte einer das geringste Ding, das es auf der Welt gibt, lebendig machen. Nur Gott allein vermag dies, wie auch alles nur durch das, was Gott ist, erkannt wird. Daher soll der Mensch in all seinen Handlungen Gott demütig dienen und sich vom Bösen freihalten, damit er nicht in der Übereilung seines Wissens bloß seinen eigensinnigen Willen erfüllt. Ich aber, ich will einen Gürtel der Enthaltsamkeit tragen und in der heiteren Blüte der Glückseligkeit verweilen. Denn unter dem Banner von Gottes Hofstaat bin ich der Fürst einer geordneten Schlachtreihe des Königs, mit welcher Gott Seine Werke vollbringt."

Die vierte Gestalt

10   In den erwähnten Finsternissen sah ich nun ein Rad wie das Rad eines großen Lastkarrens liegen, das wie vom Wind getrieben wurde, um seine Last zu bewegen. An seinen Speichen waren vier Stöcke eingebunden und auf die Gestalt eines Menschen gerichtet. Zwischen diesen Stöcken stand auf den Speichen die Erscheinung eines Menschen, und zwar so, daß sie unter diesen Stöcken mit jeder Hand je einen von diesen festhielt, während sich die beiden anderen hinter ihrem Rücken befanden, wobei sich das Ganze mit diesem Rad herumdrehte. Die Gestalt trug krauses, schwarzes Haar und hatte Hände wie die Vorderpfoten eines Affen, während die Füße denen eines Habichts glichen. Ihr Gewand war gestreift mit weißlichem und schwärzlichem Linnen. Mitunter warf sie ein Netz aus, um etwas Lebendiges zu fangen, aber sie fing nichts. Und sie sprach:

Die Unbeständigkeit spricht

11   „Warum sollte ich nicht wissen dürfen, was ich bin? Was ich aber genau kenne, das führe ich auch durch, und würde ich nicht so handeln, so wäre ich töricht! Viele halten es doch so, was ich nur bewundern kann, indem sie die Weisen zu Narren machen und die Reichen wieder arm und rechtschaffene Männer zu gemeinen Leuten. Was ich bin, das bringe ich auch zum Ausdruck, und was ich will, das setze ich auch durch. Was ich besitze, davon lasse ich nicht ab, und was ich kann, das setze ich schon ins Werk, soweit mir das Vermögen dazu reicht; anders wäre ich ja verrückt! Ein Handwerker, der sein Werkstück nicht zur Ausführung brächte, wo er es doch könnte, und ein Künstler, der seine Kunst im Stich ließe und sie nicht ausübte, sie verhielten sich doch nur wie ein dummer Bauer. So lehrt es uns nun einmal das Schicksal dieser Welt! Wenn es daher ein Mensch zu gedeihlichem Stand bringen will, dann soll er nur tun, was er will; denn läßt jenes Glück ihn im Stich, dann kann er eben nicht mehr tun, was er will. So ist es die rechte Art!"

Die Antwort der Beständigkeit

12   Und abermals hörte ich aus der stürmisch aufgewühlten Wolke eine
Stimme, die dieser Erscheinung folgende Antwort gab: „Du bist töricht und
eitel, ganz verlassen von den großartigen Kräften der Gottesgaben. Daher
komm zur Besinnung! Der Teufel tat, was er konnte und stürzte in die Hölle.
Auch Adam spürte, was er tat, an dem Geschmack, und er wurde sterblich mit
seinem ganzen Geschlecht. Goliath vertraute darauf, zu vollenden, was er
konnte, und ein Knabe hat ihn überwunden. Auch Nabuchodonosor, dein Sohn,
empfing von dir sein Vermögen, und was war sein Ende? Ebenso die anderen
Nachfahren, was vermochten sie von allem, was sie von dir empfingen, zu Ende
zu bringen? Denn Gott, der dem Menschen das Vermögen zu schöpferischem
Wirken gab, schenkte ihm auch das Wissen, zwischen Ehrenhaftem und Ehrlosem
zu unterscheiden. Er gab ihm das Schwert des guten Gewissens und die Knüttel
des bösen Gewissens. Wenn nämlich das Fleisch schwelgt und der Geist ihm in
einer Sache beistimmt, um sie, so unnütz sie ist, mitzumachen, dann zückt das
gute Gewissen sein Schwert gegen das böse Wissen, und im bösen Gewissen zieht
er seine Knüttel wider dieses, auf daß der Mensch vorherplane, was ihm bekommt. Gott hat ja dem bösen Gewissen einen Platz gegeben und dem guten
Gewissen eine Leiter zum Himmel, weil darin Gottes Kraft besteht. Oh, wie bist
du schlecht, gleich dem Tod, und warum nur wählst du das eine und verachtest
das andere! Du stürzest in den See, und die Leiter, die in den Himmel steigt, die
hast du gar nicht bemerkt."

Die fünfte Gestalt

13   Eine fünfte Erscheinung sah ich, die hatte die Gestalt eines Menschen
und ganz weißes Haar. Völlig nackt stand sie da im Dunkeln wie in einem Faß.
Und sie sprach:

Die Sorge für das Irdische spricht

14   „Welche Besorgnis wäre wohl noch wichtiger als die Sorge um diese Welt?
Wie sonst auch wachsen Getreide und Obstbäume, wie die Weinstöcke und alle
anderen Dinge, die so notwendig sind zum Leben und von denen die Menschen
erquickt und gehalten werden? Würde ich nämlich meine Augen mit Tränen
füllen oder im Seufzen meine Brust zerschlagen oder immer nur meine Knie
beugen, so hätte ich bei alledem weder etwas zum Essen noch zum Kleiden,
würde vielmehr elend zugrunde gehn. Und würde ich auch zum Himmel auf-
schreien, um mir von Sonne und Mond und den Sternen den Lebensunterhalt

zu erbetteln, so würde mir dies gar nichts nützen. Daher will ich mir all das, was ich durch mein Denken, Reden und Handeln zu erreichen vermag, auch aneignen, damit ich auf dieser Welt eine Existenz finde!"

Die Antwort der Sehnsucht nach Himmlischem

15   Und wieder hörte ich aus der erwähnten Sturmwolke eine Stimme dieser Gestalt antworten: „O du, der du die Seelen plünderst, was behauptest du da? Dein Geist ist trügerisch, da er nicht auf Gott vertraut, der alle Lebensmittel bereitstellt. Und wie der Leib nicht leben könnte ohne die Seele, so wächst auch keine irdische Frucht ohne die Gnadenkraft Gottes. Schau her auf die Gebeine der Toten, die in den Gräbern ruhn, und überlege doch, was sie tun sollen. Nichts tun sie mehr, als daliegen in der Fäulnis. Und auch du bewirkst nichts als dein nachlässiges Leben, weil du ohne Gottes Gnade leben willst, um bei all deinen Besorgungen keinerlei Sehnen noch Suchen nach Gott zu behalten.

Ich aber, ich habe in der Höhe meine Heimat. Jedem Geschöpf auf der Welt komme ich in Huld entgegen. Bin ich doch das Leben und die Grüne in allen guten Werken und ein Halsband aller Tugenden. Ich bin das Ergötzen und der Inbegriff der Liebe zu Gott und ein Bauwerk allen Sehnens nach Ihm. Alles, was Gott will, das mache ich auch. Mit den Flügeln des guten Willens fliege ich über die Gestirne des Himmels, um den Willen Gottes in allen Seinen Entscheidungen auszuführen. So steige ich auf über das Gebirge Bethel, wo ich die Werke Gottes so sehr schaue von Angesicht zu Angesicht, daß ich nichts mehr suche, nichts mehr ersehne, nichts anderes mehr zu wünschen habe, als was heilig ist. Bin ich doch das Saitenspiel und der Zitherklang Seiner Liebenswürdigkeit. Und so bin ich in jeder Hinsicht himmlischer Art."

Die sechste Gestalt

Die sechste Gestalt sah aus wie ein Büffel und sprach:

Die Verschlossenheit spricht

16   „Ich halte nichts von dem maßlosen und völlig überflüssigen Geschwätz um die verschiedenen Möglichkeiten und Wirklichkeiten des Lebens! Wenn ich behaupte, dies ist so und jenes so, dann bringe ich es nicht mit weichen und schlaffen Worten heraus. Wäre nämlich die Erde von Regen und Fettigkeit immer nur aufgeweicht und hätte keine Härte, dann würde daraus kein Nutzen kommen, weil die Früchte auf diese Weise nicht reifen könnten. Und wäre sie

zu zart, dann würden sie die Wasserfluten, die sich darüber ergießen, vollends zerstören. Was auch sollte das mir anhaben, wenn ich in bestimmten Dingen nicht weichlich bin, da doch der unpassende und plötzliche Regenguß die Erde nur schwer schlägt. Wenn ich aber nicht aufseufzen kann, so ist das eben so, und wenn ich nicht weinen kann, so macht mir das weiter nichts aus. Denn viele gehen an ihrem Kummer zugrunde und schwinden dahin in ihren Tränen. Denn alle Gnadenhuld, die Gott verleihen will, die gewährt Er auch! Und warum sollte ich mich für solches Zeug so hart anstrengen? Warum sollte ich mir für etwas Mühe machen, das ich doch nicht zu Ende bringen kann? Wenn nämlich einer etwas anstrebt, was er doch nicht erreichen kann, so nützt ihm das gar nichts."

Die Antwort des zerknirschten Herzens

17   Und wiederum hörte ich aus der erwähnten Sturmwolke eine Stimme dieser Gestalt folgende Antwort geben: „Was bist du eigentlich, du bitteres Wesen, daß du behauptest, du brauchtest dich in deinem Leben nicht anzustrengen, wo doch die Vögel und die Fische, die wilden Tiere und die Würmer wie auch alle Kriechtiere ihre Arbeit leisten, um ihr Leben zu fristen? Die Jungen erflehen ihre Atzung von ihren Müttern, und die Erde verlangt von der Luft die Fülle ihrer grünen Lebensfrische. Warum wird Gott Vater genannt, wenn nicht deshalb, daß Seine Kinder Ihn anrufen? Und weil Er ihnen in Seiner Huld das Gute schenkt, erkennen sie Ihn als ihren Gott. Warum also zankst du so mit Gott?

Ich aber, ich trinke von dem Tau Seines Segens, und aus der Zerknirschung des Herzens lächle ich Ihm zu. Unter Tränen noch froh, rufe ich zu Ihm: ‚Gott, komm mir zu Hilfe!' Mir antworten die Engel mit tönender Harfe, und sie loben Gott, wenn ich zu Ihm rufe. Dann leuchtet mir die Morgenröte Seiner Gnade, und Er gibt mir die Speise des Lebens, weil ich von Ihm erbeten habe, Er möge mich nicht kraftlos leben lassen. Du aber, weil du eben nichts von Ihm verlangst, bekommst auch von Ihm nichts geschenkt."

Die siebente Gestalt

18   Die siebente Erscheinung glich bis zu den Beinen einem Weibe, dessen Waden und Füße jedoch von der Düsternis so bedeckt waren, daß ich diese vor lauter Dunkel nicht sehen konnte. Ihr Haupt hatte sie nach Frauenart verhüllt, und sie sprach:

Die Habsucht spricht

19   „Ich habe großes Verlangen und einen gewaltigen Trieb, ein jedes Ding,
das wertvoll ist, ehrenhaft und schön, an mich zu reißen. Jedes noch so kleine
Geschenk, was zu geben und zu haben ist, möchte ich mir nehmen, weil sich mit
der Vermehrung meines Besitzes auch meine Erkenntnis mehrt. Mit schönen
Ringen, prächtigen Armbändern oder sonstigem Geschmeide, wie auch mit
anderen Schätzen werde ich als ein redlicher, kluger Mann erachtet, und in jeder
noch so kleinen Sache unterscheide ich alles nach seinem Wert. Würde ich solchen
Besitz nicht haben, so wäre ich bei allen Gütern und aller Rechtschaffenheit
doch arm dran; ich würde dem faulenden Holzstück gleichen, das weder Härte
noch Biegsamkeit hat. So aber kann ich doch wenigstens mit Gott und den
Menschen Gutes wirken und kann den Menschen mit den übrigen Geschöpfen
etwas an Werten vermitteln."

Die Antwort der Weltverachtung

20   Aus der besagten Sturmwolke hörte ich wiederum eine Stimme, die
dieser Gestalt Antwort gab: „O du ganz übler Strick, der du so mit den leiblichen Dingen herumspielst, die da mit ihren verschiedenen Vermögen und
Fähigkeiten dem fleischlichen Vergnügen dienen! Gar manches Geschlecht der
Menschen hat in seinem Trachten nach den Reichtümern und Ehrungen dieser
Welt gestrebt; die Zeichen an Sonne und Sternen haben sie befragt und haben
sich selbst wie auch jene, auf die sie vertrauten, als Götter bezeichnet. Was hat
ihnen all diese Eitelkeit geholfen? Und wo sind nun ihre Reichtümer und Ehren
und Besitztümer? Im Abgrund der Hölle! Denn sie leiden die verdienten Strafen, da sie nicht sitzen im Zeichen des Heiligen Geistes, und da sie das Himmlische nicht ersehnten, sondern immer nur Irdisches und Gebrechliches im Sinn
hatten.
   Ich aber, ich wohne im Zeichen des Heiligen Geistes und nehme meinen Lauf
im Kreis der Satzungen Gottes. Überall wandle ich auf Seinen Pfaden und rufe
Ihn als Vater an. Die fleischliche Lust des Eigenwillens strecke ich nieder, und
so zeige ich mich überall. Und wenn ich mich schon mal von der Lust des Leibes
beschwert fühle, so werde ich schnell durch die Gottesfurcht und durch das
Feuerrad des Heiligen Geistes wieder wach. Und wenn auch die Völker mich
wegen des Namens des Herrn ehren wollten, und wenn sie mir alle ihre Güter
übergeben möchten, so achte ich dies für ein Nichts, suche vielmehr nur das, was
in Maßen zu halten ist. Und ich spreche so: ‚All das treibt mich weg vom Antlitz Gottes, woher ich nur schwer erröten muß.' Und so gebe ich ihr folgendes
zur Antwort: Du hast mich nicht geschaffen, noch kannst du mich vom Übel
befreien. Darum verachte ich deinen Trug. Denn sobald die Feuerflamme des

Heiligen Geistes mich in Brand setzt, verzehrt sie alles Unreine in mir, und so durcheile ich im Höhenflug alle himmlischen Dinge."

Die achte Gestalt

21   Und ich sah eine weitere Gestalt mit hochgereckten Füßen in jener Düsternis. Sie hatte ein Leopardenhaupt, während der übrige Körper einem Skorpion glich. Und sie wandte sich gegen Süden und Westen und sprach:

Die Zwietracht spricht

22   „Vom Osten wende ich mich ab, und auch den Süden mag ich nicht. Denn der Ost will alles haben, der Süden aber alles festhalten. Was nun werden West und Nord besetzt halten? Das Morgenlicht, das die strahlende Sonne hält, leuchtet rötlich auf, der Westen aber trägt nur Finsternis. Und kann auch der Norden noch etwas bewerkstelligen? Jawohl, er kann! Denn die Finsternisse verdüstern die Sonne, während die Sonne nicht an das Dunkel herankommt, um es zu verscheuchen. So behält jeder Teil für sich seine eigene Stärke. Der Norden hat fest in der Hand, was im Finstern bewegt wird. Was können die Vögel unter dem Himmel und die wilden Tiere und all das Viehzeug auf Erden tun? Und die Fische in den Gewässern, was für ein Vermögen haben sie in ihrer Art? Was sie können, das tun sie auch. Ich aber, ich hause mit all diesen Wesen und entscheide, was sie sind und tun können. Edle und Unfreie, Reiche und Arme, sie alle drehe ich herum wie ein Rad. Würde ich immer nur den einen Moment beachten, so würde es mich bald daran ekeln. So verhalte ich mich in jeder Lage, wie es mir gefällt. Möge ein jeder, der Reiche wie der Arme, der Edelmann wie der Unfreie, tun, was er kann. Genauso mache ich es auch. Denn selbst Osten und Süden verhalten sich so!"

Die Antwort der Eintracht

23   Und abermals hörte ich aus der stürmisch aufgewühlten Wolke eine Stimme dieser Gestalt antworten: „O du scheußliches, du verwünschtes Wesen, was sprichst du da? Könntest du etwa den Himmel und seine Naturgesetze zerstören? Keineswegs! Nicht einmal eine Maus kannst du machen. Aber alle Vorwürfe, die bringst du heraus mit deinem Zanken. Doch wenn du tausend Scheltworte zur Zerstörung einer Gemeinde herausschreien würdest, so könntest du sie doch damit nicht einmal ankratzen. Und du wolltest nun Sonne und Gestirne bekämpfen? Nie und nimmer! Denn ein Staubkorn der Sonnenglut

vernichtet dich schon. Schon als du zu streiten begannst, wurdest du in den Abgrund gestürzt, und mehr bringst du nicht fertig, als was du in der Schöpfung zu sehen bekommst. In ihr nämlich dienest selbst du, so wie ein Ochse seinem Herrn dient. Alle männliche Art hat ihre volle Kraft wie die Sonne, der das Firmament und die übrigen Leuchten, gleichsam das weibliche Geschlecht, unterworfen sind. Du aber möchtest im Niemandsland dein Reich aufrichten, bist aber dort in allen Dingen nur unnütz, da du die Werke Gottes verlästerst. Denn das gerade ist das Nichts, das alles Guten entbehrt. Würde die übrige Welt Gott verachten, so wie du das machst, so würde gleichwohl Seiner Macht nichts fehlen, weil Er die Gewalt des Gerichts hat über dich und über die Hölle und über die Finsternis wie auch über alles, was darin hausen mag."

24   Alsdann erblickte ich an der linken Seite des Mannes eine Gestalt, die wie ein Mensch aussah. Auf seinem Haupte trug er einen feurigen Reif, aus dem flammende Zungen herausschlugen, während sein Antlitz funkelnde Blitze schleuderte. Eine andere Gestaltung konnte ich an ihm nicht wahrnehmen, da er mit einem marmornen Mantel bekleidet war. Diese Gestalt stellte sich gegen die oben erwähnten Laster und rief mit lauter Stimme:

Der Zorneifer Gottes spricht

25   „O ihr üblen Nichtsnutze satanischer Blendwerke, mit der Kraft Gottes will ich euch hinstrecken und vernichten, so wie auch der Teufel im ersten Licht hingestreckt wurde, und wie Goliath und Nabuchodonosor, die Gottes Gerechtigkeit zerstören wollten, durch den feurigen Kreis des Heiligen Geistes niedergeworfen und zu Boden geschlagen wurden, um in den Staub zurückgeführt zu werden. Gegen den ganzen Grund eures Innersten, das ihr in allem Bösen verkrampft, stehe ich tapfer und stetig da, und mir könnt ihr nicht widerstehen."

Wahrer Gehorsam bringt Gottes Huld zurück

26   Und wiederum hörte ich die Stimme vom Himmel zu mir sprechen: Gott, der die Erde gegründet und sie mit der Grünkraft zu verschiedenstem Wachstum durchdrungen hat, hält diese Natur in Seiner Kraft, damit sie nicht in den Staub zurückgeführt und aufgelöst werde. Daher soll sich auch der Mensch, der aus Erde gebildet wurde und der aus dem Paradiese vertrieben ward, in dieser Natur behaupten, um an ihr zu arbeiten. In der Unterwerfung unter den wahren Gehorsam soll er zur Gnade seines Herrn zurückkehren, indem

er die diabolischen Laster, die ihm so hart zusetzen, von sich weist und die
Tugenden, die Gott ihm schickt, liebgewinnt. Und so soll er seinem Schöpfer
getreulich anhangen.

Der Mensch soll das Licht der Seligkeit aufsuchen

27   Das alles zeigt dir die gegenwärtige Schau, wo du siehst, wie der erwähnte Mann sich nach Süden wendet, so daß er nun nach Süden und Westen
blickt. Denn der allmächtige Gott bewegt den Menschen in Seiner Güte dazu,
daß er auf das Licht der höchsten Glückseligkeit in der Glut und mit der Liebe
wahrer Heiligkeit achte, daß er dieses leidenschaftlich liebgewinne, daß er so
die Verblendung und die Verdüsterung der diabolischen Einflüsterungen ganz
und gar zurückweise, um sich nicht freiwillig jener Gestalt anheimzugeben.

Wie die Erde den Menschen hält

28   Die Erde, in welcher dieser Mann von den Knien bis zu seinen Waden
steckt, trägt die Feuchte und das Grünen wie auch alle Keimkraft in sich. Denn
die Erde, die Gott ringsum in Beugen und Drücken wie Erheben gefestigt hat,
und die Er in Seiner Kraft hält, trägt den Säftehaushalt der oberen und unteren
wie auch der inneren Wasserläufe, damit die Erde nicht in Staub zerfalle. Sie
trägt auch die Grünkraft alles Geborenen und in der Jugend Aufwachsenden
sowie den Saft lebendigen Gedeihens, den sie an sich zieht. Und so hat sie auch
alles Keimen im Keim, so bereits die Blüten im Grünen in sich, die aus ihm ihre
Kräfte ziehen. Diese Erde bildet sozusagen die Blüte und Schönheit seines männlichen Vermögens, da seine Manneskraft mit alledem geschmückt wird. Und so
erscheint die Erde, indem sie den Menschen hervorbringt und ernährt, um dabei
alle Welt, die im Dienst des Menschen steht, zu halten und zu hegen, gleichsam
als Blüte der Schönheit und als Schmuck der Ehre der Gotteskräfte, da sie
alles in ihrer Kraft gut und richtig ordnet. Die Kraft dieses Gottes wird durch
die Erde verherrlicht, weil sie es ist, die den Menschen, der Gott zu jeder Zeit
loben und ehren soll, in allen jenen Belangen unterstützt, die der Körper braucht.
Auch alles übrige, das sich auf den Nutzen des Menschen bezieht, hält sie fest,
da sie sich selber allen zum Gedeihen auftut. Denn wie die Herrlichkeit Gottes
durch den Menschen gerühmt wird, so gibt auch der Mensch Gott durch die
Erde, aus welcher der Mensch stammt, in rechten und heiligen Werken die Ehre.
Das geschieht auch deshalb, weil sie an den verschiedensten Arten fruchtbar wird,
da jedes Gebilde irdischer Natur aus der Erde hervorgeht. So ist die Erde gleichsam die Mutter der verschiedensten Arten, die teils aus dem Fleisch stammen,
teils aber auch aus den Samen in sich selber wachsen. Sie ist aller Mutter, weil

alles, was nur immer Gestalt und Leben irdischer Natur hat, sich aus ihr erhebt, und da schließlich selbst der Mensch, der mit der Vernunft und dem Geist des Verstehens beseelt ist, aus der Erde geschaffen wurde.

Die Erde als Grundstoff des Menschen wie auch der Menschheit des Gottessohnes

29   Denn diese Erde ist der Grundstoff des Werkes Gottes am Menschen, der wiederum die Materie bildet für die Menschwerdung des Gottessohnes. Aus Erde ist jenes Werk, das Gott als den Menschen schuf, gemacht, und es ward der Grundstoff jener Jungfrau, die in der lauteren und heiligen Menschheit den Sohn Gottes ohne Makel hervorbrachte.

Die Seele als Grundstoff der guten Werke

30   Wie aber die Erde so vieles hervorbringt, wodurch Gott verherrlicht wird, so bringt auch die Seele des Menschen, die jedes glückliche Werk begleitet, gar manchen Keim der Tugenden zur Ehre des Namens Gottes hervor. Die Seele, in der Gott, gleichsam auf der Erde, mit Seinem Vermögen bis zur Kraft der Vollendung guter und heiliger Werke, gewissermaßen von den Knien bis zu den Waden steckt, sie trägt die Seufzer und die Gebete wie auch die heiligen Werke, die zu Gott streben, sozusagen als Feuchte und Grün wie auch als Keimkraft durch Gottes Huld in ihrem Wesen. Alle Schönheit und der Schmuck göttlichen Einhauchs sind wie die Blüte und Zier der Gotteskraft, so wie auch die göttliche Einhauchung, gleichsam Gottes Tugend, durch sie gepriesen wird. Denn so wie die Seele, in der Gott lebt, Gutes wirkt, wird ihr Ruhm, da sie aus Ihm hervorgeht, im Lobgesang der Himmel verherrlicht. Diese Seele ist es, die durch Gottes Gnade in seligen Kräften und beseligenden Tugenden aufsprießt, um in den verschiedensten Geschlechtern fruchtbar zu werden. Und ihre Taten sind es, die eine Wohnstatt im Himmel errichten. Finden sie doch in ihr ihren Ursprung, so wie die Gebilde der irdischen Natur aus der Erde hervorgehn. Und so ist auch die Seele der Grundstoff der guten Werke und eines höheren Lebens, des beschaulichen nämlich, das als göttlicher Anteil in den Kräften jener Seele, da sie von Gott stammt, im Menschen existiert. Dieser bereitete ihr die gerechten und wohlgeordneten Werke nach göttlichem Geheiß vor, und er machte damit jenen Anfang, den später der eingeborene Sohn Gottes mit der Vollendung der beseligenden Tugenden und mit dem Aufweis einer wahren Heiligkeit in Seiner Person vollendet hat. Denn der da das Leben ist, gab allen das Leben, die an Ihn glauben.

Gottes Sohn, im Herzen des Vaters geboren, wurde Mensch

31   Das Leben lag inmitten der Allmacht verborgen und verharrte im Schweigen, bis die leuchtend weiße, so lange umdunkelte Wolke erstrahlte. Da brach das Morgenrot auf und umflutete die Sonne. Diese aber sandte ihre Strahlen aus und erbaute eine gewaltige Stadt. Zwölf Lichter führte sie herauf und brachte im dritten Teil des Schlafs jene, die im tiefen Schlummer schliefen, zum Erwachen. Davon erröteten alle Adler, die in der leuchtendweißen Wolke hausten und auf das Opfer der Tafelschrift blickten, da nun diese Sonne den Spiegel der Heiligkeit im Augenblick des Ruhmes aufzeigt. Und so erschien die neue Welt im Feuer, eine Welt, die aus den Wassern strömte. Berge und Hügel lagen davon übergossen. Und der ganze Kosmos singt der Engel Lied. Jedes Auge, das sehen kann, erschaut das höchste Licht im wahren Glauben. Denn Gottes Sohn kam in die Welt und setzte alles das ins Werk, um den Gläubigen in Seiner Person den rechten Weg zu zeigen. So hat dies David, vom Heiligen Geiste erleuchtet, verkündigt, wenn er sagt:

Die Worte Davids

32   „In der Sonne schlug Er Sein Zelt auf. Sie selbst geht daraus hervor wie der Bräutigam aus seinem Gemache, froh wie der Held, der durchläuft seine Bahn. Sie geht hervor am Rande des Himmels, und wieder zum Rande des Himmels eilt sie dahin. Nichts kann sich vor ihren Gluten verbergen" (Ps 19, 5–7).
   Das soll bedeuten: Der Sohn Gottes zog in der Herrlichkeit Seiner Gottheit das Fleisch aus der Jungfrau an, die da zur Erlösung in der Wiederherstellung eines anderen Lebens als Zelt des Menschengeschlechtes existiert. Gott nämlich heißt die brennende Sonne, die alles Dunkel erleuchtet hat, als Er die Welt schuf. Aus Seiner Glut entzündete sich, gleichsam als Zelt, das Fleisch der Jungfrau, so daß der Mensch in um so glänzenderem Glauben und mit brennenderer Liebe daraus hervorginge als damals, da Gott vor dem Fall dem Adam die Eva verband. Gott hatte ja den Mann stark geschaffen, schwach aber das Weib, dessen Schwäche die Welt hervorbrachte. Und so ist die Gottheit stark, das Fleisch des Gottessohnes aber schwach, durch das doch die Welt ihr früheres Leben zurückerhält. Denn dieses Fleisch ging rein und unversehrt, wie ein Bräutigam, aus dem jungfräulichen Schoße hervor. Das aber machte es so, wie wohl auch der Bräutigam in seiner großen Freude seine Braut im Verlöbnis aufnimmt in das Liebesnest seines Herzens, um ihr dann in seiner großen Liebe alle Schätze und seine ganze Ehre zu schenken. Damals jauchzte dieser Sohn Gottes auf; in der Höhe der Gottheit besaß Er, gleichsam ein Riese, dies so sehr in Seiner Wonne, daß weder Angst noch Zweifel in ihm blieb. Vor jedem

anderen Sieger sollten die Wege verbaut werden, damit Er um so rascher eilen könnte, um die Rettung des Volks auf dem Weg der Wahrheit diesem Volke nun auch in eigener Person zu zeigen. Denn vom höchsten Gott her neigte sich Sein Ausgang, da Er vom Vater ausging, auf die Erde nieder. Und so ist Er, Mensch geworden, für alle ein einziger Sohn im Vermögen, ein einziger Sohn im Werke, ein einziger Sohn in der Befreiung. In diesem Fleische und mit jedem Seiner Werke ist Er in der Fülle zurückgekehrt zu Seinem Vater, indem Er leibhaftig unter großen Wundertaten in den Himmel aufstieg. Nichts gibt es, was sich dieser Leidenschaft der Gottheit entziehen könnte, da das Wort des Vaters selbst alles erschuf und sich das Fleisch anzog, um den Menschen in seiner Leiblichkeit zu befreien. Und so wird Er auch mit gerechtem Richterspruch alles richten, das Geringste mit dem Höchsten, das Jüngste mit dem Ersten. Denn aus Ihm nahm alles seinen Ursprung.

Die acht Laster stehen gegen die acht Seligkeiten

33   In der Nebelschicht mit ihren verschiedenen Lastern siehst du nun auf diese Weise die acht Erscheinungen der Laster. Denn im finsteren Unglauben der verderblichen Verdammnis, der aus sich die verschiedensten Ausgeburten teuflischer Blendwerke hervorbringt, zeigen sich hier die acht Laster mit ihren abscheulichen Bezeichnungen. Sie stellen sich gegen die acht Seligkeiten, von denen sie gleichwohl durch die göttliche Macht überwunden werden, um in das gleiche Verderben, aus dem sie herkamen, zurückgestoßen zu werden.

Von der Ungerechtigkeit

34   Die erste Gestalt bezeichnet die Ungerechtigkeit. Ihr fehlt die Freude am Leben. Von Anbeginn hängt sie dem Unrecht an, da ein Mensch, der seinem ganzen Wesen nach ungerecht ist, das Unrecht zuerst hervorbringt, um alles, was echt war und ist, durch dieses zu zerstören. Die Gestalt hat den Kopf eines jungen Hirsches, weil sich die Gesinnungen der ungerechten Menschen in den Sprüngen der Verkehrtheit zeigen, indem sie über die Voraussicht und Einsicht der Guten hinweggehen, um Hals über Kopf dahinzustürzen, wobei sie gleichwohl in ihrem Gewissen, das sich unablässig in ihnen regt, als wertvoll angesehen werden sollen. Einen Schwanz trägt die Gestalt wie ein Bär, weil alle Künste ihres Lebenswandels in der Unbeständigkeit des Leichtsinns und im Brummen der Bosheit ausgeführt werden, indem sie allen Widerstand leisten und allem den Kampf ansagen wollen. Daher werden sie, vom wahren und rechten Richterspruch besiegt, ins Nichts zurückgeworfen und somit verworfen. Der übrige Körper gleicht einem Schwein, weil sich die Menschen, die Unbilliges

treiben, im Kot dieses Lasters wälzen und in seinem Dreck liegen. Daher achtet
ihr Tun unter dem Brüllen schmählichen Unrechts und im Unrecht zahlreicher
Nichtsnutzigkeit auf keine Rechtschaffenheit der Weisheit mehr, noch macht sie
sich irgendeinen Rat der Gerechtigkeit zunutze. Alles wollen solche Leute aus sich
selber getan haben und nach ihrem Wunsch vollendet wissen. Immer sind sie
bestrebt, höher zu stehen als andere, wie dies das Laster auch in seiner obigen
Rede beweist. Die Gerechtigkeit gibt ihm die rechte Antwort; und sie ermahnt
die Menschen, ihm keine Folge zu leisten.

Vom Stumpfsinn

35   Die zweite Gestalt weist hin auf den Stumpfsinn, der sogleich das Unrecht begleitet, da er die Gerechtigkeit verläßt. Er bleibt nicht wachsam in der
Treue, ist vielmehr mit Blindheit des Geistes geschlagen, so daß er nicht wahrhaftig auf Gott schaut. Ein kindliches Gesicht unter weißen Haaren hat diese
Gestalt, weil Menschen, die dem Stumpfsinn unterliegen, in ihrer Gesinnung
angesichts jener Weisheit und Maßhaltung, welche einen jeden Wert voraus-
setzen, keinerlei Zucht mehr suchen. Sind sie doch töricht und unbeständig in
ihrem Verhalten. Eine gewisse Leichtigkeit legen sie in ihrer Gesinnung an den
Tag, da sie nichts Rechtschaffenes lieben, sondern nur ihre schlüpfrige Verdros-
senheit. Mit einem ausgebleichten Hemd ist sie bekleidet, unter das sie ihre
Arme und Hände verschränkt hält und mit dem sie die Füße wie auch die übrigen Glieder so verdeckt, daß man keine weitere Gestaltung an ihr zu unterscheiden vermag. Denn sie hüllt die im Müßiggang ausgehöhlten Menschen in
ihre nächtigen und lahmen Finsternisse. Alle Kraft, die sie tätig zeigen sollten,
verbergen solche Menschen, indem sie es verachten, gute und kraftvolle Werke
zu tun. Ihre Schritte, die auf rechtschaffenem Pfade wandeln sollten, wie auch
die übrigen Verbindlichkeiten und Forderungen ihrer Handlungen machen sie
mit solcher Nachlässigkeit und Faulheit unwirksam, daß man keine Form
beseligender Tugend an ihnen bemerken kann. Sie befinden sich nämlich im
Überdruß, und voller Ekel leben sie. Sie kümmern sich nicht um das Heil der
Seele, noch schaffen sie für ihren Leib. Im Müßiggang vegetieren sie lässig dahin, um dann doch zu behaupten, sie wollten nur in Ruhe und Frieden leben.
Genau das zeigt dieses Laster mit seinen obigen Worten. Ihm leistet die Tapferkeit Widerstand, und sie überredet die Menschen, daß sie sich nicht so schmählich beflecken, vielmehr sich selbst wie auch den anderen an Leib und Seele sorg-
fältiger zu Hilfe eilen sollen, um ihre Handlungen auf ein nutzbringendes Werk
auszurichten, so wie dies auch im folgenden geschrieben steht:

Die Weisheit spricht

36   „Eine tüchtige Frau, wer wird sie finden? Ihr Wert geht weit über Ko-
rallen. Es vertrauet auf sie das Herz ihres Gatten, und es fehlt ihm nicht an
Gewinn. Sie tut ihm Gutes an und nie Böses, alle Tage ihres Lebens. Sie sieht
sich um nach Wolle und Flachs, und was ihren Händen gefällt, das schafft sie an.
Sie ist gerüstet gleich den Schiffen des Kaufmanns, und von weit her schafft sie
die Nahrung heran" (Sprüche 31, 10—14).

Diese Worte wollen so verstanden sein: Ein Mensch, der treu erfunden werden will, lege die weibische Schwäche ab und greife nach mannhafter Stärke,
die er zu seiner zweiten Natur machen sollte. Dann erhebt sich sein Ruhm weithin
an Ehren, und von den äußersten Grenzen her erwirbt er sich guten Ruf. Seiner
guten Werke wegen wird Gott verherrlicht. Daher sollen ihr Vertrauen auf ihn
alle werfen, die größere Macht haben, so daß sie ihm die Ehre geben, Denn er
braucht nicht die üble Plünderung einer Ausbeutung, da er sich keinerlei Ehre
fälschlich aneignet. Und so werden ihm die guten Verdienste anstelle der üblen
Gewinne zurückerstattet, solange er bei seinen guten Taten bleibt. Jedem Mitmenschen wie auch sich selber erwirbt er mit seinem rechtmäßigen Schaffen ein
Werk der Treue. Er sucht in allem Tun die Milde wie die Härte, wohl wissend,
wo er weich und wo er hart sein muß, da er immerzu eifrig bedenkt, was einem
jeden in seiner Haltung wie Handlung wohl bekomme.

Von der tüchtigen Frau

37   Und so wird ein solcher Mensch mit Hilfe des höchsten Gnadenspenders
zu einem Steuermann, indem er die Schwächen seiner Nächsten, die längst abgewichen sind vom Pfade der Wahrheit, mit Unterstützung seiner Gebete trägt.
Indem er anderen bei den Lebensbedürfnissen und den Notständen dieses Lebens-
laufs hilft, schont er sich angesichts der ständig drohenden Gefahren durch
schlimme Überschwemmungen nicht, um sie alle, die ihm getreulich folgen, zum
Hafen des Heils zu geleiten. Wer aber von den Menschen, der wirklich auf die
Schwierigkeiten des Lebens achtet, wird wohl noch einmal eine solche Frau, die
Weisheit nämlich, finden, die das Weichliche ablegt, um stark in der Tüchtigkeit
dazustehen? Keine Langeweile wird sie befallen, und kein Weg ist ihr zu weit,
bis gefunden wird, was sie sucht. Ist sie doch selber eine Speise, an der keiner
sich ersättigen kann. Ein Strahlen ist sie, aus dem aller Schmuck leuchtet, und
der Edelstein, der das Gold schmückt. Alles unterscheidet sie, was nur auf der
Welt unterschieden werden kann; sie legt tausendfach ihr Augenmerk auf jenen
Teil ihres Handelns und läßt nicht dabei nach, weil sie die Nützlichkeit in Person ist. Fern im Himmel wie auch hier auf Erden liegt ihr Wert, da sie Himmlisches und Irdisches wohl unterscheidet. Daher soll ihr der gläubige Mensch

seine Seele derart zueignen, daß er sie in der beschaulichen Betrachtung ebenso an sich zieht wie in der handelnden Tätigkeit, da sie alles weise übt, was immer sie tut.

Noch einmal die tüchtige Frau

38   Eine solche Frau hat dem Herzen des allmächtigen und allherrschenden Gottes wohl gefallen, Ihm, in dem keinerlei Bedürftigkeit wohnt, vielmehr die Fülle der Vollkommenheit herrscht. Er hat auf nichts eine Rücksicht zu nehmen, um noch etwas zu erwarten, da Er überströmt an allen Gütern. Daher schenkt Gott auch ihr alles, was lobwürdig und glorreich ist. Kein Widerspruch zu Seinem Namen tritt auf, solange die Tage dauern, die sie mit Gott verbringt, da sie immerfort mit Ihm ist und bei Ihm bleiben wird. Diese Frau hatte in ihren geheimsten Bestrebungen nur die Sanftmut im Sinn, sozusagen die Wolle, wie auch die Frömmigkeit, das Linnen sozusagen. Die himmlischen Werke vollbrachte sie mit der umsichtigen Sorgfalt ihres Planens bei allen Handlungen, die sie in Weisheit zur Durchführung brachte. Damit gewährte sie den Menschenkindern Schutz, damit sie nicht nackt vor Gott auftreten müßten. Hierin gestattet sie niemals eine Saumseligkeit, ja, sie verweist sie immer wieder auf neue Werke, die sie noch zu tun hätten. Und so pflegt sie auch selber immerfort tätig zu sein. Daher ist sie gar treu, in welcher Treue sie einem Schiffe gleicht, das alle Güter und Lebensmittel an den Menschen heranträgt. Jenem gehört sie an, der als Baumeister der Welt lebt, um den Seinen für ihre rechtschaffene Arbeit das Himmelreich zu schenken. Und so trägt diese Treue der Weisheit auch von Anbeginn der Welt bis zu ihrem Ende offenkundig jene Speise, durch die alle, die geheilt sein wollen, erquickt werden, damit ihnen aber auch nichts fehle auf dem Wege und bei der Mühe ihrer Seelen, sie vielmehr erquickt zur Fülle jener Sättigung gelangen, wo sie nicht länger dürsten werden.

Von der Gottvergessenheit

39   Du siehst nun als dritte Gestalt die Gottvergessenheit, die unmittelbar dem Stumpfsinn folgt. Menschen nämlich, die im Dienste Gottes und in anderen Lebenslagen stumpf geworden sind, bringen es so weit, daß sie Gott, als kennten sie Ihn nicht, der Vergessenheit überantworten. Sie tragen wegen der ständigen Einflüsterungen diabolischer Täuschungen kein Verlangen mehr danach, zu Ihm zu gelangen. Sie halten vielmehr ihre eigenen Entschlüsse für ihren Gott, wobei sie statt Gott nur den Satan erreichen. Der Kopf dieser Gestalt gleicht dem Kopf einer Sterneidechse, der übrige Körper aber einer gewöhnlichen Eidechse, weil jene Menschen, die diesem Laster anhangen, in ihrem Wollen widerspenstig

sind. Alle ihre Werke stellen sie Gott trotzig entgegen, so daß sie all ihre Handlungen zum Verderb und in Maßlosigkeit verkehren. Denn das oben erwähnte Laster erschreckt sie in Gemeinschaft mit dem Neid und mit der Ungläubigkeit immer wieder so sehr, daß sie manchmal nicht mehr wissen, was sie tun sollen. In der Nähe dieser Erscheinung erscheint eine Wolke, die schwarztrüb und neblig ist, untermischt von einer dichten weißen Wolke, weil sich die Menschen, die sich der Gottvergessenheit anheimgegeben haben, die verschiedensten Gedanken eines Lebensplanes vorsetzen, wobei sie bald in ihrer Gottlosigkeit schwarz, bald in ihrer Ungläubigkeit trübe, bald in der Wechselhaftigkeit ihres Lebenswandels neblig erscheinen. Gleichwohl gefällt ihnen das, gewissermaßen in der weißen Wolke, ganz gut, indem sie allerhand Taten nach ihrem Gefallen mit ihrem Eigensinn untermischen. Damit aber bringen sie nichts anderes zuwege, als was ihr eigenes Wünschen ihnen aufzeigt. Daß aber diese Gestalt ihre vorderen Füße auf die erwähnte Wolke legt, bedeutet, daß jene Menschen, in denen die Gottvergessenheit wohnt, ihre Schritte, die sie von Anfang an zum Heil ihrer Seelen einschlagen sollten, nicht auf das Gute, sondern auf das Böse setzen. Und so teilen sie sich bei all ihren Handlungen und auf jedem ihrer Wege in zwei verschiedene Richtungen, einmal in Gottvergessenheit und zum andern in die Herzenshärte. Sie sind dabei ganz versessen auf das, wozu ihr eigener Geist sie führt, wie dies auch das Laster in seinen Worten zeigt. Ihm leistet die Heiligkeit Widerstand, und sie ermahnt die Menschen, die Gottvergessenheit zu lassen und Gott wahrhaftig zu lieben.

Von der Unbeständigkeit

40   Du siehst da ferner ein Rad wie das Rad eines großen Lastkarrens in der Finsternis liegen und wie vom Wind getrieben werden, um seine Last zu bewegen. Das bedeutet, daß der Lauf der Unbeständigkeit einem Bären gleicht, der weder bei seinem Beginn noch am Ende irgendeine Beständigkeit zeigt, vielmehr von zahlreichen Ausschweifungen beschwert und von vielfacher Eitelkeit belastet ist, um so im Unglauben langsam stumpf zu werden. Von allen irdischen Versuchungen wird gleichwohl die Gestalt derart angetrieben, daß sie in keinem anständigen Zustand länger verweilen kann, vielmehr ständig hin- und herschwankt, um jede alte Gepflogenheit gegen ein neuartiges Interesse zu vertauschen. Den Speichen dieses Rades sind vier Stöcke eingebunden, die sich auf die Gestalt eines Menschen richten, weil diese Gestalt mit dem Band der Unbeständigkeit, von dem sie allein gehalten wird, stetig nur in der Unstete ist. Nimmer will sie ablassen vom Wechselspiel ihrer Zerstreuungen. In allen Gegenden der Welt werden so die verschiedenen Moden der Menschen, die offenkundig nur dem eigenen Gefallen dienen, aufgesucht, da diese Menschen weder diese noch jene feste Haltung einnehmen, vielmehr ständig die alte mit

einer neuen vertauschen. Mitten darin steht oben auf den Speichen dieses Rades die Gestalt eines Menschen, welche die Unbeständigkeit darstellt, weil diese inmitten der verschiedenartigen Lebenshaltungen der Menschen oben auf dem Band ihrer Unverschämtheit steht. Dieses Laster zeigt sich in der Form eines Menschen, weil die Menschen bei ihren Handlungen weitaus unbeständiger zu sein pflegen als die anderen Geschöpfe. Indem sie alles, was zum Anstand gehört, von sich weisen, folgen sie der Gottvergessenheit. Und wie die Ungläubigen Gott zurücksetzen, indem sie Ihn der Vergessenheit überlassen, so wenden sich diese der Unbeständigkeit zu und werden von der teuflischen Überredung unstet hin- und hergerissen. Denn der Teufel hat keinen rechten Halt, noch zeigt er irgendeine Weisheit, noch kann er den Frieden lehren noch das Maß lieben. Er verführt nur immer die Menschen und treibt sie zu verschiedensten Gewohnheiten an, da er selbst in der Unbeständigkeit lebt und nur das Unbeständige mag, wie er auch jene, die einen festen Halt suchen, ständig belästigt. Die Gestalt hält unter diesen Stöcken mit jeder Hand je einen fest, während sich die beiden anderen hinter ihrem Rücken befinden, weil sie gewisse Sitten der Menschen sowohl in geistlicher als auch in weltlicher Richtung auf die Gewohnheit eines Interesses zuwendet, während sie andere, gleich ob geistlicher oder weltlicher Natur, zwischendurch vernachlässigt. Hat doch die alte Schlange die Menschen, ob sie nun Gott oder der Welt dienen, immer in Unruhe gehalten und sie überredet, in ihrer Unstete bald diese Lebensgewohnheit, bald jene anzunehmen, einmal dieses zu tun, bald anderes wieder zu lassen. Daß sie aber mit diesem Rade herumgedreht wird, bedeutet, daß dieses Laster auf keinem festen Punkte bestehen kann, vielmehr sich immer nur in der Unbeständigkeit, wie vom Wind getrieben, dreht. Und so bevorzugt sie einmal dieses, vernachlässigt bald wieder anderes; bald sucht sie allein den traditionellen Lebenswandel der Menschen auf, bald läßt sie wieder nur das Neuartige in ihrem Lebensstil gelten.

Noch mehr von der Unbeständigkeit

41 Die Gestalt trägt krauses, schwarzes Haar, weil dieses Laster die Menschen dazu verleitet, daß sie glauben, in ihrer geistigen Haltung ein vielschichtiges Wissen zu haben. Aber sie wissen gleichwohl nur krauses Zeug, da sie nicht die rechte innere Sicherheit haben, sondern in ihrer stumpfen Eitelkeit nur die Schwärze der Verkehrtheit lieben. Ihre Hände sehen aus wie die Vorderpfoten eines Affen, weil all ihr Tun eher der überheblichen Torheit als einer wahren Klugheit gleicht, da sie wähnt, den Ruhm der Klugheit zu besitzen, wo sie doch nur in ihrer Torheit dahertapst. Die Füße gleichen denen eines Habichts, weil ihre Schritte eine Schärfe aufweisen, da sie keinem, der nicht ihren Weg geht, folgen will. Was sie will, das sucht sie sich auch aus, ohne dabei auf den Nutzen,

vielmehr nur auf die Eitelkeit der anderen zu achten. Daß aber ihr Gewand mit weißlichem und schwärzlichem Linnen gestreift ist, bedeutet, daß sie die Ärgernisse und Beleidigungen, mit der sie sich bei ihrem Geschäft umgibt, mitunter gleich wie einen Weg der Gerechtigkeit trügerisch schmückt, mitunter aber auch auf dem Pfad der Täuschung verdunkelt. Da sie einmal behauptet, sie habe etwas getan, um die Heiligkeit zu halten, bald aber wieder, um ein Ungemach zu vermeiden, folgt sie bei alledem weder der Ehre noch dem Ruhm weiser und wohlgeordneter Menschen, vielmehr nur der verdrießlichen Nachlässigkeit solcher, die sie doch nicht lieben können und die sie im Grunde nur wie die Pest verabscheuen. Wer nämlich beständig in Anstand und Redlichkeit lebt, der kann solche Menschen, die sich in ihren Worten und Taten immer nur als unstet erweisen, nicht wirklich achten, noch sie vollkommen lieben. Daß diese Gestalt aber zwischendurch ihr Netz auswirft, um etwas Lebendiges zu fangen, wobei sie nichts fängt, das bedeutet, daß sie immer wieder einen Versuch unternimmt, um auch die wertvollen Menschen zu fangen, indem sie sich bemüht, sie an sich zu ziehen. Dies kann ihr aber nicht vollkommen gelingen, da jene keine so schwankende Gesinnung zeigen, vielmehr fest in den guten und ehrenhaften Gewohnheiten verbleiben, da sie wohl wissen, daß sie gerade das nicht besitzen und das nicht erreichen, was sie weder haben noch tun konnten. Dieses Laster benutzt aber auch jede Gelegenheit zu seiner eigenen Wertschätzung, und es hält alle, die ihm nicht folgen, für törichte Menschen, während es beteuert, daß seine Anhänger klüger und besser und glücklicher seien als die anderen, wie es dies auch mit den oben erwähnten Redensarten zeigt. Ihm antwortet die Beständigkeit, und sie bringt klar zum Ausdruck, wie töricht und eitel jenes Laster ist und daß es mit seinem ganzen Anhang in den Ort des Elends stürzen muß.

Von der Sorge um das Irdische

42   Die fünfte Gestalt bezeichnet die Sorge um das Irdische, die bei dieser Gelegenheit die Unbeständigkeit begleitet. Denn die Menschen, die in ihrer Gesinnung wie in ihren Handlungen unbeständig sind, werden durch das Unstete, das sich in ihrer geistigen Haltung zu bilden pflegt, nur zu häufig in die Sorge um das Irdische verstrickt, die den himmlischen Dingen geradezu entgegengesetzt ist und die nicht die Nahrung und Erfrischung des Lebens sucht. Du erblickst sie in Menschengestalt, in der Beschwernis nämlich aller weltlichen und irdischen Angelegenheiten, sowie mit bleichem Haar, das heißt in der Torheit und in jenem großen Lärm, wie ihn die irrenden Geister machen, die immer nur dahinhasten. Solche Leute schwitzen unter diesem Laster und erleiden eine äußerste Unrast an Leib wie Seele, um sich dann doch an diesem hektischen Zustand, als wären sie in höchster Ruhe, zu erquicken. Was für andere Menschen

nur Unrast bedeutet, das rechnen sie sich zur Ruhe an. Und wo andere ihre
Ruhe finden, werden sie durch diese Laster nur in Unruhe gehalten. Daher steht
die Gestalt auch im Düsteren völlig nackt da wie in einem Faß, weil die Gesinnung und die Herzen dieser Menschen der Schwärze der irdischen Sorgen
und Ängste derart eingebunden und eingepreßt sind, daß sie bar aller höheren
Seligkeit mit größtem Ergötzen solches betreiben, als säßen sie mit aller An-
nehmlichkeit in einem Bade. Indem sie nur das Nackte ihres ursprünglichen
Unwissens mögen, suchen sie in ihrem Sehnen und Bitten auch nicht das Gewand des Heiles bei Gott, da sie alle ihre Gepflogenheiten und Absichten auf
weltliche Dinge richten und somit von allem, was weltlicher und gebrechlicher
Natur ist, auf die leidenschaftlichste Weise besessen sind, wie das auch dieses
Laster in seiner oben erwähnten Rede bekundet. Ihm antwortet die himmlische
Sehnsucht, und sie ermahnt die Menschen, die höheren und die ewigen Werte
nicht den zeitlichen nachzusetzen.

Von der Verschlossenheit

43   Die sechste Gestalt zeigt die Verschlossenheit des Geistes an, die der
Sorge um das Irdische auf dem Fuße folgt. Denn die Menschen, die sich aus-
schließlich den irdischen Interessen überlassen, verfallen einer geistigen Verschlossenheit. Sie nehmen in ihren Herzen, als wäre ihr Herz mit Pech verklebt
und verleimt, keine Rücksicht mehr auf Gott. Sie schwätzen und handeln so,
als gäbe es Gott gar nicht. Was wirklich gut ist, kennen sie nicht; das Zarte
der Frömmigkeit wollen sie nicht. In ihrer Härte stehen sie vielmehr trotzig
gegen Gott. Die Gestalt hat die Form eines Büffels, weil dieses Laster die Menschen hart und rauh in ihrem Verhalten macht. Sie schreiten hinan auf die Höhe
einer ungewissen Sicherheit, so daß sie keinem Menschen mehr Vertrauen schenken und keine Sorge in bezug auf den Wert eines vernünftigen Wissens in
irgendeiner Hinsicht aufbringen. Wo sie einem auch mit den Pfeilen ihrer Worte
und mit der Bitterkeit ihrer Werke entgegenkommen, wollen sie ihm weder
einen Halt geben noch einen Schutz bieten, ihm vielmehr, soweit sie vermögen,
Stumpfsinn und Furcht eingießen, wie dies auch dieses Laster in seinen Worten
zum Ausdruck bringt. Ihm leistet die Zerknirschung des Herzens Widerstand,
und sie ermahnt die Menschen getreulich, die Härte von sich zu weisen und
häufiger zu den himmlischen Dingen aufzuseufzen. Sie zeigt ihnen auch, wie sie
von Gott fordern können, daß Er sie gnädiglich aus dem Ansturm dieser bösartigen Geister herausreiße, wie dies der Prophet David gesagt hat:

David spricht

44   „Entreiße mich dem Schlamm, und laß mich nicht versacken. Befreie mich
aus den Händen derer, die mir übel wollen, und rette mich aus den Tiefen der
Wasser. Möge mich nicht verschlingen das Stürmen der Gewässer, die Tiefe
mich nicht begraben. Auf daß den Rachen nicht über mir schließe der Abgrund"
(Ps 69, 15—16).

Das soll heißen: Herr Gott, in der ständigen Huld Deiner Gnade reiße mich
Sünder aus der Fäulnis, aus der ich fleischliches Wesen gekommen bin und die
mich zu jener Sünde antreibt, aus der sich diese Verhärtung in mir erhebt, die
Dich verleugnen möchte. Du wirst mich auch der großen Begehrlichkeit meines
Fleisches entreißen, das so schmutzig ist. Von Anfang an hast Du mich als
irdisches Wesen geschaffen. Nach Adams Fall aber wurde ich ein unlauterer
Schmutz, der überall so lasterhaft in mir brodelt. Würmer kriechen in mir, die
stinken und völlig unnütz sind. Und doch sollten aus dieser Leiblichkeit in der
wunderbaren Kraft Deiner Gnade die Wohlgerüche der guten Werke aufsteigen. Denn das Fleisch des Menschen ist in der Demut des guten und bösen
Gewissens sowohl nützlich als auch unnütz, während es sich von Natur aus zum
Bösen neigt. Du aber, o Gott, entreiße mich den schmutzigen Taten, damit ich
nicht in wertlosem Gestank und in jener Vergessenheit, die mich wie ein Dorn
des Todes ans Verderben heftet, gefunden werde. Laß mich vielmehr über das
gute Gewissen im mildesten Duft der Tugenden diesen Schmutz durchschreiten,
auf daß ich ihn unter den Füßen meiner rechtschaffenen Schritte zertrete. Befreie Du mich auch von allen denen, die mir in ihrem Haß alles Vermögen, das
Du mir im guten Gewissen geschenkt hast, entreißen wollen, die nur den Geschmack der Sünden kennen und auch in ihrer Wollust nur dem tiefen Grund
solcher Sünden, die mich verblenden möchten, dienen. Auch soll mich in der Erbauung Deiner Güte nicht der Wirrwarr einer so gefährlichen Unbilligkeit, wie
es die Habsucht ist, untergehen lassen. Auch möge mich, nur noch an schlechte
Taten gewöhnt, der Schlund der alten Schlange nicht verschlingen, der da als
Hölle tief in der Gottvergessenheit lauert. Nicht schließen möge sich in der
Verwirrtheit über mich die Grube, die als Ziel und Fülle aller Laster übermütig dasteht, um ihren Schlund, welcher der Tod ist, aufzureißen. Und daß
ja nicht der Tod dann sein Maul schließe, um mich so gänzlich zu bezwingen,
als sei nichts mehr da, was mich ihm entreißen könne. Und dies alles mögest
Du, o Gott, nicht tun wegen meiner Verdienste, die so gering sind, sondern
weil Du wahrhaftig gütig bist. Wahrhaftig selig aber ist jener Mann, den Gott
anhört und der jenes Gut von Gott hat, da er von Ihm das erbittet, was zu
erbitten ist.

Von der Habsucht

45   Die siebente Gestalt bezeichnet, wie du siehst, die Habsucht. Sie geht
Hand in Hand mit der geistigen Verschlossenheit. Denn da diese Verschlossenheit in den verkehrten Gesinnungen der Menschen Gott nicht mehr sucht,
kommt alsogleich die Habsucht auf sie zu, die keinen einzigen Blick mehr für
Gott übrig hat. Überall rennt sie hin und her, so wie der Wolf sucht, wen er
verschlinge. In ihrer unruhigen Unrast verlockt sie ständig ihre Mitmenschen und
versucht, soweit sie kann, sich alles nur mögliche anzueignen. So gleicht die
Gestalt bis zu den Beinen einem Weibe, während Waden und Füße derart in
der Düsternis stecken, daß du sie vor lauter Dunkel nicht sehen kannst. Denn
in der weichlichen Eitelkeit, die alles begehren möchte, erreicht sie nur jenes
Ende, in dem sie ihre Spuren voll Unrecht und Untreue derart eintaucht, daß
man weder ihr Ende noch ihre Spur selber in solchem Unglauben unterscheiden
kann. Denn die Habsucht redet den Menschen einen solchen Leichtsinn ein, daß
sie behaupten, sie könnten wegen dringender Notwendigkeiten ihre Habe nicht
zusammenhalten, und sie könnten das Gesammelte wegen anderweitiger Verpflichtungen auch nicht mehr loslassen. Und so steigern sie ihren Leichtsinn bis
zu solcher Verkehrtheit, daß sie hierbei auf keinerlei wahren Wert mehr achten,
indem sie die zusammengebrachte Habe weder sich noch anderen gönnen. Daß
die Gestalt aber ihr Haupt nach Frauenart verhüllt hat, das bedeutet, daß die
Menschen, die diesem Laster frönen, all ihre Absicht voll Täuschung verbergen,
um niemanden wissen zu lassen, was sie in ihren Herzen hegen, weil sie keine
gemäßigte Haltung, in der doch der Mensch in den himmlischen wie auch irdischen Dingen bestehen sollte, aufbringen. Mit einem weißen Gewand ist sie
angezogen, weil sie all ihre Meinungen und Gepflogenheiten als wertvoll und
schön zur Geltung bringen möchte. Hat sie doch angeblich alles, was sie an
verschiedensten Dingen und allen nur möglichen Geräten raffen konnte, nur
für einen guten und nützlichen Zweck aufgehäuft. Genau das bekundet sie auch
in den oben erwähnten Worten. Ihr tritt die Verachtung der Welt entgegen,
und sie ermahnt die Menschen beharrlich, das Zeitliche und Hinfällige zu
fliehen, um nach dem Ewigen zu lechzen.

Von der Zwietracht

46   Schließlich siehst du noch eine Gestalt, welche die Zwietracht darstellt,
die der Habsucht unmittelbar folgt. Wenn die Menschen nämlich in ihrer Habsucht so manches wünschen, das sie dann doch nicht haben können, rennen sie
in ihrem kranken Geiste mitten in die Zwietracht und sind gegen die ganze
Welt feindlich eingestellt, so wie ein Hund den Menschen fauchend anfällt. Sie
tragen zahlreiche Meinungsverschiedenheiten im Sinn und zerstreuen und ver-

schleudern in ihrer Härte und Bitterkeit all das, was Gott gemacht hat. Keinen Frieden wollen sie und freuen sich noch gewaltig, wenn sie andere in Wort und Tat zerreißen. Mit hochgereckten Füßen hängt sie in den erwähnten Finsternissen, weil sich die Menschen, die von diesem Laster angesteckt sind, in ihrer Aufgeblasenheit und mit Beleidigungen immerfort auf allen Wegen zur Untreue im Unglauben bereit finden. Dabei weichen sie vor keinem und schonen niemanden. Alles, was sie nur verdrehen können, reizen sie vielmehr zum Widerspruch, ohne auf die echten Werte der Menschlichkeit zu achten, wie diejenigen das tun, die alles, was sie besitzen, im Guten mit anderen teilen möchten, so wie geschrieben steht:

Aus der Apostelgeschichte

47   „Die Menge der Gläubigen war ein Herz und eine Seele. Und kein einziger sagte, daß etwas von seinem Besitz sein eigen sei, sondern sie hatten alles gemeinsam" (Apg 4, 32).

Das ist so zu verstehen: So geziemt es sich für die große Gemeinde im katholischen Glauben, gezeichnet vom Feuer des Heiligen Geistes, der die Herzen der Gläubigen so besprengte, daß sie im einheitlichen Spiegel des wahren Glaubens Gott anschauen: Ein Herz soll sie sein in einer Einheit der wahren Dreifaltigkeit! In ihr soll sie so brennen, daß sie auf niemand anderen denn auf Gott allein noch Rücksicht nimmt. Auch soll sie eines Sinnes sein in jener glühendsten Liebe, die sie alle Reiche der Welt verachten und alle Pein, die ihr begegnet, für ein Nichts erachten läßt. Denn wenn das Fleisch zum Gipfel der seelischen Ansprüche aufsteigt, wird verständlicherweise dieser Leib von den fleischlichen Verpflichtungen bedrängt. Daher sollen sie sich freuen an allen diesen Dingen, weil sie nicht reich, sondern arm sein wollen. Und weil sie die Schätze wie Moder verachten, die doch im Geiz nur tot sind, soll auch niemand unter ihnen etwas für seinen Bedarf behalten. Alles vielmehr, was sie als Geschenk Gottes haben, sollen sie auch in Gott besitzen, damit keiner mehr behaupte, etwas sei ihm durch sein Verdienst zu eigen, vielmehr sei alles aus Gott, der den Guten alles Gute gibt. Was sind solche Güter? Wahrheit und Gerechtigkeit sind es, in denen alle anderen Werte eingeschlossen sind. Die Gläubigen wollen nämlich keinen stummen Gott haben, wie jene, die alle Werte leugnen und sich ganz dem Bösen überlassen. Und so wird es mit denen sein, die Gott lieben und das Leben besitzen wollen, daß sie alles gemeinsam haben. Seiner Natur nach sucht das Wollen der Menschen fremde Götter und weist alle Heiligkeit von sich weg, da die Natur aus sich selber und durch sich bestehen will. Gott aber hat den Menschen geschaffen und hat ihm alle Welt untertan gemacht. Keine andere Gewalt hat der Mensch in dieser Welt, als die, die Gott ihm verliehen hat, weil alles, was heute der Mensch noch besitzt, Gott ihm morgen schon nach Seinem gerechten Urteil wegnehmen kann, ob nun der Mensch dies will oder nicht. Denn von Gott hängt alles ab, und alles besteht nur in Gott, der alle Dinge recht geordnet hat.

Weiter von der Zwietracht

48   Daher trägt die Zwietracht das Haupt eines Leoparden. Alles Wollen der verkehrten Menschen führt sie in eine zwiefache Verrücktheit, indem sie diese in Wort und Werk rasen und toben läßt und indem sie allen, den Ruhigen wie den Unruhigen, insgeheim wie auch offen am Tage, durch die Nachstellungen ihres Rasens den Schrecken und Terror der Unruhe bringt. So macht sie es gleich dem Teufel, von dem sie auch stammt, der auch nur mit seinen boshaften Einflüsterungen alles in Unruhe hält und gegeneinandertreibt. Ihr übriger Körper gleicht einem Skorpion, weil alles, was sie tut, voll ist vom Gift des Todes, da sie nichts anderes betreibt als das gefährliche Spiel des unseligen Todes. Daß sie sich aber gegen Süden und Westen wendet, bedeutet, daß sie sich den in der Liebe zum Himmlischen entbrennenden Tugenden entgegenstellt, um so mit ihren diabolischen Künsten alles zu unterstützen, was nur verdreht werden kann, wie sie dies auch in den oben erwähnten Worten deutlich genug zum Ausdruck bringt. Ihr gibt die Eintracht die rechte Antwort, und sie zeigt, wie jene in die Hölle gestürzt wird.

Die Gestalt des Strafeifers Gottes

49   Alsdann gewahrst du zur Linken des erwähnten Mannes eine Erscheinung, welche die Gestalt eines Menschen annimmt. Denn alle jene Laster, die gleichsam zur Linken in der Vergessenheit Gottes liegen, werden durch das gerechte Gericht von Gottes Strafeifer gerichtet, da sie der Pflichtvergessenheit der Menschen wegen preisgegeben werden. Gerecht nämlich ist der Richterspruch Gottes, der alles Unrecht angemessen beurteilt. Auf ihrem Haupte trägt die Gestalt einen feurigen Reif, aus dem flammende Zungen herausragen, weil der Zorneifer des Herrn schon im Urbeginn der Welt entbrannt ist, um seinen Umlauf in der Tiefe seiner Entscheidungen vom ersten Falle des Engels an zu nehmen, und weil er jedweden Frevel, der in der Glut eines Verlangens entfacht ward, über den vernünftigen Auftrag der Geschöpfe verbrannt hat, damit aber auch nichts ungeprüft zurückbleibe. Sein Antlitz aber schleudert funkelnde Blitze aus, weil die göttliche Rache ihren Wunsch nach Reinigungen offenkundig und leuchtend zur Schau trägt, da sie jedes Wesen nach seinem Verdienst und unter Ausschluß der übrigen Wesen in aller Öffentlichkeit züchtigt. Daß du aber an ihr keine andere Gestaltung wahrnehmen kannst, weil sie von einem marmornen Mantel umgeben ist, das bedeutet, daß die abgrundtiefen Entscheidungen im Strafeifer Gottes

nicht bis zum Ende betrachtet werden können, weil sie sich von einer solchen
unbesieglichen Tapferkeit umgeben haben, daß sie weder geprüft noch erweicht
werden können, vielmehr immer nur ihre Pflichten, die gerecht sind, ausüben,
um so alles mit Rechtschaffenheit zu durchdringen, was durch die Buße noch
nicht entsühnt und geläutert ist. Denn was die Reue reinigt, das prüft Gottes
Zorneifer nicht, weil die Reue als solche schon ein Feuer und eine Geißel ist.
Was aber die Reue noch nicht durchgekocht hat, das verzehrt dieser Strafeifer.

Wie der Gerechte sich selber verbirgt

50   Daher soll der gläubige Mensch, der die Züchtigungen Gottes an sich erfahren hat, diese Zucht auch fürchten, wohl wissend, daß nicht dem Schuldigen,
sondern dem Reuigen vergeben wird. In seinem Herzen aufseufzend soll er
sprechen: „O Gott, der Du alles kennst und alles aufs beste vollendet hast:
Wenn ich sündige, zittere ich im Wissen um meine Schuld, und selbst wenn ich
mich mit der Reue in meiner Seele wiederfinde, kann ich jene Buße noch nicht
ganz vollbringen; und so bleibe ich in der Furcht. Warum das so ist? Weil ich
genau weiß, was und welcher Art die Dinge sind. Und was wäre das? Nun, ich
bin jenes Rad, das bald zum Norden, bald zum Osten, bald zum Süden und
dann wieder zum Westen gedreht wird. Sobald ich nämlich jene Sünde spüre,
in der ich aus Erbschuld empfangen bin, mache ich sie mir auch in Gedanken,
Worten und Werken zu eigen. Sobald sich aber meine Seele daran erinnert,
woher sie gekommen, scheide ich den Spreu meiner Taten vom Weizen. Gleichwohl kann ich dies nicht vollkommen durchführen, weil ich nun einmal Fleisch
und Blut bin. Wenn ich nämlich auf die unziemlichen Freuden zustürze, die
mich durch die Reize des Fleisches wie ein junges Hirschkalb springen machen,
finde ich keine Zügelung. Und selbst wenn mich im Alter der Ekel am Sündigen
befällt, so daß es mir keine Freude mehr macht, zu sündigen, möchte ich mein
Leben weiterführen, als hätte ich meine Sünden schon ausgemerzt, was mir aber
gleichwohl nicht voll und ganz gelingt. Und so werde ich in jeder Lage wie
ein Rad in seiner Unbeständigkeit herumgewälzt. Doch habe ich, o Gott, im
Grund meines Wesens eine große Scheu vor meinen Sünden, auch wenn ich sie
nur noch wenig vollbringe. Denn ich weiß in meiner Seele, daß Du niemanden
schonst, der sich Dir in seinem Freveln frech entgegenstellt. So hast Du den
ersten pflichtvergessenen Engel in die Hölle gestürzt, und Du hast auch den
Menschen nach seinem Fall in die Fremde gejagt; Du weisest eine jede Unbill
nach ihrem Verdienst mit dem Stock der Zerknirschung zurück. Daher habe ich
ein großes Vertrauen auf Dich, der Du den Himmel aufgerissen und das Fleisch
angezogen hast. Denn jetzt ist Dir der abgefallene und sühnende Teil überlassen, daß Du ihn in Deiner Barmherzigkeit durch die Buße abwaschest. So
werde auch ich Sünder, durch Dich rein gewaschen von meiner Schuld, leben.“

Gottes Strafeifer kann der Satan nicht bezwingen

51 Die erwähnte Gestalt erhebt gegen die besagten Laster laut ihre Stimme, weil Gottes Strafeifer schreit gegen die Einflüsterungen der boshaften Geister, von denen die Menschen so offensichtlich geplagt werden. Sie treibt sie durch die Kraft des höchsten Gerichtes heraus aus ihrem teuflischen Unrecht und vertreibt sie, wie auch dieser alte Verführer und sein Anhang die wahre Gerechtigkeit verworfen haben, um durch die feurige Gottesrache hingestreckt und ins Nichts verwiesen zu werden. Denn dieser Strafeifer Gottes ist in seinem Kampf gegen ihre Verführungskünste, die sie in allem Bösen anwenden, stark und unbesiegbar. Sie können Ihm einfach nicht widerstehen, weil das Licht die Finsternis verjagt und das Gute das Böse zerstören muß: Ist doch alles Gott untertan!

Den Büßenden behandelt Gottes Strafeifer milder

52 Sobald aber ein Mensch sich seiner Sünden wegen straft und zu sündigen aufhört, wird Gottes Strafeifer ihn milder behandeln, weil er sich selber nicht geschont hat, und weil er das von sich warf, an dem er sich zuvor ergötzt hatte. Und dieses ist der andere Weg, welcher den Menschen hinleitet zu einem anderen Leben.

Wer sich selbst anklagt, bringt den Teufel zum Erröten

53 Wie geschieht dies? Wenn ein Mensch seine Sünde einsieht und sich von ihr abkehrt, dann erkennt er Gott. Und wann immer er im Seufzen der Seele aufruft zu Gott, schaut er Gott. Wenn er die gerechten und heiligen Werke aufzubauen beginnt, pflegt er die Ordnung der Engel. Und wenn von ihm der gute Ruf seiner Taten unter den Menschen ausgeht, dann schreibt er mit dem Cherubim die Geheimnisse auf. Da der Satan dies sah, errötete er, weil der Mensch seine Sünden verläßt und zu seinem Schöpfer zurückkehrt, was gerade er, in der Verkehrtheit seiner Bosheit verhärtet, nicht tun will. Der gläubige Mensch aber eile zurück zu Gott, und Er wird ihm die Ehre aus dem vollen Heil seines Lebens zurückerstatten. Ist es doch nur gerecht, daß der Mensch seinem Schöpfer die fromme und heilige Unterwürfigkeit seines Herzens zeige, wie dies auch der Psalmist mit seiner Ermahnung gesagt hat:

David spricht

54   „Weihet dem Herrn Ruhm und Ehre! Ehre weihet dem Herrn, die
Seinem Namen gebühret! Betet an den Herrn in Seinen heiligen Hallen"
(Ps 96, 7—8).

Das soll bedeuten: Die ihr das Böse meiden und das Gute tun wollt, bringet
dar in Ehrfurcht dem Herrn des Alls Seine Ehre im rechten Glauben und Seinen
Ruhm im Dienste der Gerechtigkeit. Denn wenn ihr den rechten Glauben habt,
sollt ihr ihn auch mit seligen Werken auffüllen. Bringet diesem Herrn auch Ruhm,
wenn ihr Ihn euren Gott nennt und wenn ihr glaubt, da ihr Ihn schon Gott
genannt habt, daß Er in Wahrheit wahrer Gott ist. Nach Seinem Vorbild sollt
ihr die guten Werke wirken, weil ihr zu Seinem Bilde und Gleichnis geschaffen
seid. Daher bittet mit gebeugtem Sinn und gebeugtem Leib Ihn, den Herrn des
Alls, in allen kirchlichen Einrichtungen, die geheiligt sind, weil sie sich zum
Sitz Seiner Majestät erstrecken. Und tut dies in der Enthaltsamkeit und mit der
Keuschheit wie auch durch die anderen Tugenden, die in Seinen Hallen wandeln,
und ahmt so die Harmonie der Himmel und die Ordnung der Engel nach, indem
ihr Ihn getreulich ehrt. So soll es die heilige und treue Seele halten, solange sie
in ihrem Körper weilt, und sie soll den Satan mit seinen Überredungskünsten
fliehen. Ihrem Schöpfer hänge sie an und gehe allen, die sie verdunkeln möchten,
eifrig aus dem Wege.

Wer aber in Ihm die Sehnsucht nach dem Leben besitzt, der nehme diese
Worte auf, und er eigne sie sich an im innersten Gemache seines Herzens.

Die Ungerechtigkeit

55   Und siehe: Ich sah unter der erwähnten Menge noch andere Geister, die
ein Geschrei erhoben und riefen: „Luzifer wird doch tun, was immer ihm gefällt,
und wir halten es mit ihm. Weder er noch wir werden es je anders machen!"
Diese Geister versteifen die Menschen im Unrecht, und sie reden ihnen ein, nur
ja keinem das zu geben, was ihm zusteht.

Vom Fegefeuer der Ungerechten

56   Und ich bekam einen ganz schauerlichen Ort zu sehen, voll mit Stacheln
und Dornen wie auch einem äußerst gefährlichen Gewürm, durch welche die
bösen Geister die Seelen jener mit feurigen Ruten peinigten, die sich während
ihrer irdischen Lebenszeit auf alle nur mögliche Art und Weise mit dem Unrecht
eingelassen hatten. Weil sie sich mit ihren Taten und Worten überall nur an das
Unrecht gehalten hatten, wurden sie mit diesen Stacheln und Dornen geplagt.

Weil sie darauf verbittert beharrt hatten, wurden sie durch diese Würmer gepeinigt. Und weil sie in ihrer ungerechten Gesinnung keinem Vergebung geschenkt hatten, mußten sie unter den feurigen Geißelschlägen der bösen Geister leiden. Und ich sah und verstand dies.

Von der Buße derer, die Unrecht tun

57 Und wiederum hörte ich aus dem lebendigen Licht die Stimme zu mir sprechen: Das, was du siehst, ist wahr, und es ist so, wie du es siehst. Daher sollen die Menschen, die diese äußerst gefährlichen Geister überwinden wollen und ihren Strafen zu entfliehen trachten, alle Art von Unrecht von sich weisen und sich dem Fasten und der Geißelung unterwerfen. In Inbrunst sollen sie sich auf die lautersten Gebete verlegen, und dies sollen sie tun, wie es ihnen von ihrem Seelenleiter gezeigt wird.

Von der Ungerechtigkeit

58 Die Menschen, welche das Unrecht lieben und es in der Linken wie der Rechten festhalten, werden von den übrigen Menschen umschmeichelt; auf ihre Lehrer aber hören sie nicht. Sie lieben weder das Gesetz, noch mögen sie sonst einer gesetzlichen Einrichtung dienen. Was sie selber wollen, das setzen sie sich zur Satzung, wie es ihnen gerade in den Sinn kommt. Diese Ungerechtigkeit ist wie die Nacht, in welcher der Mond abnimmt und in der die Sterne nicht leuchten, so daß man in dieser Nacht, die ohne Mond und Sterne so dunkel ist, nicht einmal die Zeiten unterscheiden kann, und so wird denn auch in der Ungerechtigkeit keinerlei Ordnung irgendeines ausgeglichenen Zustandes gefunden. Ist sie selbst doch wie eine ungekochte und ungesalzene Speise; denn sie ist nicht gekocht in der Lehre des Wissens und nicht gesalzen mit der Weisheit. Sie lobt Gott nicht im frohen Ton geistiger Vernunft. Denn die Vernunft hat den Klang des Lobes und das freudige Zitherspiel, in dem sie Gott lobt. In dieser Gesinnung soll auch der gläubige Mensch mit allem Bemühen seines Geistes und Leibes wie auch im Geiste der Demut und mit der Zerknirschung des Herzens diesen seinen Schöpfer preisen, der von Seiner ganzen Kreatur so würdig zu loben ist.

Der Seele Klage und Einklang

59 Daher behaupte Ich, der alles gemacht hat: Wenn ihr Bürger des himmlischen Jerusalems sein wollt, dann lobet euren Schöpfer im Klang des Glaubens,

der im preiswürdigen Wohlklang tönt aus der Kraft der Vernunft durch alle
Werke Gottes, so wie aus jedwedem Gut Gottes Lob spricht. Die Vernunft ist
nämlich eine Posaune mit gewaltiger Stimme, die ihre eigentümlichen Aufgaben
hat, welche über die verschiedenen Künste innerhalb der Schöpfung verteilt
sind, wie auch diese Geschöpfe ihr so zu dienen haben, daß sie einen guten und
festen Klang von sich geben. Die Vernunft läßt ja durch den Ton ihrer lebendigen Stimme alles übrige, was diesen Lebensklang nicht besitzt, nach ihrem
eigenen Wesen erklingen. Hat sie doch von ihrem ersten Anhauch an, mit dem
Gott den Menschen die Seele eingehaucht hat, die Weise des Jubilierens an sich.
Daher lobet Gott mit jenem lauteren und passenden Wissen, das die Geschöpfe
in sich selber zum Einklingen stimmt, und in jener milden und tiefgründigen
Weisheit, die alle Dinge nach ihrem rechten Maße ordnet, wo auch immer sie
der Weisheit voll im Geiste des Menschen das Himmlische beurteilt und maßvoll
die irdischen Dinge ausspürt. Denn auch des Menschen Seele hat in sich einen
Wohlklang, und sie selbst ist klingender Natur (symphonizans), weshalb sie
oftmals Leid erfährt, wenn sie jenen Urklang vernimmt. Erinnert sie sich doch
dann daran, daß sie aus der Heimat in die Fremde vertrieben ward.

   Dies aber ist über die Seelen der Büßer gesagt, die geläutert und gerettet sein
wollen, und es ist die Wahrheit. Der gläubige Mensch achte darauf, und er halte
es fest im Gedächnis seines guten Gewissens.

Der Stumpfsinn

60   Wieder andere Geister erblickte ich in dieser Menge, und ich hörte, wie sie
folgendermaßen schrien: „Wer oder was Gott sein soll, das wissen wir nicht!
Was wir aber und wen wir sehen, den kennen wir auch!" Diese Geister verleiten die Menschen zum Stumpfsinn und bringen sie dazu, in allen Dingen so
lau zu sein.

Vom Fegefeuer der Stumpfsinnigen

61   Und ich erblickte eine finstere Luftschicht, die durchmischt war mit Feuer,
in welcher die bösartigen Geister die Seelen jener Menschen, die während ihres
leiblichen Daseins den Stumpfsinn geliebt hatten, mit feurigen Knütteln derart
hierhin und dorthin trieben, daß sie auseinanderstoben. Wegen des Trotzes,
den sie in sich hegten, befanden sie sich in dieser finsteren Luftschicht. Wegen
ihrer Torheit, in der sie Gott für nichts erachteten, bekamen sie nun dieses Feuer
zu spüren. Und ihrer Faulheit wegen, in der sie sich an rechtmäßigen Unternehmungen nicht beteiligen wollten, hatten sie nun die Angriffe der bösen Geister auszuhalten. Und ich sah und verstand dies.

Von der Strafe des Stumpfsinns

62 Wiederum hörte ich aus dem lebendigen Licht die Stimme zu mir sprechen: Das, was du siehst, ist wahr. Menschen aber, die jene Geister, die sie zum Stumpfsinn verleiten, von sich abdrängen wollen und ihren Strafen entfliehen möchten, sollen sich mit Fasten und Geißelungen züchtigen. Die Trägheit dieses Stumpfsinns sollen sie mit lautersten Gebeten austreiben, um auf dem Gipfel der Redlichkeit Gott dienen zu können.

Vom Laster des Stumpfsinns

63 Der Stumpfsinn pflegt die Gemeinschaft mit gewissen Lebewesen, die weder eine Beweglichkeit im Guten noch im Bösen kennen, vielmehr in ihrer Faulheit daliegen. Er fürchtet weder Gott, noch liebt er Ihn, weil er Ihn im Fürchten nicht schmeckt und mit Ihm in der Liebe nicht übereinstimmt, da er nicht wie ein Mensch unter der Mühsal seiner Vernünftigkeit am Werke ist, noch auch Gott im Geisthauch seiner Seele anfleht. Wie ein unnützer Lufthauch kommt er daher, der die Früchte der Erde trocken macht. Und so spricht er auch zu sich selber: „Wenn es einen Gott gibt, dann soll er nur Gott sein; denn er bedarf doch sicherlich nicht noch meiner Anstrengung. Ich aber will ja nichts weiter, als bloß zu leben." Und so stellt der Stumpfsinn das gute Wirken hintan. Eine große Torheit hat jenen Menschen befallen, der Gott, der alles geschaffen hat und dessen Herrschaft kein Ende findet, weder zu verehren noch zu lieben sucht. Die Weisheit aber findet sich in jenem, der unausgesetzt Den, von dem er Körper und Seele hat, im Spiegel seines Herzens anschaut.

Dies aber ist gesagt über die Seelen der Büßer, die geläutert und gerettet sein wollen, und es ist die Wahrheit. Der gläubige Mensch achte darauf, und er halte es fest im Gedächtnis seines guten Gewissens.

Die Gottvergessenheit

64 Wiederum erblickte ich andere Geister in dieser Menge, die insgesamt ein gewaltiges Geschrei erhoben und riefen: „Auf, auf! Laßt uns eilen, damit wir rasch dorthin kommen, wohin es uns zu gehen treibt!" Diese Geister reißen die Menschen zur Gottvergessenheit hin und überreden sie, sich weder an ihren Schöpfer noch an Seine Werke zu erinnern.

Vom Fegefeuer der Gottvergessenen

65   Und ich erblickte ein ausgedehntes Tal, das eine ungewöhnliche Länge und Breite hatte und voll war von gewaltigen Feuern und einem unreinen Gestank, in welchem es nur so wimmelte von unzähligen Würmern schrecklichster Gestaltung. An diesem Ort wurden die Seelen jener gepeinigt, die während ihrer Erdenzeit die Gottesfurcht der Vergessenheit übergeben hatten, und die von dem, was sie taten, weder etwas wissen noch verstehen wollten. Weil sich die Ungläubigkeit in ihrem Herzen breitgemacht hatte, befanden sie sich in diesem Tal. Weil sie das Gottlose geliebt hatten, wurden sie von diesem Feuer gebrannt. Weil sie Gott Widerstand zu leisten versuchten, hatten sie diesen Gestank auszuhalten. Weil sie aber immer wieder neue Hinterhältigkeiten voller Hinterlist ausheckten, wurden sie von den erwähnten Würmern gequält. Und ich sah und verstand dies.

Von der Buße für die Gottvergessenheit

66   Und aus dem lebendigen Licht hörte ich wiederum die Stimme zu mir sprechen: Das, was du siehst, ist wahr, und es ist so, wie du es siehst. Daher sollen die Menschen, die Gott in die Vergessenheit verdrängt haben, die bösen Geister, die sie zu dieser Vergeßlichkeit trieben, fliehen, um zurückzufinden in ihr eigenes Herz. Sie sollen achthaben auf ihren Schöpfer und Seine Werke. Damit sie aber nicht durch die erwähnten Strafen gequält werden, sollen sie sich für eine gewisse Zeit von den Menschen zurückziehen. Sie sollen sich mit einem rauhen Gewand und mit Fasten und Geißelungen, ganz nach der Vorschrift ihres Seelenführers, kasteien.

Vom Laster der Gottvergessenheit

67   Das Gottvergessen gibt den Menschen besonders schlimme Gedanken ein und überredet sie zu schwätzen: „Woher könnten wir denn etwas wissen von einem Gott, den wir doch nie gesehen haben? Und wieso sollten wir auf etwas achten, das uns nie zu Gesicht gekommen?" Ein Mensch, der so spricht, gedenkt nicht seines Schöpfers, da die Finsternisse des Unglaubens sein Herz belagert haben. Als nämlich der Mensch in die Sünde fiel, hat sich mit ihm die gesamte Schöpfung verdüstert. Gott hat ja den Menschen ganz licht geschaffen, so daß er das Licht des reinsten Äthers sah und den Gesang der Engel vernahm. Er hat ihn mit solcher Herrlichkeit gewandet, daß er in gewaltigem Glanze leuchtete. Das alles verlor der Mensch mit der Übertretung der göttlichen Satzung, weshalb auch die Elemente mit ihm in einen schlechteren Zustand verkehrt wurden.

Gleichwohl behielten sie einen Schimmer des Glanzes an sich, weil die Sünde des Menschen sie nicht ganz verderben konnte. Daher soll der Mensch sein Verständnis für Gott behalten. Er führte Ihn wieder ein in das Innerste seines Herzens, wohl bewußt, daß er keinem anderen als Gott allein, der alle Welt erschuf, seine Existenz verdankt, und daß er Ihn stets im Gedächtnis seines Gewissens festhalte, so wie es die Weisheit verkündet:

Die Weisheit spricht

68   „Denke an deinen Schöpfer in den Tagen deiner Jugend, ehe die Tage deiner Bedrängnis kommen, wo zurückkehrt der Staub zur Erde, woher er kam, und wo der Geist heimfindet zum Herrn, der ihn gegeben" (Eccl 12, 1).

Dies will so verstanden sein: Du, der du ein herrliches Leben samt der Ruhe der Ewigkeit zu besitzen trachtest, gedenke in deinen guten und heiligen Werken dessen, der dich schuf. Tu dies in den Tagen deines blühenden Lebens, in denen du wächst und reifst zur Heiligkeit, bevor dich jene Zeit ereilt, da Fleisch und Blut in dir nachlassen und deine Knochen schwach werden, bevor die Asche deiner Körperlichkeit in den Staub der Erde zerfällt, aus der du geworden, verwandelt zu einem anderen Leben, bevor auch der Geist, der deinen Leib zum Blühen bringt, diesen Körper verläßt, um heimzukehren zum Herrn aller Dinge, der diesem Leibe den Geist gab nach der Gnade seiner Schöpfungsordnung. Denn Gott ist da wie ein Schmied, der mit dem Blasebalg das Feuer anfacht und der darin Sein Werkstück nach allen Seiten wendet, damit Sein Werk ganz und gar vollendet werde. Wenn aber der Geist des Menschen auf rechte Weise vom Kreislauf guter Werke gelenkt wird, um zur nie endenden Ewigkeit der Freude heimzufinden, dann wird er das reinste Licht erblicken und den Gesang der Engel hören, wie Adam sie sah und vernahm, bevor er mit der Übertretung des Gebotes dem Tod verfiel. Und so wird er in höchster Sehnsucht das Gewand, das er auszog, wiederbekommen, um sich zugleich an ihm zu freuen.

Dies alles ist gesagt über die Seelen der Büßer, die geläutert und gerettet sein wollen, und es ist die Wahrheit. Der gläubige Mensch achte darauf, und er halte es fest im Gedächtnis seines guten Gewissens.

Die Unbeständigkeit

69   Auch sah ich andere Geister innerhalb dieser Menge, und ich hörte ihr lautes Geschrei: „Mit unserer Kunst können wir jedes Ding finden und werden alles auch festhalten!" Diese Geister überreden die Menschen, unbeständig zu sein, und überall legen sie ihnen ein unstetes Verhalten nahe.

Vom Fegefeuer der Unbeständigkeit

70   Und ich erblickte ein gewaltiges Feuer, in dem sich zahlreiche verschiedenste Drachen mit unterschiedlichen Gestaltungen befanden. Hier wurden die
Seelen jener gepeinigt, die sich während ihrer Leiblichkeit mit Wort und Tat an
ihr unbeständiges Wesen gewöhnt hatten. Ihrer Unbeständigkeit wegen, mit der
sie viele Leute frech getäuscht hatten, brannten sie in diesem Feuer. Und wegen
ihrer tausendfältigen Hinterlist, die sie protzig zur Schau getragen hatten, wurden sie von den erwähnten Drachen gequält.

Von der Buße für die Unbeständigkeit

71   Und ich sah und verstand dies. Und abermals hörte ich aus dem erwähnten Licht die Stimme zu mir sprechen: Das, was du siehst, ist wahr. Die Menschen aber, welche die schlimmen Geister, die sie zur Unbeständigkeit verleitet
haben, vertreiben wollen und die solchen Strafen entgehen möchten, sollen sich,
falls sie in einem weltlichen Stande leben, eine geistliche Lebensweise auferlegen.
Leben sie aber im geistlichen Stande, dann sollen sie sich in ihm durch ihren
Lebenswandel mit aller Zucht der Wahrheit strenger der Einsamkeit unterziehen,
damit sie die Bosheit dieses Lasters loswerden.

Vom Laster der Unbeständigkeit

72   Dieses Laster pflegt einem Menschen folgendes vorzuschwätzen: „Warum
sollte ich nur auf einer einzigen Bahn daherlaufen, zumal mir niemand eine
Sache sicher machen kann und mir ein Weideland, auf dem ich wohlbehütet
säße, nie geschenkt wird? Wo ich Treue suche, da finde ich sie nicht; und wo ich
meine Freunde glaubte, da treffe ich auf meine Feinde. Wo ich Freundschaft
suche, da bleibt doch keiner bei mir. Auf diese Weise aber kann ich nirgendwo
eine Garantie der Beständigkeit bekommen. Wie mir einer entgegenkommt, so
verhalte ich mich auch zu ihm. Würde ich mich den anderen noch weiter unterwerfen, so würden sie alle mich zertreten. Ich lobe das, was ich loben will, und
ich verachte das, was mir verächtlich scheint. Ich verstecke mich vor dem, den
ich fürchte, und so kann ich alles nach meinem Willen behaupten. So taten es ja
die Juden, die den Moses anhörten, den sie später nicht mehr hören konnten;
nur das aber, was sie sahen, das hörten und glaubten sie einzig und allein. So
machte es auch Balaam, der die Juden lobte und sich anderswo seine Freunde
verschaffte. So verhielten sich auch die Heiden, die in ihren Götzenbildern all
das fanden, was sie zu suchen wünschten. Was ich erproben kann, das stelle ich
auf die Probe: In immer neuen Untersuchungen erforsche ich alles, und überall

halte ich ein Stück fest, damit mir nichts fehlt. Denn würde ich mich anders verhalten, so wüßte ich nicht, wer ich sei. Mir hat der Himmel nichts zu sagen, und die Erde kommt mir nicht zu Hilfe, und auch sonst gibt mir kein Ding auf der Welt einen Hinweis dafür, wie ich mit ihm weiterkäme." So spricht die Unbeständigkeit aus jenen Menschen, die von ihr besessen sind. Blind sind ihre Augen für den Glauben und taub ihre Ohren für die Wahrheit. Ihre Zunge ist stumm für die rechte Weisung und ihr Herz in der Liebe zu Gott versteinert. Weder zu Gott noch zu ihren Mitmenschen hat sie Vertrauen. Sie gleicht vielmehr einem Standbild, das Gott nicht berücksichtigt; und so verführt sie durch ihr ständiges Zischeln die Menschen und täuscht sie. Die aber Gott lieben und Achtung vor dem Menschen haben, sollen dieses Laster fliehen. Sie sollen die Heuchelei solcher Täuschung von sich weisen und nur zu dem halten, was sowohl nach menschlicher Art wie auch Gott gemäß fest und sicher ist.

Dies ist gesagt über die Seelen der Büßer, die geläutert und gerettet sein wollen, und es ist die Wahrheit. Der gläubige Mensch achte darauf, und er halte es fest im Gedächtnis seines guten Gewissens.

Die Sorge für das Irdische

73   Auch erblickte ich in dem erwähnten Haufen noch andere Geister, die alle laut kreischten und schrien: „Einnisten wollen wir uns im Himmel, auf daß Luzifer in seinem Ruhme Bestand finde!" Diese Geister verleiten die Menschen zur Sorge für das Irdische und überreden sie, sich überhaupt nur noch um irdische Dinge zu kümmern.

Vom Fegefeuer der Sorge für das Irdische

74   Und ich erblickte ein gewaltiges Feuer, das in schwärzlicher Flamme brannte, während sich zahlreiche Würmer in ihm wälzten. Hier waren die Seelen jener, die während ihrer Erdenzeit die himmlischen Werte verachtet hatten, um ihre ganze Bemühung auf die Sorge um das Irdische zu richten, und die nun dafür von Ort zu Ort wie vom Winde hin und her getrieben wurden. Weil sie in der Finsternis des Unglaubens Gott vernachlässigt hatten, da sie sich nur noch um Irdisches kümmerten, bekamen sie dieses schwarze Feuer zu spüren. Weil sie sich in dieser Sorge von Habsucht verhärtet gezeigt hatten, wurden sie von den beschriebenen Würmern gequält. Weil sie aber von diesem Lebenswandel nicht lassen wollten, wurden sie in diesem Feuer unter Züchtigungen hin und her gejagt. Und ich sah und verstand dies.

Von der Buße für die Sorge um das Irdische

75   Und wiederum hörte ich aus dem lebendigen Licht die Stimme zu mir sprechen: Das, was du siehst, ist wahr, und es ist so, wie du es siehst. Daher sollen sich die Menschen, die der Sorge für das Irdische anheimgefallen sind, falls sie die Geister, die sie dazu verleitet haben, überwinden wollen und den erwähnten Strafen entfliehen möchten, mit Fasten und Geißelungen, ganz nach dem Geheiß ihres Seelenführers, züchtigen, und sie sollen ihre Herzen wieder zurückgeleiten auf das Himmlische.

Vom Laster der Sorge

76   Die Menschen aber, welche die Sorge um das Irdische lieben, sprechen in ihrer Dummheit zu sich selber: „Wir wollen ja die Natur, die rein zu unserem Nutzen geschaffen ist, ganz genau anschauen und beobachten; ist sie es doch, die uns nährt und kleidet. Gott aber möge seinerseits machen, was Ihm gefällt. Wenn wir unsere Interessen derart auf Gott werfen würden, daß wir keinerlei Sorge um die irdischen Belange mehr aufbrächten, so nähme es rasch ein Ende mit uns. Was bliebe dann noch von uns übrig? Den Vögeln würden wir gleichen, die ihr Gesicht im Wasserspiegel anstarren, und da sie auf nichts sonst mehr achten, sterben sie rasch dahin. Sind wir aber einmal tot, so werden wir nicht mehr unter den Geschöpfen weilen, vielmehr jenes Leben besitzen, das Gott uns nach unserem Tode schenken will. Wenn wir so mit den Geschöpfen gemeinsame Sache machen werden und manches von ihnen zu erfahren suchen, so liegt darin doch keine Schuld, weil Gott die Welt nun einmal so gemacht hat. Wäre diese ganze Natur nämlich nicht zu unserem Nutzen geschaffen und würden wir sie gleichwohl schätzen, so trügen wir schwere Schuld. Nichts würden wir ja in ihr finden, was Gott uns nicht geben wollte. Denn wer sein Pferd ohne Zügel traben läßt, der tritt nicht sicher, sondern gefährlich auf. Und wenn wir nicht die Sorge um das Irdische praktisch einsetzen würden, so müßte die Erde vor Dornen und Unkraut wuchern. Das allerdings wäre dann unsere Schuld, weil diese Natur zwar alle Lebewesen fördert, dafür aber geebnete und nicht verwilderte Wege haben will." Auf diese Weise reden jene aus der Sicht ihrer irdischen Existenz heraus daher, die da allen ihren Eifer und ihre ganze Sorge auf das gegenwärtige Leben und nicht auf das kommende werfen. Sie handeln so wie die geizigen und treulosen Juden, die Meinen Sohn, den Ich zum Heil der Menschen in die Welt sandte, vernachlässigt haben und Seine Worte verhöhnten und die Ihn schließlich in Seinem Tod zu vernichten trachteten. Der gläubige Mensch aber ergreife den Pflug hinter dem Ochsen so, daß er gleichwohl zu Gott aufschauen kann, der da der Erde die Grünheit und alle Frucht verleiht. So trete er nach den Vorschriften des Meisters auf, daß er die Erde pflege, ohne doch das Himmlische zu vernachlässigen.

Dies alles ist gesagt über die Seelen der Büßer, die geläutert und gerettet sein wollen, und es ist die Wahrheit. Der gläubige Mensch achte darauf, und er halte es fest im Gedächtnis seines guten Gewissens.

Die Verschlossenheit

77   Wieder sah ich andere Geister in der Menge, und ich hörte, wie sie ein gewaltiges Geschrei erhoben und riefen: „Wer ist dieser Gott, der uns dermaßen in Konflikte bringt!" Diese Geister bringen den Herzen der Menschen die Verschlossenheit bei, und sie ermuntern sie, sich bei jeder Gelegenheit auf ihre verschlossene Gesinnung zu versteifen.

Vom Fegefeuer der Verschlossenheit

78   Und ich erblickte ein Dunkel, in welchem Pech und Schwefel loderten. Hier wurden unter großem Wehklagen die Seelen jener gequält, die sich während ihres leiblichen Daseins der Verschlossenheit des Geistes anheimgegeben hatten. Weil sie sich innerlich gegen Gott verhärtet hatten, brannten sie in diesen Finsternissen. Weil sie keinerlei Gemeinschaft mehr mit dem Tugendleben pflegten, hatten sie das Pech auszuhalten. Und weil sie jedes Wohlwollen weit von sich wiesen, verletzte die Pein des Schwefels sie. Weil sie aber ihre Herzen im Seufzen zu Gott nicht mehr erhoben hatten, stießen sie nun dieses gewaltige Wehklagen aus. Und ich sah und verstand dies.

Von der Buße für die Verschlossenheit

79   Und aus dem erwähnten lebendigen Licht hörte ich abermals die Stimme dieser Gestalt antworten: Das, was du siehst, ist wahr. Menschen aber, welche jene Verschlossenheit des Geistes in sich tragen, sollen diese so bald wie möglich ablegen und keine Rücksicht auf jene bösen Geister nehmen, die ihnen solches vorschlagen. Damit sie nicht von solchen Strafen heimgesucht werden, sollen sie sich mit Fasten und Geißelungen kasteien, und sie sollen sich Gott unter Kniebeugen wieder geneigt machen.

Vom Laster der Verschlossenheit

80   Wer sich nämlich der geistigen Verschlossenheit überläßt, wird den Toten gleich, die nichts sehen noch hören noch durch den Anhauch Gottes bewegt werden.

Die Verschlossenheit ist ja so schlecht und nichtsnutzig. Sie will sich einfach nicht in ihrer Härte, die in ihr hochkommt, erweichen oder bewegen lassen. Wie ein Maulwurf in der Erde wühlt, so wälzt auch sie alles Wertvolle um, weil nichts ihr paßt, als was sie selber aussucht. Wie ein Funken ist sie, der aufgelodert sich schon in der Höhe versprüht und erlöscht, da sie statt des tugendhaften Wissens nur die unbewegliche Schlechtigkeit sucht und so ins Nichts geführt wird.

Warum Gott dem Hiob Drangsal auferlegte

81   Denn der Verschlossene hat nicht jene Furcht, die Mein Knecht Hiob hatte, der da alles geduldig ertrug, was Ich mit ihm geschehen ließ. Und da Ich ihn besonders lieb hatte, legte Ich ihm zahlreiche Drangsal auf, weil Ich die Geduld und das große Wohlwollen seines Wesens kannte. Seine Geduld stand in Blüte, und sein Wohlwollen stieg auf zu Mir, da er sich mit all seiner Habe Mir übergab, ohne mit den Zähnen gegen Mich zu knirschen. Solche Haltung bringt die Verschlossenheit nicht auf, weil sie hart wie ein Stein ist und dürr wie die Erde, die ohne Furcht bleibt. Vor ihr sollen die Flucht ergreifen, die Gott anhängen und höhere Werte erlangen wollen.

Dies ist gesagt über die Seelen der Büßer, die geläutert und gerettet sein wollen, und es ist die Wahrheit. Der gläubige Mensch achte darauf, und er halte es fest im Gedächtnis seines guten Gewissens.

Die Habsucht

82   Ich erblickte noch andere Geister in dieser Menge, die insgesamt ein Geschrei erhoben und riefen: „Was für ein Nutzen liegt an nur einer einzigen Sache? Das, was wir suchen, das können wir gar nicht in nur einem einzigen Gott finden! Daher halten wir Ausschau nach allen Seiten, und was uns paßt, das reißen wir an uns!" Diese Geister ermuntern die Menschen zur Habsucht, und sie zeigen ihnen, wie man in jeder Hinsicht begierlich sein könne.

Vom Fegefeuer für die Habsucht

83   Und ich gewahrte die außerordentliche Länge und Breite wie auch Tiefe eines Gewässers, das in äußerst starker Feuersglut kochte und in welchem es von schauerlichen Drachen und zahlreichen bösen Geistern wimmelte. In diesem Wasser erlitten die Seelen jener ihre Strafe, die während ihrer Erdenzeit der Habsucht gefrönt hatten und die auf alle mögliche Weise nur ihrer Gier lebten. Wegen der unersättlichen Sucht, die sie in sich hegten, bekamen sie die Glut

dieser Gewässer zu spüren. Wegen der Schärfe dieser Habsucht wurden sie von jenen Drachen angegriffen. Und des Eifers wegen, den sie auf diese Sucht geworfen hatten, wurden sie von den erwähnten bösen Geistern in die feurigen Dämpfe dieses Gewässers untergetaucht. Und ich sah und verstand dies.

Von der Buße für die Habsucht

84   Und wiederum hörte ich aus dem lebendigen Licht die Stimme zu mir sprechen: Das, was du siehst, ist wahr, und es ist so, wie du es siehst. Daher sollen sich die Menschen, falls sie die Geister, die sie zu solcher Gier verleitet haben, überwinden wollen und um den Strafen für dieses Laster zu entgehen, mit Fasten und Geißelungen züchtigen, und sie sollen durch Almosen diese Sünden wiedergutmachen.

Vom Laster der Habsucht

85   Die Habsucht kennt weder die Liebe zu Gott noch die verläßliche Treue zu den Menschen. Alles reißt sie an sich, was sie nur kennt; alles raubt sie, soweit sie nur kann. Fremdes macht sie sich nur allzugern zu eigen. In geistigen und leiblichen Belangen wie auch in all ihren Handlungen und in sonstigen Angelegenheiten kennt sie kein Maß. Den Hunden gleicht sie, die überall herumstreunen und nicht zu sättigen sind. Einem unreinen Raubvogel ist sie ähnlich, der nur seiner flatternden Gefräßigkeit lebt. Ganz rauhe Sitten hat sie, während sie die heilsamen Gepflogenheiten eines ehrbaren Lebenswandels flieht. Ständig wird sie dabei vom Tadel der Menge überschüttet. Daher kennt sie Gott nicht, achtet hingegen auf das, was sie nichts angeht. Die aber den Tod fliehen, Gott lieben und die Freuden ewiger Verheißungen erlangen wollen, sollen die maßlose Habsucht ablegen und all ihr Tun sowohl der Welt als auch Gott anpassen.

Dies alles ist gesagt über die Seelen der Büßer, die geläutert und gerettet sein wollen, und es ist die Wahrheit. Der gläubige Mensche achte darauf, und er halte es fest im Gedächtnis seines guten Gewissens.

Die Zwietracht

86   Noch andere Geister sah ich in dieser Menge, die ebenfalls ein großes Geschrei erhoben und laut herumbrüllten: „Luzifer ist unser Gebieter, und keiner soll uns, solange wir bei ihm sind, bezwingen!" Diese Geister halten den Menschen die Zwietracht vor Augen, und sie überreden sie, überall Streit zu suchen und die Einigkeit der Tugenden zu fliehen.

Vom Fegefeuer für die Menschen, welche die Eintracht vernachlässigen

87   Und ich erblickte ein außergewöhnliches Feuer, neben dem dichteste
Nebelschwaden aufzogen, in welchem Würmer von grauenhafter Gestalt hausten und wo man zahlreiche böse Geister hin und her rennen sah. An diesem
Strafort wurden die Seelen jener gepeinigt, die während ihres leiblichen Daseins die Eintracht der Heiligkeit vernachlässigt hatten und sich mit der Zwietracht gemein machten, so daß sie nun gezwungen wurden, aus diesem Feuer in
die erwähnten Finsternisse zu gehen und wiederum aus diesen Finsternissen ins
Feuer zurückzukehren, während sie unaufhörlich von den bösen Geistern bedrängt wurden. Weil sie durch die Zwietracht immer nur neues Böses gestiftet
hatten, wurden sie von diesem Feuer verbrannt. Weil sie damit vielen Menschen weh getan hatten, wurden sie von diesen Finsternissen gequält. Weil sie
dabei ein so grausames Wesen an den Tag gelegt hatten, wurden sie von den
beschriebenen Drachen angegriffen. Weil sie aber durch dieses Laster viele Menschen auf Irrwege gebracht hatten, wurden sie von den bösen Geistern vom
Feuer in die Finsternisse und von der Finsternis wieder ins Feuer hin und her
getrieben.

Von der Buße für die Zwietracht

88   Und ich sah und verstand dies. Aus dem erwähnten lebendigen Licht aber
hörte ich die Stimme zu mir sprechen: Das, was du siehst, ist wahr, und es ist so,
wie du es siehst, ja noch viel schlimmer. Menschen aber, welche die Geister, die
sie zur Zwietracht verleiten, überwinden wollen und die den Strafen dieses
Lasters entgehen möchten, sollen sich mit einem Bußgewand und einem äußerst
harten Fasten wie auch mit heftigen Züchtigungen der Gerechtigkeit wegen
kasteien, und sie sollen jede nur mögliche Bequemlichkeit ihres Leibes vermeiden.

Vom Laster der Zwietracht

89   Wer die Zwietracht liebt und bestrebt ist, ihr ständig nachzujagen, der
wird vom boshaften Geiste arg abgehetzt, bis er schließlich in dieser seiner
Schlechtigkeit gezwungen wird, zu Mord und Totschlag überzugehen. Denn die
Zwietracht ist die treue Begleiterin der schlangenhaften Bosheit. Nur zu gerne
zischelt sie und betreibt die unmöglichsten Ränke. Die besten Beschlüsse zerstört
sie, macht den Handlungen anderer Vorwürfe und knirscht ob deren Boshaftigkeit. Sie hält sich für die Weisheit selber, der sie doch nicht folgen will. Ein
Ausbund an Bosheit, griff sie gar mit ihren so unheilvollen Schlechtigkeiten bis
an den Himmel, als sie die Schlange ins Paradies schickte, die dem Menschen
unter dem Vorwand, er könne Gott gleich werden, das Kleid der Unschuld

raubte. Sie verlacht selbst die Weisheit und legt überhaupt keinen Wert auf gute und rechtschaffene Sitten, möchte vielmehr die Türme der Tugenden zum Einstürzen bringen. So regt sie Spiele an, in welche sie den Zorn einbaut und mit denen sie nur großes Ungemach erwirkt, von dem sie sich dann nur allzu gern wieder absetzt. All das tut sie ihren Mitmenschen an, die sie ständig in Unruhe hält, indem sie behauptet: „Ihr einfältigen Leute, was macht ihr da?" Und dann gibt sie noch an, sie bringe die Heiligkeit, und das macht sie mit solcher Täuschung, wie jener als Betrüger des Heiligen existiert, der heilige Gefäße auf die Straße schleppt, um sie dort verspotten zu lassen und sie so der Gotteslästerung überläßt. Auf die gleiche Weise hat ja auch Satan den Menschen zu Fall gebracht. Denn sobald sich die Zwietracht mit dem Unrecht aller Spielarten eingelassen hat, verschlingt sie es unter Lästerungen und führt es so in Verwirrung und in Widerspruch, als hätte sie mit diesen Verhältnissen nie was zu tun gehabt. Der einfältige Mensch aber, der in seiner Einfalt in Schuld fällt, durchschaut solche Hintergründe nicht. Daher verachtet Gott ihn auch nicht, führt ihn vielmehr der Reue zu, während der zwieträchtige und unbußfertige Mensch im Zorne Gottes immer weiter fällt, und weil er die Furcht Gottes nicht kennt, nach rückwärts geht, indem er den rechten Weg nicht mehr findet. Und so hat dieses Laster auch sein Werk voll erfüllt, als die Juden Meinen Sohn in Seiner Menschheit erblickten und Seine Wunder zu sehen bekamen. Wegen der Boshaftigkeit ihrer Herzen aber wandten sie sich von Ihm ab und stürzten sich selber in den Tod, wie geschrieben steht:

Das Wort des Evangeliums

90 „Da wichen sie zurück und stürzten zu Boden" (Jo 18, 6). Das ist so zu verstehen: Alle, welche die Wahrheit verleugnen und Satan in seinem widersprüchlichen Tun folgen, gehen dem Untergang entgegen. Sie weichen nach rückwärts aus, indem sie in ihrem Innern die Augen des Glaubens verschließen. Daher stürzen sie in die schlimmste Versuchung, die sie zu Mord und Totschlag treibt. Wie aber Gott am Jüngsten Tag die Menschen zu unsterblichem Leben aufweckt, so erweckt Er sie auch jetzt schon durch die Buße zum Leben. Denn alle, die während ihres leiblichen Daseins ihr Vergehen beweinen, indem sich ihre Seelen der körperlichen Dinge entledigen, werden schleunigst der Bestrafung entrissen, auch wenn sie eigentlich die Strafen des Fegefeuers verdient hätten.

Dies alles ist gesagt über die Seelen der Büßer, die geläutert und gerettet werden wollen, und es ist die Wahrheit. Der gläubige Mensch achte darauf, und er halte es fest im Gedächtnis seines guten Gewissens.

Es schließt der vierte Teil

FÜNFTER TEIL

DER MANN BLICKT RUNDUM INS ALL

1 UND ICH SAH, wie der Mann rundum ins All blickte. Und die Wasser des Abgrunds, in denen dieser Mann von den Waden abwärts bis zu den Fußsohlen stand, so daß er sich noch über den Abgrund erhob, zeigten gleichsam die Kraft dieses Mannes. Denn sie haben alles an sich zu ziehen, alles zu reinigen, alles zu heiligen, alles zu halten und zu tragen, um so alles auf der Welt mit dem Schweiß ihrer Feuchtigkeit zu durchdringen und alle Geschöpfe so zu festigen, wie die Seele den Leib stark macht. Selbst der Abgrund war gleichsam noch die Kraft seines Vermögens, weil er alle Einrichtungen der Natur trägt, und weil die gesamte Welt ihm eingebunden ist. Als Werkstätte des höchsten Werkmeisters existiert er somit, in der sich alle Werkstücke dieses Meisters befinden. Und siehe: Von den Schenkeln dieses Mannes ging mit dem Schweiße ein Odem aus, der alle Wasser des Abgrunds auf die verschiedenste Weise in Bewegung versetzte. Der Mann selber aber hielt die Kräfte der Weltelemente, die sich oberhalb der Erde, auf der Erde und unter ihr befanden, mit seinen Füßen nieder.

Die Worte des Mannes, der ins All schaut

2 Und er sprach: „Wer Ohren hat, vernehme und habe Einsicht! Tut Buße, weil Gott sich euch also zeigt! Wenn ihr das nicht tut, dann werden euch meine Zuchtruten reinigen. Also möge die Reue vorherrschen im Menschen!"

Alsdann erblickte ich in dem erwähnten Nebelfeld, in dem zahlreiche Arten von Lastern hausten, abermals fünf weitere Laster in folgender Gestalt:

Die erste Gestalt

An der ersten Erscheinung bemerkte ich, daß sie vom Scheitel des Kopfes bis zu den Hüften die Gestalt eines jungen Mannes hatte, von den Hüften abwärts aber die Form eines Krebses, so nämlich wie ein Krebs vom Kopf abwärts gestaltet ist. Sie trug schwarzes Kopfhaar, während der übrige Körper ganz nackt war. Und sie sprach:

Die Spottsucht spricht

3 „Ich habe meine eigene Ordnung und bilde mir über alles ein Urteil. Wo nur immer ein Fall anfällt, da bin ich zur Stelle, um mitzureden. Täte ich es nicht so, so wäre ich ein Tor. Wer wollte mir deswegen einen Vorwurf machen? Lügen würde ich, wenn ich die einfältigen und albernen Leute auch noch loben sollte. Netze will ich ausspannen mit meinen Worten und alles einfangen, was ich nur kann. Je mehr ich fange, um so mehr habe ich in meinem Besitz. Denn auf diese Weise vermehre ich mein Ansehen, so daß alle bei einem Wort schon von mir erröten. Meinen Bogen werde ich weit spannen mit dem Pfeil meiner Sprüche. Was sollte das schon schaden? Nichts will ich verheimlichen, nichts verschweigen; ich gebe vielmehr jedem nach seinem Maß das, was ich habe."

Die Ehrfurcht antwortet

4 Und abermals hörte ich aus der stürmisch aufgewühlten Wolke eine Stimme dieser Gestalt antworten: „Wenn ich alles wüßte, was der Schöpfer gemacht hat, was wäre ich dann noch? Ich würde nur das zerstören, was ich nicht machte, nicht schuf, dem ich kein Bewußtsein gab, so wie du es tust, du gefährliches Stück, da du alles in Unruhe versetzest. Mich aber halten die Berge fest, und ich wandle sicher in den Ebenen der Täler, und sie verachten mich nicht. Durch die Höhen wie die Tiefen eile ich und finde an allem, was Gott eingerichtet hat, mein Gefallen. Keinem tue ich etwas zuleide, nur dich will ich zertreten wie Dreck unter meinen Schuhen. Denn etwas Besseres verdienst du nicht, da du einem jeden, soweit du nur kannst, Unrecht zufügst."

Die zweite Gestalt

5 Und ich sah eine weitere Gestalt von jugendlichem Aussehen, nur daß ihr die Kopfhaare fehlten. Auch hatte sie das Gesicht und trug den Bart eines ganz alten Mannes. Sie hing in der geschilderten Finsternis in einem Tuche wie in einer Wiege, die vom Winde hierhin und dorthin geschaukelt wurde. Ein anderes Gewand sah man nicht an ihr. Bisweilen aber streckte sie sich aus diesem Tuche heraus, um sich dann wieder darin zu verkriechen. Und sprach:

Das Umherschweifen spricht

6 „Das wäre mir doch ein törichtes Verlangen, wenn ich immerfort an der gleichen Stelle und bei denselben Leuten verkehren sollte. Nein, überall möchte ich mich sehen lassen; überall soll man gelegentlich auch von mir hören. Wenn

man mich allerorts zu Gesicht bekommt, wird mein Ansehen nur gewinnen. Wächst doch überall das Gras und geht doch so frei die Blüte daraus hervor. Wenn es bei den Menschen nicht genauso wäre, welchen Ruhm hätten sie denn sonst wohl zu erwarten? Drum bin ich nun mal so, mit all meiner Gescheitheit und Gewitztheit, bin wie dieses Gras, komme in meiner Schönheit zur Blüte und zeige mich hier wie dort und überall in voller Deutlichkeit."

Die Antwort der Stetigkeit

7   Aus der stürmisch aufgewühlten Wolke hörte ich wiederum eine Stimme dieser Gestalt antworten: „Wie blühendes Gras zu Heu wird, so wirst du bald mit all deiner verteufelten Künstelei dahinsinken, und wie über den letzten Dreck am Wege wird man über dich hinwegschreiten. Bist du doch in deiner unruhestiftenden Erscheinung nur eine Stimme leerer Eitelkeit. Du hast die Worte der Vernünftigkeit noch nicht durchgesiebt. Wie eine Heuschrecke springst du da hin, hier her, dort hin. Wie Schneegestöber wirst du irgendwohin gewirbelt. Von der Speise der Weisheit hast du noch keinen Brocken gekostet, auch nichts vom Getränk wirklicher Maßhaltung genossen. Dein Leben gleicht gewissen Vögeln, die nirgends ein sicheres Nest und eine Heimat finden können. Moder und Asche haften im Grunde an dir, und nirgendwo wirst du jemals zur Ruhe kommen."

Die dritte Gestalt

8   Die dritte Gestalt hatte den Kopf eines Wolfs und den Schweif eines Löwen, während der übrige Körper einem Hund glich. Sie spielte mit der vorher genannten Gestalt und sprach: „Wir sind uns doch in allem einig." Ein außergewöhnliches Getöse der Winde brauste auf in ihren Ohren, auf das diese Gestalt eifrig hinhorchte, um herauszubekommen, was das wohl sei und woher es käme. Sie jauchzte ihm zu, als wenn dies Götter wären. Darauf hob sie ihren rechten Vorderfuß hoch und stemmte ihn gegen diesen gewaltigen Wind, der vom Norden her wehte, während sie mit dem linken Vorderfuß das Schnauben der Winde aus den Elementen an sich zog. Und sie sprach:

Die magische Kunst spricht

9   „Von Merkur und anderen Philosophen möchte ich manches erzählen. Mit ihren Forschungen haben sie die Elemente derart unterjocht, daß sie alles, was sie nur wollten, mit Sicherheit entdeckten. Solches konnten die äußerst

kühnen und besonders klugen Männer teils mit Gottes Hilfe, teils aber auch über die bösen Geister ausfindig machen. Und was hat es ihnen geschadet? So gaben sie sich auch selber die Namen von Planeten, weil sie von Sonne und Mond wie auch über die Gestirne große Weisheit und zahlreiche Erfindungen erhielten. Ich aber, ich herrsche und befehle in diesen Künsten, soweit ich nur will. Ich beherrsche die Leuchten des Himmels, die Bäume und Kräuter wie auch jedes irdische Grünen. Ich gebiete den wilden Tieren und den übrigen Lebewesen auf der Erde wie auch dem Gewürm über und unter der Erde. Wer will mir bei meiner Methode Widerstand leisten? Gott hat alles erschaffen; daher füge ich Ihm mit solchen Künsten und Wissenschaften kein Unrecht zu. Will Er doch selber, daß man Ihn aus den Schriften wie auch aus all Seinen Werken beweist. Was läge darin auch für ein Nutzen, wenn Seine Werke so blind wären, daß die innerste Ursache ihrer Natur nicht behandelt werden dürfte? Das hätte doch gar keinen Wert!"

Der wahre Gottesdienst antwortet

10   Und wiederum hörte ich aus der erwähnten Sturmwolke eine Stimme dieser Gestalt Antwort geben: „Was ist wohl Gott angenehmer, wenn man Ihn selbst oder nur Seine Werke verehrt? Die Geschöpfe, die aus Ihm hervorgehen, können doch keinem Ding das Leben verleihen. Und was ist das Leben, das Gott gibt? Es besteht darin, daß der Mensch ein vernünftiges Wesen ist, während die ganze übrige Welt nur aus den natürlichen Elementen besteht. Wie das zu verstehen ist? Der Mensch ist mit den Flügeln seiner Vernunft lebendig, während alle fliegenden und kriechenden Lebewesen aus den Elementen der Natur belebt und bewegt werden. Und so hat der Mensch einen bestimmten Ton in der Vernunft; die übrige Kreatur aber ist stumm. Sie kann weder sich selber noch einem anderen helfen, erfüllt vielmehr lediglich ihr naturnotwendiges Amt.

Du aber, du magische Kunst, hast nur einen Kreis ohne den Mittelpunkt. Gar mancherlei Untersuchung stellst du im Kreislauf der Natur an, aber die Schöpfung selbst wird dir Ehre und Besitz wegnehmen und dich wie einen Stein in die Hölle werfen, weil du ihr den Namen ihres Gottes geraubt hast. Daher werden alle Völker der Erde über dich klagen, denn du verhöhnst sie durch die Lästerung Gottes. In die Irre führst du sie bei ihrer Gottesverehrung, wo sie doch Gott dienen sollten. Daher bleibt kein anderer Lohn für dich übrig als ein Teufelslohn."

Die vierte Gestalt

11   Die vierte Erscheinung erschien in der Gestalt eines Menschen, dem jedoch die Kopfhaare fehlten und der dafür einen Ziegenbart trug. Er hatte ganz kleine Pupillen, während das Weiße des Auges stark hervortrat. Durch die Nase stieß er die Atemluft heftig aus und ein. Seine Hände waren wie von Eisen, blutig die Beine, während seine Füße den Tatzen eines Löwen glichen. Angetan war er mit einem weißlichen Gewand, das von schwärzlichen Fäden durchwebt war. Oben schien es zusammengeknöpft, unten aber, um die Beine herum, stand es weit offen. Über seiner Brust aber erschien ein Geier, ganz schwarz, der seine Krallen in diese Brust geschlagen hatte, während er Rücken und Schwanz der Erscheinung zuwandte. In ihrer Nähe stand weiterhin ein Baum, der mit seinen Wurzeln in der Hölle verankert war und als Früchte Äpfel aus Pech und Schwefel trug. Diesen Baum schaute unser Mann voller Leidenschaft an, er raffte mit dem Mund seine Früchte und verschlang sie in höchster Gier. In der Umgebung aber wimmelte es von zahlreichen, schrecklichen Würmern, die mit ihren Schwänzen großen Lärm und heftige Bewegung innerhalb der beschriebenen Dunkelheit erzeugten, ganz ähnlich, wie Fische mit den Schlägen ihrer Flossen das Wasser in Bewegung versetzen. Und der Mann sprach:

Der Geiz spricht

12   „Ich bin doch kein Narr! Immerhin bin ich klüger als jene, die da auf den Wind warten und von der Luft ihren Lebensunterhalt erwarten. Ich raffe alles an mich und sammle alles in meinem Schoß. Je mehr ich zusammenbekomme, um so mehr besitze ich ja. Für mich ist das jedenfalls wertvoller, daß ich selber die Mittel des Lebens besitze, als daß ich sie anderen überlasse. Auch liegt ja keine Schuld darin, daß ich einem anderen seine Schätze nehme, wo er sowieso schon mehr hat als er braucht. Wenn ich nämlich soviel habe, wie ich will, plagt mich auch die Sorge nicht mehr, daß ich von meinem Mitmenschen noch was zu fordern hätte. Und wenn ich in meinem Besitz all das sehe, was ich mir wünsche, dann bin ich glücklicherweise befriedigt an all dem, was mich ergötzt. Dann brauche ich niemanden mehr zu fürchten, sondern lebe in Saus und Braus und habe es nicht mehr nötig, meine Mitmenschen um ihr Mitleid anzubetteln. Bei all meiner Härte bin ich schlau und stolz genug: Meinen Teil bekomm' ich schon, und mich wird keiner mehr hintergehen. Was sollte mich auch schädigen? Ich bin doch kein Dieb und schon gar kein Räuber! Ich nehme mir nur, was ich will, und eigne es mir an durch meine Geschicklichkeit."

Die Antwort der reinen Genügsamkeit

13   Abermals hörte ich aus der Sturmwolke eine Stimme dieser Gestalt antworten: „O du verteufelte Hinterlist! Wie ein Wolf lauerst du auf Beute, und
das Eigentum der anderen verschlingst du wie ein Geier. Gewaltige Eiterbeulen
brechen aus dir heraus, da du mit deinen unerlaubten Gelüsten belastet bist wie
ein Kamel mit seinen Höckern. Du bist der offenstehende Rachen eines Wolfs,
der alles verschlingen will. So liegst du da in deiner Herzenshärte, vollkommen
von Gott verlassen, da du nicht mehr auf Ihn vertraust. Hart und roh, ohne
Mitleid bist du, da dir am Weiterkommen deiner Mitmenschen nichts liegt. Wie
ein Wurm sich in seiner Höhle verkriecht, so lehnst auch du, du billiger Bauer,
den wirklichen Wohlstand von oben ab, da aber auch nichts dir genügt.
     Ich aber, ich sitze über den Sternen, weil mir alle Gottesgaben genügen. Ich
freue mich an der süßen Musik der Pauken, da ich mein Vertrauen auf Ihn
setze. Ich küsse die Sonne, wenn ich Ihn frohlockend besitze; den Mond umarme
ich, wenn ich Ihn in Liebe halte, weil mir das reicht, was sie auf dieser Welt
wachsen lassen. Und wozu sollte ich mehr wünschen, als ich brauche? Weil ich
Barmherzigkeit für alles aufbringe, ist mein Gewand aus weißer Seide, und weil
ich milde gesonnen bin, wo es um die Lebensbedürfnisse geht, ist mein Kleid mit
kostbaren Edelsteinen geschmückt. Daher wohne ich im Palaste des Königs.
Und es fehlt mir an nichts, was nur mein Herz begehrt. Am Gastmahl des Königs
nehme ich teil, da ich des Königs Tochter bin. Du aber, du nichtswürdiges Stück,
du magst den ganzen Umkreis der Erde durchlaufen: deinen Bauch wirst du
dennoch nicht vollkriegen! Schau also genau zu, wer du bist!"

Die fünfte Gestalt

14   Eine fünfte Erscheinung sah ich, welche die Gestalt einer Frau hatte. Hinter ihrem Rücken ragte ein Baum hervor, der aber ganz vertrocknet war und
keine Blätter mehr trug. Von seinen dürren Ästen war diese Gestalt ganz über-
wuchert. Ein Ast hatte den Scheitel ihres Hauptes bedeckt, ein anderer den Hals
und die Kehle umschlungen, ein weiterer sich um den rechten Arm verstrickt
und einer um den linken: So vermochte sie die Arme nicht mehr auszustrecken,
hielt diese vielmehr an sich verschränkt. Dabei hingen die Hände über das
Geäst herab, und sie hatten Nägel wie Rabenkrallen. Von der rechten wie auch
der linken Seite der Gestalt gingen Zweige aus, die Bauch und Schenkel überkreuzend umgaben und ineinander verschlungen waren. Die Füße dieser Gestalt
waren aus Holz. Besondere Kleider hatte sie nicht an. Sie war lediglich auf diese
Weise von dem Geäst eingehüllt. In einer finsteren Nebelwolke und mit gräßlichem Gestank nahten böse Geister und drangen auf diese Gestalt ein, während
sie sich aufstöhnend zu ihnen zurückbeugte. Und sie begann zu sprechen:

Der Weltschmerz spricht

15   „Weh mir, daß ich geschaffen bin! Weh! Was soll mein Leben! Wer wird
mir beistehen, wer mich erretten? Wüßte Gott um mich, so könnte mich doch
solche Not nicht treffen. Nichts Gutes bringt es mir ein, daß ich mein Vertrauen
auf Gott setzte. Wenn ich mich auch am Göttlichen freute, so nähme dies doch
nicht die Mühsal von mir weg. Zwar hörte ich immer wieder die Philosophen
daherreden, was es alles an Werten in Gott gebe; mir jedenfalls hat Gott im
großen und ganzen nichts Gutes erwiesen. Wenn Gott auch mein Gott ist, warum
verbirgt er alle Seine Huld vor mir? Würde Er mir auch nur etwas Gutes erweisen, so hätte ich einen Beweis für Sein Dasein. Ich weiß ja nicht einmal, was
ich selber bin. Geschaffen zum Unglück und im Unglück geboren, lebe ich ohne
jeden Trost dahin. Ach, was nützt denn das Leben ohne Freude! Und warum bin
ich überhaupt auf Erden, wo mir doch nichts Gutes mehr begegnen kann?"

Die himmlische Freude antwortet

16   Aus der Sturmwolke aber hörte ich eine Stimme dieser Gestalt folgende
Antwort geben: „O bist du blind und blöd! Du weißt ja nicht, was du daherredest! Gott schuf den Menschen als ein lichtes Wesen, aber wegen seiner Untreue führte ihn die Schlange in diesen See des Elends. Doch blicke nur einmal
auf zu Sonne und Mond und zu den Sternen, schau dir doch an die ganze Pracht
des irdischen Grünens, und bedenke nur einmal, welches Glück Gott mit all den
Dingen dem Menschen schenkt, während dieser doch immer wieder in seiner
Verwegenheit gegen Gott frevelt. Du bist im Grunde nur listig und hinterlistig,
bist ohne Ehrfurcht, hast immer nur höllische Gedanken statt Vertrauen, da du
nicht siehst und erkennst, wo Gottes Heil liegt. Wer gibt dir denn all diese
leuchtenden und herrlichen Gaben, wenn nicht Gott? Eilt der Tag dir entgegen,
so nennst du das Nacht. Steht dir das Glück vor der Tür, so sprichst du vom
Fluch. Und steht es gut mit all deinen Angelegenheiten, behauptest du, es ginge
schlecht. Daher bist du von höllischer Art!"

17   „Ich aber besitze hier schon die himmlische Heimat, da ich alles, was
Gott erschuf, mit rechten Augen ansehe, während du nur von schädlichen Dingen
sprichst. Ich nehme die Blüten der Rosen und Lilien und die ganze Grünheit
zärtlich ans Herz, indem ich allen Gottes-Werken ein Lob singe, indes du nur
Schmerzen über Schmerzen daraus häufst. Denn bei all deinem Tun bist du so
trübselig! Darin gleichst du den höllischen Geistern, die mit ihrer ganzen Wirksamkeit nur immer Gott verneinen. So mache ich es nicht: All mein Tun schenke
ich vielmehr meinem Gott. Auch in der Traurigkeit steckt noch Freude, und in

aller Freude ruht ein Glück, und es ist nicht so wie beim Wechsel von Tag und Nacht. Denn wie Gott es mit Tag und Nacht einrichtete, verhält es sich auch mit des Menschen Lebensweise. Wenn die Habsucht ihre Burg baut, so reißt Gott sie schnell nieder. Wenn das Fleisch nach Wollust giert, dann erschüttert Gott die Lust und schlägt sie zu Boden. Und wenn des Fleisches Begierlichkeit glaubt, mit seiner eitlen Ehre des Himmels Rund umfassen zu können, dann zerstampft Gott sie und zerstreut sie in alle Winde. Das ist nicht mehr als recht und billig. Wirf nur einmal einen Blick auf die Lebensweise der Vögel unter dem Himmel und der Giftwürmer unter der Erde: Ohne Rücksicht auf Wert oder Unwert verschlingen sie einander. So steht es auch mit der Gunst und Mißgunst der Welt. Es ist nicht alles daran zu verwerfen: Nützliches reinigt das Unnütze und Wertloses das Wertvolle, so wie Gold im Feuerofen geläutert wird. Du aber stehst nur mit der wertlosen Seite in einem Einvernehmen, was ich nicht tue. Wert oder Unwert schätze ich lediglich nach Gottes Satzung ein. Die Seele gibt Zeugnis für die himmlische Heimat, das Fleisch für die irdische Wohnung: Das Fleisch bedrängt die Seele, die Seele aber zügelt das Fleisch. Denke also einmal darüber nach, wie töricht und verblendet das ist, was du daherredest!"

18   Und siehe: Bei dem Manne erschien dem Abgrunde eingeprägt ein eherner Knüttel, wie der Knüttel eines Totschlägers, der hierhin und dorthin, gleich wie zum Dreinschlagen bereit geschwungen wurde. Und seine Bewegung verursachte ein Tönen, das sich also vernehmen ließ:

Das Tönen des ehernen Knüttels

19   „O Täuschungen des Verrats, die ihr euch Gott entgegenstellt, im Flug den Gipfel zu erschwingen, wo ihr doch nur in den Abgrund stürzt, allen Ruhm will ich euch rauben und alles Glück von euch nehmen. In Verwirrung will ich euch stürzen, wie einen faulenden Kadaver euch wegwerfen, da ihr euch im Schlund der alten Schlange befindet, aus deren Mund ihr brodelt, um die Menschen zu Fall zu bringen. Denn aus glühendheißen Wunden ergießt ihr den Eiter der Unreinheit über sie, und mit den feurigen Pfeilen ärmlicher Taten durchbohrt ihr sie. Indem ihr die Raserei des Menschenmörders herausfaucht, bringt ihr sie zu Tode. Und so bedrängt ihr sie voll Leidenschaft, die Gerechtigkeit Gottes zu verlassen und Gott verächtlich zu machen. Bei solcherlei Machenschaften ersehnt ihr nichts weiter, als das gesamte Werk Gottes in Verwirrung zu bringen. Daher pflege ich wider euch zu kämpfen, um euch nur ja draußen zu halten. So beweise ich euch Gottes Macht, während ihr ins Nichts geschleudert werdet."

Die Wasser, geschaffen zum Heil der Menschen

20   Und wieder hörte ich die Stimme vom Himmel zu mir sprechen: Der
Schöpfer aller Dinge, der da die Wasser voneinander schied, so daß sie nach
Seinem Geheiß in die verschiedenen Gegenden der oberen wie der unteren Welt
ausströmen konnten, und der den Abgrund zu ihrem Halt unter der Erde gefestigt hat, Er ließ diese Wasser nicht allein zum verschiedenartigen Gebrauch
der leiblichen Bedürfnisse auf der lebendigen Erde flüssig werden, sondern bestimmte sie auch zum Heil der Menschenseelen in der Waschung der Taufe. So
sollten die Gläubigen auf den eingeborenen Sohn Gottes harren und durch das
Abspülen der Sünden die Laster diabolischer Einflüsterungen von sich weisen.
Was sie in himmlischer Sehnsucht erstrebt, sollten sie zum Leben ewiger Glückseligkeit glückhaft und ruhmreich erlangen, wie dir in dieser Schau vorbildlich
gezeigt wird.

Alle Menschen stehen unter Gottes Schutz

21   Du siehst nun, wie der erwähnte Mann rundum ins All blickt. Denn der
allmächtige Gott verteidigt die ganze Welt und alle, die darin wohnen, mit dem
Geheiß Seiner Schutzmacht. Was die Menschen sind, das haben sie von Ihm empfangen, so sehr sie Ihn auch auf verschiedene Weise verehren, anrufen oder
anbeten, um Seiner Vorschrift zu dienen. Aber auch die, welche Ihm den Dienst
verweigern, bleiben gleichwohl unter Seinem Schutz, da sie von Ihm geschaffen
sind. Und so sehr sie sich auch sträuben, selbst im Widerspruche dienen sie noch
Ihm auf die mannigfaltigste Weise. Daher sind auch die Wasser des Abgrundes,
in denen dieser Mann von den Waden abwärts bis zu den Fußsohlen, sozusagen
auf dem Abgrunde, steht, wie die Kraft der Tugend dieses Mannes. Die Wasser
der unteren Tiefe, die Gott in Seiner Macht und im verborgenen Geheimnisse,
gleichsam unter Seinen Fußsohlen hält, so daß Er auf dieser Tiefe steht, da alles
unter Seiner Macht zu stehen hat, sie weisen hin auf die Kraft der Gottheit.
Wird doch alles von Gott regiert und beschützt. Und so verbinden und stärken
auch die Wasser alle irdischen Dinge. Indem sie nämlich die Menschen, die dem
Unglauben verhaftet waren, durch das Bad der Taufe zu einem neuen Leben
zurückführen, gewinnen sie alles wieder. Und da sie das Unreine an Leib wie
Seele wegnehmen, reinigen sie das Ganze. Da sie mit ihrer Besprengung der
sichtbaren wie der unsichtbaren Anfechtungen die Gefahren abwenden, heiligen
sie alles; und da sie alle Dinge notwendig durchdringen, um sie zu festigen,
halten sie alles zusammen, damit es nicht vergehe. Da sie so mit ihrer Sammlung
den Erdkreis tragen, tragen sie auch das Ganze. Mit dem Schweiß ihrer Feuchte
durchdringen sie die ganze Natur, damit ein jedes Ding in seiner eigenen Lebendigkeit lebe, so wie Gott ihm zu leben bestimmt hat. So lebt das, was ein leben-

diges Wesen ist, wie etwa der Mensch; es lebt, was aus dem Luftraum kommt, wie das Vieh. Was die Grünkraft hat, lebt, wie etwa der Baumbestand; was innere Feuchtigkeit besitzt, lebt, so wie die Pflanzen, weil dies alles nach göttlicher Einrichtung sowohl aus der Erde wie auch aus der Luft durchfeuchtet wird. So hält das Wasser die Feuchte in ihrer inneren Wirksamkeit zusammen und läßt jeden Samen, je nachdem wie Gott es bestimmt hat, aus sich hervorgehen.

Die Wasser binden alles Irdische

22   Die Wasser binden und halten alle Geschöpfe, da sie ihnen die Feuchtigkeit eingießen. Ohne Wasser würde nichts auf der Welt wachsen, noch vergehen, noch verteilt werden. So festigt auch die Seele den gesamten Organismus, weil sie mit der Glut des Lebenshauches das Fleisch belebt und den Leib zugleich zusammenfügt, solange sie in ihm weilt.

Der Abgrund hält alles Irdische

23   Der Abgrund ist gleichsam die Kraft des Vermögens jenes Mannes, da er alle seine Einrichtungen trägt und alles Naturgeschehen ihm entgegenkommt. So besitzt er dies alles in gewisser Ähnlichkeit mit Gott. Wie Gottes Vermögen all Sein Werk in jeder Verrichtung hält, so daß es seine Funktion nicht überschreitet, so hält auch der Abgrund das, was über der Erde, auf der Erde, unter der Erde ist, da das alles nach göttlicher Anordnung auf diesen Grund gesetzt ist.

Der Abgrund wird allein durch Gottes Kraft gehalten

24   Dieser Abgrund existiert als die Werkstätte des höchsten Werkmeisters, in der sich alle Werkstücke dieses Meisters befinden. Wie eine Werkstatt nämlich glühende und nicht glühende Dinge enthält, kurzum alles, was seiner Natur nach zu bearbeiten ist, und wie der Schmied, der diese Stoffe bearbeitet, sein Werk nach dieser oder jener Richtung hin je nach seiner eigenen Vorstellung schmelzt und führt, so ist auch der Abgrund gleichsam die Werkstatt des Weltenschöpfers. Er bewahrt die Natur, aus der die verschiedensten Gestaltungen hervorgehen, indem er die Wasser und die Erde wie auch den Grundstoff der gesamten Natur festhält, damit sie auch nicht die Spur einer andersartigen Natur aufweise als jener, die durch Gottes Macht gehalten wird.

Der Abgrund gleicht einem Brunnen

25   An seinem Grunde ist er einem Brunnen ähnlich. Wie nämlich dessen
Grund die Wasser über sich hält, so hält auch der Abgrund alle Dinge über sich
fest.

Gottes Kraft macht die Wasser fließen

26   Und siehe: Von den Schenkeln dieses Mannes geht mit dem Schweiße ein
Odem aus. Er versetzt alle Wasser des Abgrundes auf die verschiedenste Weise
in Bewegung. Denn die Luft kommt mit ihrer Milde aus der Kraft Gottes, sie
läßt die Wassermassen flüssig werden und ergießt sie hierhin und dorthin, indem
sie diese über den ganzen Erdkreis verteilt. Sie hält sie dabei derart im Zaume,
daß sie ihr Maß im Hinströmen und Zurückfluten, im Aufwogen wie im Ab-
fließen nicht überschreiten, alles vielmehr in Grenzen halten, wie es ihnen von
Anbeginn an gesetzt ist. Denn der Geist des Herrn gibt den Wassern ihre Feuchte
und ihren Lauf, damit alles durchfeuchtet und flüssig werde, auf daß es fließe,
wie es lebe, sonst wäre es ja verfestigt und müßte an einer Stelle bleiben, ohne
die Wucht der strömenden Bewegung, und weder die Erde noch die übrigen
Geschöpfe könnten durchtränkt werden.

Gott hält die Weltelemente in seiner Gewalt

27   Alle diese Kräfte der Elemente, die sich über der Erde, auf der Erde,
unter der Erde befinden, hält Er mit Seinen Füßen nieder. Denn Gott hat die
Fruchtbarkeit der Elemente, die oberhalb und inmitten wie auch unterhalb der
Geschöpfe lebt, fest in Seiner Gewalt. Stärker ist diese Gewalt als alles, und
alle Dinge trägt sie, damit sie nicht vor der Zeit, die für sie vorgesehen und von
Ihm gesetzt wurde, erschüttert würden oder auch nur in Furcht gerieten, um so
ihre Furcht auch auf die übrigen Geschöpfe zu übertragen.

Gott ermahnt die Gläubigen zur Buße

28   Und so ermahnt Er die Gläubigen, Seine Ermahnungen aufzunehmen und
sich der Reue für ihre Sünden zu unterwerfen, zumal Er sich ihnen doch in so
zahlreichen Wunderwerken offenbart. Seine Züchtigungen aber sollen sie erfahren, wenn sie sich nicht mit dem vollen Ansturm ihrer Herzen der Bußgesinnung unterwerfen.

Der Seele Streben zu Gott

29 Wie die Wasser und der Abgrund die Kräfte und Möglichkeiten Gottes
aufweisen, so zeigt mit ihren Eigenkräften auch des Menschen Seele, die sich
auf Gott hin richtet, Seine Kraft und Möglichkeit bei jedem guten Werke. Die
Seelenkräfte erhalten nämlich durch Gottes Beistand Stärkung und Stetigkeit
gegen die Künste des Teufels. Gott steckt in diesen Seelenkräften durch die
Macht der zu den verborgenen Mysterien herniedersteigenden Geheimnisse
gleichsam von den Waden abwärts bis zu Seinen Fußsohlen, und zwar so, daß
Er beim Wirken der guten Werke zugleich auch über der Seele wie über einem
Abgrund steht, indem Er ihr durch gerechte und treue Werke Heiligkeit einflößt.
So sind die Seelenkräfte gleichsam die Tugendkräfte jenes Mannes. Wo immer sie
den Teufel ablehnen und auf Gott vertrauen, gewinnen sie alles für die Gerechtigkeit wieder. Wo sie das Schmutzige und jede Berührung mit der Sünde in der
Zerknirschung ihrer Reue von sich weisen, reinigen sie alles. Wo sie das Übel
und die Gefahren des Todes vermeiden, indem sie das, was gut ist, auch ausführen, heiligen sie alle Dinge. Wo sie im Ausbruch der Tränen das gute Werk
durchfeuchten, damit es nicht welke, halten sie alles zusammen. Und wo sie in
der Einmütigkeit der seligen Tugendkräfte nicht voneinander lassen wollen,
tragen sie das Ganze, weil sie dann nämlich das gute Werk mit einer wahr-
haftigen und milden Zerknirschung durchdringen und dieses mit der Sehnsucht
nach dem Höheren in gleicher Weise aufs innigste verbinden, wie auch Gott
Seine Welt zu einer Einheit gemacht hat, damit sie sich nicht mehr auseinander
löse.

Gottes Gebote erfüllen die Seele ganz

30 Diese Seele nun, die durch göttliche Gnade so tapfer die alte Schlange
zertritt und die im Werk der Tugenden so tatkräftig Gott nachahmt, sie ist die
Kraft Seines Vermögens. Denn sie beachtet in rechter Leidenschaft und mit dem
richtigen Wollen die göttlichen Gebote und trägt somit gleichsam Seine Einrichtungen, weil ja jene Gebote davon abhängig und gegeben sind, daß sie
die gläubige Seele tragen und erfüllen. Und so beruhen jene Einrichtungen
geradezu auf diesen. In gleicher Weise ist die Seele auch das Bauwerk und der
Tempel des ewigen Schöpfers, sozusagen die Werkstatt des höchsten Werkmeisters, in der die gerechten und heiligen Werke sowie alle Dinge, die auf das
selige Leben, das Gott Seinen Gläubigen schenken wird, achten, gleichsam die
Werkstücke dieses Meisters sind.

Vom Aufstieg der Seele von Tugend zu Tugend

31   Wenn die Seele im Menschen dem Heilswege folgt, wirkt Gott auf vielfache Weise in ihr und mit ihr so wunderbare Werke, daß sich die anderen Menschen an dem noch Unbekannten entsetzen oder verwundern. Denn aus der Kraft der Gaben Gottes naht sich der Heilige Geist in Seiner süßen Milde der gläubigen Seele, um alle ihre Kräfte wundersam von Tugend zu Tugend fortschreiten und aufsteigen zu lassen, so wie auch der Odem mit seinem Schweiß von den Schenkeln dieses Mannes ausgeht, um alle Wasser des Abgrundes auf die verschiedenste Weise in Bewegung zu versetzen.

Gott hält die Versuchungen durch die Menschwerdung Seines Sohnes in Schranken

32   Dieser Mann, Gott selber nämlich, hält die Versuchungen aus so verschiedenartiger Verwurzelung und Anfechtung, die mit geistigen wie körperlichen und auch höllischen Anreizungen die Seele des Menschen verstricken, durch jene Menschwerdung, durch welche Satan vernichtet ward, in Schranken, so wie auch dieser Mann die Kräfte der Elemente, die über der Erde, in der Erde und unter der Erde sind, mit Seinen Füßen niederhält. Denn der eingeborene Gottessohn ist auf dieser Welt unter den Menschen sündenlos gewandelt und gab Seinen Gläubigen Beispiele, wie sie die irdischen Lüste ablegen könnten, um die höheren Werte anzustreben und alles das liebzugewinnen, was in der Heiligkeit lebt.

Durch Seine Wunder mahnt Gott zur Buße

33   Daher mahnt dieser Mann, der Gott selber ist, auch alle jene, die Ihn wahrhaft anhören und Ihn in ihrem Herzen wirklich verstehen wollen, daß sie Buße für ihre Sünden tun, so wie du dies hörst. Sie sollen die ungerechten Werke von sich ablegen und eilends auf Ihn zulaufen, der sich ihnen in zahlreichen Wundertaten so barmherzig gezeigt hat. Die aber die Worte Seiner Ermahnung in den Wind schlagen, werden durch Seine Geißeln scharf gesühnt, da sie im Trotz ihrer Verwegenheit den mahnenden wie den anklagenden Richter verachtet haben. Daher soll einer in Reue seinem Körper das Widrige zumuten, wenn er im Hause Gottes als getreu erfunden werden will. So hat Lukas gemahnt, wenn er spricht:

Lukas mahnt zur Buße

34 „Ihr Natterngezücht! Wer hat euch gelehrt, ihr könntet dem kommenden Zorn entfliehen? Bringt also Früchte, die der Umkehr entsprechen, und laßt euch nicht einfallen, in eurem Innern zu denken: Wir haben Abraham zum Vater. Denn ich sage euch: Aus diesen Steinen da kann Gott dem Abraham Kinder erwecken" (Luc 3, 7—8).

Das ist folgendermaßen zu verstehen: Aus den Strafen kommt die Buße, und jedes Laster wird nach seiner Schuld gesühnt und wie die Seele das Zelt ihrer Werke vorfindet. Wer könnte nämlich in einem anderen Leben eine Wohnstatt geben, wenn nicht Gott allein, aus dem jeder Lohn kommt. Da Gott Mensch geworden, fand Er in dieser Seiner Wohnstätte etwas, was Ihm sehr gefiel, nämlich dem reuigen Menschen die Sünden nachzulassen. Denn der Sohn Gottes war in Seinem leiblichen Leben von der Jungfrau sündenlos empfangen und geboren worden, und so blieb Er auch in dieser Unschuld, da Er ganz allein so gerecht entstanden ist. Und so hat es Seinem höchsten Vater gefallen, daß Er den Seinigen die Macht gebe, all jenen, die sich der Reue unterwerfen, die Sünden zu verzeihen. Die anderen aber, die weiter in der Sünde verkehren und im Frevel verharren wollen, werden Schlangensamen genannt, weil sie in der Täuschung der Schlange empfangen wurden. Auf diese Weise haben Adam und Eva ihre königliche Existenz in sich selber vernichtet. Das heilige und unschuldige Leben haben sie ja verloren, und sie konnten ihre Kinder nur noch in die Sterblichkeit der Sünde fortpflanzen, bis sie wieder durch das reine Fleisch des Gottessohnes ins Leben gerufen wurden.

35 Wer aber unter den Menschen, die derart in Schuld geboren sind, wird euch, die ihr unter solchen Verbrechen lebt, zeigen, dem auferlegten Strafmaß der Rache des Herrn ohne die Buße zu entkommen? Wie gesagt, wird gezeigt, daß der Mensch auf keine Weise der Vergeltung durch Gott entfliehen kann, weil weder der erste Engel noch Adam noch seine Söhne ihr entgehen konnten, da noch ein jeder, der gegen Gott von Anbeginn an kämpfte, besiegt wurde und gefallen ist. Wirket also das Werk des Glaubens, damit ihr von den Sünden freikommt! Vertraut getreu auf Gott, nahet euch Ihm unter Weinen und Flehen, und verlaßt eure krummen Wege! Kehrt wieder zurück zum guten Werk, und werdet würdig einer reumütigen Gesinnung, indem ihr wahrhaft sprecht: „Ach, ach! Diese Sünden habe ich getan vor Dir, o Herr!" Aus einer falsch verstandenen Rechtfertigung aber sollt ihr nicht behaupten, ihr hättet Schutz in Abraham, dem Gott so viele Wunder wies, und dem Er den Beginn des Alten Bundes zeigte. Denn Gott allein und kein anderer kann euch frei machen. Mit jener Gewißheit aber, welche die Wahrheit selber ist, verkündige ich euch, der ihr dies mit gutem Willen anhört, daß der Schöpfer aller Dinge in der Kraft Seiner

Gnade die gläubigen Menschen wieder aus der äußersten Verhärtung ihrer Ungläubigkeit zu Sich zurückkehren läßt, sie alle, welche die Wahrheit und den wahren Glauben pflegen und Kinder der höchsten Glückseligkeit sein wollen. Ist der Sohn Gottes doch der Eckstein, von dem aus alle Steine, die Heiligen nämlich, hochstreben und neu werden. Denn Er ist die Heiligkeit in Person, und in Ihm haben die Heiligen ihren Bestand.

Der schöpferische Geist der Gerechten vertreibt die Laster

36   Daß du aber in der beschriebenen Nebelwand, in der so mancherlei Arten von Lastern hausen, diese fünf Laster mit ihren Merkmalen erblickst, das bedeutet, daß im gar üblen Unglauben jenes verwegenen Stürzens, in dem sich die verschiedenen Verhaltensweisen dieser scheußlichen Laster austoben, wie oben gezeigt wurde, nun auch diese fünf Gestalten mit ihren verderbten Erscheinungen und Anzeichen auftreten, um gegen die fünf Sinne des Menschen anzutoben. Versuchen sie doch mit allen Mitteln, die Sinne der Gläubigen in das Gegenteilige eines verderbten Verhaltens zu locken und zu verkehren, obschon diese doch der klare Blick und der schöpferische Geist der Gerechten durch göttliche Hilfe von sich scheucht, um sie nicht Überhand über sich gewinnen zu lassen.

Von der Spottsucht

37   Die erste Gestalt zeigt die Spottsucht. Sie steht mitten zwischen den übrigen Lastern, da sie den Worten der Lüge vorausgeht — sie mag die Wahrheit ja nicht —, indem sie bald diesen, bald jenen spielerisch zum Bösen reizt und ihnen keine Ruhe mehr gönnt. Sie hat vom Scheitel des Kopfes bis zu den Hüften die Gestalt eines jungen Mannes, da alle, die dieses Laster lieben, aus ihrer ursprünglichen Gesinnung heraus in Wort und Tat ohne Maß sind und das Schlüpfrige einer eitlen Lebensweise annehmen, indem sie in der Torheit ihres Herzens alle Interessen hierhin oder dorthin, ganz nach ihrem Eigensinn, verschwenden. Von den Hüften abwärts sieht die Gestalt aus wie ein Krebs, so nämlich wie ein Krebs vom Kopf abwärts gestaltet ist, da sich solche Menschen in ihrer Unenthaltsamkeit immer tiefer fallend zu weiteren Maßlosigkeiten wenden, hier beim Lob verweilend, dort bei Tadel rückwärtsschwankend, um so den schlechten Anfang mit einem schlimmen Ende zu verbinden. Die Gestalt trägt schwarzes Kopfhaar, während sie am übrigen Körper ganz nackt ist. Weil dieses Laster nämlich eine abscheuliche und maßlose Schmutzigkeit in die Gesinnung solcher Leute bringt, raubt sie ihnen auch auf alle nur mögliche Weise die Ehrfurcht und Scham. Sie überredet sie in Wort und Tat bald zur Kriecherei, bald zur Verleumdung, so wie sie dies in eigener Person mit ihren oben er-

wähnten Redeweisen zum Ausdruck bringt. Ihr gibt die Ehrfurcht die rechte Antwort, und sie hält sie für nichts weiter als einen Dreck unter dem Schuh.

Vom Umherschweifen

38   Die zweite Gestalt bedeutet das Umherschweifen, das hier von der Spottsucht begleitet wird. Ein solcher Mensch läuft in seiner Unbeständigkeit wie ein Vagabund daher, indem er alles, was recht geordnet ist, zur Maßlosigkeit verleitet und selbst Gott so verehrt, als ob es schließlich auch mit Ihm ein Ende haben müsse. Die Jungenhaftigkeit des äußeren Aussehens weist darauf hin, daß er weder das Himmlische mit Freude noch das Irdische mit ernsthafter Besorgung bedenkt; statt dessen berücksichtigt er im Kreislauf der Natur nur seinen leeren Wankelmut. Kein Ding nimmt er in Vorsicht und Vorhut, keines teilt er recht ein oder auf; alle Dinge erledigt er vielmehr mit dieser jungenhaften Unziemlichkeit. Darum fehlen auch die Kopfhaare; Greisenantlitz und Bart aber bedeuten, daß seine Gesinnung, im Überdruß verfangen, ohne das Ehrgefühl eines besonnenen Verhaltens geblieben ist, obgleich er von den Menschen den Anschein von Tüchtigkeit und Ehrbarkeit erwecken möchte, so wie sich dies für einen frommen Menschen geziemt. Die Finsternis aber, in der er in einem Tuche wie in einer Wiege hängt, die vom Winde hin und her geschaukelt wird, weist darauf hin, daß Menschen mit diesem Laster in ihrer Vertrauenslosigkeit gelähmt und in ihrem Eigensinn gefesselt sind. Gleichwohl möchten sie einer geruhsamen Bequemlichkeit frönen, auch wenn sie in den so vielseitigen und mannigfachen Eitelkeiten all der Weltdinge und auf der Jagd nach immer neuen Vergnügungen und Versuchungen ihre Zerstreuung suchen. Dabei finden sie weder einen rechten Anfang, noch bringen sie etwas recht zu Ende, werden vielmehr in ihrem Wankelmut wie ein unruhiges Gewölk durcheinander gewirbelt. Überall suchen sie nur, und immer gehen sie irre; überall sind sie auf der Jagd nach dem großen Unbekannten, und immer nur vermögen sie fremde Behausungen aufzusuchen. Eine besondere Bekleidung findet man bei dieser Gestalt nicht. Denn diese Menschen verstehen es nicht, sich mit der Ausgeglichenheit eines rechten Benehmens anziehend zu machen, stolzieren vielmehr immer nur in ihrer unsicheren Wankelmütigkeit einher. Bisweilen tritt die Gestalt aus ihrem Tuche hervor, um sich dann wieder darin zu verkriechen, weil solche Menschen bald ihren alten Weg verlassen und sich zu größerer Ehrfurcht aufzuraffen scheinen, um sich dann doch wieder in ihren Eigensinn zu vergraben, da sie keinem recht klarmachen können, was sie im Grunde eigentlich wollen. In ihre Eigenheiten verbohrt, bringen sie nur das zustande, was keine heilsame Ruhe und keine wahrhafte Sicherung einträgt. Suchen sie doch nur überall umherzuschweifen und ihre üblen Scherze anzubringen, wie dies die Gestalt mit obigen Redensarten deutlich macht. Die ausgeglichene Gemütsruhe aber straft solches Ver-

halten Lügen und erinnert daran, daß ein aufrechter Mann, der gläubig nach ehrbarer Sicherheit strebt, auch zu Christus sprechen soll, wie geschrieben steht:

Worte des Hohenliedes

39   „Zeige mir doch den, den meine ganze Seele liebt! Zeige mir, wo du weidest, wo dein Ruhelager über den Mittag ist, damit ich nicht anfange, in der Menge deiner Gefährten umherzuschweifen!" (Cant 1, 6.)

Dieses Wort soll bedeuten: Die Weisheit hat durch Salomons Mund dieses vorgetragen. Salomon aber, im Gefühl des Einklangs mit dieser Weisheit, sprach in der Weise des Liebenden und wie zu einem Weibe. Ich aber, die Weisheit selbst, habe noch folgendes zu sagen: Damals, da habe ich mich aufgemacht und habe meinen Mantel ausgeschüttelt, um ihn mit tausenden und abertausenden von Tropfen köstlichen Taus zu durchtränken. Mit solchem Geschenk aber zielt Gott auf den Menschen, und Er rechnet mit ihm. So laßt uns also ein Gespräch miteinander führen: Wie Ich alles ordnete, da Ich das Rund der Himmel durchlief, so sprach Ich auch aus Salomon —: aus der Liebe des Schöpfers nämlich zu Seinem Geschöpf wie auch des Geschöpfes zu seinem Schöpfer. Hat doch der Schöpfer Sein Geschöpf, so wie Er es schuf, dadurch geschmückt, daß Er ihm Seine große Liebe schenkte. So war alles Gehorchen der Kreatur nur ein Verlangen nach dem Kusse des Schöpfers: Und alle Welt empfing den Kuß ihres Schöpfers, da Gott ihr alles schenkte, was sie brauchte. Ich aber, ich vergleiche die große Liebe des Schöpfers zu Seinem Geschöpfe und der Geschöpfe zum Schöpfer mit jener Liebe und Treue, mit der Gott den Mann und das Weib zu einem Bunde zusammengab, auf daß sie schöpferisch fruchtbar würden. Wie die ganze Welt aus Gott hervorging, so hängt sie auch in ihrer Verbindlichkeit Gott an, und sie unternimmt nichts ohne Sein Geheiß. Auf dieselbe Weise schaut das Weib auf zu seinem Manne, um seine Anordnungen, ganz nach seinem Gefallen, aufzugreifen. Daher fühlt sich die Schöpfung zu ihrem Schöpfer hingezogen, wenn sie Ihm in allen Dingen gehorsam dient. Aber auch der Schöpfer ist mit Seiner Schöpfung im Bunde, wenn Er ihr die grünende Lebensfrische und die fruchtbare Lebenskraft eingießt. Ganz schwarz würde die Schöpfung werden, wenn sie sich in irgendeiner Verpflichtung dem göttlichen Geheiß entziehen wollte; wohlgebildet aber erblüht sie, solange sie in der rechten Verbindlichkeit ihren Aufgaben nachkommt. Nur so allein bleibt in jeder Lage das Leben verantwortlich, und es gedeiht ein guter Ruf, weil alle Bedürfnisse wohl durchdacht und recht geordnet befriedigt werden.

Weiter vom Hohenlied der Liebe

40 Deshalb darf die Schöpfung in inniger Liebe zu ihrem Schöpfer wie zu
einem Geliebten reden, darf nach einer Weide verlangen, nach einer Heimat,
die Er aus Seiner Fülle zu schenken gedenkt und die vom Geschöpf schöpferisch
ausgebaut werden soll, damit es nicht länger in der Irre jenen Götzenbildern
nachrenne, die sich trügerisch den Namen der Gottheit anmaßen. Dieses Gleichnis aber zielt im Grunde auf den Menschen. Ist er, der Mensch, doch das Inbild
und die Fülle aller Schöpfung. In seinem innersten Seelengrunde verlangt er
nach einem Kusse seines Gottes. Und so erlangt er Seine Gnade, wenn er mit
innigstem Seufzen wünscht, von Ihm angezogen zu werden, um in Seiner milden
Huld entschlossen seinen Weg zu gehen. Und wenn ihn auch die Schatten der
Sünde umdüstern, so gibt die Reue ihm doch wieder seine ursprüngliche Gestalt
zurück, so daß er schön und heil vor den Töchtern des himmlischen Jerusalems
duftet. Treibt ihn doch das Verlangen, sich, sobald Gott ihn ruft, aus seiner
Schuld zu lösen. Deshalb spricht er auch zu Christus, seinem Erlöser: Zeige Dich
mir doch in der Schönheit Deiner Gebote, auf daß ich Dich mit ganzer Liebe
in meiner Seele festhalte. Durch Deine Menschwerdung hast Du mich erlöst und
durch den Tod mich auferweckt, da Du Dein Weideland fandest in der jungfräulichen Natur, in der Du Fleisch angenommen hast, um durch sie alle Deine
Werke zu vollenden. Und so duften sie wider voll von gutem Wohlgeruch im
Garten aller Düfte. Denn die Demut Deiner Menschwerdung hat all Dein Werk
durchtränkt, so wie der Tau vom Himmel zur Benetzung auf die Erde fällt.
Zeige mir auch, wo Du Deine Ruhestätte hast, in der Grabstatt des Todes nämlich, wo in der Fülle des Glaubens die vollste Sonnenglut, der Heilige Geist
nämlich, die Gläubigen erfüllt hat, da ja in der Zeit von Deiner Auferstehung
bis zur Himmelfahrt durch diesen Heiligen Geist das alte Gesetz zu weit
größerer Tiefe umgewandelt wurde. Schicke nicht noch einmal meine Wege auf
jenen Irrgang, damit ich nicht abermals die Gebote des Alten Bundes zu durchlaufen habe oder die Wege der alten Philosophen, die zwar mit Dir im Bunde
waren, als sie durch göttliche Einhauchung alles, was sie zu sagen hatten, in
höchster Weisheit hervorbrachten. Das alles will ich nicht noch einmal tun, um
in mein rohes Verhalten und in ein müßiges Tun zurückzufallen, mit denen ich
mich doch nur vom Nutzen aller Glückseligkeit ein für alle Male trennen würde.

Von der magischen Kunst

41 Die dritte Gestalt stellt die magische Kunst vor, die der Unstetigkeit auf
dem Fuße folgt. Denn die Menschen stöbern bei der müßigen Durchforschung
vieler fernliegender Dinge durch des Teufels List in den Geschöpfen auch recht
viel Eitles auf, wobei sie Gott verlassen, um auf jeglichem Gebiete nur das auf-

zuspüren, was sie wollen. An solchen Menschen hat der Teufel seinen Spaß, und er führt sie in mancherlei Ärgernisse. Diese Gestalt hat den Kopf eines Wolfs und den Schweif eines Löwen, weil Menschen, die diesem Laster verfallen sind, all das, was sie wissen wollen, mit Hilfe diabolischer Blendwerke in der Natur zu erforschen suchen. Und so übergeben sie ihre Seelen dem Teufel, wie ein Lamm dem Wolf, zum Verschlingen. Sie setzen nicht das Endziel ihres Tuns in vertrauensvoller Hoffnung auf Gott; sie zeigen vielmehr nur Härte und Rauheit, gleichsam wie der Schweif beim Löwen, als schlimmes Ergebnis ihres Charakters. Und so halten sie in Haß und Herrschsucht alles in Unruhe, soweit sie vermögen, weil sie bei diesen Anlässen weder eine Ausgeglichenheit noch einen friedlichen Sinn kennen. Der übrige Körper dieser Gestalt aber gleicht einem Hund, weil solche Leute all ihr Tun mit Schmutz bewerfen und all ihre Wissenschaft nur dazu benutzen, dem Bösen nachzujagen. Solche Kränkung betreibt sie zusammen mit der vorhin erwähnten Gestalt, indem sie behauptet, sie seien in allem Tun ein Herz und eine Seele. Denn wer den magischen Künsten nachjagt, erreicht diese am ehesten über die Unstetigkeit. Daher pflegen beide miteinander so sehr gemeinsame Sache zu machen, daß man sie kaum voneinander trennen kann, weil man von beiden Lastern naturnotwendig zugleich besessen ist.

Weiteres von der Magie

42   Ein außergewöhnliches Getöse der Winde aber braust auf in ihren Ohren, auf das diese Gestalt eifrig hinhorcht, um herauszubekommen, was das wohl sei und woher es käme. Während nämlich diese Menschen ihre Studien auf weitschweifige Nichtigkeiten werfen, nehmen sie im Gehör ihrer Herzen zahlreiche Einflüsterungen der schlimmen, höllischen Frevel auf. Sie bringen ihre Herzen in leidenschaftliche Bewegung, um sich auf einzelne Wünsche zu verlegen, und sie verstehen es auch, sich diese Wünsche in ihrer Begehrlichkeit möglichst befriedigend anzueignen. Auf diese Weise werden sie aufgeblasen, als seien sie Götter. Denn die Ungläubigen, welche die diabolischen Überredungskünste voll Freude aufnehmen, lassen ihnen vielfache Verehrung zukommen, indem sie diese im Innersten ihres Herzens aufnehmen und verehren. Und so bekommen sie durch sie in ihre Hand, was immer ihnen vorschwebt. Alsdann hebt die Gestalt den rechten Vorderfuß hoch und stemmt ihn gegen den gewaltigen Wind, der vom Norden her braust. Denn wo sich solche Menschen die Rechtschaffenheit vorhalten sollten, um auf guten Pfaden recht einherzuschreiten, da machen sie sich mit schlechten Methoden den Stolz zu eigen und begeben sich infolge der außerordentlichen Versuchungen, die vom alten Verführer kommen, an derartige magische Untersuchungen. Daher zieht die Gestalt mit dem linken Vorderfuß das Schnauben der Winde aus den Elementen an sich, weil die Menschen mit jenen schlimmen Methoden, ohne Widerstand zu leisten und nur noch den Reizungen

der bösen Geister (mitsamt der ihnen dienenden Geschöpfe) verfallend, diese als
Freunde der Verderbnis an sich locken. Das Dämonische heißen sie ihre Götter, und dieses verehren sie nun an Stelle Gottes. Mit ihrer Hilfe untersuchen sie
die verschiedensten Nichtigkeiten und Verkehrtheiten der magischen Künste,
und dies alles tun sie nur deshalb, um alle Wunschvorstellungen ihrer unsauberen
Gesinnungen sowohl in sich selber wie auch bei anderen Leuten um so schneller
und leichter durchführen zu können. Genau das zeigt das erwähnte Laster auch
in seinen oben erwähnten Worten. Ihm stellt sich der wahre Gottesdienst mit
seiner Antwort entgegen, und er ermahnt die Menschen, angesichts der Nichtigkeit solcher Täuschungsmanöver wieder zu Verstand zu kommen.

Vom Geiz

43   Die vierte Gestalt bezeichnet den Geiz. Er folgt der magischen Kunst auf
dem Fuße, weil diese Eigenschaft deren Amt erst voll macht, wie sie auch als
Götzendienst erst zur Geltung kommt. Sie bleibt des Teufels Bauch, ohne ihn
aufzufüllen, weil sie keine einzige Angelegenheit nach ihrer Vorstellung zur
Vollendung bringen kann. In Menschengestalt erscheint sie, weil sie Irdisches
und nicht Himmlisches ersehnt; ihr fehlen jedoch die Kopfhaare, weil sie nichts
Ehrenhaftes in ihrem Wollen betreibt. Einen Ziegenbart hat sie, weil sie statt
ihres Liebreizes nur den Gestank liebt. Kleine Pupillen bei starkem Augenweiß
sieht man, weil sie sich nicht am Glück der anderen mitfreut, sondern sich in
ihrem ganzen Trachten nur immer so schrecklich geizig zeigt. Mit ihren Nasen-
flügeln stößt sie die Atemluft heftig ein und aus, weil sie mit indiskreten Wünschen, soweit es möglich, die weltlichen Begierden an sich reißt, um sie wieder
zu noch größerer Begehrlichkeit auszustoßen. Aus Wenigem will sie nämlich Vieles
und aus Mäßigem etwas Gewaltiges zurückbekommen. Ihre Hände sind wie
von Eisen, weil ihre Werke in Härte und Schärfe zahlreiche Raubzüge durchführen. Ihre Füße triefen im Blut, weil sie in ihrer Verwegenheit zur Stillung
ihrer Begierde sogar Blut fließen läßt, indem sie andere Leute für ihre eigenen
Interessen umbringt. Ihre Füße gleichen den Tatzen eines Löwen, weil sie all
ihre Schritte auf den Weg der Wildheit und der Beute hinlenkt, wobei sie keinen
schont, um möglichst viel an fremdem Gut in ihre Hand zu bekommen.

Weiter vom Geiz

44   Angezogen ist die Gestalt mit einem weißlichen Gewand, durchwebt mit
schwärzlichen Fäden. Alle nur möglichen Schätze macht sie sich, ob recht oder
unrecht, zu ihrem Eigentum, ohne lange zu fragen, woher sie kämen und wem
sie wohl gehörten. Oben scheint ihr Gewand zusammengeknüpft, während es

unten, um die Beine herum, weit offensteht, weil sie in ihrer Heuchelei mitunter
zeigt, was sie den geistlichen Menschen geraubt hat und ohne Rücksicht auf
himmlische Vergeltung bei sich behält. Dabei verteilt sie großspurig nach eigenem
Ermessen reichliche Geldspenden unter die weltlichen Leute, die der irdischen
Sorge obliegen. Über ihrer Brust erscheint ein Geier, ganz schwarz, weil der Fraß
der verschiedensten Diebesgüter ihr Gewissen mit der Schwärze seiner Gefräßigkeit nur begünstigt. Seine Krallen hat er ihr in die Brust geschlagen, weil sie jeden
Weg nach dem Eigensinn ihres Gewissens ausrichtet, indem sie nur das macht,
was sie will. Rücken und Schwanz hält sie auf jene Gestalt hin gewandt, weil
sie alle Kraft und Konzentration ihrer Nichtsnutzigkeit auf den Geiz richtet,
wobei sie diesen auf jede nur mögliche Weise besudelt.

Noch einmal der Geiz

45   Daß aber in ihrer Nähe ein Baum steht, der mit seinen Wurzeln in der
Hölle verankert ist, und der als Früchte Äpfel aus Pech und Schwefel trägt,
das bedeutet: Im Bund mit den Herzen aller Ungläubigen zeigt der Geiz die
Unruhe dieser Welt an. Mit all seinen Kräften ist er darauf aus, daß sich die
Menschen gegenseitig zerfleischen; und so bringt er im Herumwälzen der völlig
nichtigen Sorgen die Frucht seiner Nichtsnutzigkeit mit äußerst schlechtem Gestank vor. Nirgendwo hat er einen höheren Wert, vielmehr immer nur diese
irdische Sorge im Sinn. Mit großer Leidenschaft schaut diese Gestalt den Baum
an, um gierig die Früchte zu verschlingen, die sie mit dem Mund von ihm ab-
gerissen, weil der Geiz immerfort nur für diese maßlose Unrast ein Auge hat,
um das, was er bei der Sorge um das Irdische jederzeit erzeugt, im gefräßigen
Schnappen zu packen und ohne jedes Maß zu vertilgen. Menschen, die diesem
Laster sklavisch ergeben sind, haben nirgendwo Halt und Sicherheit, sie vertrauen nicht auf Gott, geben sich vielmehr voller Leidenschaft immer nur den
sie bedrängenden Nöten des Tages hin. Daher wird die Gestalt auch von zahlreichen, schrecklichen Würmern umgeben, weil auch der Geiz von so unsagbar
schauerlichen diabolischen Kunststücken umstellt ist. Mit ihren Schwänzen erzeugen diese Würmer großen Lärm und heftige Bewegung in der erwähnten
Finsternis, weil sie mit der Stärke und der Durchführung ihrer Bosheit immerfort nur Lärm machen und eine ungeheuerliche Unruhe in der Finsternis des
Unglaubens erzeugen, da sie keinem mehr gestatten, in Frieden sein eigenes
Leben zu genießen. Das alles bringen sie über diese liederlichen Menschen in der
gleichen Weise zustande, wie auch die Fische mit den Schlägen ihrer Flossen
das Wasser in Bewegung versetzen. Denn der Geiz ist es, der in ihnen die Verkehrtheit der schlechten Werke bestärkt und sie durchführt und der so die Lauterkeit eines guten Gewissens in den seligen Menschen zerstört, indem er ihnen ihr
Eigentum wegnimmt, um dieses für sich selbst zu horten. Genau das zeigt dieses

Laster in oben erwähnter Rede ganz deutlich. Ihm leistet die reine Genügsamkeit
Widerstand und ermahnt die gläubigen Menschen getreulich, sich mit Gottes
Gaben zu begnügen. Nicht länger sollten sie sich mit dem Geiz einlassen und so
in die Bitternis eines rücksichtslosen Unglaubens fallen. Dies hat auch der Prophet Jeremias angesichts all jener, die diesem Laster anhängen, bezeugt, wenn
er sagt:

Der Prophet Jeremias spricht

46 „Wo sind sie, die herrschen über die Völker, die selbst geboten über die
Tiere der Erde, die mit des Himmels Vögeln spielten, die das Silber häuften
und das Gold, auf das die Menschen sich verlassen, kurz, deren Habe ohne Ende
war? Und wo sind sie, die das Silber schmiedeten mit solcher Sorgfalt, daß man
ihre Werke kaum begreifen kann?" (Bar 3, 16—18.)
   Diese Worte sind so zu verstehen: Wo sind sie alle und welchen Lohn fanden
sie, die da in ihrer Herrschsucht die Völker unterdrückt haben? Am Ort aller
Abscheulichkeiten und in einer Wüstenei sind sie, den ihre eigenen Taten ihnen
bereitet haben. Den Lohn der Pein erhielten sie, weil sie die rechtmäßigen
Satzungen vernachlässigten, sich in der Herrschaft über ihre Völker selber zu
Göttern machten und aus Habgier die Besitztümer ihrer Untertanen durch-
gebracht haben. Zum Herrn aufgespielt haben sie sich über die wilden Tiere,
die in ihrer Wildheit leben, da sie nichts auf Erden kennen, als was tierischer
Art ist. In ihrer Botmäßigkeit halten sie ihre Natur, ohne daran zu denken, daß
Gott es doch war, der sie zu ihrem Dienst geschaffen hatte. Auf diese Weise
verlassen sie die Höhe und Breite des höheren Verdienstes um des Preises ihres
Eigenwillens willen, da sie nur das machen, was sie wollen. Ihre Gesinnung
halten sie nicht auf Gott gerichtet, dienen vielmehr der Habsucht, weshalb sie
auch in dieser scheußlichen Finsternis keinen anderen als solchen tierischen Lohn
empfangen. Selbst mit den Vögeln, die den Luftraum durchziehen, genießen sie
nur das Schauspiel ihres eigenen Begehrens. Die Symphonie des Heiligen Geistes
aber, an welcher sie sich nach Gottes Geheiß erfreuen sollten, haben sie vergessen, um ihre Freude auf das Verhalten der Vögel zu lenken. Mit ihnen treiben
sie im Widersinn ihr unziemliches Spiel und laden so mancherlei Strafe auf
sich, da sie Gott nicht dienen. Sie eignen sich in unrechtem Erwerb und über unrechte Schauspiele das Silber der Sterblichkeit an wie auch das Gold des Verderbens, indem sie darauf ihre Hoffnung werfen, weil sie nur noch Sinn für
irdische Dinge haben und auf keinen höheren Wert mehr achten. Sie setzen sich
für die Ausweitung ihrer Schätze weder eine zeitliche Grenze noch ein räumliches
Maß, weil sie das Silber eines guten Gewissens, in welchem sie die Schätze heiligmäßiger Werke für die himmlische Harmonie speichern könnten, nicht wollen.
Auch mögen sie nicht das Gold der Weisheit, mit dem doch die Gläubigen nach
dem Maßstabe Gottes so weise beherrscht werden. Gottes Gebote aber sind, wie

in einem Privileg, in jenen Büchern aufgestellt, auf daß sie nicht der Vergessenheit anheimfallen, sondern über die Gerechten und Heiligen Erfüllung finden. All das verachten jene Leute und wählen dafür das vergängliche Geld, weshalb sie auch sterblich dem Tode verfallen. Das Silber lenken sie auf die verschiedensten Wege ihres Vertrauens hin, und von irdischen und hinfälligen Sachen lassen sie sich in Unruhe halten, als ob da etwas verlorengehen könnte. Daher hatten ihre Werke auch keinerlei Dauer und Halt, weil sie in Eitelkeit gewirkt wurden, um sich in Eitelkeiten aufzulösen. Den Glauben und die Unterwürfigkeit Gott gegenüber lehnen sie ab, um auf der Erde zu machen, was sie wollen, wobei sie sprechen: „Alles, was Gott will, das wirkt Er auch. Und so tun auch wir, was wir wollen!" Damit aber weisen sie den reinen Lebenswandel im heiligen Tun, das mit den guten Tugenden auch ohne Geld und im Aufbau der Tugendkräfte in schönster Weise erscheint, von sich ab. All ihre Unrast heften sie auf das Vermögen äußerer Schätze, ganz nach dem Trieb ihrer Herzen, ohne noch irgendeine Sorge für das Heil ihrer Seelen aufzubringen. Daher begreifen sie überhaupt nicht ihre schlechten Taten, und sie finden dabei weder einen Nutzen noch ein Verdienst zu ihrem Heile. Alles, was sie auch tun, wird ausgelöscht wie glimmende Kohle, und im Ausüben ihrer Habsucht sterben sie im Tode.

Vom Weltschmerz

47   Die fünfte Gestalt bedeutet den Weltschmerz. Sie folgt sogleich auf die Gestalt des Geizes. Wenn nämlich die Geizhälse nicht das kriegen, was sie wollen, fallen sie in eine Traurigkeit, aus der sie sich nicht leicht erheben können. Die Gestalt sieht wie eine Frau aus, hinter der ein Baum steht, der aber ganz vertrocknet ist und keine Blätter mehr trägt, weil sie in diesem weiblichen Schreckbild ganz verrückt die Torheit umarmt und so alle Tapferkeit und all ihr Vertrauen auf die Anfechtung der Seele verlegt. Dieser Lebensform fehlt alle Grünkraft, und sie bleibt ohne allen Schutz der Seligkeit. Von seinen dürren Ästen ist diese Gestalt ganz umwuchert, weil dieses Laster von den daraus hervorgehenden Widersprüchlichkeiten umschlungen ist, als läge sie in lauter Glück. Der eine Ast bedeckt den Scheitel ihres Hauptes, ein Hinweis auf die Zerknirschung, welche den Anfang und die Höhe jener menschlichen Gesinnungen, die von diesem Übel besetzt werden, unterdrückt. Ein anderer Ast hat den Hals und die Kehle jener Gestalt umschlungen, ein Hinweis auf die Enge, welche ihre Kraft, in der sie das Joch des Herrn tragen und seine Sehnsucht nach der Speise des Lebens nehmen sollten, zusammenpreßt. Wieder ein anderer Ast verstrickt sich um den rechten Arm und ein weiterer um den linken, wobei die Gestalt ihre Arme nicht mehr auszustrecken vermag, diese vielmehr an sich verschränkt hält, und so bekommen diese Menschen Angst vor den ewigen und geistlichen Werken, aber auch Furcht vor den hinfälligen und weltlichen Schrek-

ken, und zwar so sehr, daß sie weder in jenen noch in diesen ruhig schaffen
können, um sich darin auf gute und rechtschaffene Weise vorzuarbeiten, daß sie
vielmehr in ihrer Feigheit bestrebt sind, unter der schlimmen Bedrückung ihrer
Herzen zu bleiben. Bei solchem Tun hängen die Hände über dieses Geäst herab,
und sie haben Nägel wie Rabenkrallen, da all ihre Taten innerhalb der beschriebenen Widersprüchlichkeiten hochmütig herausragen und sich in ihrer schmachvollen Schwärze wild und gefräßig zeigen. Daher bringen sie weder für sich noch
für ihre Mitmenschen irgend etwas an Liebe auf, da sie weder in freudigen noch
in traurigen Tagen, weder in glücklichen noch in unglücklichen Verhältnissen
jemals ein dauerhaftes Vertrauen zeigen.

Weiter vom Weltschmerz

48   Von der rechten Seite dieser Gestalt geht ein Zweig aus, von der linken
Seite ein weiterer, welche Bauch und Schenkel überkreuzend umgeben und die ineinander verschlungen sind, weil überall, wo sich die Menschen dem Weltschmerz
überlassen, die Anfechtung des Gemütes sie in Zweifel stürzt, während sie sich
doch durch eine geistige Haltung gleichsam wie mit der Rechten gegen den Weltschmerz wehren sollten. Und wo sie die fleischlichen Triebe gleichsam wie zur
Linken ablegen sollten, da tritt über die Anfechtung des Geistes die Traurigkeit
auf sie zu. Beide aber unterdrücken alles Gewissen und jede Tapferkeit im Bereich der Seele wie des Leibes, so daß sie diese durch zahlreiche Widersprüchlichkeiten hierher und dorthin treiben. Sie geraten dabei in eine äußerst schlechte
Gesellschaft, so daß sie weder mannhaft auf Gott noch auf diese Welt zustreben.
Weder an Gott noch an der Welt haben sie eine rechte Freude, noch können sie
voll und ganz auf ihr eigenes Werk bedacht sein. Die Füße dieses Lasters sind
aus Holz, weil solche Leute ihre Wege auf keinerlei Treu und Glauben hin ver-
bessern, vielmehr alles auf den Weltschmerz hin treiben lassen. Keinerlei grünende Lebensfrische besitzen sie mehr auf ihren Lebenspfaden, sondern leben
wie eine Unke, die sich fern von aller Freude und allem Frohsinn des Himmels
wie der Erde verkriecht.

Nochmals der Weltschmerz

49   Besondere Kleider hat diese Gestalt nicht an, sie bedeckt sich vielmehr nur
mit diesen Zweigen, weil ein solches Laster den Menschen keinen Ruhm, keinerlei
Ehre, vielmehr nur das nackte Elend läßt. Die vom schlimmsten Unglück Be-
troffenen zeigt sie an: die nur sich selber lieben, nie die anderen, die allen vielmehr durch ihre Art nur lästig fallen. Daß aber die bösartigen Geister in einer
finsteren Nebelwolke ihr mit gräßlichem Gestank nahen und auf sie eindringen,

während sie sich aufstöhnend zu ihnen zurückbeugt, das bedeutet, daß die äußerst boshaften und teuflischen Geister mit der Schwärze ihrer schlechten Kunststücke, mit der sie Schmutz und unreinen Gestank heraussprudeln, die genannten Menschen mit eben diesem Laster angreifen und sie aus allem Trost und jeder Ruhe ihres Gemütes wegziehen, so daß sie schließlich voller Verzweiflung und sich selber verwünschend diesen beipflichten und keine Zuversicht mehr haben, sie könnten noch irgendwas an Seligkeit besitzen. Genau dies zeigt das Laster in den oben erwähnten Worten deutlich an. Ihm antwortet die himmlische Freude, und sie ermahnt getreulich die Menschen, alle Bitterkeit ihres traurigen Gemütszustandes von sich zu werfen und Gott in Freude anzuhängen.

Die Gestalt des Strafeifers Gottes

50   Und siehe: Bei dem Mann erscheint, dem Abgrund eingeprägt, ein eherner Knüttel, wie der Knüttel eines Totschlägers. Er ist ein Hinweis auf Gottes außerordentlich starken Zorneifer, der sich zum Gericht über das Übel anschickt und der zu seinen äußerst gründlichen Strafurteilen bestimmt ist. Nichts aber wird er treffen und nichts vernichten als das, was die göttlichen Urteilssprüche aufzeigen. Wie zum Dreinschlagen bereit wird er hierhin und dorthin geschwungen, weil er alles trifft, alles genau untersucht, was nach den gerechten Entscheidungen Gottes zu prüfen und zu beurteilen ist. Seine Bewegung aber, eben diese rechtmäßige Entscheidung, gibt das Tönen des Strafeifers Gottes wider, das heißt jenen gerechten Urteilsspruch, den er zum Ausdruck bringt. Mit seinem überaus finsteren Wesen schreit er gleichsam auf: Er wolle alle teuflischen Visionen, die Gott Widerstand leisten und zu jener Höhe, die abfällt in die Tiefen, aufsteigen möchten, allen Glanzes und jeder Seligkeit berauben, um sie zu einem schmachvoll stinkenden Kadaver hinmodern zu lassen. Wollten sie doch mit Hilfe der Gefräßigkeit des ersten Verführers und mit Hilfe seiner Gier grausam vorankommen, so weit sie konnten, um alles mit sich an den Ort der äußersten Verdammung zu ziehen. Aber gerade sie wird der Zorneifer des Herrn zerstreuen und ins Nichts zurückwerfen, da er alles gerecht überprüft und jedes Ding, über das zu urteilen sein wird, auf gerechte Weise entscheidet, wie geschrieben steht:

Aus dem Buche Exodus

51   „Es geschah aber, daß inmitten der Nacht der Herr alle Erstgeburt im Lande Ägypten sterben ließ, von dem Erstgeborenen des Pharao, der auf dem Throne sitzt, bis zu dem Erstgeborenen der Gefangenen, die im Kerker lag, wie auch alle Erstgeburt des Viehs" (Exod 11, 5).

Das soll heißen: Dieweil die Ungerechtigkeit überhandnahm, so daß sie sich unüberwindlich wähnte, vernichtete Gott in Seinem Strafeifer allen Anfang und jeden Kopf, der in der Verkehrtheit des finsteren Unglaubens wucherte. So begann es beim Hochmut des Satans, der sich einen Herrschaftssitz im Reich der Unterwelt bereitet hatte. So ging es weiter bei der ursprünglichen Verfehlung Adams, da er sich, selber gefangen und gefesselt, diesem Teufel unterworfen hatte. Da aber der wahre Gott, gerecht als Richter, den Hochmut des Teufels in der Verachtung des Verderbens eingeschlossen und den Fehltritt des Adam in strengster Vergeltung geahndet hatte, zertrümmerte Er das ganze Geschlecht der Laster wie auch alle, die diesem Laster anhangen. Er vernichtet die Laster der verkehrten Gedanken, wenn Er das Denken des Menschen auf die Probe stellt. Indem Er sie an ihrem Haupte tödlich trifft, prüft Er sie bis zum Ende durch und erlaubt keinem einzigen, ungesühnt davonzukommen. Denn der Herr hat, gleichsam in der Mitte des Todes, alle Gläubigen, die der Bosheit erlegen, durch Seinen Sohn in der Wiedergeburt des Geistes und des Wassers zum Leben zurückgebracht, indem Er, angefangen von den Propheten und Weisen bis hin zu jenen Sklaven, die in der Sünde gefesselt lagen, alles Übel vernichtete und das alte Gesetz zu einem besseren umwandelte. Er hat in Seiner Person den Keim der Laster zur Strecke gebracht, indem Er die Wollust und den Ungehorsam mit dem neuen Gesetze austilgte, auf daß nunmehr zahlreiche Tugendkräfte daraus wachsen könnten, und zwar gerade dort, wo die schlechten Wurzeln ausgerottet waren. Im Munde der alten Schlange war ja die Wollust gleichsam zusammengeballt, um von dort her mit der Speise den Menschen zu betrügen. Aber aus der Wurzel Jesse entstand ein Mädchen, welches die Wollust im Bauche eben dieser Schlange aufgelöst hat, da sie ohne den Hauch einer Wollust in ihrer mädchenhaften Unschuld geboren hat. Daran konnte sie immerfort nur Freude und keine Spur von Trauer mehr haben. Auch hat der Sohn Gottes die Enthaltsamkeit gelehrt, als Er in der Enthaltung von Speisen vierzig Tage und Nächte gefastet hat. Die ganzen Frevel der Götzendienerei hat Er überwunden, da Er diese Götzenbilder vernichtet hat. Viele verborgene Wundertaten hat Er in Seiner Person offenbar gemacht, da Er den Biß der Schlange durch Sein Blut wie auch das Blut Seiner Blutzeugen erstickte.

Christi Blut verband sich der Jungfräulichkeit

52   Das unschuldige Blut Christi und Seiner Märtyrer verband sich der Brautschaft der Jungfräulichkeit. Davon wurde der Teufel beschämt und geriet ganz und gar in Verwirrung. Er suchte nunmehr Höhlen auf, um diesen Zeugen aufzulauern, wie er sie betrügen könne, indem er die Laster gegen die Tugenden bewaffnete. Sogar die Satzung Gottes versuchte er mit seiner verkehrten Lehre umzudrehen, indem er bei sich selber sprach: „Wenn ich erst die Möglichkeit

habe, das zu tun, was ich will, werde ich auch mit allen Mitteln Gott Widerstand leisten, weil Er mich unterdrücken will."

Wie Gott die alte Schlange überwindet

53   Ich aber, der ich von Anfang der Schöpfung an als starker Streiter dastehe, ich werde die alte Schlange, sobald sie das Schöpfungswerk ihrer eigenen Taten vollendet haben wird, ganz und gar zu Boden strecken und werde sie gänzlich mitsamt ihrer Unbotmäßigkeit, die sie in sich selber gezeugt hat, vernichten. Denn der Teufel ist ein Vater des Ungehorsams, und alle, die seinem Rat, ungehorsam zu sein, Vertrauen schenken, verachten die Gebote Gottes und sind, wenn sie darin beharren, Glieder des Teufels. Sie alle werden mit dem alten Verführer vernichtet und ins Nichts zurückgeführt werden. Dann wird die Macht der Gottheit im unversehrten Heil erscheinen, weil sie ihren Feind überwunden hat. Sie überwindet ihn aber im Menschen, indem sie etwa den Umgang mit den Zöllnern und den Sündern liebt. Von neuem erweckt sie sie zum Leben, weil die Barmherzigkeit nun nicht weiter dörren noch in die Veränderlichkeit irgendeiner Sache umgewandelt wird. Immerfort steht sie fest in sich da, weil Gott jenes Leben ist, das keinen Anfang nahm, das sich mit nichts vergleichen ließe und das auch kein Ende nehmen wird. Gott nimmt ja die Sünder in ihrer reumütigen Gesinnung auf, die wieder zu leben beginnen, sobald sie ihre Sünden und das Dürrewerden in der Sünde verlassen und sobald sie die Umkehr aus ihrer Schuld mit den Tränen einer reumütigen Gesinnung weise vollziehen. Wer aber in Ihm die Sehnsucht nach dem Leben besitzt, der nehme diese Worte an und berge sie im innersten Gemache seines Herzens.

Die Spottsucht

54   Und siehe: Ich erblickte wieder andere Geister in der besagten Menge, die insgesamt ein Geschrei erhoben und riefen: „Soll das schon etwas Großartiges sein, was Gott da macht? Luzifer, der ist groß, und zu ihm werden wir immer halten!" Diese Geister ermahnen die Menschen zur Spottsucht, und sie machen ihnen vor, für alle Worte und für jedes Tun immer nur ein Hohngelächter übrig zu haben.

Vom Fegefeuer der Spottsucht

55   Und ich sah die Flamme eines Feuers, in dem Würmer von wunderlicher Gestalt wimmelten. In diesem Feuer wurden die Seelen jener gepeinigt, welche die Spottsucht gern hatten und die keinen Menschen mit diesem Laster ver-

schonten. Wegen des brennenden Eifers für diese Spottsucht, mit der sie viele Leute kränkten, brannten sie in dieser Flamme. Und der Unkenntnis wegen, in der sie Gott über dieses Laster der Vergessenheit anheimgaben, wurden sie durch die erwähnten Würmer gequält.

Von der Buße für die Spottsucht

56 Und ich sah und verstand dies. Und aus dem lebendigen Licht hörte ich die Stimme zu mir sprechen: Das, was du siehst, ist wahr, und es ist so, wie du es siehst. Daher sollen sich die Menschen, die sich die Spottsucht angewöhnt haben, falls sie die bösen Geister, die sie dazu verführen, überwinden wollen und ihren Strafen entgehen möchten, mit Fasten und Geißelungen ganz nach dem Geheiß ihres Seelenführers züchtigen, um alsdann das Schweigen in der Rechtmäßigkeit einer ausgewogenen Gemütslage aufzusuchen.

Vom Laster der Spottsucht

57 Die Spottsucht ist voll der Gottvergessenheit. Mit ihrem Lügen- gebäude versucht sie die Wahrheit in Stücke zu reißen. Wie ein giftiger Nebel ist sie, der alle Früchte welken macht. Sie keimt nicht auf in der Ehrenhaftigkeit, und sie bedeckt sich nicht mit dem Mantel zuchtvoller Schamhaftigkeit. Alles vielmehr, was wahr ist, versucht sie im Schatten ihrer spielerischen Wortgefechte zu erwurzeln. Das alles macht sie mit einem gewissen Zischeln, ganz nach der Art der Schlangen. Mit ihren gotteslästerlichen Worten, die sich gegen Gott und die Menschen stellen, überläßt sie sich einer äußerst schlechten Gewohnheit. Das rechtmäßige Gesetz verlacht sie, so wie eine Motte ein Kleid zerstört. Mit ihrem Spott täuscht sie den Menschen und bringt ihn so zu Tode. Wer aber Gott mit lauterem Herzen und mit zuchtvollem Geiste lieben will, der treibe das Gift dieses höhnischen Verhaltens aus sich heraus, damit er später nicht weinen muß, wo er sich ergötzen möchte.

Dies aber ist gesagt über die Seelen der Büßer, die geläutert und gerettet sein wollen, und es ist die Wahrheit. Der gläubige Mensch achte darauf, und er halte es fest im Gedächtnis seines guten Gewissens.

Das Umherschweifen

58 Auch sah ich weitere Geister innerhalb dieser Menge, und ich hörte, wie sie folgendermaßen aufeinander losbrüllten: „Unser Machthaber heißt Luzifer, der alles durchdringt und der jedes Ding auf der Welt genau kennt!" Diese

Geister machen den Menschen die unstete Lebensart vor, und sie bringen sie dazu, daß sie keinen geordneten Lebenswandel mehr anstreben.

Vom Fegefeuer für das Umherschweifen

59   Und ich sah einen großen Sumpf, voll mit stinkendem Moder und faulendem Unrat. Übelriechende Nebel krochen daraus hervor und wälzten sich über den ganzen Sumpf. An diesem Ort erlitten die Seelen jener Menschen ihre Strafe, die auf der Welt dem Umherschweifen ergeben waren, die immer nur von Ort zu Ort herumirrten und sich ganz daran gewöhnt hatten, einfach so zu vagabundieren. Denn ihres Umherschweifens wegen, durch das sie Schuld auf sich luden, saßen sie nun im Schmutz dieses Sumpfes. Wegen der Vergnügen, die sie dort hatten, spürten sie jetzt diesen Gestank. Und statt der Mannigfaltigkeit immer wechselnder Sensationen bedeckte sie hier ein Nebelschwaden. Das sah ich, und ich habe es begriffen.

Von der Buße für das Umherschweifen

60   Aus dem erwähnten lebendigen Licht aber hörte ich abermals die Stimme zu mir sprechen: Das, was du siehst, ist wahr, und so, wie du es siehst, so ist es wirklich. Deswegen sollen sich die Menschen, wenn sie dem Geist des Umherschweifens entfliehen und die Strafe dafür vermeiden wollen, in Zucht nehmen. Unter Fasten und Geißelungen sollen sie lernen, ihre Knie zu beugen und sich mit zerknirschtem Herzen selber für ihr ausschweifendes Wesen zu bestrafen.

Vom Laster des Umherschweifens

61   Die da so gern herumvagabundieren, haben keine Liebe zu Gott, noch kann Gott sie liebhaben. Ihnen fehlt jede Weisheit, solange sie sich nicht einsichtig der Ehrfurcht unterwerfen. Sie können keine wachsame Verantwortlichkeit erlangen, wenn sie sich nicht der Liebe beugen. Dieses Umherschweifen ist gleichsam eine Tochter des Ungehorsams. Auch wird es oft in Gesellschaft sexueller Ausschweifungen angetroffen. Selbst wenn sie diesen nicht in der Tat verfallen, so sind solche Vagabunden doch lüstern nach ihrem Umgang, suchen immer wieder neu ihren Anblick und unterwerfen sich auch so ihrer Knechtschaft. Auch sind sie entweder toll begeistert oder völlig lauwarm, oder aber sie brechen aus irgendeinem Grunde aus: Jedenfalls gleichen sie einem total versalzenen Essen. Rechte Freude oder wirkliche Traurigkeit bringen sie nicht auf. Keine Weissagung schaut sie an, und die Weisheit selber kommt mit ihnen nicht

ins Gespräch. Haben sie doch weder das Wurzelwerk noch die Blütenfülle eines fruchtbaren Baumes, weil weder am Morgen der Tau prophetischer Erleuchtung in ihre Wurzeln sinkt, noch sich in der Mittagszeit in den Wipfeln ihrer Erbaulichkeit die Weisheit erhebt. Geifer ist dieses Laster und Fäulnis. Es vermittelt keinen Genuß im Wissen noch eine Nahrung beim Handeln; es bleibt bei keinem nützlichen Werk, und es hat weder einen wachsamen Sinn, noch kennt es aus irgendeiner Vollmacht die Erhebung des Geistes zu Gott. Ein solches Laster hortet nur Müßiggang und Trägheit auf, um damit planlos der Lüsternheit nachzugehen und nur das Wechselvolle zu bemerken, eben das, was ihm gerade über den Weg läuft. So vergißt es, was Gott gebührt, und oftmals vernachlässigt es sogar die rein körperlichen Lebensbelange. Darum halte sich von den Eitelkeiten dieses Übels weit fern, wer Gott ernsthaft und im Glück seines Lebens anhängen will. Er richte sich ganz nach Gott aus, indem er sich mit Leib und Geist zusammennimmt. Denn wenn ein Mensch sich nach der himmlischen Heimat ausstreckt, wird er auch im Angesicht des Glaubens Gott anschauen und von Ihm mit dem Kuß Seiner überaus liebenswürdigen Gegenwart und in allertreuester Liebe umfangen werden. Dann erfüllt sich in einem solchen Menschen, was bei David geschrieben steht:

David spricht

62 „Habe deine Freude im Herrn, und Er wird alles Verlangen deines Herzens stillen" (Ps 36, 4).
Das will folgendermaßen verstanden werden: Du, der du treu an Gott glaubst und getreulich dein Leben verwirklichst, pflücke alle die Freuden der Tugend in dich hinein und erfreue dich in dem, der da ist der Herr des Alls. Folge Ihm nach in Treu und Glauben, und liebe getreulich Den, der da dein Schöpfer ist. Wenn du so in Ihm allein deine Wonne findest, dann wird Er dich mit allem Guten überschütten, so daß du keinerlei Mangel mehr leidest. Alles wird erfüllt, worum du nur bittest und wonach sich das Verlangen und Heimweh deines Herzens richtet. Und wie der Glaube, in dem du in rechter Weise Gott glaubst, dir nichts anderes zu erbitten erlaubt als das, was gerecht ist, ebenso erbittet auch jene Beschaulichkeit, welche der Glaube lehrt, im Anblick Gottes nichts anderes, als was Gott gefällt und was ewiglich währt. Wenn du auf diese Weise aus deiner Bedürftigkeit heraus zu Gott aufseufzest, und wenn du um der Bedürftigkeit deines Bruders willen zu Gott aufschreist, dann nähert sich mit solchen guten und heiligmäßigen Werken der Tugend Duft der göttlichen Liebe, und Gott zögert nicht, solche Bitten mit ihrem gerechten Flehen zu erfüllen.
Dies ist gesagt über die Seelen der Büßer, die geläutert und gerettet sein wollen, und es ist die Wahrheit. Der gläubige Mensch achte darauf, und er halte es fest im Gedächtnis seines guten Gewissens.

Die magische Kunst

63   Alsdann erblickte ich weitere Geister in diesem Haufen, und ich hörte, wie
sie allzumal ein Geschrei erhoben und mit lauter Stimme grölten: „Luzifer ist
der Herr, da selbst die Elemente seinem Geheiß gehorchen!" Diese Geister haben
sich mit Eifer auf die Kraft der natürlichen Elemente geworfen; sie verlocken
die Menschen zu magischen Künsten und überreden sie, es doch einmal mit
Zauberei und Giftmischerei zu versuchen.

Vom Fegefeuer für die magische Kunst

64   Und ich erblickte einen riesigen Sumpf, der ganz und gar im Feuer bro-
delte und einen äußerst üblen Gestank von sich gab, in welchem sich eine Unmasse von Schlangen und anderem Gewürm tummelte. An diesem Orte wurden
die Seelen jener gequält, die sich während ihres leiblichen Daseins mit magischen
Kunststücken abgegeben hatten, so daß sie mit ihren diabolischen Blendwerken
mancherlei Zauberei und Giftmischerei an verschiedenen Geschöpfen ausübten.
Daher hielten ihnen die bösen Geister zahlreiche Beschimpfungen entgegen, indem sie sprachen: „Die da besitzen doch nicht den Herrn des Lebens!" Weil sie
nämlich den rechtmäßigen Glauben verleugnet hatten, und da sie sich in ihren
Handlungen an die Ungläubigkeit gehalten hatten, brannten sie in diesem
feurigen Sumpf. Weil sie nicht weiter darüber nachgedacht hatten, was sie zu
tun hätten, bekamen sie den Gestank dieses Sumpfes zu spüren. Und weil sie
ihr ganzes Vertrauen auf die natürlichen Elemente wie auch auf die anderen
Geschöpfe geworfen hatten, um diesen mehr Glauben zu schenken als Gott, wurden sie von den erwähnten Würmern angegriffen. Weil sie schließlich an diesen
ganzen schlechten Kunststücken auch noch Freude fanden, wurden sie von den
Schmähungen der bösen Geister bedrängt. Und ich sah und verstand dies.

Von der Buße für die magische Kunst

65   Und abermals hörte ich aus dem lebendigen Licht die Stimme zu mir
sprechen: Das, was du siehst, ist wahr. Menschen aber, welche die bösen Geister,
die sie zu solcherlei Zauberkünsten ermuntern, niederhalten wollen und die den
Strafen für dieses Laster entfliehen möchten, sollen sich mit einem rauhen Gewande züchtigen. Mit äußerst hartem Fasten und mit scharfen Geißelungen
sollen sie sich nach dem Richterspruch der Gerechtigkeit kasteien.

Die Verblendung der Zauberer

66   Die Menschen, die auf die Geschöpfe wie in eine lesbare Schrift blicken
und die so aus der Schöpfung gleichsam wie aus Büchern mancherlei herauslesen
möchten, verehren statt Gott den Teufel. Ihm stehen sie zu Diensten, weshalb
er auch an ihre Seite tritt und spricht: „Was ihr auch von mir fordert, ich will
es euch geben!" Und so behauptet der Elende, der damit dem Teufel nur dient,
bei sich selber: „Ich finde all mein Heil in der Natur. Würde ich nämlich immer
nur auf Gott schauen, und würde ich mir die Güter nicht aneignen, dann könnte
Gott mir alles, was ich besitze, ganz wie es Ihm gefällt, auch wieder wegnehmen.
Und was hätte ich dann? Daher versuche ich, alles, was ich will, in der Welt zu
erforschen. Daß ich damit eine Schuld auf mich laden könnte, dafür habe ich
gar kein Verständnis." So spricht einer zu sich, der sich auf üble Weise nur
selber zum Narren hält, und so setzt er auch seine schlechten und verkehrten
Künste ins Werk. Daher wird er an Leib und Seele vernichtet, weil er dem Fall
des ersten Engels nachfolgt, und weil er sich mit dem Teufel gemein macht, indem er auf die unvernünftigen Geschöpfe sein Vertrauen setzt, was nicht einmal
jener tat, da er nur auf sich selber vertraute. Wer aber Gott lauter und würdig
dienen will, der fliehe solcherart Machenschaften und Täuschungen, um nicht
sich selber wie auch die anderen Geschöpfe in den Widerspruch einer verkehrten
Lebensweise zu bringen. Indem er nämlich mit seinen schlechten Forschungs-
methoden immer nur auf die Natur starrt, löscht er den Anblick seiner eigenen
Seele aus. Und indem er die schlechten, verkehrten und nichtsnutzigen Handlungen und all das, was gegen die Natur und das Heil des Menschen ist, zur
Durchführung bringt, schickt er seine eigene Seele in den Untergang. Solches
Tun sollen jene verachten, die ihrem Schöpfer anzuhängen wünschen.
      Dies aber ist gesagt über die Seelen der Büßer, die geläutert und gerettet sein
wollen, und es ist die Wahrheit. Der gläubige Mensch achte darauf, und er halte
es fest im Gedächtnis seines guten Gewissens.

Der Geiz

67   Noch andere Geister erblickte ich in der erwähnten Menge, die laut riefen
und ein Geschrei erhoben: „Luzifer wird durch viele Ehrungen bereichert, und
wir werden mit ihm hochgeschätzt!" Diese Geister halten den Menschen den
Geiz vor, und sie bringen sie dazu, immer mehr und noch mehr zu erraffen.

Von den Strafen für den Geiz

68   Und ich erblickte eine feurige Luftschicht, die ganz und gar in größter Glut loderte und in welcher es nur so wimmelte von winzigsten und äußerst scharfen Würmern, die wie vom Wind hin und her geschleudert wurden. In dieser Luftschicht befanden sich die Seelen jener, die sich während ihrer Erdenzeit dem Geiz ergeben hatten und in denen kein größeres Verlangen herrschte, als fremdes Gut, soviel sie nur konnten, bei sich aufzuhäufen. Wegen der unaufhörlichen Gier ihres Geizes, der in ihnen herrschte, hatten sie unter dem Feuer dieser Luftschicht zu leiden. Und der zahlreichen Kränkungen und Schädigungen wegen, die sie auf diese Weise ihren Mitmenschen angetan hatten, wurden sie von der Schärfe der erwähnten winzigen Würmer angegriffen.

Von der Strafe für die Räuberei

69   Auch erblickte ich einen großen Brunnen, der so tief war, daß ich seinen Grund nicht erkennen konnte. Aus ihm loderte eine Flamme hoch, die sich in die Höhe reckte, um wiederum in diesen Brunnen zurückzusacken. Und dieses Spiel wiederholte sich immerfort. In diesem Brunnen wurden die Seelen jener bestraft, die während ihrer Erdenzeit auf die Habgier den Raub folgen ließen. Sie wurden mit dieser Flamme aus jenem Brunnen hochgeschleudert, um mit ihr wiederum in seine Tiefe gerissen zu werden. Und sie schrien laut auf in ihrer Qual: „Ach, was mußten wir doch so sündigen!" Weil sie es nämlich bis zum Raub kommen ließen, saßen sie in diesem Brunnen. Weil sie bei diesem Laster solchen Grimm gezeigt hatten, brannten sie in der erwähnten Flamme. Weil sie sich manchen Beutezug zuschulden kommen ließen, schleuderte diese Flamme sie nach oben und riß sie wieder zurück. Und weil sie solcherlei Übeltaten für ein Nichts erachtet hatten, klagten sie jetzt in der Pein solcher Strafen.

Von der Strafe für die Diebe

70   Auch sah ich eine breite und tiefe Grube, in der eine Unmasse von schlimmen Geistern hin und her rannte. An diesem Strafort wurden die Seelen jener geläutert, die während ihres leiblichen Daseins den Menschen fremdes Gut diebischerweise weggenommen hatten, so daß die bösen Geister sie nun an diesen Straforten ständig hin und her trieben und auf vielfältige Weise quälten. Wegen der Heimlichkeit, mit der sie ihren Diebstahl ausgeführt hatten, wurden sie in dieser Grube gehalten. Wegen der Unrast ihrer nächtlichen Nachstellungen wurden sie von den erwähnten Würmern gequält. Des Eifers wegen, mit dem sie sich auf diese schlimme Kunst geworfen hatten, brannten sie in diesem Feuer. Wegen

ihrer Blindheit aber, in der sie auf Gott keine Rücksicht nahmen, wurden sie von diesen äußerst bösartigen Geistern angegriffen. Und ich sah und verstand dies.

Von der Buße für die Geizigen

71 Und aus dem lebendigen Licht hörte ich abermals die Stimme zu mir sprechen: Das, was du siehst, ist wahr, und es ist so, wie du es siehst. Daher sollen sich die Menschen, falls sie die bösartigen Geister, die sie zum Geiz verleitet haben, vermeiden möchten und solchen Strafen entgehen wollen, mit Fasten und Geißelungen züchtigen. Vor allem aber sollen sie den Armen, welche sie betrogen haben, soweit sie dies noch können, in aufrichtiger Gesinnung ihre Barmherzigkeit erweisen.

Von der Buße für die Räuber

72 Wer aber vom Laster des Raubs besessen war und sich nicht scheute, den Menschen gewaltsam ihr Eigentum wegzunehmen, der soll sich, falls er von den erwähnten Strafen loskommen will, auch nicht scheuen, seinen Leib, mit dem er gesündigt hat, mit einem rauhen Gewand und mit äußerst scharfem Fasten und harten Züchtigungen zu kasteien.

Von der Buße für die Diebe

73 Jener aber, der in seiner Habgier der Dieberei ergeben war, soll, falls er von den Quälereien dieses Lasters erlöst sein will, nicht nachlassen, sich mit Fasten und Geißelungen bei gebeugten Knien zu bestrafen.

Von der Buße eines Menschen, der alles an sich zieht

74 Wer aber so sehr dem Geiz ergeben ist, daß er alles, was er nur kann, den anderen wegnimmt, um es sich selber anzueignen, der wird sich, wie oben beschrieben wurde, um nicht Stein auf Stein zu werfen und fremdes Eigentum grausam zu zerstreuen und dadurch nur noch mehr Arme und Bedürftige und Sünder zu machen, den schlimmsten Strafen unterwerfen müssen, wenn ihn nicht durch Gottes Gnade die reumütige Gesinnung reinmachen wird. Denn zu jeder Zeit suche Ich zu erforschen und schaue umher, auf welche Weise denn ein Mensch auf redlichem Wege einherschreiten könne, so wie dies David, Mein Knecht, durch den Geist des Prophetentums erleuchtet, gezeigt hat, wenn er sagt:

David spricht

75   „Vom Himmel blickt auf die Menschen der Herr, zu sehen, ob einer ver-
ständig, ob einer Gott suche" (Ps 14, 2).

Das ist so zu verstehen: Der da alles begründet hat, der blickt aus dem Geheimnis Seiner Geheimnisse auf jene Wesen, die Kinder des Fleisches sind und
somit im Leibe einhergehen, auf daß Er unterscheide, wie ihnen ihr Vermögen
Gewinn bringe. Denn der göttliche Blick erwägt auf das genaueste, mit welcher
Einsicht sie im Spiegel des Glaubens auf Ihn schauen und mit welcher Aufmerksamkeit sie Ihn in Lauterkeit suchen. Solange nämlich die Seele im Fleische ihre
guten Taten wirkt, erkennt sie Gott durch den Geschmack der Heiligkeit; und
solange sie das Vertrauen zur Vollendung des Guten in der Tugendkraft aufbringt, schaut sie Gott an im Spiegel äußerster Treue und reinsten Suchens.
Daher sieht auch Gott in Seiner unergründlich tiefen Schau, mit welchem Eifer
sie Ihn versteht und sucht, aber auch, mit welchem Trotz sie Ihn verleugnet und
vernachlässigt, da Er einem jeden nach seinem Werk die rechte Vergeltung er-
stattet.

Der Geiz raubt den Leib des Menschen

76   Das Laster der Habgier ist ein äußerst schlechtes Übel und führt gar viele
in den Untergang. Denn es nimmt einem Menschen nicht allein die Dinge, die
sich außerhalb seines Körpers befinden, sondern beraubt ihn auch des Leibes
selber.

Warum der Räuber den Satan nachahmt

77   Ein Mensch, der auf Beutezug ausgeht, ahmt den Teufel nach, weil in der
gleichen Weise, wie Satan die Seele des Menschen übertölpelt und verdorben hat,
auch der Teufel dem Menschen sein Eigentum wegnimmt und sogar seinen Körper tötet. Daher wird er von Gott getrennt und, wenn er nicht zur Reue kommt,
dem Fluch der Verdammung übergeben. Auf ewig hat er die Strafe zu über-
nehmen, da er sein Freveln voll und ganz zur Ausführung brachte.

Warum der Dieb dem Teufel gleicht

78   Aber auch jener, der bei Nacht im Hinterhalt liegt, gleicht der diabolischen Verführung, weil der Teufel seinen Willen durch mancherlei Künste, die
man nicht sehen soll, verhüllt, da er es nicht wagt, den Menschen am lichten Tage
zu übertölpeln. Und dies macht er deshalb, um den Schatz der Gerechtigkeit aus
dem Herzen des Menschen stehlen zu können. Denn er hat einen Haß auf das

Glück des heilen Menschen. Gott aber nimmt alles weg, was ungerecht ist, und Er erlaubt ihm nicht, seinen Wunsch in voller Bosheit durchzuführen, so wie geschrieben steht:

Worte des Evangeliums

79   „Ich bin ein harter Mann und nehme mir, was ich nicht angelegt, und ernte, was ich nicht gesät habe" (Luk 19, 22).

Das ist folgendermaßen zu verstehen: Ich, der Ich alles richte, Ich bin gerecht und lauter und auch milde in Meinem Urteilsspruch. Alle Sünden prüfe Ich nach ihrem Grad. Wo Ich einem Reuigen barmherzig entgegenkomme, da lege Ich dem Unbußfertigen Mein Urteil auf, indem Ich fortnehme die Ungerechtigkeit, die Ich nicht eingerichtet, und jenes Übel, das Ich nicht gesät habe. Denn was unrecht ist, habe Ich nicht eingerichtet, und was übel ist, habe Ich nicht gesät. Dies alles weise Ich im wahren Richterspruch zurück und lehne es ab, so wie auch ein Fisch nur gegen seinen Willen vom Angelhaken erfaßt wird. Denn Ich zertrete alles, was schlecht ist und erdroßle seinen Schlund, damit es nicht länger bestehe. Und so nehme Ich mir, was Ich nicht angelegt, und ernte, was Ich nicht gesät habe, so wie Ich auch noch aus der Hölle holte, wen Ich wollte, um diesen da zu berauben, und so wie Ich von den Gottlosen ihr Unrecht abschreibe, um sie von ihrer Gottlosigkeit abzuwenden.

Dies ist gesagt über die Seelen der Büßer, die geläutert und gerettet sein wollen, und es ist die Wahrheit. Der gläubige Mensch achte darauf, und er halte es fest im Gedächtnis seines guten Gewissens.

Der Weltschmerz

80   Und siehe: Ich erblickte noch andere Geister in diesem Haufen, und ich hörte, wie sie drauflos brüllten: „Was ist denn das, daß der da Gott sein will, vor dem wir doch zurückschaudern?" Diese Geister verlocken die Menschen zum Weltschmerz. Sie verleiten sie dazu, in ihrer Traurigkeit dahinzuwelken, so daß sie gar noch am Dasein selbst zu leiden haben.

Vom Fegefeuer für den Weltschmerz

81   Und ich erblickte eine trockene und wasserlose Wüstengegend, in der es von Gewürm wimmelte und die von Finsternissen eingeschlossen war. Darin hielten sich die Seelen jener Menschen auf, die sich während ihrer Lebenszeit dem Weltschmerz überlassen hatten. Böse Geister trieben diese Seelen mit feurigen

Geißeln durch jene Gegend, hierhin und dorthin, während sie riefen: „Warum habt ihr euer Vertrauen nicht auf euren Gott gesetzt?" Sie müssen an diesem Orte verweilen, weil sie nicht in der hoffnungsfrohen Freude auf ihre himmlische Heimat ergrünt sind, sondern die Traurigkeit der Welt in der Verzweiflung ob dieser irdischen Unvollkommenheiten über sich hereinbrechen ließen. Weil sie sich der Verbitterung ihrer Herzen ergaben, mußten sie sich jetzt von diesem Gewürm quälen lassen. Weil sie nichts von der wirklichen und unendlichen Glückseligkeit wissen wollten, litten sie unter dem Zwiespalt dieser Verfinsterungen. Und weil sie in der Not der weltlichen Mißverhältnisse nicht ihr Vertrauen auf Gott warfen, wurden sie nun, wie geschildert, von den bösen Geistern geplagt. Und durch den lebendigen Geist sah und verstand ich dies.

Von der Buße des Weltschmerzes

82   Und abermals hörte ich aus dem lebendigen Licht die Stimme zu mir sprechen: Das, was du siehst, ist wahr, und es ist in Wirklichkeit so, wie du es siehst, ja noch schlimmer. Daher sollen die Menschen, die der Weltschmerz befallen hat, falls sie die bösen Geister, die sie hierzu ermunterten, überwinden wollen und den Qualen dafür entfliehen möchten, sich einem geistlichen Leben zuwenden, soweit sie jetzt in der Welt leben. Die aber bereits dem geistlichen Stand angehören, sollen sich noch genauer von ihrer Ordensverpflichtung in Anspruch nehmen lassen und sich immer von neuem demütig dem Gehorsam unterwerfen. Sie sollen sich unablässig in jene Schriften vertiefen, die ihnen einen Vorgeschmack der himmlischen Freude geben könnten, und zwar in ständigem Studium. Dies aber sollen sie nicht in eigener Anmaßung betreiben, sondern nur mit der Erlaubnis der ihnen vorgesetzten Seelenführer.

Vom Grausen erregenden Weltschmerz

83   Die Traurigkeit der Welt freut sich nicht mehr auf ihre himmlische Heimat. Sie gleicht einem Winde, der weder für das Grünen noch in der Dürre zu gebrauchen ist, weil er alles zerstreut, was er nur anrührt. Daher hat er nirgendwo einen rechten Standpunkt, und seine Rede ist: „Ich weiß von nichts, was hier oder dort seine Heimat in Gott haben sollte!" Auf diese Weise kommen in ihm alle Lebenskräfte zum Verdorren, weil er nicht den geistlichen Lebenshauch in sich trägt. Daher ist diese Gestalt der Traurigkeit auch in verschiedene Teile aufgesplittert, wobei sie das Traurige immer nur auf sich häuft und an nichts eine rechte Freude gewinnen kann. Weder spricht sie in ihrer Freude einen Freund an, noch versucht sie einen Feind zu besänftigen. Vielmehr gibt sie sich gänzlich der Trübsal hin und kriecht wie eine Unke in das Loch ihrer Müh-

seligkeiten, scheu vor allem, was ihr nur begegnen könnte. Unter solchem Verhalten aber ist sie eher tot als lebendig, weil sie nicht mehr aufschaut zu ihrer himmlischen Heimat, und weil sie auch kein Vertrauen setzt in diese Welt. Daher bricht Mein Zorneifer über sie herein, so wie es geschrieben steht:

David spricht

84   „Ein Feuer ist angezündet worden in Meinem Grimme, und brennen wird es bis an die äußersten Grenzen der Hölle" (Deut 32, 26).

Das ist so zu verstehen: Ich, der Ich die Sonne und den Mond und die ganze Schöpfung erschaffen habe, habe den Menschen zu einem vernünftigen Wesen gemacht, damit er Mich erkennen und über dieses Erkennen in aller Freiheit lieben möge. Nicht aber sollte er in seiner Vertrauenslosigkeit gegen Mich streiten! Das Gute ist doch für ihn soviel besser als Böses! Und doch will er nichts von Mir wissen und kann infolgedessen auch das Glück nicht von Mir geschenkt bekommen. Daher ist das Feuer der Prüfung im Strafeifer Meines Gerichtes angezündet worden, in dem ich alles rechtmäßig richte — ein Feuer, das nun bis auf den Grund der äußersten Bosheit brennt, um sie im Feuer zu prüfen, weil nichts der Bewährung entgehen kann. Kein Geschöpf kann diesem Feuer entkommen, keins kann es auslöschen, weil es alles durchforscht, was Gott widersteht. Nachdem Ich dem Menschen sein Heil und seine Heimat gezeigt habe, er Mich aber in seinem Mißtrauen vernachlässigte, muß nach rechtem Gericht Mein Strafeifer diesen Menschen nun prüfen, weil er es verschmäht hat, das Gute, das Ich ihm aufzeigte, auch anzunehmen.

Die Satansschar streitet mit den Lastern wider die Menschen

85   Auf diese Weise streitet die satanische Schar mit den Lastern solcherart, wie oben beschrieben ist, wider die Menschen, um sie an allen Orten und über alle Naturkräfte wie auch in all ihren Werken zu schädigen.

Die seligen Geister eilen den Menschen zu Hilfe

86   Ihnen entgegen steht die Schlachtreihe der seligen Geister, die den Menschen helfen. Sie halten die Kräfte der gesamten Erde wie auch die Kräfte aller natürlichen Elemente in der Macht Gottes zusammen, und sie bringen auch die Handlungen der Heiligen vor Gottes Thron, um sie dort beurteilen zu lassen.

Der Leib wird seiner Sünden wegen gezüchtigt

87   Solange ein Mensch in dieser Welt weilt, und solange es ihm freisteht, das Gute und das Böse zu wirken, legt er seinem Körper um der Sünden wegen mancherlei Bedrängnis auf. Daher soll er auch nach dem Richterspruch seines Seelenführers diese vertreiben, damit er, von ihrem Schmutz gereinigt, schließlich nicht die Bitternis der Strafen, sondern die Süße des Lebens finde.

Der Obere soll die Eigenschaften und die Verfehlung seiner Untergebenen erwägen

88   Ein Meister in der Seelenführung aber wird sowohl die Stärke als auch die Schwäche sowie die sonstigen Eigenschaften seiner Untergebenen, ferner die Art ihrer Verfehlung sorgfältig erwägen. Er soll vor allem herausbekommen, in welcher Absicht gefehlt wurde. Dem reuigen Sünder aber soll er je nach seiner natürlichen Veranlagung wie auch nach dem Maß seiner Schuld und schließlich nach dem Maß seiner reumütigen Gesinnung seinen Beistand leisten.

Wie ein Lehrer reden sollte

89   Der Meister achte darauf, wie er die Rute der Zucht, mit der er seine Schüler aufrichten soll, in seinen Händen halte. Für solche, die ein hartes und rauhes Wesen haben, halte er ständig die Peitsche bereit; denn er würde sie nur noch widerspenstiger machen, wenn er ihnen aus irgendwelchen Nützlichkeitserwägungen heraus gestatten würde, ihren eigenen Willen zu bekommen. Ja, sie würden ihn, wenn sie könnten, sogar dem Tod übergeben. Zu jenen aber, die nur mit einem kleinen Licht leuchten, rede er in aller Milde, weil er sie, wenn er sie mit aller Härte bedrängen wollte, gänzlich auslöschen könnte und nur noch schlechter als zuvor machen würde.

Wie der Lehrer zurechtweist

90   Auf beide Erziehungsweisen soll sich ein Lehrer verstehen: In der Milde sei er ein Jakob und in der Strenge wie Esau. Jakob hat sich verfehlt, und er war gleichwohl gütig gesonnen; auch Esau hat sich verfehlt, und er blieb gleichwohl so streng. Gott aber hat den Jakob wegen seiner wohlwollenden Gesinnung geliebt und den Esau seines Übelwollens wegen auf die Probe gestellt: Ebenso soll es auch ein Lehrer halten. Wer sich trotz seines guten Willens verfehlt, den soll er an sich ziehen, damit er nicht falle. Wer sich aber im Übel-

wollen verfehlt, den soll er streng zurechtweisen, damit er nicht auf größeren
Frevel ausgleite. Jedem aber, der in großer Schuld gefehlt hat, soll er, falls er
Buße tun will, eine Hilfe gewähren. Er soll seine Wunden pflegen, und er soll
bei sich überlegen, ob er ihm auch jene Sorge angedeihen ließ, die er ihm hätte
geben müssen. Falls er aber zur Einsicht kommt, daß er auf diesem Gebiet etwas
vernachlässigt habe, soll er selber eifrig dafür büßen.

Was ein Meister vermeiden soll

91   Ein Meister aber, der hinterlistig mit unbilliger Härte über die Guten
und Gerechten, die ihm untergeben sind, herfällt, gleicht den Juden, welche den
Stephanus gesteinigt haben. Und wer die Unschuldigen und Heiligen anfällt, um
ihnen die guten Werke durch unrechten Raub wegzunehmen, der verdient den
Namen eines Wolfes. Wer aber mit eitlen und verbrecherischen Menschen Gemeinschaft hat, die ihre Schlechtigkeit verharmlosen möchten, darf ein Dieb
genannt werden. Daher soll er von den Gläubigen zurechtgewiesen werden,
damit er die Herde des Herrn nicht zerstreue. Der gute Meister aber sei auch
für die Schüler, welche auf krummen Wegen gehen, ein waches Auge am Tag
und die gute Sorge bei Nacht. Die da Gutes tun, soll er mit der Zither loben,
und mit den wertvollen und besten Schülern soll er sich gemeinsam freuen.

Der gute Lehrer gleicht dem reinen Äther

92   Denn die guten Lehrer gleichen dem reinen Äther, da sie mit diskretem
Maß und in rechter Zucht ihre Schüler leiten.

Gute Schüler sind wie der Wagen des Meisters

93   Die Schüler aber, die in rechter Unterwürfigkeit wie mit Gold und in ihren
guten Handlungen wie mit Edelsteinen geschmückt sind, sollen für ihren Meister wie ein Wagen sein, so wie auch die Planeten der Sonne beistehen. In ihnen
sollen die Ratschläge des Meisters auf die Probe gestellt und die Begleitung ihrer
Werke gleichsam wie am Wagen gehalten werden, so wie auch die Planeten der
Sonne dienen.

Vom guten und vom bösen Werk

94   Jedes Werk, welches der Mensch wirkt, richte er auf Gott aus, weil das
Werk des Menschen, das sich auf Gott richtet, im Himmel leuchten wird; was
sich aber zum Teufel hinwendet, das wird in den Strafen offenbar gemacht. Gott
hat ja den Menschen geschaffen und ihm die ganze Natur unterworfen, auf daß
er in ihr am Werke sei, und zwar so, daß seine guten Werke nicht verlorengin-
gen, die bösen aber im Aushandeln der offenbaren Strafe gelöscht würden.
Wenn nämlich ein Mensch den Eigensinn seines Wollens aufgibt, kauft er sich
gleichsam einen kostbaren Edelstein und hängt ihn sich an seine Brust, und so
wird auch seine Reue vor Gott, zur Verwirrung der trügerischen Schlange,
immerdar leuchten.

Die Beichte der Sünder weist hin auf die Dreifaltigkeit

95   Wenn aber ein Mensch seine Sünden über das Ohr des Priesters Gott
anvertraut, dann geschieht dies aus dem Heiligen Geiste, der aus Seiner Kraft
die Wasser fluten und alles Unreine abwaschen läßt. Daher ziemt es Gott auch,
die Sünden im Wasser rein zu machen. Ein Mensch aber, der sich in seiner Schuld
von der Sünde frei macht, weist hin auf die Heilige Dreifaltigkeit: in seiner
reumütigen Gesinnung nämlich auf den Vater, in der Beichte auf den eingeborenen Sohn, im Schweiße seiner ehrfürchtigen Haltung auf den Heiligen Geist.

Gott wird von Engeln und Menschen gerühmt

96   Und wie Gott von den Engeln gelobt wird und in diesem Lobpreis Seine
Schöpfung anerkannt wird, da sie mit Zithern und im Wohlklang und mit
allen Stimmen Sein Lob ertönen läßt, weil dies ihr Amt ist, so soll Gott auch
von den Menschen gepriesen werden. Erscheint doch der Mensch unter zwei
Gesichtspunkten: Er singt Gott sein Lob, und er übt sich in guten Werken. So
wird Gott erkannt durch sein Rühmen, und durch die guten Werke erblickt
man Gottes Wunder in ihm. So ist denn der Mensch durch seinen Lobpreis (laus)
engelhaft, durch sein heiligmäßiges Tun (opus) aber Mensch. Als Ganzes ist er
das volle Werk Gottes (plenum opus dei), da im Rühmen und im Wirken die
Wunder Gottes alle in diesem Menschen zur Vollendung kommen.

Den Seelen der Verstorbenen eilen die heiligen Werke der Lebenden zu Hilfe

97   Jenen Seelen aber, die nicht in der Vergessenheit sind, sondern noch im Gedächtnis höherer Glückseligkeit lebendig, eilen die Gebete und Almosen sowie auch andere heiligmäßigen Handlungen der noch Lebenden zu Hilfe, und sie bringen denen das Heilmittel der Erlösung, die da noch in den Strafen des Fegefeuers weilen.

Vom Fegefeuer, dem irdischen Paradies sowie dem Licht des Himmels

98   Durch die gewaltige Kraft der Gottheit, welche die Sünden nachläßt und die Hölle zerstört hat, sind in gewissen Naturkräften sowie über bestimmte Elemente die Reinigungsorte für die zu befreienden Seelen angelegt worden. So ist das irdische Paradies den gereinigten und von der Strafe befreiten Seelen im Laufe der Zeit zurückgegeben. Jenes himmlische Licht aber, das der Mensch weder anschauen noch unterscheiden kann, ist alsbald für die ruhmreichen und siegreichen Seelen, deren Kräfte aus der Macht der Gottheit hervorgegangen sind, vorbereitet worden.

Der Weltstoff wird am Jüngsten Tage wiederhergestellt

99   Wenn aber die Weltstoffe vollendet sein werden, dann wird auch jener Schmutz, der bei Adams Fall geronnen ist, abgeschieden werden. Dann wird die Welt wieder strahlen, so wie sie in ihrem Urstand geleuchtet hat.

Die Gebete steigen durch den Geist auf zu Gott

100   Wenn nämlich der Mensch aus der Gabe des Heiligen Geistes Gebete in seinem Herzen spricht, dann können diese Bitten, in Lauterkeit vorgetragen, nicht mehr aufgehalten werden, steigen vielmehr auf vor Gottes Angesicht.

Von der Fürbitte für die Abgeschiedenen

101   Überall wo die anklagende Stimme der Propheten, durch welche Gottes Gerechtigkeit und Wundertaten verkündigt wurden, um der Befreiung körperlicher Anfechtung willen wie auch für die Ruhe der abgeschiedenen Seelen zum Lobe Gottes laut wird, kam Ich den Bedürfnissen der Klagenden nach ihrem

Verdienste zu Hilfe, so wie dies auch von Anfang an mit Schmerzen und Seufzen vorgetragen wurde. Für alles das ist Gott selber die Grundlage, und er
nimmt sie auf, weil Er sich davon anrühren läßt. Denn der Mensch wird von
Gott gar sehr geliebt, wenn er Ihm im Eifer dient.

Vom Almosen

102   Wenn nun ein Mensch aus seinem Eigentum, das er vor Gott in Besitz hat,
Almosen anbietet, dann erinnert sich Gott an die Opfergabe des Abraham, und
wie Er dessen Sohn geschont hat, so schont Er auch jene, für die dieser Mensch
ein Almosen anbietet, je nachdem, was sie wert sind. Denn an all diesem hat
Er Seine Freude, weil Er selbst den Menschen geschaffen hat und ihm alle Werte
gab, wie Er ihm auch gönnte, daß es ihm aber auch an keiner Lebensnotwendigkeit fehle.

Vom guten Willen

103   Gott wird dem Menschen guten Willens geben, um was er bittet. Denn das
gute Wollen ist vor Gott ein äußerst süßer Duft, wie schon im Alten Bund Gott
weniger durch das Blut der Böcke erfreut wurde als durch den guten Willen der
Menschen.

Von der Mühsal um Gottes willen

104   Wenn ein Mensch sich in der Gnade des Heiligen Geistes allerhand müh-
selige Arbeiten für die Lebensnotwendigkeit der Lebenden wie auch für die
Ruhe der Abgeschiedenen in gerechter und geziemender Weise auferlegt, dann
nimmt Gott auch geziemend und gerecht seine Anfechtungen auf. So hat Er auf
Moses und auf Elias gehört, da auch sie nicht nachließen, sich um ihre Mitmenschen, die gegen Gott gefrevelt hatten, zu bemühen.

Vom Engel, der ein Mörder ist

105   Wer aber auf keinerlei Weise Gott dient, den schlägt Er durch den mörderi-
schen Engel äußerst hart wegen der Nichtigkeit seines Herzens. Daher soll der
gläubige Mensch nicht aufhören, sich für andere wie für sich selber auf Gott hin
zu mühen, damit Er, der die Herzen der Menschen durchschaut, seine gerechte
Arbeit und seinen guten Willen zurückerstatte, wie ja auch ein jeder Mensch für
sein Werk gerecht entlohnt wird.

Dies ist gesagt über die Seelen der Büßer, die geläutert und gerettet sein wollen, und es ist die Wahrheit. Der gläubige Mensch achte darauf, und er eigne es sich an im Gedächtnis seines guten Gewissens.

Es schließt der fünfte Teil

SECHSTER TEIL

DER MANN BEWEGT SICH MIT DEN VIER ZONEN DER ERDE

1   ALSDANN SAH ICH, wie der Mann sich gleichsam als Ganzes mit den vier Zonen der Erde bewegte. Und siehe: An seinem linken Schenkel erschien ein Einhorn, das seine Knie leckte, und sprach:

Das Einhorn spricht

2   „Was geschaffen ward, wird wieder zerstört werden, und was nicht ist, wird aufgebaut. Die Sünde wird im Menschen geprüft, und das Gute wird in ihm im rechten Werke vollendet. Mit seinem guten Ruf wird es in das andere Leben zurückkehren."

Ich achtete nun darauf, ob wohl noch weitere Laster oder vielleicht ähnliche Gestalten, wie ich sie vorher erblickt hatte, erscheinen würden; aber ich bekam jetzt nichts weiteres, das diesen Gebilden ähnlich war, zu sehen.

Gottes Macht am Ende der Welt

3   Und wieder hörte ich die Stimme vom Himmel zu mir sprechen: „Der gewaltig starke Gott, der Macht über alles hat, wird Seine Gewalt am Ende der Welt zeigen, wenn Er diese Welt zu einem neuen Wunderwerk wandeln wird."

Gott wird die Enden der Welt erschüttern

4   Daß du siehst, wie dieser Mann sich als Ganzes mit den vier Zonen der Erde bewegt, bedeutet, daß Gott am Ende der Welt Seine Macht mit den Kräften des Himmels zeigen wird. Er wird alle Grenzen der Welt erschüttern, und eine jede Seele wird sich zum Gericht vorbereiten.

Christus, der Richter, prüft alles

5   An seiner linken Hüfte erscheint ein Einhorn. Denn der in Seiner heiligen Menschheit dem Satan widerstand und der ihn mit dem Schwert der Keuschheit niederstreckte, der Sohn Gottes nämlich, Er wird in der Gestalt eines Menschen

erscheinen. Das Einhorn leckt Seine Knie und nimmt damit die Richtermacht von Gott, dem Vater, an. Laut ruft es nun, daß die ganze Welt im Feuer gereinigt und in eine andere Seinsweise verwandelt werde. Und so sei auch die Verkehrtheit der Menschen in Seinem Gericht zu prüfen und die Heiligkeit im guten und gerechten Tun des Menschen zur Vollendung zu führen, und dies so sehr, daß die Seelen der Gerechten nunmehr in höchster Glorie und größter Freude hinübergehen werden in die Seligkeit des ewigen Lebens.

Alles Befleckte in der Welt wird rein

6   Wenn Gott dann das Vermögen Seiner Kräfte im Menschen vollendet haben wird, dann wird sich Seine Macht in den Wolken erheben. Er wird alsdann die Asche, durch welche die Weltelemente verdüstert sind, wegfegen, und dies vollführt Er unter solchen Erschütterungen, daß alle Dinge der Erde in eine Katastrophe geraten und jede Schuld, die noch am Menschen haften könnte, getilgt wird. Dann wird Gott auch den Nord und alle Macht im Norden vernichten. Er wird mit Seinen siegreichen Waffen den Teufel niederwerfen und ihm seine Beute entreißen.

Vom neuen Himmel und der neuen Erde

7   Alsdann werden ein rötlich schimmernder Himmel und eine geläuterte Erde erscheinen, da sie beide über die Weltelemente gereinigt wurden. Denn während jetzt der umdüsterte Himmel eine Art von Verschluß bildet, werden alsdann die Elemente im neuen Glanz erstrahlen. Dann wird der Mensch, falls er unter der Zahl der Seligen ist, in diesen Elementen gereinigt, dem goldenen Kreis eines Rades gleichen. Im Geiste und am Leibe wird er alsdann ausgereift sein, und alle Verschlossenheit der tiefsten Geheimnisse wird offenstehen. So werden die Seligen Gott anhangen, und Er wird ihnen die Freude in Fülle schenken.

Vom Teufel nach dem Ende der Welt

8   Daß aber der Aufzug der Laster, die du früher erblickt hast, hiermit beendet ist und nichts weiter gezeigt wird, das ihnen ähnlich wäre, das ist deshalb so, weil am beendeten Zeitpunkt der Welt der Teufel weiterhin keinen Schmutz der Laster mehr zur Täuschung der Menschen hervorbringt. Denn die Welt hat bereits aufgehört, in der Weise zu existieren, in welcher sie zuvor bestand. Jetzt gibt es nicht mehr dieses ausschweifende Unwesen der Laster. Niemand braucht ihnen mehr, wie zuvor, Widerstand zu leisten. Keine bösen

Geister stacheln die Menschen an. Von keiner zeitlichen Prüfung werden sie erschüttert. Ist doch die Erinnerung an die Laster von der Erde vertilgt. Denn sie
haben keine zeitliche und fleischliche Gemeinschaft mehr mit den Menschen auf
der Erde, um sie mit ihren Kunstgriffen zu beunruhigen. Alsdann werden alle
Dinge in die Ewigkeit hinübergehen, herausgehoben aus der Unbeständigkeit und
Gebrechlichkeit, unter denen die Welt und alles auf der Welt jetzt noch leidet. Sie
werden hinübergeführt in eine unerschöpfliche Verwandlung (transmutatio).
Hinkünftig wird kein Schrecken mehr sein und nichts an Gefahren, wie sie
früher herrschten, als die Menschen noch zeitlich in der Welt der Zeitlichkeit
lebten, so wie dies Johannes, Mein geliebter Sohn, in einer himmlischen Schau
gezeigt bekam, von der er zu künden weiß:

Johannes spricht

9   „Und Gott wird abwischen jede Träne von ihren Augen, und der Tod
wird nicht länger sein, auch keine Trauer und kein Klagesdhrei, und kein Schmerz
wird weiterhin bestehen, denn das Frühere ist vorbei" (Apok 21, 4).
   Das soll bedeuten: Gott wird hinwegnehmen jede Schuppe der Sünder, die
Tränen hervorruft aus dem Wissen vom Heiligen, und Er wird sie als einen
reinen Lehm des lebendigen Lebens, so wie der Mensch im Ursprung geschaffen
ist, neu begründen auf ewig. Der Tod wird nämlich am Ende der Zeiten nicht
mehr in zeitlicher Folge kommen, so wie jetzt die Kindheit durch die Jugend,
die Jugend durch das Alter, das Alter durch den Tod abgelöst werden. Die
Seligen haben nicht länger in diesem kläglichen Elend zu wohnen und auf ein
besseres Leben zu harren, da sie auf ewig jenes andere Leben, in dem keine
Langeweile mehr herrscht, besitzen werden. Nicht länger werden sie in ihrer
kläglichen Unwissenheit verweilen, da sie nicht länger nach verborgenen Zeug-
nissen zu suchen haben; schauen sie doch immerfort die Herrlichkeit Gottes in
aller Offenheit. Auch werden die Menschen nicht länger den Schmerz, den Geschmack der Sünder, die Begier nach Besitz und die Furcht vor Verlust ihrer
Habe erleiden noch von irgendeiner zeitlichen Schädigung verwirrt werden.
Sind sie doch ein für allemal sicher vor jedem Übel! Denn das Frühere ist vorbei,
da sie noch in der zeitlichen Welt und unter den zeitlichen Qualen lebten. Wer
aber die Sehnsucht nach dem Leben besitzt, der soll darin diese Worte aufnehmen
und sie in der Tiefe seines Inneren beherzigen.

Von den leichteren Strafen der Ungetauften

10   Und ich erblickte eine Finsternis, die sich mit den verschiedensten Martern
wie in einer unermeßlichen Nebelschicht ausbreitete. Darin gewahrte ich diesmal

an jener gewissen Stelle weder die Strafen mit Feuer oder Gewürm oder anderen schweren Foltermitteln, sondern nur einige Seelen, die ohne das Gewicht besonderer Sünden, allein durch die Erbschuld Adams belastet, noch nicht das Zeichen der Taufe trugen. Einige unter ihnen hatten in dieser Finsternis einen Rauch, andere aber keinen Rauch auszuhalten. Diese Seelen brauchten keine schweren Strafen zu erdulden, sondern lediglich die Finsternis des Unglaubens, weil sie während ihres leiblichen Daseins, ohne das Gewicht anderer Sünden, lediglich beschwert durch Adams Schuld, noch nicht das Zeichen der Taufe trugen. Jene Seelen aber, die in gewisse leichtere Sünden verstrickt waren, hatten den erwähnten Rauch auszuhalten. Jene schließlich, die sich von den leichteren wie von den schwereren Sünden erleichtert hatten, die aber gleichwohl das Zeichen des katholischen Glaubens nicht trugen, mußten diesen Rauch der Finsternisse nicht erdulden, sondern, wie oben beschrieben ist, lediglich die Finsternis ihrer Ungläubigkeit.

Von der Hölle

11 Ich sah noch weitere tiefschwarze, entsetzliche und unermeßliche Finsternisse, die völlig ohne den Kern einer Flamme brannten und denen die geschilderten Finsternisse auflasteten, da sie ihre innere Kraft bildeten. Mitten darin lag die Hölle, die jede Art von Qual, Elend, Gestank und Folterung in sich schloß. Doch konnte ich nichts von alledem, was sich darin wie auch in jener Finsternis zutrug, erblicken, da ich diese Düsternis nicht von innen, sondern nur von außen sah. Und ich wollte auch nicht in die Hölle selber sehen. Dagegen hörte ich aus ihr ein außergewöhnliches und maßloses Wehgeschrei der Klagenden, ferner gewaltiges und unermeßliches Zähneknirschen der jammernden Seelen wie auch das unzählbare grenzenlose Knirschen der Folterungen. Es war ein Getöse wie das Tönen eines antobenden Meeres und wie das Rauschen vieler Wasser. Denn alle nur möglichen Arten von Strafen, die es gibt, befinden sich in der Hölle, weil hier die Hochburg der bösen Geister ist, die alle Laster den Menschen, die mit ihnen übereinstimmen, eingießen. Diese Strafen sind derart, daß keine Seele, vom Körper beschwert, sie anschauen oder verstehen könnte, weil sie alles Maß des Menschlichen übersteigen. Und durch den lebendigen Geist sah und verstand ich dieses.

Weiter von den Ungläubigen ohne Taufe

12 Und abermals hörte ich aus dem lebendigen Licht die Stimme zu mir sprechen: Das, was du siehst, ist wahr, und es ist so, wie du es siehst, ja noch viel schlimmer. Denn in den oben geschilderten Finsternissen herrscht Heulen

und Zähneknirschen. An jenem Ort aber, wo du die Strafen schwerer Folter-
mittel nicht siehst, werden die Seelen gewisser Menschen wie auch jener anderen
gehalten, die während ihrer Lebenszeit unwissend in Schuld fielen, noch ehe
das Banner des Sohnes Gottes den Siegeszug antrat. Hier nun befinden sich
ihre Seelen, nicht beschwert vom Gewicht eigener Sünden, aber auch nicht gezeichnet vom feurigen Zeichen des geheiligten Quells. Da sie somit noch nicht den
Anblick des rechten Glaubens haben konnten, mußten einige von ihnen, vom
Geschmack der irdischen Dinge befleckt, die Strafen des Rauches aushalten,
andere wiederum hatten wegen der einfachen Unwissenheit gegenüber dem
Glauben nur einfach diese Finsternisse zu erleiden.

Die Hölle der verlorenen Engel

13   Wie du siehst, befindet sich in den anderen schrecklichen und ohne jede
Flamme brennenden Finsternissen, die nicht die Luft des Lichtes noch die rötliche Glut eines Feuers kennen, vielmehr in unmittelbarer Nachbarschaft der
Finsternis sind, in der sie beide der Verderbnis verfallen, die Hölle. Mitten im
Trümmerfeld der verlorenen Engel brach sie auf, Satan in Empfang zu nehmen. Alle Folter allen Elends ohne jedweden Trost und ohne alle Hoffnung
hält sie in sich. Hier finden die Seelen, die dem Vergessen verfallen sind, das
gleiche Schicksal wie die alte Schlange selber, die Erfinderin aller Verlorenheit.
Was dies aber ist, welches Ausmaß das annimmt und von welcher Eigenart es
sei, das kann die Auffassungskraft einer sterblichen Kreatur nicht begreifen,
weil alle Dinge dieser Art der Vergessenheit anheimgegeben sind. Doch werden
sie niemals aufhören. Denn hier werden alle die bleiben, die Gottes Gnade
nicht suchen, die Gott nicht einmal anschauen wollen und die das Leben nicht
zu haben wünschen.

Vom Klagegeschrei der Abgefallenen

14   Was aber könnte menschliche Sterblichkeit noch mehr über jene in Erfahrung bringen, die da vor Gott der Vergessenheit verfallen sind? Nur noch,
daß sie, die derart von Gott abgestoßen sind, in einem unaufhörlichen Jammer
sind! Darob freut sich die alte Schlange, die da selber weder Gutes wünscht
noch will. Ist sie doch die Ursache des Übels aller Übel und jeder Sünde. Denn
sie sah als erstes Wesen unter allen die Herrlichkeit Gottes. Alsbald aber begann sie das Böse, das kein Sein haben durfte und nicht ins Sein treten konnte.
Denn alle Schöpfung ist von Gott gemacht worden, dieses Böse aber, das jene
alte Schlange in Gang brachte, ist ohne Ihn geworden.

Gegen den Satan stellte Gott die Sterne

15   Luzifer war mit all seinem Schmuck wie ein Spiegel erschaffen worden. Aber er wollte selber das Licht und nicht nur des Lichtes Abglanz sein. Damals schuf Gott die Sonne, auf daß sie alle Welt gegen seinen Glanz erleuchte; und Er setzte den Mond ein, der alle Düsternis gegen seine Nachstellungen erhellen sollte. Auch richtete Er die Gestirne ein, auf daß sie alle seine Laster verdunkelten. Denn Gott ist jene Fülle, in der keine Leere ist noch sein könnte. Der Teufel aber ist ein Gefäß ohne Inhalt. Sobald er nämlich seine Herrlichkeit erblickte, verlor er sie auch schon in seinem Übermut. Er vergrub sich selbst in die Hölle, wo er ohne Ruhm und ohne jede Ehre eines Lobes bleiben wird. Jener Räuber ist er, der den ersten Menschen ausplünderte, der ihn aus dem Paradies vertrieb, der an Abel zum Mörder wurde und der vom ersten Übel an die Menschen tötet, da er sich ihnen zeigt, als sei er der Gott.

Vom Bösen im Satan

16   Das Böse in ihm ist nicht zu vergleichen mit dem Bösen im Menschen, weil der Mensch, Gott anschauend, Ihn doch, wie Er selber ist, nicht sieht. Jener Böse war es, der das Rad der Zeugung des Menschen erschüttert hat, der durch mancherlei Übel ihn täuschte und ihm so mancherlei Verwirrung bescherte, wie er selber sich auch an der Verführung der Seelen erfreut. Daher bleibt er auf ewig in seinen Strafen, fern von jedem Troste, weil die Verführung mit all ihrer großen Verwirrung auf ihn selbst zurückgeworfen wird, mit der er nun auch, rot vor Zorn, schwer geschlagen wird, da ihm die Gläubigen sowohl durch die Buße als auch durch die Reinigung wieder entrissen werden.

Der Teufel und die Schlange

17   Er war es auch, der den ersten Menschen im Paradies durch die Schlange hinters Licht geführt hat, da er unter allen Arten von Lebewesen kein anderes Lebewesen fand, das geeigneter zur Täuschung des Menschen gewesen wäre als eben diese Schlange. Da aber der Teufel sich scheute, in aller Offenheit an den Menschen heranzutreten, wählte er als Medium seines Betrugs die Schlange aus. Die Schlange lebt nämlich unter zweierlei Verhaltensweisen, einmal ist sie im Wasser, ein andermal schleicht sie auf der Erde. Mit diesen beiden Verhaltensweisen ist sie zischelnd und treulos. Aus dem Wasser nämlich zieht sie das Zischeln und aus der Erde ihre Treulosigkeit. Daher kriecht sie gleichsam aus dem wäßrigen Luftreich, und aus der Erde kommt ihr kniefälliges Flehen. Ihre Natur ist demnach so zwiespältig, daß sie den Menschen hinterlistig täuschen

konnte und ihm mit ihrem tödlichen Gift den Tod brachte. Hat der Mensch sie
aber überwunden, so versteckt sie sich rasch, um sich ihm aus dem Hinterhalt
wieder zu nähern. Durch Schlangenkünste dieser Art hat auch der Teufel den
Menschen überredet, seine Freude und sein Vertrauen nicht weiter auf Gott zu
setzen. Daher empfing der Mensch beim Geschmack des Apfels das Wissen um
das Böse, und mit dessen Saft stimmte er der Sünde zu. Auf diese Weise hat der
Teufel alles Böse dem Menschen eingeflößt, was später wiederum durch das
Wasser gelöscht wurde.

Die Taten des Menschen gehen nicht zugrunde

18   Wie das Werk Gottes, der Mensch nämlich, niemals aufhört, sondern
dauernd wird, so werden auch die Taten des Menschen nicht verschwinden. Des
Menschen Tat, die zu Gott strebt, wird strahlen im Himmel, während das Tun,
das sich zum Teufel erstreckt, an den Strafen offenkundig wird. Denn als Gott
den Menschen erschuf, gab Er ihm die Fähigkeit, mit aller Welt zu wirken. Und
wie der Mensch nie aufhören wird, ehe er in den Staub verwandelt wird, und
wie er später auferstehen wird, so wird man auch seine Werke immer sehen
können. Seine guten Taten werden ihn verherrlichen, seine bösen ihn beschämen,
soweit sie nicht durch offenkundige Buße getilgt wurden.

Von den Nachstellungen des Teufels

19   Weil aber der Teufel, dieser Spion, den Menschen so gefährlich täuscht,
wird ihm auch mit dem gleichen Laster ein Hinterhalt gelegt, mit dem er durch
die Kraft der natürlichen Elemente ergötzt zu werden scheint. Alle Laster gehen
ja vom Teufel aus, und sie sind wie Räuber, weil sie dem Menschen jeden Wert
entreißen, und dies machen sie zuweilen über die natürlichen Verhältnisse und
mit anderen Geschöpfen der Natur, mit denen der Mensch lebt und wirkt.

Von den Elementen und den Tugendkräften

20   Wie aber vier Elemente im Menschen sind, so befinden sich auch die Tugendkräfte Gottes im glückseligen Menschen, um ihn zum Guten hin zu lenken.

Vom Feuer und seinen Kräften

21   Der Heilige Geist ist wahrhaft unauslöschliches Feuer, das nie erlöschen kann. Er schenkt alle Güter, entzündet alle Werte, erweckt alle Güte und lehrt alles Gute, und Er gibt in Seiner Flamme den Menschen die Sprache. Er selbst ist es, der durch die starken Kräfte des Feuers in Seiner Glut die Demut zeigt, die sich allen unterwirft und sich als die letzte von allen dünkt. Auch schließt diese Glut eine kühlende Ruhe in sich, die Geduld nämlich, sowie die Feuchtigkeit im Wohlwollen, das sich nach allen Seiten wendet. Das Werk der Demut bedeutet dies, wie es auch das Fundament ist, worauf die Heiligkeit ihren Bau durch die Luft in die Höhe führt, wodurch dann die bösen Geister derart erschüttert werden, daß sie in Nichts verfallen.

Von der Luft und ihren Kräften

22   Die Luft mit ihren scharfen Kräften bezeichnet den Glauben, der ein Banner des Sieges ist. Und wie sie als Feuerflamme leuchtet, so zeigt der Glaube den rechten Weg wie auch den Tau der Hoffnung, mit dem sie den Geist der Gläubigen benetzt. Da diese zu himmlischen Dingen aufseufzen, tragen sie die grünende Lebensfrische vollkommener Liebe in sich und beeilen sich, allen zu Hilfe zu kommen. Daher bringen sie gleichsam durch den Lufthauch der Reue unter Tränen die Klage im Gebete vor, so wie ein milder Lufthauch die Blüten heraustreibt. Und so wirken sie in der Glut himmlischer Sehnsucht reichste Frucht, die Speise des Lebens gleichsam, die ihrem eigenen Nutzen wie auch dem vieler anderer dient.

Von den Wasserkräften

23   Das Wasser mit seinen vieltausendfachen Kräften ist ein Hinweis dafür, wie der Mensch seine Fehler verlassen und zu den Tugenden streben soll. Denn der Heilige Geist überwindet im Wasser alles Unbillige und vollendet auch Seine eigenen Gaben durch das Wasser. Wie das Wasser die Wärme, so sendet Er die Prophetengabe aus, durch die Er das Geronnene der Sünder auflöst. Auch hat Er durch den Luftgehalt gleichsam in Weisheit ihre Lüste gelöscht, auf daß nun der Mensch in der Feuchte der Gerechtigkeit fett werde und immerfort im Überströmen der Wahrheit auf die geistlichen Dinge zuströme. Ebenso macht Er durch des Wassers Geschwindigkeit die rechtmäßigen Satzungen flüssig, indem Er durch die Purpurfarbe der Keuschheit die rötliche Farbe des Markes im Menschen auslöscht. Und wie Er durch den Geschmack der Enthaltsamkeit die unangemessenen Verfehlungen aufhebt, so gießt Er auch durch die Grünkraft

innigsten Seufzens den Saft der Zerknirschung in der Menschen verhärtetes Herz, auf daß sie, triefend in der Feuchte der Tugenden, die Verachtung der Welt lernen und all ihren Schmutz von sich werfen. Und so läßt Er die Gläubigen, den Vögeln gleich, von Tugend zu Tugend aufsteigen. Gleich wie die Fische, die sich in den Wassern des Glaubens tummeln, füttert Er sie mit der Speise des Lebens in der Enthaltsamkeit von den Sünden, indem Er sie, gleichsam wie wilde Tiere, mit Seiner Glut derart durchdringt, daß sie bei aller Fremde des Lebens aus Liebe zum Reich des Himmels entschieden ihr Dasein führen. Und selbst den Kriechtieren nimmt Er auf der Spur der Demut den Geifer der Lüste und die fehlerhaften Gewohnheiten weg, hält sie solcherart in ihren Eigenkräften im Zaume und festigt sie so sehr zu vollendeter Haltung, daß sie sich in allem die Liebe zu Gott vorsetzen.

Von der Kraft der Erde

24   Die Erde mit ihren ausgeglichenen Kräften deutet darauf hin, daß der Mensch Gott seine irdischen Angelegenheiten anbiete, um dabei aus eigenen Stücken die Pracht dieses Weltalters zu verlassen. Der Gläubige zeigt sich gleichsam im Sommer kühl, indem er sich für gering erachtet. Im Winter erscheint er warm, wenn er sich die fleischlichen Süchte in der Glut der Tugenden versagt. In der grünenden Lebensfrische himmlischer Tugenden weidet er sich, wenn er seines Fleisches Brand erlöschen läßt, um so die Keimkraft guter Werke sprossen zu lassen, durch die er die Frucht der Heiligkeit an sich zieht. Gott hat ja den Menschen geschaffen, damit er, das Himmlische wirkend, das Irdische besiege; und wie Gott im Menschen die Schläue des Satans überwunden, so sollte auch der Mensch das Banner der Gottheit sein. Gott schuf nämlich den ersten Engel in leuchtender Klarheit, auf daß er die Geheimnisse der Gottheit künden könne. Aber der Engel erhob sich in seinem Dünkel gegen Gott und versagte im Lobpreis seines Gottes. So wurde er seiner Herrlichkeit entblößt. Doch schuf Gott den Menschen, auf daß jenes, was niedriger war, das überwinde, was höherer Ordnung gewesen. Im Menschen hat Gott alle Seine Werke vollendet. Wie nun die Erde ihre Tierwelt auf sich nimmt, so leidet der Mensch in seinem Fleische mancherlei Versuchung. Und wenn er sich von den weltlichen Dingen abwendet, macht er es wie das Tier, das den Menschen flieht. Nimmt sein Leben aber die Richtung zum Geistigen, dann verhält er sich wie das wilde Tier, das hin zum Menschen rennt. So trägt der Mensch in seiner Leiblichkeit die ganze Welt, indem er alle irdischen Dinge in seiner Existenz überwindet. Darum heißt er auch ein Banner der himmlischen Harmonie im Sieg der Himmel, da er den Satan mitsamt der Sorge um das Zeitliche vernichtet. Und so weisen die Werke des Heiligen Geistes hin auf die Kräfte der Elemente im Menschen.

Wie niemand die ewigen Freuden ermessen kann, so kann auch keiner das höllische Elend darstellen

25   Daher soll der Mensch, der bestrebt ist, den Qualen der Hölle zu entgehen, den Teufel meiden und sich seiner Einflüsterung entziehen. Er soll dafür den Glauben des feurigen Quells annehmen, den jener brachte, der ohne Sünde kam. Er soll diesen im gerechten Tun bewahren, auf daß er zu den ewigen Freuden gelange, die jenen bereitet sind, die Gott lieben. Wie aber jene Freuden keine menschliche Zunge zu beschreiben vermag, so kann auch kein menschliches Wissen das höllische Elend darstellen.

Dies alles wurde gezeigt und zum Ausdruck gebracht von der lebendigen Stimme des lebendigen und unerschöpflichen Lichtes, und es ist die Wahrheit. Der gläubige Mensch achte darauf, und er halte es fest im Gedächtnis seines guten Gewissens.

Von den himmlischen Freuden der Weltkinder

26   Und ich sah eine gewaltige, unermeßliche Herrlichkeit, deren Glanz so mächtig strahlte, daß ich sie als solche und was in ihr war, nur wie in einem Spiegel wahrzunehmen vermochte. Doch wußte ich, daß sich darin jede Art von Süßigkeit aller Blüten und der lieblichste Duft der verschiedensten Wohlgerüche mit unzähligen Wonnen befand. In dieser Herrlichkeit hielten sich die Seelen der Seligen auf, die während ihrer hinfälligen Erdenzeit Gott mit redlichem Streben angerührt und Ihn mit rechten Werken verehrt hatten. Nun konnten sie in all dieser Herrlichkeit die süßesten Wonnen genießen.

27   Unter ihnen erblickte ich gewisse Seelen, die alle in hellglänzende Kleider gehüllt waren, und auch diese nur wie im Spiegel. Andere trugen auf ihrem Haupte einen Reif, der wie die Morgenröte schimmerte, und ihre Schuhe waren weißer denn der Schnee. Wieder andere trugen einen Reif aus lauter Gold um ihr Haupt, und sie hatten Schuhe, die wie Smaragde funkelten, während mir der übrige Schmuck dieser wie auch jener, der noch viel reicher war, verborgen blieb. Weil sie alle, solange sie noch in ihrem leiblichen Dasein weilten, gläubig dem Teufel widersagt und weil sie diesen Glauben, die einen durch geziemliche Reue, die andern aber mit guten Werken, zu höchster Vollendung gebracht hatten, empfingen sie nunmehr in der beschriebenen Herrlichkeit ihre endgültige Ruhe und konnten sich der Lieblichkeit und der Wonnen dieser Herrlichkeit erfreuen. Weil diese Seligen aber ihre Sünden verlassen und in der Ausübung guter Werke Gottes Satzung geliebt hatten, wurden sie mit dem weißen Gewand, dessen Adam beraubt worden war, bekleidet.

28   Wieder andere hatten in Reue ihren Sinn fest auf das Heil der Erlösung, mit welcher Gott den Menschen zurückerkauft hat, gerichtet und bußfertig ihre Sünden beklagt. Sie trugen einen Reif, der auf ihren Häuptern wie die Morgenröte glänzte. Und weil sie auf den rechten Pfaden über den Weg des Heiles zum Leben, wenngleich noch zögernd, zurückgekehrt waren, erschienen ihre Schuhe weißer denn der Schnee. Während sie nämlich noch auf der Welt ihr weltliches Dasein lebten, hatten sie in ihrer reumütigen Gesinnung durch göttlichen Anhauch allen Sünden, kurz vor und mitten in ihrem Vergehen, bereits eine Niederlage beigebracht, und so wurden sie würdig der Rettung befunden. Wieder andere, die trotz ihrer weltlichen Verpflichtungen Gott nicht verlassen hatten, sondern freiwillig Seine Satzung in ihren Herzen aufbewahrten, und die gleichwohl in der Welt lebten, ohne Gott zu verlassen, trugen auf ihren Häuptern einen Reif, der aus lauter Gold bestand. Und weil sie entschlossen im Gesetze Gottes gewandelt waren, funkelten ihre Schuhe wie Smaragde. Während ihres leiblichen Daseins hatten sie Gott nie vernachlässigt, vielmehr in aller Ehrerbietung Seine rechtmäßigen Satzungen erfüllt, und dies, obschon sie sich mit ihrem Leibe der Welt und dem weltlichen Leben verpflichtet fühlten. Der übrige Schmuck dieser wie jener Gruppe aber wie auch ihre sonstigen Bezeichnungen waren meiner Schau und meinem Verständnis verborgen.

Von den himmlischen Freuden der Bekenner und Büßer

29   Und ich gewahrte einen weiteren Glanz von noch größerer und unermeßlicher Herrlichkeit, dessen Grenze ich nicht einmal ahnen konnte. Dieser strahlte ein solches Funkeln aus, daß ich nicht hineinzuschauen vermochte, da er über alles menschliche Fassungsvermögen ging. Dieser Glanz war mit der schon beschriebenen Herrlichkeit eng verbunden, so wie eine Landschaft in die andere übergeht, weil der eine Anfang und Ursprung jener anderen war. Ich bekam aber zu spüren, daß an diesem Ort jede Art mannigfaltigster Wonnen und jede Weise von Musik wie auch die Stimmen des Frohlockens, die Freuden aller Freuden, kurzum die großartige Atmosphäre einer geschlossenen Fröhlichkeit herrschten. Auch wußte ich, daß sich darin die Seelen bestimmter Heiliger, die während ihrer Erdenzeit den Leib mit strengen und harten Züchtigungen gepeinigt hatten, wie auch die Seelen anderer Heiliger, die ihre Leiber aus Liebe zum Leben dem Martyrium übergaben, befanden. Sonst bekam ich jedoch nichts von ihren Zuständen zu sehen, es sei denn wie in einem Spiegel, weil ich eine solche Herrlichkeit einfach nicht anschauen konnte.

30   In dieser Schar gewahrte ich einige, wieder wie im Spiegel, die bekleidet waren wie mit dem reinen Gewand einer Wolke, die reiner erstrahlte als der

reinste Gipfel des Ätherraumes. Ihr Gewand war ganz mit Gold durchwirkt. Ihr Kopfschmuck bestand aus einem Reif, den sie um das Haupt trugen und der einem Bernstein glich, und ihre Schuhe schienen aus lauter Kristall zu sein. Und sie strahlten Reinheit über Reinheit wie von lautersten Wassern wider. Sie alle wurden hin und wieder angerührt von einem äußerst lieblichen Odem, der aus der Tiefe der Gottheit aufkam und den Wohlgeruch aller Kräuter und Blüten von sich gab. Dann wieder brachten sie einen Klang von allersüßester Musik hervor, und ihre Stimmen tönten wider wie das Rauschen vieler Wasser. Ihren übrigen Schmuck, den sie reichlich trugen, konnte ich nicht sehen. Weil diese Gläubigen in höchster Ergebenheit Gott in Besitz genommen hatten, und weil sie mit ihren guten und mutigen Werken, solange sie noch leibhaftig in dieser Welt weilten, in vollendeter Umarmung Gott geliebt hatten, konnten sie die Schönheit solcher Herrlichkeit erwerben und durften in den Freuden dieser Herrlichkeit unausschöpfbare Wonnen genießen. Wegen der Beobachtung der Gesetze, die da in der Reinheit der Gerechtigkeit bestehen, und die sie, solange sie im weltlichen und tätigen Leben sein mußten, vollkommen ausgeführt hatten, wurden sie mit dem Gewand der weißlichen Wolke bekleidet. Heller als die reinste Luftschicht leuchtete sie und funkelte wie mit Goldfäden durchwoben, weil diese Seligen mit aller Sorgfalt die Gebote der vorgeschriebenen Satzung so eifrig beobachtet hatten.

31   Wegen der entschiedenen Reue, mit der sie jede Schuld in ihrem Herzen in einem geläuterten Bewußtsein betrauert hatten, war der Kopfschmuck, den sie als Reif um ihr Haupt trugen, wie aus Bernstein, und wegen der Pfade unter dem weltlichen Gebote, die nach Gottes Satzung den Weltmenschen gewiesen sind und auf denen sie rechtschaffen und lauteren Sinnes geschritten waren, erschienen ihre Schuhe wie Kristall, und sie strahlten Reinheit über Reinheit der lautersten Wasser wider. Wegen der Großherzigkeit ihrer so liebenswerten Almosen, mit der sie einem jeden im Elende unter Tränen ihre Barmherzigkeit erwiesen hatten, und da sie dies nach den Geboten so taten, wie Gott es ihnen angeordnet hatte, nämlich die Nackten zu bekleiden, die Hungernden und Dürstenden zu stillen, die Kranken und Gefangenen zu besuchen und ähnliche gute Werke zu vollbringen, wurden sie nunmehr von dem äußerst lieblichen Odem, der aus der Tiefe der Gottheit aufkam und der den Wohlgeruch aller Kräuter und Blüten von sich gab, immer wieder berührt. Wegen der Ergebenheit, mit der sie in Wort und Tat die guten Früchte aus der Tiefe ihrer Seufzer und dem Quell ihrer Tränen hervorgebracht hatten, trugen sie nunmehr den Klang einer äußerst süßen Symphonie vor, und ihre Stimmen klangen wider wie das Rauschen vieler Wasser. Denn diese Seligen hatten, während sie noch leibhaftig auf der Welt weilten, im Handel und Wandel der Welt, da sie allein mit dem Körper und nicht mit dem Geist auskommen mußten, in der Furcht

ihres Schöpfers das Gesetz der rechtmäßigen Gerechtigkeit in all ihrem Tun erfüllt. Noch weiterer Schmuck und andere Bezeichnungen aber waren meinem Auge wie auch meinem Verstande verborgen.

Von den Himmelsfreuden der Gehorsamen

32   Noch andere Selige konnte ich beobachten: Sie waren angetan mit einem Gewande, schöner als das Morgenrot und klarer als der Sonne Glanz, zudem geschmückt mit dem feinsten Geschmeide. In der Sanftmut mildester Blüten strömte daraus ein gar lieblicher Lufthauch wie im Duften von Balsam und anderen Heilkräutern. Diese Seligen trugen auf ihren Häuptern Kronen, geziert mit edelstem Hyazinth, und mit Schuhen waren sie angetan, die mit kostbarsten Edelsteinen aufs feinste geziert waren. Ihre Stimme hatte den Klang der allerschönsten Musik, und ohne dabei müde zu werden, sangen sie immer wieder neue Lieder. Hin und wieder erschienen sie durchleuchtet von einer herrlichen und lauteren Lichtflut, die aus dem Geheimgrund der Gottheit brach. Und alles das war so großartig und so strahlend, daß kein Auge es sehen, kein Ohr es hören und keines Menschen Herz ermessen konnte.

33   Den übrigen Schmuck aber, der noch überreichlich vorhanden war, konnte ich kaum ahnen. Diese Seligen erfreuten sich der Ergebenheit ihres Glaubens wegen und wegen der unausschöpflichen Stärke ihrer guten Werke in inniger Gemeinschaft solcher Herrlichkeit und solcher Freuden, der schönsten Wonnen. Weil sie den Anfang guten Wollens mit dem Eifer rechter Werke eingeleitet hatten, indem sie ihren eigenen Willen mit all seiner Mühseligkeit verließen, wurden sie von einem Gewande, schöner als das Morgenrot und herrlicher als der Sonne Glanz, wie auch mit dem edelsten Geschmeide bekleidet. Weil sie in der Unterwürfigkeit ihres Gehorsams, der da ist die Blüte aller Heiligkeit, die fleischlichen Triebe abgelegt hatten, indem sie den Menschen den Wohlgeruch des Lebens wie auch ein Beispiel heiligmäßiger Tugendkräfte wiesen, strömte nun aus ihren Gewändern ein gar lieblicher Hauch wie im Duften von Balsam und allen nur möglichen Heilkräutern. Weil sie in ihren Herzen getreulich die Hoffnung mit äußerster Anstrengung auf Gott gerichtet hatten, trugen sie auf ihren Häuptern Kronen und einen Schmuck aus edelstem Hyazinth. Weil sie aber auf dem rechtmäßigen Pfade eines geistlichen Lebenswandels Beständigkeit gezeigt hatten, waren sie mit Schuhen bekleidet, die mit kostbaren Edelsteinen aufs feinste geschmückt waren.

34   Des Lobpreises wegen, mit dem sie Gott in der Stimme des Jubelns demütig und ehrfurchtsvoll auf dieser Welt ihr Lob brachten, nahm ihre Stimme jetzt den Wohlklang aller Arten von Musik an, und wegen des unablässigen Dienstes beim göttlichen Amt des Herzens und Mundes während ihrer Lebenszeit wiederholten sie nun einstimmig die Tugendgüte und sangen ohne Überdruß immer neue Lieder. Im engelgleichen Dienen, in gänzlicher Hinneigung des Geistes wie des Leibes, der Stimme wie der Taten, folgten sie lobpreisend dem Lob der Engel zu Gottes Ruhm. Den Geboten ihrer Obrigkeit hatten sie gehorcht; unter Gebet und Schweigen wie auch den übrigen guten Werken solcher Art hatten sie sich inständig eines beschaulichen Lebens befleißigt und die fleischlichen Begierden abgelegt. Deshalb wurden sie jetzt vom schönsten und reinsten Glanze, der aus der Geheimtiefe der Gottheit hervorbrach, erleuchtet. Diese Schönheit war so großartig und so strahlend, daß kein Auge sie sehen, kein Ohr sie hören noch eines Menschen Herz sie ermessen konnte, wie schon oben beschrieben ward. Diese Seligen hatten sich bereits in ihrem leiblichen Dasein auf der Welt vom eigenen Grundstoff, in dem sie empfangen und geboren waren, losgelöst, um sich durch den wahren Gehorsam einem geistlichen Lebenswandel zu unterwerfen. Und so dienten sie ihrem Schöpfer in aller Ergebenheit und in demütigster Unterwerfung, voller Verachtung für die Welt mit ihren Lüsten. Der übrige Schmuck dieser Seligen wie auch ihre sonstigen Bezeichnungen waren meiner Schau und meinem Verstande verborgen.

Von den Himmelsfreuden der Lehrer und Seelenführer

35   Wieder andere Selige erblickte ich in der beschriebenen Herrlichkeit in gleicher Weise wie in einem Spiegel. Sie waren bekleidet mit einem saphirfarbenen Gewand und geschmückt mit einem Beryll und mit Perlen. Auf ihrer Brust erschienen die Zeichen der sieben Planeten, die auf wundersame Weise zu funkeln begannen. Auf ihrem Haupt trugen sie Kronen aus Topas, und ihre Schuhe waren aus lauter Gold gewirkt. In ihren Händen hielten sie Posaunen aus Kristall, durch welche ein Wind den Duft von Weihrauch und Myrrhe wehte. Und sie sangen in Liedern und Lobgesängen mit denen im Chor, die ihre Stimme vor Gott vernehmlich machen.

36   Ihr übriger Schmuck, der in Hülle und Fülle vorhanden war, war mir verborgen. Weil sie ihren Dienst getreulich bei der Vollendung guter Werke Gott dargestellt hatten, ruhten sie nun glücklich in der Herrlichkeit und in den Wonnen der geschilderten Glückseligkeit. Wegen der Liebe, die sie in Barmherzigkeit über ihre Untergebenen ausgeschüttet hatten, und wegen der Großzügigkeit, mit der sie die Sünder und Zöllner in ihrer reumütigen Gesinnung

um sich sammelten, aber auch wegen der Geheimhaltung, mit der sie die Sünden der Büßer in sicherer Obhut verborgen hatten, waren sie mit einem saphirfarbenen Gewand bekleidet und mit einem Beryll und mit Perlen geschmückt. Wegen der frommen Absicht ihrer Gesinnung, in welcher sie die sieben Gaben des Heiligen Geistes während ihres ganzen Lebenswandels offen angeschaut hatten, da sie sich aus Liebe zu Gott auch im tätigen Leben leibhaftig einem geregelten Lebensstil unterwarfen, und da sie sich in ihrem beschaulichen Leben auf geistliche Weise danach ausgerichtet hatten, erschien auf diesem Gewand vor ihrer Brust das Zeichen der sieben Planeten, die auf wunderbare Weise zu funkeln begannen.

37   Weil sie in ihren Herzen die wahre Gerechtigkeit trotz ihrer körperlichen Leiden ertragen hatten, da sie trotz ihrer wankelmütigen Haltung Gott nicht Widerstand leisten wollten, vielmehr in beständiger Inständigkeit gläubiger Werke zu Ihm aufblickten, trugen sie auf ihren Häuptern Kronen, die mit Topas geschmückt waren. Und weil sie auf ihrem rechtschaffenen Lebenspfad Gott ergeben waren und allzeit in Weisheit einherwandelten, hatten sie Schuhe, die wie aus lauterstem Gold gewirkt waren. Auch hatten sie bei all ihren Handlungen die wahre Lehre in Wort und Beispiel bewiesen und waren so für die anderen wie ein vorbildlicher Spiegel erschienen, indem sie den guten Ruf der heiligen Werke, in der Liebenswürdigkeit wahrhafter Enthaltsamkeit wie auch in der Abtötung ihres Fleisches, immerzu in ihrem heiligen Amte für die Völker der Gläubigen ausstrahlten. Tag und Nacht standen sie im Dienst und Lob des Schöpfers zur Verfügung, und so sind sie dem Glauben und der Gerechtigkeit der Patriarchen, Propheten und Apostel gefolgt, die ebenfalls in ihrem Predigen die Wahrheit, die in Gott besteht, gezeigt hatten. Dafür hielten sie nun in ihren Händen Posaunen aus Kristall, aus denen ein Windhauch den Duft von Myrrhe und Weihrauch wehte, und mit denen sie nun lobsingend in die Gesänge und Lobpreisungen jener, die ihre Stimme vor Gott tragen, einstimmten. Diese Seligen waren während ihrer irdischen Lebenszeit aus jener Berufung heraus, in welche Gott die Meister und Seelenführer bestimmt, zu Lehrern und Leitern beim Volke Gottes tätig. In Wort und Beispiel standen sie ihren Untergebenen vor, um sie den bösen Handlungen zu entreißen und sie nicht in die Vernichtung fallen zu lassen, wie sie auch sich selbst durch ihre guten Werke Gott zum Opfer brachten. Der weitere Schmuck dieser Seligen wie auch ihre sonstigen Bezeichnungen waren meiner Schau und meinem Verständnis verborgen.

Von den Himmelsfreuden der Märtyrer

38   Wieder andere Selige sah ich auf gleiche Weise in der beschriebenen Herrlichkeit und auch jetzt wieder wie in einem Spiegel. Sie standen da wie auf
einem Meere, das nicht mehr floß und das keine Feuchte wie das Wasser hatte,
vielmehr lediglich einen außergewöhnlichen Glanz ausstrahlte. Diese Seligen
waren gekleidet mit einem Gewand aus rötlichem Hyazinth, und sie waren auf
ihren Schultern wie auch oberhalb ihrer Füße mit kostbarsten Edelsteinen geschmückt. Kronen trugen sie, die aus reinstem Gold erstrahlten und die im Gehen
die allerschönsten Spiegelungen von sich gaben. Ihre Schuhe aber waren mit
einem Smaragd und einem Beryll geziert. In ihren Händen trugen sie Palmenzweige, die so durchsichtig waren, als wenn sie aus lauterem Wasser bestünden
und in denen zahlreiche Wunderwerke Gottes wie in einem Spiegel erschienen.

39   Und ich hörte die Stimme vom Himmel wie im Grollen eines Gewitters
zu mir sprechen: „Die alte Schlange hat sich Gott widersetzt, weshalb sie auch in
die Hölle verworfen wurde. In der Gestalt des Menschen aber hat sie neue
Glieder um sich gesammelt, um mit ihnen Verkehr zu haben, und sie hat die
Menschen überredet, sich gegenseitig zu töten. Um die Schuld des Menschen zu
lösen, hat das Lamm, der Sohn Gottes, Fleisch angenommen und ist selber getötet worden. Nun aber sollen alle zu mir kommen, die um dieses Lammes willen getötet wurden, und das vergossene Blut dieser Blutzeugen soll mit dem Blut
des Lammes gemischt werden." Während dieses Rufes wurden die erwähnten
Seelen vom Meere aus hochgehoben und träufelten wie blutige Tropfen wiederum
auf die Erde hinunter, wobei ihnen die himmlische Harmonie in einem neuen
Gesang entgegeneilte, Zeugnis gebend für jenes Lamm, das getötet ward.

40   Sooft aber die erwähnte Stimme auf diese Weise laut wurde, sooft wurden auch jene Seelen unter Versprengen ihres Blutes zu neuen Gesängen erhoben.
Noch weiterer Schmuck, den sie in Hülle und Fülle trugen, konnte ich an ihnen
nicht wahrnehmen. Weil diese Seligen während ihres leiblichen Daseins im
Glauben und im Handeln Gott gedient hatten, und weil sie ihren eigenen Leib
in großer Tapferkeit um Gottes Willen verachtet hatten, wurden ihnen nunmehr
in der geschilderten Herrlichkeit und in den Wonnen eine Wohnstatt und die
unaufhörliche Freude höherer Vergeltung zuteil. Weil sie über die Angst, die
sie in ihrem Martyrium gehabt haben, in der Tapferkeit ihrer Gesinnung Herr
geworden waren, indem sie standhaft die Weichlichkeit der Unbeständigkeit von
sich legten, hatten sie die allerleidenschaftlichste Liebe zu Gott errungen. Daher
standen sie auf einem Meere, das nicht mehr floß und das keine Feuchte wie das
Wasser hatte, vielmehr lediglich diesen außergewöhnlichen Glanz ausstrahlte.

Weil sie ihr Blut im Zaum gehalten hatten, da sie in so großer Treue Gott dienten, waren sie mit einem Gewand aus rötlichem Hyazinth bekleidet. Weil sie im Dienste Gottes so zahlreiche Mühsal aushalten mußten, ehe sie ihren Lauf vollenden konnten, indem sie sich selbst Gott zum Opfer darbrachten, keine Rücksicht nahmen auf die Glieder ihres Leibes und sich selbst den Qualen und Martern unterwarfen, wurden sie nun mit dem Geschmeide auf ihrer Schulter wie auch mit kostbarsten Edelsteinen oberhalb ihrer Füße geschmückt.

41   In ihrer Weisheit trugen sie eine besondere Höhe der Hoffnung, da sie in der Reinheit ihres Glaubens die brüderliche Liebe allüberall anwandten. In ihrem Erbarmen mit den Mitmenschen hatten sie Gott in ihren Herzen emporgehoben, indem sie immer wieder neu die Geduld aufbrachten und ihre eigenen Glieder nicht schonten. Deshalb trugen sie nun auf ihren Köpfen Kronen wie von reinstem Golde funkelnd, die beim Gehen die allerschönsten Spiegelungen hervorbrachten. Da sie ihren Lebensweg für Gott in Geduld und unter Vergießen ihres Blutes durchlaufen hatten, waren sie mit Schuhen bekleidet, die mit Smaragd und Beryll geschmückt waren. In ihrem tätigen Leben aber hatten sie den Sieg ohne jede Berührung mit einer Heuchelei rein und unbefleckt gehalten, indem sie immer wieder neue Beispiele der Beständigkeit und Geduld brachten, um so Gott mit dem vollen Anblick ihres Geistes anschauen zu können. Daher trugen sie in ihren Händen Palmenzweige, die so durchsichtig waren, als wenn sie aus lauterem Wasser bestünden und in denen zahlreiche Wunderwerke Gottes wie in einem Spiegel erschienen.

42   Für alles dies gab die Stimme, die vom Himmel tönte, Zeugnis. Sie war ein Hinweis dafür, daß der Teufel, der Gott Widerstand geleistet hatte und in die Hölle versenkt ward, Gemeinschaft mit vielen Menschen pflegen wollte, die er zum Brudermord überredet. Damit jener Mensch errettet würde, gab die Stimme bekannt, daß der Sohn Gottes Mensch werden und sterben müsse, daran gemahnend, daß alle die, die nun um Christi willen den Tod erlitten, ihr Martyrium Seinem Martyrium verbindlich machten. Mit dieser Stimme leuchteten auch, erhoben in ihrem Siegen, die Marterwerkzeuge, unter denen sie durch die Ungläubigen und Gottlosen leiden mußten, nach dem rechten Gericht Gottes zum Gerichte auf. Daher lobt auch die ganze himmlische Heerschar, im Lob einer immer neuen Freude, das Leiden des Gottessohnes, das erneuert ist im Leiden dieser Seligen. Und so oft die göttliche Majestät ihre Leiden anrührt, rühmen sie mit ihren Leiden immer wieder von neuem auch das Leiden des Lammes. Diese Seelen haben während ihres leiblichen Daseins nicht allein ihren Eigenwillen verlassen, sondern selbst ihre Leiber in zahlreichen und mannigfaltigen Qualen um der Ehre Gottes willen den Tyrannen übergeben, ohne

Rücksicht auf sich selbst zu nehmen, indem sie ihre Glieder gliedweise im Martyrium dem Tod übergaben. Ihr übriger Schmuck aber, wie auch ihre sonstigen Bezeichnungen waren meinem Auge und meinem Verständnis verborgen.

Von den Himmelsfreuden der Jungfrauen

43 In der erwähnten Herrlichkeit sah ich in gleicher Weise wie in einem Spiegel eine Luftschicht, welche eine Reinheit weit über die Lauterkeit der reinsten Wasser besaß. Sie entsandte ein Strahlen, stärker als der Sonne Strahl, und sie schwang in einem Wehen und trug alle Grünkraft der Kräuter und Blumen des Paradieses wie der Erde in sich, voll vom Duft aller Lebensgrüne, so wie auch der Sommer den allersüßesten Duft der Kräuter und Blumen trägt. In diesem Luftraum sah ich wie in einem Spiegel jene Seligen, die mit reinstem Gewande aus lauterem Gold angetan und geschmückt waren. Von der Brust abwärts aber bis zu den Füßen waren sie, wie bei einem herabhängenden weiblichen Leibgürtel, mit kostbarsten Edelsteinen geschmückt. Und auch von ihnen ging ein außergewöhnlicher Duft wie von wohlriechenden Kräutern aus. Umgürtet waren sie mit einem Gürtel, der mit Gold, Geschmeide und Perlen über jedes menschliche Vorstellungsvermögen hinaus verziert war.

44 Auf ihrem Haupte trugen sie Kronen, die mit Gold und Rosen wie auch Lilien durchflochten und in ihrem Flechtwerk aufs feinste mit edelsten Steinen durchwirkt waren. Immer wenn das Lamm Gottes Seine Stimme laut werden ließ, berührte ein allerlieblichster Windhauch, der aus dem geheimen Grund der Gottheit kam, diese geflochtenen Röhrchen; sie tönten dann jene Art von Zithermusik wider, im schönsten Konzert mit diesem Lamm übereinstimmend. Einen solchen Gesang aber konnte niemand singen, mit Ausnahme jener, die diese Kronen trugen, keiner konnte ihn vernehmen und niemand sich daran freuen. So freut sich auch ja ein Mensch erst richtig, wenn er den Glanz der Sonne, den er zuvor nicht sah, mit eigenen Augen gesehen.

45 Ihre Schuhe waren derart durch und durch leuchtend, als wenn sie aus einem lebendigen Quell genommen wären. Bisweilen schritten sie einher, als wenn sie über goldne Räder gingen. Dann wieder trugen sie in ihren Händen Zithern, um damit zu musizieren. Bald wieder verstanden und wußten und sprachen sie eine völlig fremde Sprache, die kein anderer kennen noch aussprechen könnte. Den übrigen Schmuck aber, den sie in Hülle und Fülle an sich trugen, konnte ich nicht erblicken.

46   Weil diese Seligen während ihres leiblichen Daseins den Glauben zu ihrem
Schöpfer auch in der Tat verwirklichten, befanden sie sich in den Wonnen der
beschriebenen Herrlichkeit in glückseliger Ruhe. Und weil sie die luftige Wechselhaftigkeit der fleischlichen Triebe in der Reinheit ihrer Gesinnung hintan-
gestellt hatten und über die vorgeschriebenen Gesetze so leidenschaftlich zur
Liebe der wahren Sonne aufgestiegen waren, atmeten sie nun eine Luft, die
reiner war als die Reinheit der lautersten Wasser, und strahlten einen Glanz
aus, der den Glanz der Sonne noch übertraf. Der allermildesten Sehnsucht wegen, in der sie sich in der Grünkraft ihrer Jungfräulichkeit und in der Blüte des
Geistes wie des Körpers Gott und den Menschen gezeigt hatten, indem sie allüberall den guten Duft zahlreicher Tugendkräfte, entzündet aus der Leidenschaft des Heiligen Geistes, ergossen hatten, bekamen sie nun den Hauch einer
solchen Luft zu spüren, die alle grünende Lebensfrische der Kräuter und Blumen
des Paradieses und der Erde umfaßt. Sie war voll vom Wohlgeruch allen Grünens, so wie auch der Sommer den allersüßesten Duft der Kräuter und Blumen
in sich hat.

47   Wegen der Keuschheit ihrer Gesinnung, die sie in der Demut ihres Herzens weise mit den heiligen Tugendwerken bis zur Vollendung ihrer guten Aus-
dauer gegen alle fleischliche Versuchung an den Tag gelegt hatten, waren sie angetan mit reinstem Gewand aus lauterem Gold. Von der Brust abwärts bis zu
den Füßen waren sie, ganz nach der Art eines herabhängenden Frauengürtels,
mit kostbaren Edelsteinen geschmückt. Weil sie dies alles im lobwürdigen und
liebenswürdigen Namen der Jungfräulichkeit getan hatten, strömte dieses Gewand einen außergewöhnlichen Wohlgeruch wie den Duft wohlriechender
Kräuter aus. Indem sie ihr Fleisch im Zaume hielten, hatten sie die Schlüpfrig-
keit ihrer Triebe niedergehalten und sich die Enthaltsamkeit mit der Milde der
Ehre angeeignet, ohne sich durch die Verschiedenartigkeit wechselhafter Lebens-
gewohnheiten hier- oder dorthin treiben zu lassen, weshalb sie jetzt umgürtet
waren mit einem Gürtel, der mit Gold, Geschmeide und Perlen über jedes
menschliche Vorstellungsvermögen hinaus verziert war. In ihren Herzen hatten
sie den Ruhm und die Ehre Gottes weise zum Ausdruck gebracht; in der Zucht
ihres Leibes hatten sie die kindlichen Spiele überall abgelegt, um beständig die
Zeichen der gelobten Keuschheit überall vor den Menschen und vor dem Gesetz,
in der Sehnsucht nach dem Höheren wie auch in der Tapferkeit und der Unterwürfigkeit ihrer Tugenden zu festigen. Dies hatten sie so vollbracht, als seien
sie nicht mehr Menschen, die aus Fleisch und Blut bestehen. In ihren Herzen
wie auch auf ihrem Antlitz hatte eine Schamhaftigkeit in Hinsicht auf alle
körperlichen Verpflichtungen gelegen. Daher trugen sie nun auf ihren Häuptern
Kronen, die mit Gold, Rosen und Lilien durchflochten waren und in deren
Flechtwerk die kostbarsten Edelsteine aufs feinste eingewirkt waren.

48   Weil sie sich auf die Lebensregel des eingeborenen Gottessohnes ausgerichtet hatten und ihre Herzen zu solcher Höhe aufsteigen ließen, daß sie ihre Jungfräulichkeit Gott gelobten, um diese dann auch in Ehrfurcht und Heiligkeit zu
bewahren, gibt ihnen nun das Lamm Gottes voller Mitfreude Seine Stimme. Ein
allersüßester Hauch des Windes, der aus dem Geheimnis der Gottheit kommt,
berührt nun die Zeichen ihrer geschmückten Jungfräulichkeit. Daher stimmen
sie ein in den Gesang des Lammes, den diejenigen nicht kennen, die dieser Zeichen entbehren, obwohl sie sich daran freuen, sobald sie ihn hören. Und weil
ihre Spuren jener Lebensbahn gefolgt waren, in welcher Gott nach dem alten
Ratschluß Mensch werden wollte, waren ihre Schuhe durch und durch leuchtend,
gleich als ob sie aus einem lebendigen Quell genommen seien.

49   Weil sie aber in ihrer Weisheit und Demut überall, wohin sie auch gingen,
in reinster Keuschheit jede Bewegung ihres Leibes auf die Anschauung der Gottheit ausgerichtet hatten, und weil sie in der Weitherzigkeit ihrer Almosen all
denen, die in Not waren, fromm und barmherzig zu Hilfe geeilt sind, konnten
sie mit ihrer Stimme und im Herzen Gott loben und die göttlichen Wundertaten
wiederholen, um im Wiederholen weiterzuschreiten und so die menschliche Natur
unter Zurückstellung der fleischlichen Triebe zu übersteigen. Mitunter schritten
sie wie über goldene Räder, dann wieder trugen sie Zithern in ihren Händen,
um darauf zu musizieren. Dann wieder verstanden sie eine fremde Sprache und
wußten von ihr und sprachen sie, eine Sprache, die, wie oben erwähnt, kein
anderer kennt noch sprechen kann. Diese Seligen hatten während ihres leiblichen
Daseins die Ordnung der Engel nachgeahmt, als sie in der Einzigartigkeit der
Jungfräulichkeit Gott dienten und sich auf diese Weise ganz und gar sowohl mit
den übrigen Gütern wie auch in den heiligen Werken selber zum Opfer darbrachten. Ihr übriger Schmuck wie auch ihre sonstigen Bezeichnungen waren
meiner Schau und meinem Verständnis verborgen.

Von der Herrlichkeit der Seligen

50   In dieser so oft schon erwähnten Herrlichkeit nahm ich nun eine noch
viel größere, unermeßliche Herrlichkeit wahr. Wie ich darauf achten wollte,
wurde mir klar, daß der Glanz ihres Strahlens eine solche Schönheit in allem
Schmuck, eine solche Lieblichkeit aller Lieblichkeiten und Wonne über Wonne
an Glückseligkeit in sich trug, daß kein Auge es sehen, kein Ohr es hören, noch
je es im Herzen eines Menschen aufsteigen könnte, solange er im gebrechlichen
und vergänglichen Leibe weilt. Daher wurde mir auch eine Art von Siegel vorgesetzt, durch das mir weitere Erscheinungen und noch mehr Wonnen solcher Art
verborgen wurden, als ich sie schon zuvor gesehen. Lediglich so, wie ich dies sah,

wurde es in mir zurückgeworfen. Und ich sah dies und verstand es durch den lebendigen Geist.

51   Und aus dem lebendigen Licht hörte ich abermals die Stimme zu mir sprechen: Das, was du siehst, ist wahr, und es ist so, wie du es siehst, und es ist noch viel mehr. Und siehe: Ich hörte den äußerst süßen und lieblichen Klang einer Stimme, die mich wie Balsam durchträufelte und zu mir sprach:

Die Stimme des Menschensohnes

52   „Ich bin die Kraft der Gottheit vor aller Ewigkeit und vor aller Zeit. Keinen Ursprung einer Zeit trage Ich in Mir. Denn Ich bin der Gottheit Kraft, durch die Gott alles aus Seiner Entscheidung und mit Seiner Bestätigung erschaffen hat. Ich bin auch der Spiegel der Vorsehung für alles. Mit allgewaltiger Kraft ertönte Ich, in der Ich das tönende Wort bin, jenes ‚Es werde' nämlich, durch das die ganze Welt hervorging. Mit lebendigen Augen habe Ich die Zeiten der Zeit unterteilt, wohl bewußt, was sie sein könnten und wie das alles sei. Mein Mund gab Meinem eigens berufenen Werke den Kuß, jenem Gebilde, das Ich aus dem Erdenlehm machte. In einzigartiger Weise habe Ich dieses Werk liebend umarmt. Und so habe Ich es durch den feurigen Geist verwandelt zu einem Leibe. Und ihm gab Ich alle Welt zu Diensten.

53   Nachdem Ich zur Ruhe gekommen war und wahrgenommen hatte, wie durch den Rat der Schlange der Mensch betrogen ward, trat Ich voller Leidenschaft auf. Im Schoße der Jungfrau kam Ich, diesen entflammend, zur Ruhe. In ihrem Fleische, das keinerlei Schmutz ausgeschieden hatte und das rein war wie Adams Fleisch im Urbeginn, wurde Ich Mensch. Und so ging Ich als ein gewaltiger Held in der Tugendkraft über alle Menschen hervor. Denn der Mensch hat das in seinem Zeugungsgeschäft nicht gesät, mit dem die Schlange den ersten Menschen bei jener Erschütterung des Blutes verspottet hat, zu der er beim fleischlichen Genuß erregt wird. Der Teufel nämlich hat den Menschen seiner Ehre entkleidet und ihn Mir weggenommen. Daher habe Ich ihn bei der Beschneidung verwundet, um über die Vorschriften des Gesetzes jede Einflüsterung seiner betrügerischen Täuschungen in Verwirrung zu bringen.

54   Nachdem Ich so aus dem Schoß der Jungfrau hervorgegangen war, holte Ich den Menschen in der Taufe Flut wieder heim. Auf diese Weise habe Ich den Samen des Mannes mit dem gleichen Wasser rein gemacht, wie auch das Feuer

Wasser herauszieht, und so habe Ich alles geläutert. Mein Rad setzte Ich in Um-
lauf, um auch andere Geschlechter zu erneuern. So habe Ich dadurch, daß Ich der
Gestalt des Menschen, der Mich berührt hat, einen Kuß gab, die rechtmäßige
eheliche Verbindung begründet. Dadurch, daß Ich den Menschen innerhalb der
Geschöpfe zum eigens berufenen Geschöpf erhob, habe Ich ihm das Maß gegeben. Dadurch, daß Ich aus der Jungfrau kam, habe Ich eine Lebensregel der
Jungfräulichkeit, für den Mann wie für die Frau, für jeden gesondert, geschaffen.
Ich setzte den Mittelpunkt in der Mitte Meines Rades; denn in diesem Punkt habe
habe Ich vorausgesehen, wie das geistliche Volk ohne die weltliche Lebensart sein
Leben zu gestalten habe. So habe Ich Meinen Kreislauf vollendet gegen die List
der alten Schlange, die Mich nie ganz kennenlernte, da Meine Menschwerdung
im stillen kam und ihr verborgen blieb. Adam hatte sie bereits geahnt, ohne
sie voll zu erkennen. Daher schwankte er, was er tun solle, und sie verführte
ihn mit ihren Schlichen. Ich aber band ihre äußerst starke Macht in Meiner
Menschheit und habe sie so zertreten. Denn jene konnte Mich nicht ganz erkennen, bevor Ich nicht auf Meinem Richterstuhl thronte, wo sie alsdann völlig
zunichte wurde. Und so habe Ich durch die wahre Läuterung die wahrhaft
Gläubigen und die wahrhaft Seligen zur Herrlichkeit des Paradieses wie auch
zur Herrlichkeit der himmlischen Freuden zurückgeführt.“

Der Seelen Glorie im Paradies

55   Die Glorie des Paradieses, aus dem der erste Mensch verstoßen ward, ist,
wie du siehst, von solcher Herrlichkeit umgeben, daß sie weder als solche noch
was in ihr ist geschaut werden kann, es sei denn im Spiegel. Dieses Paradies
ist mit einem Blühen voller Lieblichkeit, das nie mehr welkt, geschmückt; und
es ist vom allersüßesten Duft wohlriechender Kräuter durchdrungen. Mit zahlreichen Wonnen ist es erfüllt, in denen sich nun die Seelen jener erfreuen, die
von jeder Art ihrer Sündenschuld gereinigt sind. Bekleidet sind die Seelen, die
hier weilen, mit dem Gewand der Unsterblichkeit und mit jener Schönheit, die
Adam verloren hatte, die sie nun aber in noch größerer Schönheit zurückerhalten. Denn die Seligen, die während ihres weltlichen Daseins durch die Reue ihrer
Sünden mit Gott in Berührung gekommen waren und die ihr Leben nach den
göttlichen Geboten mit guten Werken gefüllt hatten, werden nun mit ange-
nehmstem Schmucke geziert, so wie man auch den Leib eines Menschen mit gar
edlen Dingen schmückt.

Vom Schmuck der Seelen in des Himmels Höhen

56   Jener machtvolle Glanz aber, den du seines übermächtigen Strahlens wegen nicht anschauen kannst, weil ein sterblicher Verstand ihn nicht wahrnehmen könnte, geht von des Himmels Höhe aus, aus welcher Luzifer mit seinen Engeln herausgeworfen wurde. Dieser Glanz durchdringt und durchstrahlt die Herrlichkeit des Paradieses, und er hält sie, wie du siehst, in der Lebenskraft der Grünheit und der Schönheit zurück. In dieser Höhe des Himmels leben der Lohn und die Freuden, welche dort von Ewigkeit her für die gläubigen Seelen bestimmt sind, die sich in der ganzen Leidenschaftlichkeit ihrer innersten Ergebenheit von den irdischen zu den himmlischen Werten hin erhoben hatten. Menschliche Gebrechlichkeit aber, die vom Staub umdunkelt ist, kann solches nicht in der Fülle wissen, weil die zeitlichen Verhältnisse nun eben einmal die himmlischen nicht begreifen können, es sei denn, daß sie des Vaters Milde, zu Seinem eigenen Ruhm wie auch zum Fortschritt Seiner Gläubigen, offenbaren will. Sind doch für die Seelen der Heiligen noch mehr und noch größere Zierden dort vorbereitet worden, als gebrechliches und menschliches Vorstellungsvermögen dies begreifen könnte. Denn mit dem Loben und im Wirken werden die Auserwählten geschmückt, weil sie mit Leib und Seele die strahlendsten Werke vollbracht haben.

Die Seelen im Reich des Himmels

57   Dort im Himmelreich befinden sich, wie du siehst, alle Seelen, die auf der Welt unter der Last des praktischen Lebens im Leibe gedient haben, um dabei doch im Geiste das Himmlische liebzugewinnen. Von den weltlichen Zuständen wandten sie sich ab und hingen in der Unterwerfung unter die Disziplin einer Regel und in der Erbauung der Beschaulichkeit mit Leib und Geist den himmlischen Werten an. Auch ihren Untergebenen hatten sie in allen körperlichen und geistlichen Dingen Hilfe geleistet, und sie waren ihnen in der Lehre wie auch mit dem Beispiel ein gütiger und demütiger Führer gewesen. Alle Götzenbilder hatten sie verachtet und nur auf ihren Schöpfer ihr Vertrauen gesetzt. Nicht gezögert hatten sie, in der Beständigkeit der Wahrheit ihre Leiber zu schwächen und sogar dem Tod zu übergeben. Diese alle, die sogar ihr Fleisch und Blut wie auch ihr Menschsein abgelegt hatten, hatten auf das ehrenhafteste jene Jungfräulichkeit, die sie Gott gelobt haben, in Furcht und Liebe zu Ihm bewahrt.

Von der wachsenden Glorie bei der Auferstehung

58   Sie alle haben in ihrer Anhänglichkeit zum Schöpfer und von Ihm begeistert mit guten Werken gedient und empfangen nun die Wonne aller Wonnen und die Schönheit unaussprechlichen Schmuckes. Sie sind die Gesegneten,
und sie werden beim Richterspruch der Auferstehung von Meinem gebenedeiten
Vater aufgerufen werden, um alsdann noch höhere Freuden zu empfangen, als
sie jetzt schon haben. Denn jetzt können sie sich lediglich in ihrer seelischen
Existenz freuen, dann aber werden sie mit Leib und Seele jene Freuden genießen,
die so unaussprechlich sind, daß kein sterbliches Geschöpf sie im sterblichen
Zeitalter auszudrücken vermöchte.

Vom Schmuck der himmlischen Freuden

59   Solcher Freuden Schmuck ist geistlicher Natur und dauert ewig und
kann nicht abgeschätzt werden. Dabei ist es nicht so, als ob sich Gold oder Edelsteine oder Geschmeide aus irdischer Asche in der Ewigkeit des himmlischen
Lebens vorfänden, vielmehr werden die Auserwählten mit den guten und
gerechten Werken auf geistliche Weise geziert, so wie auch ein Mensch sich nur
körperlich mit kostbarem Geschmeide schmückt. Ich aber, der Baumeister der
Welt, gab Meinem Werk, dem Menschen nämlich, mit jener Wissenschaft, die
ich in ihm anlegte, die Möglichkeit, seine eigenen Taten zu wirken, auf daß er
mittels der Erde und des Wassers, über die Luft und das Feuer, aus denen auch
er selber besteht, seine Werke zur Vollendung brächte. Immer wenn er Gutes
wirkt, wird ihm der Schmuck aus seinen guten Taten in der Herrlichkeit des unausschöpflichen Lichtes auf ewig vorbereitet, so wie auch das Firmament mit
den Gestirnen und wie die Erde mit den Blüten hier in der Zeit geschmückt
werden. Wenn aber der Mensch mitunter in irdischer Pracht geschmückt wird,
seufzt seine Seele auf. Erinnert sie sich doch daran, mit welchen Werken sie
eigentlich geschmückt sein müßte. Und wie der Mensch sich mittels Feuer und
Luft wie auch durch Wasser und Erde seine Ausrüstung schmiedet, und wie er
sich sein Gewand nach seinem Gefallen auf den Leib zuschneidert, so bereitet
auch Gott den Heiligen ihre Ausrüstung ganz nach ihren Werken vor, die Er
jedoch aus keinem anderen Stoff nimmt, als den Er aus sich selber schöpft, wie
Er auch die ganze Welt rein aus sich selbst geschaffen hat. Und so sollte auch der
Mensch sein Werk durch kein fremdes Geschöpf auf der Welt, sondern aus
seiner eigenen Natur heraus bestimmen und zur Durchführung bringen.

Von den verschiedenen Wohnungen im Himmelreich

60   In der himmlischen Heimat aber gibt es überaus viele Wohnstätten immer
neuer und den Menschen unfaßbarer Wonnen. Sie haben Bestand, ganz nach den
Handlungen der Menschen, die sie durch Gottes Huld gewirkt hatten. Der
menschlichen Gebrechlichkeit können sie nicht gezeigt und erklärt werden, weil
sie über menschliche Einsicht hinausgehen. Denn hier befinden sich jene Wohnungen, die das Herz des Menschen überschreiten und die keinem Wesen, das
durch einen Körper beschwert ist, gezeigt werden könnten, wie dir auch weder
sie selbst noch ihr Inhalt in ihrem Geheimnis enthüllt und, sei es auch auf
die kleinste Weise, eröffnet werden. Denn das Fleisch, von der Schuld nieder-
gedrückt, erträgt nicht die Geheimnisse der himmlischen Dinge, es sei denn, daß
es durch die Gnade göttlicher Kräfte gestärkt würde. Die Pracht und die
Freuden der himmlischen Wunderdinge aber erschaut kein Mensch, von sterb-
lichem Fleische beschwert, auf vollkommene Weise, noch könnte er sie im Bewußtsein seines Verstandes überhaupt nur aufnehmen, es sei denn, daß Gottes
Wille dies gewissen Heiligen und Propheten in einer Vision offenbart. Diese aber
reden dann so davon, wie Isaias über den Schmuck des ersten Engels spricht und
wie auch Johannes in seiner Apokalypse die Pracht des himmlischen Jerusalem
zeigt.

Die Lüge ist ohne Gott entstanden

61   Gott hat alles Gute und Gerechte wie auch alles Nützliche durch Sein Wort
geschaffen. Das Übel der Lüge aber, durch das alles Unrecht und jede Sünde in
die Welt kam, ist ohne Gott entstanden. Diese Laster berühren Gott in keiner
Weise; sie sind Seinem Wesen vielmehr völlig fremd. Daher richtet Gott mit
dem Vollzug Seines Richterspruches alles, was sich je Ihm entgegengesetzt hat.

Wie der Mensch das Böse überwindet

62   Der Mensch aber wird vom Bösen nicht beherrscht, solange er sich noch
sträubt, es auszuführen. Hat er das Böse indes vollbracht, dann ist er sein
Sklave.

Wie der Mensch das Himmlische schauen kann

63   Doch hat der Mensch Gott verlassen und sich gemein gemacht mit dem
Bösen. Solange er daher in dieser hinfälligen Erde voller Asche lebt, könnte er
gar nicht die reinen und unbefleckten Wohnungen schauen, soweit ihm Gott dies

nicht zu sehen erlaubte. Ist er hingegen entschlafen, so daß er nicht mehr zum Bösen wach wird, wird er jene Wohnungen bewußt erblicken. Wenn er dann Gott anschaut, hat er alle irdischen Dinge vergessen, gleich wie ein Mensch sich nicht erinnert, wie er geboren ward, obschon er doch weiß, daß er geboren wurde.

Gott zeigt den Heiligen die verschiedenen Wunder

64   Denn Gott hat Seinen Heiligen und Propheten schon zu jedem Zeitalter dieser Welt mannigfaltige Wunder gewiesen, damit die Seele des Menschen nicht ganz und gar der Sehnsucht zum Himmel entfremdet würde und in die Irre ginge. Sie sollte sich vielmehr im Glauben auf mancherlei Mahnung hin des ewigen Lebens erinnern. So setzte Er für den gefallenen Menschen die Lichter ans Firmament, damit dieser Mensch, vom Licht getrennt, nicht ganz in der Finsternis verlorengehe. Auch sahen die Propheten und gewisse andere Heilige manchmal Wunderdinge und konnten davon künden, obwohl sie die meisten und größten Wunder nicht zu künden vermochten und nicht zu sehen bekamen. Demgegenüber hat der erste Engel die Wunderwerke Gottes weder gesucht noch erwartet, weil er aus sich selber sein wollte und daher im Tod begraben liegt. Der Mensch aber wollte nach dem Rat der Schlange in der spielerischen Freude seiner knabenhaften Gesittung Gottes Partner sein und wurde daher in die Verbannung der Schmerzen vertrieben, damit er in der gleichen Weise im Exil unter Schmerzen vollendet würde, in der er sich in seiner falschen Einschätzung zur Ewigkeit Gottes aufgeschwungen hatte.

Welche Wunder die Propheten sahen

65   Alle Welt ging aus Gottes Willen hervor, und sie erstrahlte im ewigen Leben aus Gott. Aus Ihm allein existiert sie, und alle Pracht und Freude und jede Stimme der Freudenfülle des ewigen Lebens kommt nur von Ihm. Denn die Werke der Erwählten, die aus dem Heiligen Geiste keimten, leuchten dort und leben wie in reinstem Golde und wie mit Edelsteinen und Geschmeide und in der Fülle des Schmuckes geziert. Diese Pracht aber stammt nicht von der Art der gewordenen Materie ab, wie schon betont wurde, sondern wurde aus der Gottheit ausgegossen. Nun aber schmückt Gott in Seinem Werk dich, o Mensch, der du aus Erdenlehm geschaffen bist. In diesem Werk überwindest du die Nachstellungen des ersten Engels, der vor lauter Eigenglanz übermütig wurde, weshalb er in den Tod fiel, wo Gott ihn liegenließ, indes er den Menschen wieder an sich zog. Weil aber die Schlange den Menschen betrogen hatte und er sich die Übertretung zuschulden kommen ließ, wurde der Mensch mit einem solchen

Schleier überzogen, daß er die Mysterien Gottes nicht mehr voll und ganz
erblicken könnte, solange er mit diesem Schleier bedeckt ist. Wenn er indes den
rechten Glauben gewinnt, dann zeigt Gott ihm Seine Geheimnisse gleichsam wie
durch ein Fenster und wie in einem Spiegel.

Von den trügerischen Wunderdingen der Dämonen

66   Es gibt nun auch eine Gattung von bösen Geistern, welche die Menschen
nicht zu verführen vermögen, es sei denn durch bestimmte Zeichen, durch die
sie sich als von göttlicher Natur ausgeben. Wie diese Geister selbst noch lügen,
wenn sie von der Wahrheit sprechen, so zeigen sie auch den Menschen nur Falsches
an. Das aber durchschauen die Menschen in ihrem Verstand nicht, wobei diese
Gattung die Menschen um so leichter täuscht, als sie ihnen zwischendurch auch
wieder Wahres kundtut. Wer diesen Geistern sein Vertrauen schenkt, der wird
verführt; wer aber genau aufpaßt und dem nachgeht, was ihm vorgegaukelt
wurde, der wird nicht so leicht hereinfallen. Er bleibt vielmehr fest in der
Kraft der Wahrheit stehen und jagt sie alle von sich, indem er ihre Versuchungen
Fall für Fall überprüft.

Von der Berufung zu dieser Schau

67   Dies alles ist die Wahrheit. Sie wurde diesem einfachen Menschen auf
verschiedenen Wegen des Wortes wahrhaft gezeigt. Denn Ich, der Ich vom höchsten Vater ausging, um aus der jungfräulichen Mutter des Fleisches Grünheit
anzunehmen, Ich habe diesen Menschen dazu auserwählt. Er sollte mit unge-
feilten Worten und ohne menschliche Unterweisung dieses enthüllen, um es
ohne jede beschattende Verdeckung mit Worten vorzutragen, damit das Wissen
der Wissenden die Einfalt des Unwissenden bemerke und erkenne den Schöpfer
aller Dinge, jenes unvergängliche Licht, das lodert in unauslöschlicher Flamme,
auf daß auch der Kleine wie der Mächtige sich vor all diesen Erscheinungen in
Zucht nehme. Selig daher der Mensch, der von des Himmels Höhe durch Gottes
Wunderwerke aufgerufen wird. Und ich hörte die Stimme, wie sie vom Himmel
sprach:

Die Stimme vom Himmel

68   „Der Mensch, der dies schaut und im Schreiben weitergibt, sieht und
sieht doch nicht; er spürt das Irdische und doch wieder auch nicht. Er trägt
Gottes Wunderdinge nicht aus sich selbst vor, ist vielmehr davon so ergriffen,

wie eine Saite durch den Spieler ergriffen wird, um ihren Ton nicht aus sich, sondern aus dem Griff eines anderen wiederzugeben.

Und alles dies ist die Wahrheit. Und der die Wahrheit selber ist, wollte dies wahrhaftig so gezeigt wissen. Wer daher im überheblichen Geist der Gelehrsamkeit oder in seiner Selbstherrlichkeit etwas Gegensätzliches hinzufügen wollte, der wäre wert, unter die hier beschriebenen Strafen zu fallen. Oder wenn einer aus bloßem Widerspruch etwas auslassen wollte, würde auch er verdienen, der hier gepriesenen Freuden nicht teilhaftig zu werden."

Und ich hörte die Stimme der Menge aus den Geheimnissen der Himmelshöhe antworten: „Es sei so! Amen! Und so soll es sein!" Und noch einmal hörte ich die Stimme vom Himmel, die zu mir sprach: „Dies ist von der lebendigen Stimme des lebendigen und unvergänglichen Lichtes vorgetragen und ausgesprochen worden. Und es ist die Wahrheit. Und der gläubige Mensch achte darauf, und er halte es ganz fest im Gedächtnis seines guten Gewissens."

ES SCHLIESST DAS BUCH DER LEBENSVERDIENSTE,
DIE VOM LEBENDIGEN LICHT ENTHÜLLT WURDEN
DURCH EINEN EINFACHEN MENSCHEN.

NACHWORT

In seiner „Ethik des Mittelalters" hat Alois Dempf darauf aufmerksam gemacht, daß die Erforschung des hochmittelalterlichen Symbolismus in seiner Systematik, die viel großartiger sei als die der vorthomistischen Schulsysteme, noch kaum begonnen habe. Eine Gesamtdarstellung der mittelalterlichen Ethik vor dem Einbruch des „neuen Aristoteles" um die Mitte des 12. Jahrhunderts fehlt immer noch und bildet eine empfindliche Lücke, die nicht geschlossen werden kann, ehe nicht von den Quellen her die bedeutendsten Texte zunächst einmal erschlossen sind.

Zu diesen Texten gehört der „Liber vitae meritorum", der hier erstmals in einer deutschen Übersetzung vorgelegt wurde. Hier steht der Mensch noch ganz als das verantwortliche Mittelglied im Zentrum des Universums, das auf dem Wege zur Vollendung ist. Als ein Glied unter Gliedern reißt er die Menschen seiner Welt mit in die endgültige Gliederung des Corpus Mysticum, der heiligen Gesellschaft der Endzeit. Hildegards Ethik kann von daher nicht weltimmanent verstanden werden; sie transzendiert vielmehr auf eine endgültige „integritas", auf das Heil im Absoluten. Von hier aus erfährt alle Moral erst ihre Umwertung aller Werte. Dies gibt dem Drama des Heils aber auch bis zum Schluß seine tragende Spannung.

In Hildegards Sittenlehre hat der moralische Faktor innerhalb der Jurisdiktion des Kirchenrechts noch nicht den ethischen Faktor der älteren sakramentalen Wertordnung verdrängt. Diese Ordnung der Werte gründet noch ganz in der Weltordnung eines sittlichen Kosmos, der die gleiche Souveränität im „ordo" beansprucht wie die Naturgesetzlichkeit. Beide Ordnungen kulminieren in der Erlösung der Welt, zu deren Verwirklichung sich der Mensch als zu seiner letztgültigen Ordnung und Beseligung zu entscheiden hat. Weltanschauung wird hier, wie Alois Dempf dies genannt hat, „ethische Bildung im höchsten Sinne". In dieser älteren Bildungswelt steht auch das Weltbild Hildegards von Bingen.

Wie sehr indes bei aller Traditionsgebundenheit in den Formalien und Materialien der Ethik Hildegards eine unvergleichbare Sonderstellung zugesprochen werden muß, macht gerade der Vergleich mit älteren und zeitgenössischen Überlieferungen deutlich.

Das Vorbild des im Mittelalter so beliebten Kampfspiels der Tugenden gegen die Laster haben wir in des Prudentius „Psychomachia" zu sehen. Aurelius Prudentius Clemens lebte von 348 bis etwa 405 und gilt als der größte lateinische Dichter des christlichen Mittelalters, ja als der „Poeta Christianus" schlechthin. Die zahlreichen illuminierten Handschriften dieses „Seelenkampfes" — um 837 bereits entstand in St. Gallen die erste Bilderhandschrift der „Psychomachia" — zeigen recht schön die kriegerische Haltung und die technische Ausrüstung für den nun einsetzenden Kampf um die Seele, um ihre Befreiung von Lastern und Sündenschuld. Die Schlachtstätte wird gekrönt von einem Tempel, den der Glaube als Wohnung Gottes erbaut hat. Formale Anklänge dieser zwischen 398 und 400 entstandenen Topik finden sich bereits in des Tertullian „De patientia" und „ De spectaculis".

Wer aber stellt sich hier zum Kampf und formiert die Schlachtreihen? Prudentius gruppiert sein Drama um sieben Tugenden und Laster, wobei „Fides" der „Cultura veterum deorum" entgegentritt, „Pudicitia" der „Sodomitica libido", „Patientia" der „Ira", die „Mens humilis" der „Superbia", „Sobrietas" der „Luxuria", die „Operatio" der „Avaritia" und die „Concordia" der „Discordia". „Fides" und „Concordia" dominieren offensichtlich innerhalb dieser sittlichen Potenzen.

Der christliche Dichter Prudentius hat damit um das Jahr 400 das Muster eines moralischen Lehrgedichtes geschaffen, zu der gleichen Zeit, in der auch Martianus Capella sein Lehrgedicht über die freien Künste vorlegte, sein Prosimetrium „De nuptiis Mercurii et Philologiae". Die Verbindung von antikisierender Poesie mit christlicher Morallehre wie auch wissenschaftlicher Information war damit zu einem beliebten Stilmuster der Frühscholastik geworden. In modischer Allegorisierung werden personifizierte Wesen übersinnlicher Art zu Trägern menschlicher Erlebnisse und tragen die dichterische Handlung voran.

Poetischer Duktus und thematische Allegorisierung klingen nur undeutlich bei Hildegard von Bingen nach, zumal ihrer Vision völlig der Charakter eines Lehrgedichts wie auch alle moralisierenden Motive abgehen, selbst wenn einige Namen oder formelhafte Bilder wiederkehren sollten. So findet sich an einer Stelle die Autorität des auch im frühen Mittelalter bekannten „Mercurius", eine der wenigen Stellen in Hildegards Schrifttum überhaupt, an denen ein antiker Autor genannt wird. Daß hieraus Kenntnisse von „alchemistischer Mercuriusliteratur" (Liebeschütz) oder gar Einblicke in das Corpus Hermeticum abzuleiten sind, muß bezweifelt werden. Eher ließen sich bei der vielfältigen Tiersymbolik Anklänge an den spätantiken „Physiologus" nachweisen, wobei den Mischwesen aus Tier und Mensch die Personifikation eines Lasters mit dem Charakteristikum der jeweiligen Tierteile zugeschrieben wird. Ähnlich hatte auch Gregor der Große in seinen „Moralia" Tierbilder zum Vergleich von sittlichen Typen und Handlungen herangezogen.

Alles das liegt zweifellos im poetisierenden Stil des frühen Abendlandes, sowenig es als ein echtes Vorbild für den Visionsduktus Hildegards in Frage kommt. Das gleiche gilt auch für die kunstvoll geübte Körperteil-Metaphorik, die dem Mittelalter erlaubte, neben den „Augen der Seele" und den „oculi mentis" auch vom „Gürtel der Lenden" oder gar den „Knien des Herzens" zu sprechen (vgl. E. R. Curtius).

Auf ein frappierendes Gegenstück zum „Liber vitae meritorum", das aber ebenfalls die Originalität Hildegards eher noch unterstreicht, hat Liebeschütz hingewiesen. Es handelt sich um den „Conflictus virtutum et vitiorum" des Abtes Ambrosius Autpertus (um 778), der in einer locker gefügten Reihe 24 Paare zusammenbringt. In gleichlautender Paarung zu Hildegard erscheinen hier

obduratio — misericordia
ira — patientia
fallacia — veritas
superbia — humilitas
cupiditas — contemptus mundi.

Zu einem eingehenderen Vergleich fordern ferner die zahlreichen früh- und hochmittelalterlichen Bußbücher heraus, wofür wir hier nur Beispiele anführen können. So bringt das „Poenitentiale Theodorici" acht Hauptlaster, aus denen jede Untugend entspringt (ex his omnia vitia oriuntur). Als erstes steht die „superbia", das „initium omnis peccati" und eine „regina omnium malorum". Ihr entspringen so charakteristische Laster wie „inobedientia, praesumptio, pertinacia, contentiones, haereses, arrogantia".

Dem Hochmut folgt die „vana gloria" mit ihrer Filiation: „jactantia, arrogantia, indignatio, discordia, inanis gloriae cupido, hypocrisis". Aus der „invidia" entspringen Laster wie: „odium, susurratio, detractio, exultatio in adversis proximi, afflictio in prosperis". Der Zorn (ira) wird begleitet von: „rixae, tumor mentis, contumeliae, clamor, indignatio, praesumptio, blasphemiae, sanguinis effusio, homicidia, ulciscendi cupiditas, injuriarum memoria". Ein weiteres Kernlaster ist die „tristitia", aus der entstammen: „malitia, rancor animi, pusillanimitas, amaritudo, torpor, vagatio mentis, saepe etiam et praesentis vitae nulla delectatio".

Ein ganzer Heerzug von Lastern folgt der Habsucht (avaritia), nämlich: „invidiae, furta, latrocinia, homicidia, mendacia, perjuria, rapinae, violentiae, inquietudo, injusta judicia, contemptus veritatis futurae, beatitudinis oblivio, obduratio cordis". An die Hildegardsche Lasterreihe klingen auch die Töchter der Schlemmerei (ingluvies ventris) an: „inepta laetitia, scurrilitas, levitas, vaniloquium, immundicia corporis, instabilitas mentis, ebrietas, libido, hebetudo sensus". Abgeschlossen wird dieses Laster-Schema von der Wollust (luxuria), aus der wiederum entstehen: „caecitas mentis, inconsideratio, inconstantia oculorum, totius corporis praecipitatio, amor immoderatus sui, odium mandatorum Dei, affectus praesentis saeculi, horror et desperatio futuri".

Zahlreiche Querverweise im einzelnen, wenn auch wenig Analogie im ganzen, finden wir ferner bei einem Vergleich mit den scholastischen Tugendbäumen, wo etwa dem Baum des alten Adam ein Baum des neuen Adam gegenübergestellt wird. Auch hier dominieren „tristia saeculi", die „temperantia" und „fortitudo"; die Untergruppen erinnern eher an die Filiation im Tugendschema und Lasterkatalog des Thomas von Aquin.

Nur am Rande erwähnt sei der berühmte „Rosenroman" des Guillaume de Lorris aus dem 13. Jahrhundert, der das ethische Postulat ritterlicher Liebe und damit in allegorischer Gewandung die Übergangszeit ins späte Mittelalter verkörpert. Hier wird etwa die Gestalt der „Habsucht" vorgestellt, welche die Leute dazu treibt, „zu nehmen und nichts zu geben". Der Habsucht saß ein anderes Weib zur Seite: „Geiz wird sie genannt. Häßlich war sie, schmutzig und elend, mager und hinfällig, grün wie eine Zwiebel." Ihr folgt der „Neid", der von solcher Niederträchtigkeit ist, „daß er keinem Freund und keiner Freundin gegenüber aufrichtig ist". Dem Neid zur Seite steht die „Traurigkeit", die sich um keinen Preis trösten lassen will: „In ihrem Kummer hatte sie sich das Gesicht zerkratzt. Auch ihr Kleid hatte sie nicht verschont: An mancher Stelle war es zerfetzt. Sie handelte einer Verzweifelnden gleich."

Nicht übersehen werden sollten auch die Tugenden und Laster in den Predigten des Franziskaners Berthold von Regensburg (um 1225—1272). Berthold vergleicht die Tugenden mit Chören und Wegen und Tagreisen, mit Scharen und Federn, mit Rädern und Speisen, mit Arzneien und Jungfrauen, die Laster hingegen mit Fürsten und Junkern, den Soldrittern des Teufels, mit Mördern, Fallstricken und Völkern. Sein besonderer Groll gilt den Possenreißern und fahrenden Spielleuten: „Sie sollten den zehnten Chor ausmachen, nun sind sie uns abtrünnig worden durch ihre Betrüglichkeit."

In Andeutungen hat Alois Dempf den mystischen Strom mittelalterlicher Ethik verfolgt, der über Bernhard von Clairvaux und Hugo von St. Viktor, über Wilhelm von St. Thierry und Richard von St. Viktor in das System des Bonaventura (1221—1274) mündet, wo es „zu einer eigenartigen Synthese zwischen Augustinismus und dionysischer Mystik" gekommen ist. Hier haben wir noch einmal das klassische Gleichgewicht eines spirituellen Symbolismus vor Augen, wobei Bonaventuras Spiritualismus mit seinem ekstatischen „apex" abermals in deutlichem Gegensatz zu Hildegard von Bingen steht.

Weiterhin könnte Hildegards Vision mit den ethischen Systemen des hohen Mittelalters verglichen werden, die über Anselm von Canterbury und Bernhard von Clairvaux hinaus in Abaelards „Ethica" einen unvergleichlichen Höhepunkt gefunden haben. Schließlich müßte auch die Wirkungsgeschichte, vor allem der immer noch ausstehende Vergleich mit Dante, näher ausgeführt werden, um der Vision Hildegards gerecht zu werden. Gerade hierbei würde sich zeigen, daß menschliche Laster grotesker nicht gezeichnet wurden als hier, es sei denn bei Hieronymus Bosch, von dem man annehmen möchte, daß er Texte Hildegards aus zweiter Quelle oder gar erster Hand gekannt hat.

Damit muß dieser knappe Überblick abgeschlossen werden. Er macht in sich deutlich, daß Hildegards Ethik sich durch ihren andersartigen Ausgangspunkt abhebt von unserer heutigen Sittengesetzlichkeit, die sich als autonome säkularisierte Philosophie und Gesellschaftslehre versteht. Aber selbst bei diesen rein positivistisch analysierten „Strukturen der Moral" kommt ein Tiefenpsychologe wie Dieter Wyss (1970) zu der Einsicht: „Die Relativität der Moralen und der Sitten ist ebenso ein Faktum, wie das Absolute des Sittlichen ein Faktum der vorprädikativen Welterfahrung ist."

In seiner „Sittenlehre" hatte vor allem Immanuel Kant darauf aufmerksam gemacht, „daß also das System der Sittlichkeit mit dem der Glückseligkeit unzertrennlich, aber nur in der Idee der reinen Vernunft verbunden sei" (IV, 680). Kant hatte sich an seinen Imperativ klammern wollen, daß nämlich alle Handlungen vernünftiger Wesen so geschehen sollen, als ob sie aus einem obersten Willen entsprängen. Diese höchste Vernunft, die nach moralischen Gesetzen gebietet, müsse zugleich als Ursache der Natur zugrunde gelegt werden (IV, 681).

Von einem derartig geschlossenen sittlichen Weltbild haben wir Abschied nehmen müssen, seit Friedrich Nietzsche nach dem Ende der Metaphysik den Umbruch aller Werte postuliert hat. Aber selbst ein Nietzsche empfiehlt im „Wanderer und sein Schatten" die Historie der ethischen und religiösen Empfindungen als eine oberste Forderung solcher Umwertung. Alles andere müsse uns näherstehen als das, was man uns bisher als das Wichtigste vorgepredigt habe, nämlich die Frage nach den letzten Dingen. „Wir müssen wieder gute Nachbarn der nächsten Dinge werden", fordert Nietzsche, wir, die Zeitgenossen eines modernen Nihilismus, „wir Bewohner der lichteren Gefilde der Natur und des Geistes", die dann aber auch wiederum ihre Erbsünde zu tragen haben, da sie auch „jetzt noch, durch Erbschaft, etwas von diesem Gift der Verachtung gegen das Nächste" in ihr Blut mitbekommen (I, 881/82).

Von diesen lichteren Gefilden der Natur wie des Geistes, der letzten Dinge wie der nächsten Dinge, war in diesen Texten die Rede, und von nichts anderem!

TEXTVARIANTEN UND VERBESSERUNGEN

(in Konkordanz der ältesten Handschriften mit der Ausgabe von Pitra (= P.)

I,   23 (P. 14) „aquilo" (statt: aquila)
I,   24 (P. 15) „deorsum" (statt: dorsum)
I,   72 (P. 31) „secutae" (statt: serpentis)
I,   72 (P. 32) „clamant" (statt: permanent)
I,   96 (P. 43) „graditur" (statt: creditur)
I, 103 (P. 46) „potum" (statt: potius)
I, 126 (P. 53) „animas" (statt: animos)

II,   8 (P. 65) „a pectore" (statt: a corpore)
II, 22 (P. 69) „moribus" (statt: morbus)
II, 43 (P. 77) „qui" (statt: quia)
II, 52 (P. 81) „insistit" (statt: inspicit)
II, 91 (P. 98) „infelicitatis" (statt: desperantium)

III, 30 (P. 116) „exeunt" (statt: excuset)
III, 56 (P. 129) „in crucem" (statt: in cruce)
III, 99 (P. 142) „turpitudini" (statt: turpidi)
III, 102 (P. 143) „resurgent" (statt: resurgunt)

IV,   4 (P. 148) „pars" (statt: ars)
IV, 23 (P. 154) „et caetera" (statt: ut caetera)
IV, 32 (P. 158) „mundum" (statt: mendum)
IV, 32 (P. 158) „minimum" (statt: inimicum)
IV, 33 (P. 158) „nunc" (statt: nec)
IV, 58 (P. 170) „nox" (statt: non)
IV, 59 (P. 171) „laudate" (statt: laudare)
IV, 72 (P. 175) „in hominibus" (statt: in omnibus)

V, 11 (P. 187) „vultur" (statt: vultus)
V, 37 (P. 196) „initium" (statt: vitium)
V, 44 (P. 200) „vultur" (statt: vultus)
V, 53 (P. 205) „sui" (statt: suis)
V, 64 (P. 208) „vivum" (statt: verum)
V, 67 (P. 209) „dilatabitur" (statt: ditabitur)
V, 79 (P. 212) „quos volui" (statt: quod volui)

VI, 11 (P. 225) „horribiles" (statt: nigerrimas)
VI, 43 (P. 236) „quasdam" (statt: quosdam)
VI, 53 (P. 238) nach „requievi" Komma (statt: Punkt)
VI, 66 (P. 243) nach „ostensionem" kein Komma

(Unberücksichtigt blieben offensichtliche Druckfehler und syntaktische Nachlässigkeiten)

ANHANG

LITERATURVERZEICHNIS

BEHRENDT, RICHARD F.: Tugenden für die technische Welt. In: IBM-Nachrichten 21 (1971) 765–772.

BERTHOLD VON REGENSBURG: Predigten. Hrsg. Franz Göbel. 4. Aufl., Regensburg 1906.

BÖCKELER, MAURA: Der Tugenden Würde und Aufgabe. Ein Singspiel der hl. Hildegard. In: Bened. Mschr. 5 (1929).

BÜHLER, JOHANNES: Schriften der heiligen Hildegard von Bingen. Leipzig 1922.

CURTIUS, ERNST ROBERT: Europäische Literatur und lateinisches Mittelalter. Bern 1954.

DEMPF, ALOIS: Die Ethik des Mittelalters. München, Berlin 1927.

GUILLAUME DE LORRIS: Der Rosenroman. Hrsg. Gustav Ineichen. 2. Aufl., Berlin 1967.

KANT, IMMANUEL: Kritik der reinen Vernunft. In: Werke. Bde. III, IV. Hrsg. W. Weischedel. Darmstadt 1968.

– Schriften zur Ethik und Religionsphilosophie. In: Werke. Bd. VI. Hrsg. W. Weischedel. Darmstadt 1968.

LAUTER, WERNER: Hildegard-Bibliographie. Wegweiser zur Hildegard-Literatur. Alzeyer Geschichtsblätter, Sonderheft 4. Alzey 1970.

LIEBESCHÜTZ, HANS: Das allegorische Weltbild der heiligen Hildegard von Bingen. Leipzig 1930.

MAY, JOHANNES: Die heilige Hildegard von Bingen. Ein Lebensbild. 2. Aufl., München 1929.

NEUMANN, ERICH: Tiefenpsychologie und neue Ethik. München 1964.

NIETZSCHE, FRIEDRICH: Zur Genealogie der Moral. In: Werke. Hrsg. K. Schlechta. Bd. II. München 1955.

RODRIGUEZ HERRERA, ISIDORO: Poeta Christianus. Prudentius' Auffassung vom Wesen und der Aufgabe des christlichen Dichters. Philos. Diss. München. Speyer 1936.

ROHRMOSER, GÜNTER: Nietzsche und das Ende der Emanzipation. Freiburg 1971.

ROZUMEK, ANGELA: Die sittliche Weltanschauung der hl. Hildegard von Bingen (1098 bis 1179). Eine Darstellung der Ethik des Liber vitae meritorum. Philos. Diss. Bonn. Eichstätt 1934.

PITRA, J. B.: Sanctae Hildegardis Opera. In: Analecta Sacra, tom. VIII. Montecasino 1882.

PRUDENTIUS: Psychomachia. Ed. Maurice Lavarenne. Paris 1933.

SCHMELZEIS, J. PH.: Das Leben und Wirken der hl. Hildegardis nach den Quellen dargestellt. Freiburg 1879.

SCHMITZ, HERMANN JOSEPH: Die Bußbücher und die Bußdisciplin der Kirche. Bd. I, Mainz 1883; Bd. II, Düsseldorf 1898.

SCHRADER, MARIANNA und FÜHRKÖTTER, ADELGUNDIS: Die Echtheit des Schrifttums der heiligen Hildegard von Bingen. Quellenkritische Untersuchungen. Köln, Graz 1956.

STETTINER, RICHARD: Die illustrierten Prudentius-Handschriften. Philos. Diss. Straßburg. Berlin 1895.

WYSS, DIETER: Strukturen der Moral. Untersuchungen zur Anthropologie und Genealogie moralischer Verhaltensweisen. 2. Aufl., Göttingen 1970.

VERZEICHNIS DER SCHRIFTZITATE

PERSONENREGISTER

SACHREGISTER

Hildegard von Bingen
Äbtissin, Ärztin, Genie

HERDER / SPEKTRUM

Bücher, die leben helfen

Lorenz Wachinger
Wie Wunden heilen
Sanfte Wege der Psychotherapie
Band 4009
Die Quintessenz von über 20jähriger therapeutischer Erfahrung: erprobte
Hilfen zum gelingenden Leben.

Christine Swientek
Mit 40 depressiv, mit 70 um die Welt
Wie Frauen älter werden
Band 4010
Älterwerden nicht als Last, sondern als Lust und Chance.
„Dieses Buch ist eines der positivsten und handfestesten, die es zu dieser
Thematik gibt" (Frankfurter Rundschau).

Viktor E. Frankl
Das Leiden am sinnlosen Leben
Psychotherapie für heute
Band 4030
„Hier geschieht (was so oft versprochen und selten eingehalten wird) echte
Lebenshilfe!" (Bücherbord).

Niklaus Brantschen
Fasten neu erleben
Warum, wie, wozu?
Band 4058
Fasten ist mehr als nicht essen. Es weckt Sehnsucht nach einem
veränderten Leben: gesund werden, aber auch fastend sich selber finden.

Viktor E. Frankl
Psychotherapie für den Alltag
Band 4072
Sinn gibt es nicht auf Rezept. Jeder muß ihn für sein Leben selber suchen.
Einsichten zu den großen Themen des Lebens.

HERDER / SPEKTRUM

Rudolf Köster
Was kränkt, macht krank
Seelische Verletzungen erkennen und vermeiden
Band 4122
Rudolf Köster legt die subtilen Mechanismen seelischer Kränkung offen
und deckt ihre psychosomatischen Folgen auf.

Wolfgang G. A. Schmidt
Die alte Heilkunst der Chinesen
Ihre Kultur und ihre Anwendung
Band 4136
Akupunktur, natürliche Heilmittel und die praktischen Geheimnisse aus
der Tradition einer sanften Medizin.

Karlfried Graf Dürckheim
Meditieren – wozu und wie
Band 4158
Geheimnisse erfahren und sich als ganzer Mensch verwandeln. – Eines der
reifsten und praktischsten Werke Karlfried Graf Dürckheims.

Elisabeth Lukas
Gesinnung und Gesundheit
Lebenskunst und Heilkunst in der Logotherapie
Band 4172
Ein Buch, das die Balance zwischen Körper, Geist und Seele wiederherstellt.

Elisabeth Lukas
Höhenpsychologie
Logotherapie in der Beratungspraxis
Band 4176
Elisabeth Lukas bringt die geistigen Kräfte zur Entfaltung, die in jedem
Menschen stecken.

HERDER / SPEKTRUM

Katsuki Sekida
Zen-Training
Das große Buch über Praxis, Methoden, Hintergründe
Band 4184

Wie kann man als westlicher Mensch Zen-Meditation lernen?
„Das erste umfassende Handbuch" (Psychology today).

Ellen Fischer
Warum ist das gerade mir passiert?
Wie wir Krankheit deuten und bewältigen
Band 4194

Die Beispiele aus der täglichen Erfahrung einer Ärztin machen deutlich,
wie ein produktiver Umgang mit Krankheit möglich ist.

Erich Fromm
Leben zwischen Haben und Sein
Herausgegeben von Rainer Funk
Band 4208

Wie können wir die Kunst des Lebens neu erlernen? Antworten, die
überzeugen. Mit zahlreichen bisher unveröffentlichten Texten.

Liliane Juchli
Wohin mit meinem Schmerz?
Hilfe und Selbsthilfe bei seelischem und körperlichem Leiden
Band 4212

Wann helfen Medikamente oder Psychotherapien? Wo sind
Naturheilmittel sinnvoll? Die erfahrene Schmerztherapeutin gibt Antwort.

Cicely Saunders
Hospiz und Begleitung im Schmerz
Wie wir sinnlose Apparatemedizin und einsames Sterben
vermeiden können
Band 4213

Die Gründerin der Hospizbewegung zeigt konkret, wie sich Leiden lindern
läßt. Das Handbuch für alle, die Sterbenden hilfreich nahe sein wollen.

HERDER / SPEKTRUM

Elisabeth Lukas
Auch dein Leiden hat Sinn
Logotherapeutischer Trost in der Krise
Band 4283
Eindrucksvoll zeigt die Frankl-Schülerin, wie es auch leidgeprüften
Menschen gelingen kann, schwere seelische Not zu überwinden und einen
neuen Anfang zu finden.

Kristina Meyer
Das doppelte Geheimnis
Weg einer Heilung – Analyse und Therapie eines sexuellen
Mißbrauchs
Band 4293
Erinnerungen an den qualvollen Weg einer Therapie und die schreckliche
Gewissheit, sexuell mißbraucht worden zu sein. Aber auch eine Botschaft,
die vielen Frauen in dieser Situation Mut macht.

Caterina Wolfherz
Tanz entlang der Lebenslinie
Mit Phantasie und Bewegung älter werden
Band 4301
Das Alter als Befreiung sehen: Die erfahrene Tanztherapeutin hilft mit
vielen Übungen, ein neues Körperbewußtsein zu finden und auch die
zweite Lebenshälfte zu genießen.

Nicolas Hoffmann
Seele im Korsett
Innere Zwänge verstehen und überwinden
Band 4303
Zwänge – eine der gravierendsten Persönlichkeitsstörungen unserer Zeit.
Ein Aufklärungs- und Orientierungsbuch zum Umgang mit den eigenen
Zwängen.

Kathleen V. Hurley/Theodore E. Dobsen
Wer bin ich?
Persönlichkeitsfindung mit dem Enneagramm – Der Schlüssel zum
eigenen Charakter
Band 4312

HERDER / SPEKTRUM

Zeiten des Lesens

Lew Tolstoj
Zeiten des Erwachens
Mit einem Nachwort herausgegeben von Axel Dornemann
Band 4017
Prosa wie Paukenschläge von einem atemberaubend modernen Kenner der menschlichen Seele. Eine Art „Tolstoj-Bibel".

Marie Luise Kaschnitz
Zeiten des Lebens
Band 4029
„Zum Wiederentdecken und Sicheinlassen auf die leisen unaufdringlichen Töne" (Buch-Journal).

Dalai Lama
Zeiten des Friedens
Band 4065
Einer der großen geistigen Führer unserer Zeit gibt der Sehnsucht nach Frieden wichtige spirituelle Impulse.

Eugen Drewermann
Zeiten der Liebe
Herausgegeben und eingeleitet von Karin Walter
Band 4091
Eugen Drewermanns tiefe und poetische, die Unendlichkeit berührende Texte lassen Wege entdecken zu einem Leben der Liebe.

Rafik Schami
Zeiten des Erzählens
Herausgegeben von Erich Jooß
Band 4259
Rafik Schami kann mit Worten zaubern. Wirklichkeit und Märchen, Vergangenheit und Gegenwart verwebt er zu einem farbenprächtigen orientalischen Erzählteppich.

HERDER / SPEKTRUM

Die großen Religionen der Welt

Die fünf großen Weltreligionen
Islam, Judentum, Buddhismus, Hinduismus, Christentum
Herausgegeben von Emma Brunner-Traut
Band 4006
Über die Grenzen der Kontinente hinweg erschließt dieses Buch den
Kosmos der Religionen.

A. Th. Khoury/L. Hagemann/P. Heine
Islam-Lexikon
Geschichte – Ideen – Gestalten
Drei Bände in Kassette
Band 4036
„Ein echter, wertvoller Gewinn, gleichsam eine Gebrauchsanleitung für das
Gespräch von morgen" (Rheinischer Merkur).

Lexikon der Religionen
Phänomene – Geschichte – Ideen
Herausgegeben von Hans Waldenfels
Begründet von Franz König
Band 4090
„In Fachkompetenz, Klarheit und Aktualität einzigartig" (Süddeutscher
Rundfunk).

Jakob J. Petuchowski
Mein Judesein
Wege und Erfahrungen eines deutschen Rabbiners
Band 4092
Die Einführung in die geistige Welt des modernen Judentums.
Ein notwendiges Buch: für Juden, Christen und für Deutsche.
„Ein Vermächtnis" (FAZ).

Johann Maier
Geschichte der jüdischen Religion
Band 4116
Die aufregende und wechselvolle Biographie einer der ältesten
Menschheitsreligionen der Welt.

HERDER / SPEKTRUM

Georg Fohrer
Geschichte der israelitischen Religion
Band 4144
Von Macht und Ohnmacht, phantastischen Aufbrüchen und verheerenden
Niederlagen: ein Meisterwerk lebendiger Geschichtsschreibung.

Dalai Lama
Einführung in den Buddhismus
Die Harvard-Vorlesungen
Band 4148
Ein faszinierendes Dokument östlicher Geisteskultur, wie es
außer dem Friedensnobelpreisträger wohl kaum ein buddhistischer Lehrer
hätte verfassen können.

Imam Abd ar-Rahim ibn Ahmad al-Qadi
Das Totenbuch des Islam
Die Lehren des Propheten Mohammed über das Leben nach dem
Tode
Band 4150
Die faszinierende Vision eines großen Religionsstifters über die lange Reise
der Seele nach dem Tod.

Das Ethos der Weltreligionen
Hinduismus, Buddhismus, Konfuzianismus, Daoismus, Judentum,
Christentum, Islam
Herausgegeben von Adel Theodor Khoury
Band 4166
Die Herausforderungen der Gegenwart können nur im Zusammenwirken
aller Religionen gemeistert werden. Eine realistische Vision.

Adel Theodor Khoury
Der Islam
Sein Glaube, seine Lebensordnung, sein Anspruch
Band 4167
Zwei Millionen Muslime leben mitten unter uns. Weltweit ist der Islam
im Vormarsch. Was wissen wir über diese vielschichtige Religion?

HERDER / SPEKTRUM

Frithjof Schuon
Den Islam verstehen
Innere Lehre und mystische Erfahrung
Band 4189

Was macht den Kern des Islam aus? Weit entfernt von Zerrbildern und
Vorurteilen beschreibt Schuon, warum und woran Muslime glauben.

Daisetz Teitaro Suzuki
Wesen und Sinn des Buddhismus
Ur-Erfahrung und Ur-Wissen
Band 4197

Die Quintessenz des Buddhismus: Grundideen des Zen, seine Spiritualität
und Philosophie in überzeugend klarer Darstellung.

Mircea Eliade
Geschichte der religiösen Ideen
5 Bände in Kassette
Band 4200

„Eine gewaltige geistige Unternehmung, fesselnd und allgemeinverständlich
aufbereitet" (Süddeutsche Zeitung).

Dalai Lama
Sehnsucht nach dem Wesentlichen
Die Gespräche in Bodhgaya
Band 4229

Menschen aus allen Kulturkreisen haben den Friedensnobelpreisträger
aufgesucht und neue Impulse für ihr spirituelles Leben gewonnen.

Emma Brunner-Traut
Die Stifter der großen Religionen
Echnaton, Zarathustra, Mose, Jesus, Mani, Muhammad, Buddha,
Konfuzius, Lao-tse
Band 4254

Welche Menschen stehen hinter den großen Religionen? Was ist Legende,
was Wirklichkeit? Ein neues Standardwerk der großen Autorin.

HERDER / SPEKTRUM